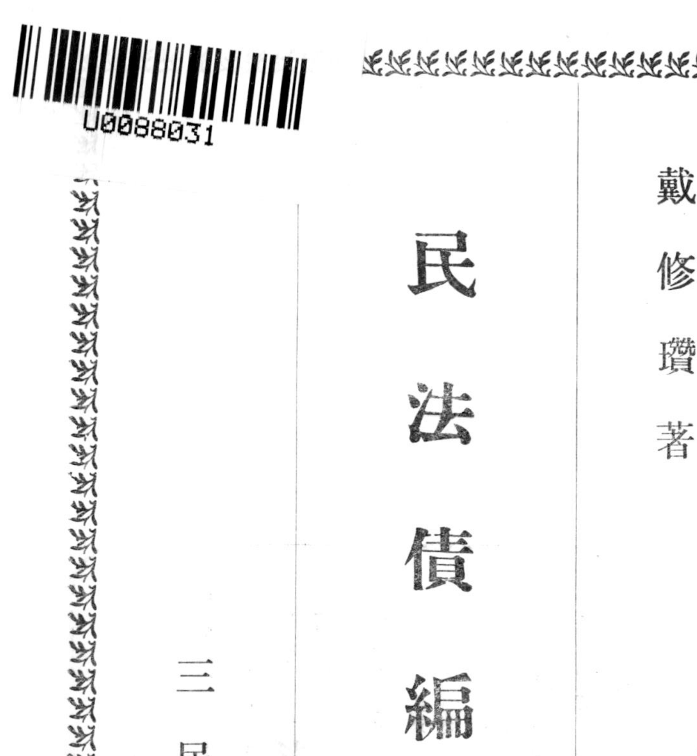

民法債編總論

戴修瓚著

三民書局印行

©民法債編總論

著　者　戴修瓚

發行人　劉振強

著作財產權人　三民書局股份有限公司

印刷所　三民書局股份有限公司

地址／臺北市重慶南路一段六十一號

郵撥／〇〇〇九九九八—五號

初　版　中華民國六十七年十一月

四　版　中華民國八十二年一月

編　號　S 58126

基本定價　捌元肆角肆分

行政院新聞局登記證局版臺業字第〇二〇〇號

民法債編總論

編號S58126

三民書局

ISBN 957-14-0125-0（平裝）

例言

著者自民國初元回國。即在北京公私立各大學。擔任民商法講席。先後十餘年。稿件屢易。每思刊行問世。顧以公私過忙未果。民國十七年。重遊海外。遍覽新籍。頓覺以前研究。頗違社會情勢。偶閱舊稿。不覺汗顏。嗣後回歸滬上。復任各法校講席。余及 國府頒布私法法律。爲時無幾。尙無系統著述。學子苦之。用敢不揣譾陋。欲將歷年講稿。按照我國現行法律。及現代法學思潮。增删修訂。陸續編擬民法總則、民法物權、民法債編、公司法、票據法、保險法、海商法等書。務就我國新頒私法法律。期成系統解說。茲因自己研究上之便宜。先刊債編總論及債編各論二書。聊供他山之石。藉作攻玉之資云爾。

二 本書係就我國新頒民法債編及重要關係法規。試爲系統的研究。

其解釋大義。固依據我國現行法條。而外國立法例及學說並中外判例。亦多旁採。用資比較。故宜作各法校教本。並可供實際家之參攷。

三、本書所引學說。以限於篇幅。未獲盡行列舉出處。而所舉事例。又以用充教本。頗涉繁瑣。讀者諒之。

四　本書於授課餘暇。倉卒草成。未遑推敲。且研鑽未深。間有私見。海內宏達。幸垂教焉。

本書單稱某條或於括孤內單載某條者均指民法條文其餘略語如左

1　德民（德意志民法）　2　德商（德意志商法）　3　法民（法蘭西民法）　4　法商（法蘭西商法）　5　瑞民（瑞士民法）　6　瑞債（瑞士債務法）　7　日民（日本民法）　8　日商（日本商法）

著者　戴修瓚識十九年九月一日

民法債編總論目錄

民法債編總論

戴修瓚 著

緒論

債法之地位

一　債法之地位　債法在民法中。甚爲重要。故我國民法。特爲專設一編。列於總則之後。以爲第二編。【註一】稱爲債編。

【註一】債法之地位。在各立法例。非必攸同。大別爲二。（甲）民法中專設一編者。在此主義。有列物權法前。蓋以債權爲物權取得之方法。如我國民法德民法是。有列於物權法後。蓋以物權較債權更爲重要。如日民法匈牙利民法是。（乙）民法中不專設一編者。在此主義。有與物權法共列於財產法中者。如奧民法是。有以爲財產取得之方法而纂入財產取得編中者。如法民法是。意民法。葡民法及其他屬於法國法系者是。

債法之特質

二　債法之特質　債法在民法中。所以獨成一編者。蓋以有左列特質也。

1 債法爲財產法之一部　財產法者。保護經濟的利益之法律也。債法與物權法。同爲財產法。雖債之給付。不以有財產價格者爲限。（一九九條二項）亦有以無形的利益及其他精神上利益爲給付者。然其不履行時。則變爲損害賠償債權。故仍不失爲財產法也。

2 債法富有交易法性質　物權法與債權。雖同爲財產法。然物權法重在財產之享有。規定其靜態的財產關係。而債法則重在財產之交易。規定其動態的財產關係。故債法在財產法中。特別富有交易法之性質也。

3 債法多爲任意法　夷考厥由。約有二端。（一）債法爲財產法。與親屬法繼承法均異。蓋親屬法重在道德關係。而繼承與債權。雖同爲取得財產之方法。然亦多重在身分。故均不同。（二）債法乃規定特定人間之相對關係。與財產法中之物權法不同。蓋物權有排他性。於一般人。常生利害。其種類及內容均由法律限定。故物權法。多爲強行法。至於債權。僅規定特定人間之相對關係。於一般人影響甚少。苟不違背公序良俗。即得自由成立。故債法多為任意法。要之債的法規。揆諸公益。多無直接關係。自多為任意法。然時亦有強行法規。散在其中。例如禁止高利之規定。（二〇四條至二〇六條）禁止複利之規定。（二〇七條）以及時效之規定等是。蓋以涉及公益。姑設例外耳。

4 須有相當程度之文化　債權之發生。須有相當程度之文化。尋其發達。比較為遲。蓋債權關係之成立。多以互相信用為基礎。故須人類社會之文化。已達互相信用之程度。此項法律關係。始得確認也。降至近世。文化愈益進步。交易更加頻繁。債法必因以日形重要。不待煩言。

5 債法富有統一性　蓋親屬法繼承法物權法等。因國情互異。統一維艱。而債法多為交易法規。統一匪難。且在國際間。亦宜統一。

債法之範圍

三 債法之範圍　凡關於債的原則規定。殆已網羅於債編之中。且我國採民商統一主義。原屬商法範圍之法規。亦頗纂入。【註二】如經理人、代辦商、行紀、倉庫、運送營業之類是。故其內容。頗爲廣汎。惟債的法規。在他種法律。亦不少見。尙難謂爲囊括靡遺也。如在民法。其債的關係。苟由物權關係、親屬關係、繼承關係而生者。即規定於各該編中。又如民法以外之特別法。如公司法、票據法、保險法、海商法、交易所法等。亦殊多關於債之規定是。

【註二】民法商法兩法典分立。肇自法國拿破崙翁。厥後編纂法典各國。相繼倣之。如德、意、奧、日等國是。民商統一。創自瑞士債務法。俄新民法。土耳其新民法。暹羅民法倣之。我民法亦同。將商法法規之一部分。彙入民法第二編債編中。而其他部分。則編爲單行法。如公司法、票據法、保險法、海商法等是。

債法之效力

四　債法之效力　債法之效力者。民法債編適用之範圍也。茲分爲事、時、人、地等項說明之。

1　關於事之效力　在民商兩法典分立之國家。民法適用於民事。（一般事項）商法適用於商事。【註三】但我國採民商統一主義。於民法法典外。別無商法法典。故民法債編之規定。無分民商。一體適用矣。

【註三】商事一語。或謂爲關於商人營業之私法事項。或謂關於商之私法事項。或謂爲關係商之法律上事項。或謂爲關係商交易之法律關係。

不遡及之原則

2　關於時之效力　凡法律均適用於施行有效時發生之事項。其施行有效前發生之事項。原則上不得適用。此乃不遡及之原則。我國於民國十八年十月二十二日。公佈民法債編。於民國十九年二月十日。公佈民法債編施行法。於民國十九年五月五日。同時施行。其施行法第一條。業已明定此原則。故民法債編。乃適用於十九年五月五日以後發生之事項。若以前發生之事項。除該施行法有特別規定外。不得適用。

民法債編施行法。多就債編關於時之效力。規定其經過關係。有對於不遡及原則。設其例外規定者。（如第二條至第六條第八條第十條第十一條等是）有對於發生在施行前。而施行後。關係仍猶繼續之事項。設其規定者。（如第七條第十二條第十三條等是）

3　關於人及地之效力　民法債編。因國家所有人民主權之結果。凡屬民國人民。無論所在之國境內外。原則上均應適用。又因國家所有領土主權之結果。凡屬民國領域。無論住民之國籍內外。原則上均應適用。惟因涉外關係。不無例外耳。

債之標題

五　債之標題　就法律本位。大別爲三。義務本位、權利本位及社會本位是也。在個人未自覺時代。法律爲義務本位。及個人自覺時代。法律進而爲權利本位。降至社會自覺時代。法律更進而爲社會本位。要之法律之目的。在保護社會生活之安全。促進社會生活之利益。而強行義務。擁護權利。不過爲其手段而已。且現代社會。業已達到自覺時期。法律本位。自宜採取社會本位。權義方面。不應有所偏重。故我民法第二編。僅題爲債。既不稱爲債權。亦不稱爲債務也。【註四】

【註四】前清修訂法律館聘日人松岡義正。草擬民法。曾刊行民律草案。其第二編卽爲債權。北京修訂法律館。復於民國十五年。刊行民律草案債編。考其體例。略倣瑞士債務法。民國十八年十一月廿二日。國民政府頒行民法債編。其體例雖多倣瑞士債務法。而其內容。則倣德民法之處。亦復不少。

六 本書之順序 本書之編次。多依民法債編之順序。凡關於債的本質、發生、標的、效力、變更、消滅等之一般理論。（即債編通則之各規定）均於本書研究之。至於各種債之構成要件。及其效果。（即各種之債）則於債編各論研究之。

第一章 債之概念

第一節 債之本質

債之定義

債者。特定人間請求特定行為之法律關係也。其特定人間之一方。享有請求特定行為之權利。斯為債權。而此享有債權之人。斯為債權人。他方負擔應其請求之義務。斯為債務。而此負擔債務之人。斯為債務人。總稱債權人債務人之兩方。即曰債權當事人。故債乃特定人間之關係。自債權人之方面言之。曰債權。自債務人之方面言之。曰債務。總括債權人債務人間之全體法律關係。即曰債權關係。或債務關係。茲就債權方面。分晰說明之。

債權為相對權

一　債權係對於特定人之權利　債權係對於特定人即債務人之權利。故為相對權。【註一】債權人僅得據債權之內容。向債務人主張其權利耳。

債權亦不

債權有無不可侵性或絕對性。即一般第三人。對於債權人。應否負債權不可侵害之義務。議論紛紜。莫衷一是。【註二】竊以相對性與絕對性。並非本諸天然。劃若鴻溝。乃由法律。分別情形。斟酌賦與。故此兩性。於一種權利。非居排斥之地位。儘有併存之理由。夫在債權。即第三人事實上亦能侵害。【註 】如欲確保債權之效力。適應交易之需要。則應由第三人負不可侵害之義務。倘第三人違背此項義務。侵害債權時。債權人得向該第三人。據侵權行為之規定。請求損害賠償。故債權在相當之程度內。亦不無絕對性也。

【註一】相對權與絕對權。亦稱為對人權與對世權。此乃就權利客體之範圍所設之分類。至其區別

債權不可侵性

之說明。大別爲三。或謂絕對權係得對抗一般人之權利。而相對權係僅得對抗特定人之權利。或謂絕對權係以一般人爲義務人之權利。而相對權係以特定人爲義務人之權利。或謂相對權係請求特定人行爲或不行爲之權利。而絕對權係請求一般人不行爲之權利。本書採第三說。

【註二】 推而爲論。其說有三。(一)積極說。謂一般第三人。應負債權不可侵害之義務。蓋以凡屬權利。均莫不有絕對性。卽在債權。亦難獨異。故第三人違背此項義務。侵害債權。卽爲侵權行爲。應負賠償損害 責。日本學者。多採此說。日本大審院判例亦同。(二)消極說。謂一般第三人不負債權侵害之義務。蓋以若認債權有絕對性。債權與物權。匪特無從區別。而第三人之賠償責任。亦甚過重。較諸債務人之債務不履行責任。尤失鈞衡。德國學者。多採此說。(三)折衷說。謂在一般情形。第三人所爲之債權侵害。殊難一律認爲侵權行爲。然因其侵害行爲。直接致債權消滅時(例如盜取債權人收條。以受淸償。或侵占無記名債權之證書。以受淸償是。)則應負侵權行爲之責。德國二三學者。曾採此說。

【註三】 所謂第三人亦能侵害債權之情形。例如焚燬債務之標的物而不法者。又如監禁債務人務使遲延者。又如利誘毀約者。又如教唆或共同以致債務之履行不能者等是。

債權爲對於債務人請求行爲之權利

二　債權係對於特定人請求行爲之權利　債權之內容。在向債務人請求特定行爲。其所謂行爲。不僅作爲。卽不作爲。亦在其中。故債務之內容。卽債權人向債務人請求某種作爲或不作爲是也。蓋債權在使債權人取得利益。而利益之取得。必須有債務人之某種作爲或不作爲。始得達其目的。故債務人之行爲。斯爲債權人之標的矣。

第二節、債權與他種權利之區別

債權與物權之區別

一　債權與物權之區別　債權與物權。雖同爲財產權。而其性質效力。均與物權不同。

性質上之差異

1　性質上之差異　物權爲直接管領物件之權利。而債權則爲對於特定人請求行爲之權利。雖債權亦有以物件之交付爲標的。然究不能對於其物。直接行使權利。必須有債務人之行爲。介乎其間。始可使其物達到債權人管領範圍之內。故債權常爲請求權而非管領權。

效力上之差異

2　效力上之差異　此項差異。大別爲三。

甲　物權有優先權而債權無之　物權有排他性。〔註一〕在同一物上。後發生物權。僅於不妨害先發生物權之範圍內。始得存在。故先發生物權。優先於後發生物權。〔註二〕〔註三〕至於債權。則無排他性。對於同一債務人。雖有數個債權。其效力均屬相等。故發生縱有先後。而效力並無優劣。〔註四〕

〔註一〕　物權之排他性者。卽在同一物上。其內容不相容之物權。不能同時成立二個以上是已。例如數人在同一物上。不得各自獨立享有所有權是。

〔註二〕　優先權者。卽在同一物上。數個權利併存時。其中某權利。得較先其他權利而行使之效力也。在所有權與他物權之間。不生優先權之問題。蓋他物權爲限所有權之權利。必優先於所有權。而優先權問題。僅發生於他物權相互間耳。

【註三】例如甲以萬元價值房屋。先向乙抵借八千元。（先發生之物權）嗣復向丙抵借六千元。（後發生之物權）如甲無力清還借款。則拍賣該房所得房價。應儘先歸還乙之借款。如有餘額。始以歸還丙之借款是。

【註四】例如甲先向乙借債萬元。嗣復向丙借債萬元。如甲僅有萬元資產。則乙丙得平等的各受半額之清償是。

乙 物權有追及而債權無之 物權標的物。雖輾轉入於他人之手。然物權人仍得追及其所在。而主張權利。【註五】至於債權。其給付之標的物。如一日離債務人之手。則債權人即不得追及該物。對於第三人。主張其權利。【註六】

【註五】例如張某在甲所有房屋上。有抵押權。縱令該房輾轉出賣於乙丙丁戊。張某仍得就該房主張抵押權是。

【註六】例如甲向乙買受某物。乙於未交付前。更另賣於丙。乙對於丙。不得主張權利是。

丙 物權較之普通債權得優先行使 即在同一物件。物權與債權並存時。物權

之行使。得優先於債權。例如抵押權人質權人。得較他債權人。先受清償是。【註七】

【註七】例如甲以萬元價值房屋。向乙抵借八千元。（物權）更賒賣於丙。得價萬元。嗣經丙查悉賒賣情事主張解除契約。索回房價。（普通債權）而甲又無力清還借款及房價。則拍賣該房所得價額。應儘先歸還乙之借款。如有餘額。始得以返還丙之房價是。

債權與親屬權之區別

二　債權與親屬權之區別　親屬權與債權。同爲特定人間之權利。似頗相類。然實不同。考其差異。約有二端。親屬權之發生。以親屬關係爲基礎。必須有一定身分之人。始得享有此項權利。至於債權之發生。毋庸以特別關係爲前提。無論何人。均得享有。其一也。親屬權之目的。在確保道德上之義務。權利人之享有權利。乃所以盡其道德上之義務耳。此項義務。須自盡之。故親屬權之行使。不得由他人代理。至於債權之目的。則僅在保護權利人之個人利益耳。其二也。

債權與請

三　債權與請求權之區別　請求權者。根據基礎權之內容。對於他人。請求行爲之權利也。【註八】故在請求權。必別有基礎權。然後由其滋生或構成其內容之一部。【註九】夫請求權與債權。同爲請求行爲之權利。固頗相類。然僅爲債權之重要內容。尚難謂爲同一。蓋以債權所滋生之權利。不僅請求權。此外尚有代位權、撤銷權、抗辯權、抵銷權、解除權等。故債權與請求權。未可視爲同一也。【註十】

求權之區別

【註八】德國民法。關於請求權之意義。已有明文規定。即謂要求作爲或不作爲之權利爲請求權。（德民一九四條）

【註九】請求權既爲基礎權所滋生之權利。或爲其構成部分。故以基礎權爲標準。得分爲債權的請求權物權的請求權。等惟請求權爲債權之構成部分。故債權一旦成立。則請求權即隨之發生。若物權則僅對於一般人有禁阻毋相侵害之權能。故其成立之初。並無請求權。必於物權被侵害時。始發生請求權而已。

【註十】請求權與債權是否同一。其說有二。（一）謂爲同一。蓋以請求權與債權。同爲對於他人請求行爲之權利。且在債權。除請求權外。更無其他權能。故兩者同一。（二）謂爲非同一。其理由與本書所主張者大致相同。

四　債權與訴權之差異　訴權為訴訟法上之公權。即對於國家請求有利判決之權利也。而債權之主要權能。則為請求權。卽對於私人請求行為之權利。自係私權。故絕然不同。

債權與訴權之區別

第三節　自然債務

一　自然債務之意義　自然債務亦稱為不完全債務。卽債權人雖不得以訴權強制債務人之履行。然債務人苟願履行。則其履行有效。亦不得援不當利得之規定。請求返還是已。夫債權以債務人之給付為標的。如債務人任意違反債務。槪得依訴權強制其履行。此定則也。然自羅馬法以來。卽有所謂自然債務。【註一】德法兩國民法。今獨認之。【註二】

何謂自然債務

【註一】　在羅馬法。其有訴權之債權。稱為法定債權。而無訴權之債權。則稱為自然債權。或自然債務。

【註二】在德國法。關於自然債務之範圍。學者主張。頗不一致。然通常所列舉者。則爲時效已完成之債務（德民二二二條二項）婚姻居間報酬之債務。（德民六五六條一項但書）因賭博所生之債務。（德民七六二條）基於道德上或禮儀上義務之債務。（德民八一四條）父母對其子供給嫁資生計費之債務。（德民一六二四條）協諧契約後破產人之債務。（德破一九三條）至於法國民法。其第千二百三十五條。已認明自然債務。但關於內容。尚無規定。其學說所認爲自然債務者。則爲父對於私生子扶養之義務。父母對其子設定嫁資之義務。因賭博所生之債務。協諧契約後破產人之債務。禮儀上義務之債務等。

我民法亦認自然債務

二　自然債務之存在　我國民法。亦認有自然債務。如時效已完成之債務（一四四條二項）基於道德上義務之債務（一八〇條一款）等是。

第四節　債務與責任

債務與責任之關係

一　債務與責任之關係　債務乃指應爲履行之義務。而責任則爲淸結其義務之擔保。玆所謂擔保。乃指債務人財產資力而言。如債務人任意不履行債務。卽得依強制執行之方法。就其財產。以求滿足。故責任常偕債務而存在。別無獨立之目的。然責任與債務。非必同時存在。故有無責任之債務。如自然債務是。又有無債務之責任。如擔保將來債務或停止條件付債務之保證是。

無限責任

二　無限責任　無限責任者。債務人以其全體財產。任淸償之責也。質言之。債權人得就債務人之全體財產。以爲強制執行時。斯爲無限責任。債務人履行債務。當以無限責任爲原則。

有限責任

三　有限責任　有限責任者。債務人在一定限度內。以其財產。任淸償之責也。質言之。債權人僅得就債務人全體財產之一部。以爲強制執行耳。債務人旣以負無限責任爲原則。故須有法律上規定。或當事人約定。其責任始得有限制也。又有限責任。因限度之方法。尚得分爲二種。

1 定額有限責任　亦稱爲人的有限責任。或計算上有限責任。卽以一定額數爲限度。任淸償之責也。例如兩合公司有限責任股東之負責。以額定出資額爲限。(公司法七〇條二項)股分有限公司股東之負責。以所認股數之股銀爲限。(公司法六五條)等是。

2 物的有限責任　卽以特定財產爲限度。任淸償之責也。例如繼承人對所繼人所責債務。以繼承財產。任償還之責是。

第二章　債之發生

第一節　總說

何謂債之發生

一　債之發生之意義　債之發生云者。謂債的關係新發生也。故必須客觀的新生之債權或債務。始得謂爲債之發生。若因讓與而取得債權。(二九四條)或因承擔而負擔債務。(三〇〇條三〇一條)則爲既存債之移轉。並非新生債之發生。此卽債之發生與債之移轉。所以須有區別也。

債之發生原因

二　債之發生原因　債的關係之發生原因。與一般法律關係之發生原因相同。可大別之爲行爲及行爲以外之事實。玆分述之。

1　行爲　行爲又可分爲適法行爲及違法行爲。

甲　適法行爲　適法行爲。又可分爲法律行爲及法律行爲以外之適法行爲二種。

A　法律行爲　法律行爲。又可分爲契約及單獨行爲二種。

a　契約　此於法律行爲中。最爲普通。而債之發生。亦多基於契約。故我民法債編於債之發生節中。首標契約爲第一款。關於契約之成立。設其規定。更於債之效力節中。復列契約爲第四款。關於契約之效力。設其一般規定。

b　單獨行爲　單獨行爲。能否爲債之發生原因。頗有爭論。【註一】我民法債編中。明定爲債之發生原因者。僅有代理權之授與行爲而已。【註二】於債之發生節中。列爲第二款。

【註一】　考諸羅馬法。其原則上不認單獨行爲爲債之發生原因。多數立法例亦同。徵諸實際。復殊少認許之必要。故學者間多謂債之發生。以契約爲原則。以單獨行爲例外。僅限於法律有明文規定時。始得以單獨行爲爲債之發生原因耳。（德民三〇五條參照）

【註二】　本人以一方的意思表示授與代理權時。（一六七條參照）即應對於代理人在其權限內所爲之行爲。負其責任。（一〇三條參照）故可謂爲由單獨行爲而負擔債務。

B　法律行爲以外之適法行爲　此又稱爲法律的行爲。如無因管理。其適例也。我民法債編。於債之發生節中。列爲第三款。

乙　違法行爲　違法行爲中。其爲債之發生原因者。首推侵害行爲。我民法債編。於債之發生節中。列爲第五款。至於債務不履行之損害賠償請求權。僅係原來債權。變更其物體而已。不得謂爲債之發生原因。

2 行爲以外之事實　此又稱爲事件。如不當利得。其適例也。我民法債編。於債之發生節中。列爲第四款。

債之發生原因。有獨立發生債者。有與他項法律關係相伴。始發生債者。我民法債編。僅就獨立發生之重要原因。列舉契約、代理權之授與、無因管理、不當利得、侵權行爲五種而已。此外與他項法律關係相伴而發生債者。則附隨各該法律關係而規定之。例如因物權關係。(如共有是)親屬關係所生之債是。又債之發生有基於公法上之原因者。如因土地收用所生之求償權是。

第二節　契約之性質

一　契約之用語　契約之本質。在當事人間之合意。惟契約一語。有廣狹二義。狹義的契約。亦稱爲債權契約。僅指債的發生之原因契約而言。申言之。即當事人間之意思一致者。概謂之合意。僅限於合意係以發生債的關係爲目的者。始謂之契約

契約之用語

。務使與他項合意。有所區別。羅馬法及法奧英諸國法所稱契約。均係此義。我民法債編中所稱契約。亦係指此債權契約而言也。【註一】廣義的契約。則指私法上效果的發生之原因契約而言。申言之。卽凡合意係以發生私法上之效果爲目的者。均謂之契約。無所區別。蓋當事人之合意。不僅限於債之發生。卽在物權法、親屬法、繼承法。亦頗需要。例如物權之設定、移轉。婚姻關係之成立。分析遺產之協議。其須有當事人之合意。自不待言。故契約一語。應取廣義。並對於一般契約。宜設共同規定。德民卽採此說。【註二】我民法規定契約於債編中者。蓋以債權契約適用最廣。故便宜上。僅就債權契約。設其規定耳。但契約成立之規定。在債權契約以外之契約。亦宜準用也。

【註一】法民第千一百條與民第八百六十條所稱契約。均係債權契約意義。我民法將契約規定於債編中。在總則內。並無契約之共同規定。故所謂契約。亦指債權契約而言。

【註二】德民關於一般契約。設有共同規定。置諸民法總則之中。(一四五條至一五七條)由立法上言之。以德民爲優。

契約之定義

二 債權契約之意義 契約云者。謂須有二人以上當事人。其互相的所爲意思表示。並須一致。且以發生債權爲目的之法律行爲也。玆分析說明之。

1 契約之成立須有二人以上之意思表示 故契約之成立。須有二人以上之當事人。苟爲二人以上。其數別無限制。例如合夥是。又二人以上當事人之成立契約也。必須各爲其意思表示。故契約之成立。必須有二個以上之意思表示。此等意思表示。卽爲構成契約之要件。其所爲意思表示。明示或默示。均無不可。

2 意思表示必須一致卽須有合意

甲 客觀的一致 二個以上之意思表示。須在客觀上。有同一內容。始得謂爲意思表示之一致。而成立契約。所謂同一內容。非必謂其所使用之言語、文字。須全然同一。【註三】乃指意思表示所希望達到之法律上效果。須同一也。【註四】

【註三】所謂言語全然同一者。例如互易之雙方。均稱願意掉換是。所謂文字全然同一者。例如雙方當事人。共同作成一個契約文件是。

【註四】例如買賣。一方願買。他方願賣。言語文字。固不同一。但希望法律上買賣之效力。則同一者是。

乙　主觀的一致　各當事人之意思表示。須有意欲以相對人之協同而生法律上之效果。此之謂契約意思。亦稱爲結約意思。苟當事人間。無此意思。雖數個意思表示。偶然具有同一之內容。亦不能成立合意。

於茲有二問題。（一）合意之成立。在各意思表示間。應否有因果關係。就通常情形言之。固以有因果關係爲多。（如因受要約而爲承諾是）但對於相對人之意思表示。雖無因果關係。偶然以契約意思而爲內容同一之意思表示者。亦不妨成立合意。例如交錯要約是。【註五】（二）合意之成立。尙須各當事人就其意思表示之一致。均有認識否。學者之間。不無爭論。但多取否定說。且自民法言之。向非對話之意思表示。其效力之發生時期。係採達到主義。（九五條一五九條）而收受人曾否了知。則非所問。亦難依肯定說之見解也。

【註五】 甲向乙為要約時。適值乙亦向甲為此同一內容之要約者。謂之交錯要約。其間雖無先後之因果關係。但彼此內容既屬一致。而復均以締約意思為之。其成立合意。毫不容疑。

3 一個以上之意思表示須互相的為之　即各意思表示。須相對立。方足以成立契約。如甲向乙為意思表示。而乙亦向甲為意思表示。因以成立契約是。此即契約與共同行為所以區別也。蓋以契約之各意思表示為對立。而共同行為之各意思表示為平行故也。【註六】

【註六】 共同行為亦稱為合同行為。或協定行為。即因平行的二個以上意思表示之一致。所成立之法律行為也。例如法人之設立行為及決議是。其須有二個以上意思表示。及各意思表示之內容。必須同一。固與契約無異。但在契約。其當事人間。利害常相反對。故各意思表示。須相對立。而共同行為。則當事人間。僅有共同之單一目的。（如法人之設立是）毫無利害相反之可言。故各意思表示。

須相平行。此即共同行爲與契約由區別也。

4　意思表示之內容須以發生債權爲目的　債權契約與一般契約所以異者。僅在此點。蓋債權契約。以發生債權關係爲目的。而一般契約。則以發生私法上效果爲目的也。

5　契約係法律行爲　契約既以二個以上意思表示爲其構成要件。自係法律行爲。故民法總則中法律行爲之規定。於契約亦適用之。

第三節　契約之種類

契約之種類

契約因觀點不同。種類各別。茲舉其重要分類於左。

雙務契約與片務契約

一　雙務契約與片務契約　二者之區別。在雙方當事人。是否負擔有對價的關係之債務。

1　雙務契約　雙務契約者。雙方當事人。各須負擔有對價的關係之債務之契約

也。如買賣、互易、租賃、承攬、有償委任、有償寄託、居間、合夥等是。【註一】

【註一】 合夥契約。各當事人之負擔債務。係因其他當事人亦負擔債務。而其出資及協同經營之給付義務。並互有對價的關係。故為雙務契約。

甲 當事人雙方均須負擔債務 故僅一方負擔債務者。不得謂為雙務契約。

乙 當事人雙方所負擔之債務須有對價的關係 對價的關係云者。具有兩足相償之性質之謂也。即在雙務契約。其一方之負擔債務。係因他方亦負擔債務。而雙方之給付。並須兩足相償。彼此互得堪為代價也。雙方之給付。是否相償。非必客觀的須有相等之價格。僅主觀的認為此給付。堪為彼給付之代價而已足。雙務契約當事人所負擔之債務。既有兩足相償之性質。故雙方當事人均為債務人。而復均為債權人。

當事人雙方。均負擔債務。並須有對價的關係。始得謂為雙務契約。故當事人雙方。雖負擔債務。而並無對價的關係者。自非雙務契約。大別為二。

A　契約成立後。當事人始因特別事由而負擔債務者。例如在無償委任其委任人負擔償還費用之義務是（五四六條）

B　雙方當事人負擔債務。係爲契約當然之效力。而並非立於對價的關係者。例如在使用借貸。其貸與人負貸與使用之義務。而借用人亦負返還原物之義務。（四六四條）雖雙方均負債務。而返還原物與貸與使用。並非互爲代價。仍係片務契約是。

2　片務契約　片務契約者。雙務契約以外之契約也。可分爲左列二種。

甲　契約之效力。原卽僅使當事人一方負擔債務者。例如贈與、無償委任、無償寄託等是。

乙　契約之效力。雖使雙方當事人。負擔債務。然未立於對價的關係者。以及契約成立後。當事人始因特別事由而負擔債務者。

雙務契約與片務契約。其區別之實益。在其應行適用之法律規定。頗有差異。

卽同時履行之抗辯。(二六四條)危險負擔(二六六條以下)等問題。須在雙務契約。始得用之。又契約之解除。亦重在適用於雙務契約也。

二 有償契約與無償契約　二者之區別。在雙方當事人。是否由給付而取得利益。

有償契約與無償契約

1 有償契約　有償契約者。雙方當事人。各須由給付而取得利益之契約也。例如買賣、互易、租賃、雇傭、承攬等是。

2 無償契約　無償契約者。當事人一方無所給付。而取得利益之契約也。例如贈與。使用借貸等是。

有償契約中。有所謂利益分配契約者。卽謂因當事人一方所爲之給付。致相對人獲有經濟上利益時。則按所獲利益之多寡。而定利益分配標準之契約也。如公司對其雇用人。約按獲利比例分紅者是。又有所謂射倖契約者。卽謂當事人一方或雙方所爲之給付。應依偶然之機會。而決定之契約也。如賭博、保險契約等是。此種契約。往往因違反公序良俗而至無效。

雙務契約與片務契約之區別外。更設有償契約與無償契約之區別者。蓋以區別之理由。兩不相同。一則係從負擔債務着眼。一則係從爲給付着眼。故兩者非必一致。卽雙務契約。必係有償契約。而片務契約。非必係無償契約。亦有係有償契約者。如約付利息之消費借貸是。

有償契約與無償契約。其區別之實益。亦在應行適用之法律規定。頗有差異。卽（1）買賣之規定。有償契約得準用之。（三四七條）而無償契約則否。（2）限制能力人。若未經法定代理人之允許。不得締結有償契約。或不獲利益之無償契約。而純獲利益之無償契約。則得爲之。（七七條）

要物契約與諸成契約

三 要物契約與諸成契約 二者之區別。在合意以外。是否以實行給付爲契約之成立要件也。

1 要物契約 要物契約者。於合意外。更以當事人一方交付標的物。或完結其他給付。爲成立要件之契約也。例如使用借貸、消費借貸等是。（四六五條四七五條）

2 諾成契約　諾成契約者。僅以合意爲成立要件之契約也。如買賣、租賃、雇傭、委任等是。

要物契約與諾成契約。其區別之實益。僅在契約成立之時期。有其差異耳。

要式契約與不要式契約

四　要式契約與不要式契約　二者之區別。在契約之成立、是否須有一定方式。要式契約者。其成立須有一定方式之契約也。不要式契約者。其成立毋須有一定方式之契約也。要式契約。如不具備法定或約定之必要之方式。則其契約原則上應爲無效。此卽二者區別之實益也。近世法律。因採方式自由之原則。多爲不要式契約。但自社會政策上言之。方式亦頗緊要。（如一九一八年一二月二三日德國勞動協約令一條瑞債三二二條是）故未具備法定方式或約定方式之契約。其效力若何。現代法律。已設一般規定矣。（民法七三條一六六條德民一二五條以下瑞債一一條以下）

要因契約與不要因契約

五　要因契約與不要因契約　亦稱爲有因契約與無因契約。二者之區別。在以給付財產爲標的之契約中。其所以給付之原因。【註二】是否爲契約之成立要件。卽人之給付財產。必有所以給付之原因。或因清償債務。或因取得債權。或因給與利益。要因契約者。其成立必須有原因存在之契約也。不要因契約者。其成立毋庸有原因存在之契約也。申言之。卽在要因契約。其契約行爲與原因。不可分離。倘原因欠缺。則契約亦歸無效。例如買受人之約付價金。係因出賣人之約交貨物。若出賣人之債務不成立時。（如因買賣標的物之滅失是）則買受人之債務。亦不成立是。凡在雙務契約其雙方債務。均互爲原因。一方之債務。如不成立。則他方之債務。亦不成立。反之。不要因契約。其契約行爲與原因。兩相分離。原因之存否。於契約之效力。毫不相涉。故原因雖有欠缺。而契約仍猶有效成立也。惟受益人無法律上之原因而受益時。應依不當利得之規定。負返還之義務耳。（一七九條以下參照）

要因契約與不要因契約之區別。在債權契約。頗爲重要。卽通常之債權契約。殆均爲要因契約。至如當事人不問原因。僅單純負擔債務者。則爲不要因契約。所謂債務約束。債務承認之類是也。【註三】

【註二】要因不要因之說。創自德普通法。現在德法。已成定論。德民法典。亦明認此區別矣。又原因與動機（亦稱爲緣由）不同。應加區別。卽原因乃所以爲行爲之直接決意。而動機則爲所以生此決意之原因。質言之。卽原因之原因也。原因乃法律行爲之成立要件。而動機則於法律行爲之成立。多無影響。例如在買賣契約。買受人之結約原因。僅係欲由出賣人取得貨物。而動機則種種紛歧。或因買供自用。或因轉贈他人。或因轉賣圖利是。故原因在同種法律行爲。均係同一。而動機在同種法律行爲。則千差萬別也。

【註三】債務約束者。不標明原因而約定負擔債務之契約也。債務承認者。承認原有債務關係存在之契約也。此兩種契約。均無原因而契約得有效成立。故皆爲不要因契約。德民（七八〇條至七八二條）瑞債（一七條）前清民草（八六〇條至八六二條）前北平修訂法律館民草（七一二條至七一四條）均經明定。所以認此不要因契約者其理由約有二端。主張權利者。毋庸證明原因。訴訟進行。簡便迅速。其一也。或單依債務承認契約。新定債權效力之範圍。或更立債務約束契約。替代舊有之債權關係。務斬斷舊有轇轕。使當事人間之法律關係。益趨單純明確。其二也。我民法關於債務約束及債務承認。未予明定。是否有效。解釋上不無疑義。但我民法既未明文規定債權契約之成立。均須必有原因。而不要因之債權契約。（例如僅載明付銀洋若干元之約單是）又非必違背反公序良俗。竊謂應認爲有效也。

有名契約與無名契約

六　有名契約與無名契約　二者之區別。在是否爲法律所明定。

1　有名契約　有名契約。又稱爲典型契約。或模範契約。即法律付與一定名稱。並設有特種規定之契約也。自債編言之。其第二章所定各種之債其性質爲契約者。皆係有名契約。

2　無名契約　無名契約。又稱爲非典型契約。或非模範契約。即法律未付與名稱。並未設特別規定之契約也。其中有以法律全無規定之事項爲內容者。亦有以二以上有名契約之內容爲內容者。後者稱爲混合契約。

有名契約與無名契約。其區別之實益。在適用法規之不同。即有名契約。直接適用其特種法規。而無名契約。因無特別規定。僅以性質類似者爲限。準用有名契約之法規。並得適用債之通則規定。自不待言。又契約自由。爲大原則。有名契約。不過爲交易上所常見。故法律從而規定之。並非限定其範圍。倘不違背公序良俗。無名契約。仍可自由締結也。

本契約與預約

七　本契約與預約　約定將來締結一定契約之契約。謂之預約。嗣後履行預約而締造之契約。謂之本契約。故預約在使當事人負擔締結本契約之義務。此項義務。有在雙方者。有在一方者。故有雙方的預約與一方的預約之別。我國民法。關於預約。未設一般規定。德日民法亦同。但瑞奧兩國。則已設一般規定矣。（瑞債二二條奧民九三六條）

1　預約與本契約。係二個獨立契約。故預約非本契約之一部。必須履行預約義務。爲締結本契約之必要行爲。然後本契約。始得成立。

2　預約之內容。在商定本契約之內容或方式。以便締結本契約。

3　預約義務者。如任意的不履行其義務時。預約權利者。得請求其履行。（二二七條參照）或得解除其預約。（二五四條）又無論請求履行或解除契約仍得請求損害賠償。

4 預約之權利。不得讓與。又預約之權利義務。不得繼承。蓋約定締結本契約。重在信用其人也。（二二七條後段二六〇條參照）

5 預約後周圍之事情。如顯有變更。不能達預約之目的。則預約即失其效力。

主契約與從契約

八 主契約與從契約　主契約者。獨立存在。無論有無他契約。均得成立之契約也。從契約者。必須有他契約存在。始能成立之契約也。無論債權契約或物權契約。均可成立從契約。前者如保證契約、違約金契約。後者如質權契約、抵押權契約是。

債權契約與物權契約

九 債權契約與物權契約

1 債權契約者。以發生債的關係爲目的之契約也。例如買賣、互易、贈與是。此外民法債編所認之契約均屬之。

2 物權契約者。以物權之設定移轉爲目的之契約也。物權之設立云者。謂設定他物權也。（如地上權、永佃權、地役權、質權、抵押權、典權等是）物權之移轉云者。謂移轉所有權或既存之他物權也。據我民法。不動產物權之設立移轉。須經合意及登記。（七五八條參照）動產物權之設定移轉。須經合意及交付。（七六一條參照）此物權設立移轉之合意。斯爲物權契約。在物權契約。僅由該契約。卽生設立移轉之效力。別無義務履行之觀念。故物權契約。苟經成立。相對人卽取得物權。毋庸更有移轉。又物權契約。固有其原因。但契約與原因。兩相分離。原因之存否。於契約之效力。毫無影響。故物權契約。原則上爲不要因契約。

債權契約與物權契約。截然不同。卽債權契約。在發生債權債務關係。物權契約。在物權之設立移轉。故債權契約。以物權移轉爲目的時。僅由債權契約。發生應移轉物權之債務。並非卽以移轉。此債務之履行。必須更有物權契約。始得收移轉之效。〔註四〕如約定買賣某物。此債權契約也。因履行該買賣契約。而交付價金。或移轉物之所有權。此物權契約也。

【註四】考各立法例。關於物權之設定移轉。共有二種主義。（一）法國主義。物權依當事人間之債權契約。卽設定移轉。故在法國法。其債權契約。不僅發生債權。並同時移轉物權。別無所謂物權契約。唯不動產物權之設定移轉。其對抗第三人。須爲登記而已。（法民七一一條一〇三八條）意比葡等國倣之。（二）德國主義。物權僅由債權契約。發生應爲移轉之債務。並非卽以移轉。必須另有物權契約。始得設定移轉。其物權契約。以當事人之合意及登記或交付爲成立要件。（德民八七三條九二九條一二〇五條）奧瑞和等國倣之。我民法亦然。

生前契約與死因契約

十　生前契約與死因契約　生前契約者。當事人生存中生其效力之契約也。如買賣互易等是。死因契約者。因當事人一方之死亡而生效力之契約也。如死因贈與是。

第四節　契約自由之原則與其限制

契約自由與其限制

一　契約自由已不足爲原則　契約自由云者。卽締結自由。（卽相對人選擇之自由）內容自由。方式自由是也。自斯密士盛唱經濟上自由主義。繼以法國革命自由平等之說。契約自由。遂成爲私法上之大原則。其在當時。曾打破封建陋習之縛束。脫離政治暴力之壓迫。功效之大。有足稱者。但降至近代。資本主義之發達。日趨極端。經濟上之地位。甚不平等。契約自由之原則。適足以壓迫經濟上之弱者。成爲有產階級剝奪之工具而已。且在此社會自覺時代。社會的立法。宜抑強扶弱。期得其平。應以羣衆利益爲前提。非以個人私利爲標準。故適合於國家社會之利益者。宜強制其締結。（契約強制）內容不公平。或不切合羣衆利益者。宜強制其修訂。（契約修訂）易生欺壓之情事者。宜嚴定其方式。契約自由。已不足爲原則矣。現代立法。對於契約自由之原則。固已稍加限制。（例如七一條至七四條又二〇五條至二〇七條二五二條四四二條四五七條等是）然規定未臻周密。內容又屬空洞。（如七二條）尚未足保護羣衆利益也。

契約強制

二　契約強制　締結契約。原屬自由。但適合於國家社會之利益者。宜不問當事人意思如何。而強制其締結。此之謂契約強制。例如鐵路不得拒絕運送（德商四五三條日鐵道營業法六條）及德國強制保險是。

1　契約強制。須爲法律上之強制。

2　強制契約之內容。須原已確定。其確定有出於法律規定者。有出於第三人之意思者。後者如法院之裁定。或調停委員會之調停是。

3　所謂強制者。卽義務人須應相對人之表意。而成立契約也。倘義務人不履行其義務。則得訴請其履行。

契約修訂

三　契約修訂　契約之內容。除不得違背法律禁令或公序良俗外。原屬自由。但曾經締結之契約。於當事人一方。顯失其平。或因嗣後界情事之變更。以致不切合於羣衆利益。則得對於契約之內容。強制其修訂。此之謂契約修訂。其修訂之方法。依法律之規定而異。有出於法律直接之規定者。有出於第三人之意思者。後者如訴經法院裁定。或請求調停委員會調停是。要之舊契約仍係存續。僅修改其內容而已。

方式自由已非原則

四　方式自由亦非原則　中世時代。方式過於煩瑣。近世民商各法。改弦更張。多採方式自由主義。故有以方式自由之原則。即稱爲契約自由之原則者。但現代法律。有因圖交易之安全。而注重方式者。如票據行爲是。有因社會的立法而注重方式者。如共同勞務協約應以書面爲之者是。（瑞債三二二條）故方式自由。已不足爲原則矣。

第五節　契約之成立

契約之成立

契約之成立。至少須有二個以上之意思表示。業經述明。此等意思表示。通常多互相先後爲之。並有其因果關係。先爲之意思表示。謂之要約。後爲之意思表示。謂之承諾。爲要約者。謂之要約人。受要約者。謂之相對人。爲承諾者。謂之承諾人。但在對話人間。有所謂同時表示。孰爲要約。孰爲承諾。殊難辯別。例如輪船或車站其旅客與脚夫約搬行李是。又在非對話人間。有所謂交錯要約。亦難認有因果關係也。例如甲寫信與乙。約請以千元出賣某馬。而乙亦同時寫信與甲。約請以千元收買此馬是。

第一款　要約

第一項　要約之性質

要約者。以締結契約之目的。所爲之意思表示也。分析說明之於左。

要約之性質

一　要約爲意思表示　關於要約之性質。爭論紛紜。或謂爲事實行爲。或謂爲法律行爲。或謂爲意思表示。按要約之目的。在締結契約。故其目的。在發生法律效果。其爲意思表示。甚屬顯然。自非事實行爲可比。又要約之目的。固在發生法律效果。然僅有要約。尙難單獨奏效。必須更經承諾。始得發生法律效果。故要約僅爲契約之構成分子。並非獨立之法律行爲。要約既爲意思表示。故民法總則中。關於意思表示之規定。亦適用之。

二　要約之目的在締結契約　卽須由要約人之表示行爲。足以推知其有爲一定契約

要約與要約之勸誘何以區別

之意思。苟相對人對之爲承諾之意思表示。則該契約卽可成立。此卽要約與要約之勸誘所以異也。要約之勸誘者。表示意思使他人向自己爲要約也。故僅有引起要約之意思。並無結約之意思。此項差異。在理論上。固甚明瞭。然實際上。殊難辯別。我民法雖規定貨物標定賣價陳列者。視爲要約。僅寄送價目表者。不視爲要約。(一五四條二項)然亦僅係例示規定而已。〔註一〕故實際上之區別。應依下列標準而決定之。(一)表示行爲。曾否指示契約之內容。卽意思表示。已指定契約之內容。俾相對人得據以卽結契約者。爲要約。如約請出賣。已指定貨物之種類、品質、數量、及賣價者是。反之未指定內容者。爲要約之勸誘。如僅寄送價目表是。(二)是否注重相對人其人。卽契約之締結。不注重相對人其人者。爲要約。如貨物標定賣價陳列、自動販賣機之設置、劇場電影館之開設等是。反之斟酌相對人之人物、信用、資力等。始與結約者。則爲要約之勸誘。如出租房屋之招貼、招聘職員之廣告等是。(三)此外行爲地之習慣。亦爲解釋之重要資料也。

【註一】此項例示規定。係自德舊商。（一三三七條）瑞債倣之。（七條二項三項）我民法亦同。

第二項　要約之要件

要約之要件

要約之有效成立。必須具備左列要件。

一　要約須爲特定人之意思表示　申言之。卽要約人須於客觀。實已確定。通常固多由契約本身。表示要約人爲何人。但實際苟經確定。雖不明白表示。亦無不可。如自動販賣機之設置。可認爲要約者是也。

二　要約之意思表示須向相對人爲之　蓋要約必須待相對人收受。更爲承諾。始能發生要約人所欲發生之效力。故要約必須向相對人爲之。並須達到。其性質固如是也。其相對人。固多爲特定人。但不特定人。亦無不可。【註一】【註二】故如自動販賣機之設置。電車公共汽車之運駛。劇場電影館之開設等。有時均得解爲對於不特定人之要約。我國民法。於廣告之要約。並經明定。（一六四條參照）其非以特定人爲限。更

要約得向不特定人爲之

屬顯然。

【註一】對於不特定人。是否得爲要約。不無爭議。卽從來舊說。僅認爲要約之勸誘而已。但契約當事人。須特定者。係指要約人及承諾人須特定者而言。若收受要約之相對人。並無須特定之理由。且在交易上。對於不特定人之要約。頗感需要。苟要約人不注重承諾人其人。雖認許之。亦自無妨。

【註二】關於不特定人之意義。共有二說。(1)謂對於不特定人之要約。係對於一般衆人或一定範圍內之衆人所爲之要約。凡屬衆人。對其要約。均得爲承諾。(2)謂對於不特定人之要約。係對於將來承諾之一人所爲之要約。故要約之收受人。在要約當時。尙不特定。迄至承諾。始特定也。然必先有要約之收受人。始有承諾。第二說謂承諾之時。要約之收受人。始行特定。未免本末倒置。且要約必須向相對人爲之。若要約當時。尙無要約之收受人。理論上亦有未合。故以第一說爲當。

三 要約之意思表示須足以決定契約之主要內容 卽要約人之爲要約。須指定契約之內容。俾收受要約之相對人。得據以卽爲承諾。例如買賣之要約。須指定標的物之種類數量。及價金額數。租賃之要約須指定租賃物及租金額數是。但要約人不妨以其中一部。委由相對人定之。例如關於價金。酌留相對人裁量之餘地。或使定貨物之數量等是。

第三項　要約之效力

要約之效力

要約效力之發生期

一　效力之發生期　要約既爲意思表示。其生效時期。自應依意思表示之通例。玆分述於左。

1　向特定人爲要約者。應視該特定人爲對話人與否而定之。

A　向對話人之要約。以相對人了解其要約時。發生效力。(九四條)

B　向非對話人之要約。以其要約達到於相對人時。發生效力。(九五條)

2　向不特定人爲要約者。我民法別無規定。應解爲適用達到主義。卽以不特定人居於得了解其要約之狀態時。發生效力。

要約之承

二　對於相對人之效力　卽收受要約之相對人。得對於有效要約。爲其承諾。以成

諾能力

立契約是也。質言之。即適於承受承諾。因以成立契約之效力也。學者或稱爲承諾能力。或稱爲要約之實質的效力。蓋以其係由要約之性質上當然發生之效力也。

收受要約人無諾否通知之義務

此項效力。僅在與相對人以爲承諾之權利。而相對人。並非因以負擔爲承諾之義務。其承諾與否。概屬自由。且原則上。對於要約人。其承諾與否。概無通知之義務。蓋要約人。不得以其要約。拘束相對人也。【註一】

【註一】考德日民法。收受要約之相對人。承諾與否。概無通知之義務。然其商法上。因交易之成否。應期迅速。又因商人對於顧客。須維持其信用。規定商人怠於諾否之通知。則認爲契約成立。惟其適用。須且備下列條件。(1)收受要約之相對人。須爲商人。(2)要約人須爲平常商業上之顧客。(3)要約須屬於商業範圍。按以上條件。限制甚嚴。(德商三六二條一項日商二七一條)

收受要約人無保管義務

再要約人於要約外。更發送物品。或直以發送物品爲要約者。相對人亦不負領受保存及送還之義務。僅不得爲侵權行爲而已。蓋無論何人。非依法令之規定。或法律上之行爲。固不負何等義務也。【註二】

【註二】考德日商法。爲期商業交易之確定與信用起見。不能以此種原則爲滿足。規定商人雖拒絕要約。而與要約共同送到之商品。應以要約人費用。暫予預防損害。（德商三六二條二項日商二七二條）

三　對於要約人之效力

要約之拘束力

1　意義　對於要約人之效力云者。要約人因要約而受拘束之謂也。（一五四條一項本文）申言之即要約人所爲之要約。一經達到於相對人後。不得復行撤回（九五條參照）倘相對人予以承諾。卽應成立契約。此項拘束力。在一定期限。並應存續者也。（一五五條至一五八條參照）學者或稱爲要約之拘束力。或稱爲要約之不可撤回性。或稱爲要約之形式的效力。此項效力。非要約性質當然之效果。乃出於法律之規定。蓋收受要約之相對人。其欲爲承諾也。必有相當之準備與勞費。倘要約人任意撤回。則相對人難免受意外之損害。且在相當期限內。使得成立契約。揆諸要約人之初衷。亦不相背。故法律規定要約。應於一定期間內。存續其拘束力也。【註三】

【註三】古代羅馬法及德國普通法 均不認此效力。近代法國民法亦然。英國法原則上亦不認此效力。其規定認許者。則爲德民（一四五條）奧民（八六二條）日民（五二一條一項五二四條）瑞債（三條至五條）各立法例。

拘束力之除外

2 拘束力之除外 契約之要約人。固因要約而受拘束。但要約當時。得以一方的意思表示。聲明不受拘束。或雖無此項意思表示。而依其情形或事件之性質。可認當事人無受其拘束之意思者。則要約人得不受要約之拘束。【註四】蓋在此情形。收受要約之相對人得悉要約無拘束力。不至受意外之損害故也。

【註四】德民瑞債。均設有此項拘束力除外之規定。（德民一四五條瑞債七條）日民雖無此規定。解釋論亦同。

3 拘束力無禁止更爲要約之效力 要約之拘束力。僅在要約人。於一定期限內。不得撤回要約。並無禁止要約人更向第三人爲要約之效力。故要約人於該期限內。向第三人更爲要約。仍屬有效。不過倘均有承諾。則要約人應負二重之義務耳。

要約效力之存續及消滅

四　要約效力之存續及消滅　要約發生效力後。固亦如其他意思表示。其效力可以繼續存在。但遇有消滅原因時。亦應歸消滅。要約之效力。果存續至何時爲止。並因何等原因。歸於消滅。玆述於左。

拘束力之存續期限及逾期失效

1　拘束力之存續期限及逾期失效　要約在一定期限內。應存續其拘束力。要約人不得任意撤回。此爲拘束力之存續期限。但逾此期限。卽失其拘束力。而要約之效力。亦卽全歸消滅。嗣後雖爲承諾。亦不得成立契約矣。玆更就左列情形。分別論之。

定有承諾期限之要約不得撤回亦因逾越承諾期限而失效

甲　定有承諾期限之要約　要約人定有承諾期限而爲要約時。無論爲向對話人之要約。抑爲向非對話之要約。在承諾期限內。應存續其拘束力。不得撤回。如有承諾。應卽成立契約。但逾越此期限。則要約失其拘束力。而要約之效力。亦全歸消滅。雖予以承諾。不能成立契約矣。(一五八條)【註五】此卽所謂逾越承

向非對話人之要約未定承諾期限者不得撤回並因逾相當時期而失效

諾期限之消滅原因。

【註五】德民瑞債日民俄民之規定。均與我民法同。（德民一四八條一四六條瑞債三條日民五二一條俄民一三三條）。

乙　未定有承諾期限之要約　此種要約。又因向對話人或向非對話而有區別。

A　向非對話之要約。未定承諾期限者。在依通常情形可期待承諾之達到時期內。應存續其拘束力。不得撤回。如有承諾。應卽成立契約。但逾越此時期。則要約失其拘束力。（民法一五七條）而要約之效力。亦當然全歸消滅。無更待撤回。【註六】雖予以承諾。不能成立契約矣。此卽謂逾越承諾達到可能時期之消滅原因。此可能時期。或稱爲相當時期。當就各種通知方法。適當判斷之。自一般論。應併合要約達到期間。承諾達到期間。及結約考慮期間而定之。

【註六】依日民法。向非對話之要約。未定承諾期限者。其逾承諾通知之相當時期後。雖失其拘束力。而承諾能力之效力。尙係存續。倘予以承諾。仍得成立契約。故要約人必須更爲撤回。其要約之效力。始全行消滅。（日民五二四條參照）至於日商。以更待撤回。未免繁瑣。因另設特別規定。使因逾期。當然失效。毋庸更待撤回。（日商二七〇條一項）按要約人斟酌當時情形。以爲要約。及時過境遷。多不欲再行結約。其要約效力。不宜永續。應使因相當時期之經過。當然自行失效。故較新之立法例。均設逾期失效之規定。無分民商。一律適用矣。（德民一四七條二項一四六條奧民八六二條瑞債五條俄民一三二條）我民法雖僅規定因逾期而失其拘束力。（民法一五七條）但據第一五九條之規定。逾期後遲到之承諾。原則上不能成立契約。又據第一六〇條之規定。凡遲到之承諾。無論要約曾否定有承諾期限。均僅視爲新要約。則逾期後之要約。不僅失其拘束力。而承諾能力。亦已消滅。自可謂爲要約之效力。全行消滅。毋庸更待撤回也。

向對話人之要約未定承諾期限者立時失效

B 向對話人之要約。未定承諾期限者。倘要約當時。若無立時承諾。則要約失其拘束力（一五六條）而要約之效力。亦即全行消滅。無更待撤回。【註七】嗣後雖予以承諾。不能成立契約矣。

【註七】依日民之解釋。向對話人之要約。未定承諾期限者。並非立時當然失效。必須更待撤回。至於日商。以商事頻繁。情形易變。此項規定。甚不相宜。因設特別規定。卽非立時承諾。則自失其效力。（日商二六九條）按要約人向對話人爲要約。其未定承諾期限者。原欲得其卽時回答。其要約效力之不永續。洵合乎要約人之意思。及交易上之情形。故較新立法例。均規定若無立時承諾。卽自失其效力。無分民商。一律適當矣。（德民一四七條一四六條奧民八六二條瑞債四條俄民一三一條）

拒絕要約爲要約效力之消滅原因

2 要約之拒絕　要約之拒絕者。表示不爲承諾之意思也。不僅絕對拒絕要約者。稱爲拒絕要約。卽將要約擴張、限制、或變更而爲承諾者。亦視爲拒絕要約。（一六〇條二項）此項意思表示。爲須受領之意思表示。故拒絕須向要約人爲之。且須達到時。始能發生效力。（九五條參照）至其所生效力。卽係使要約。失其拘束力。（一五五條）雖在承諾期間內。苟經拒絕。亦應失其拘束力。故要約之拒絕。爲要約效力之消滅原因。但如爲向不特定人之要約。則該要約並不因特定人之單獨拒絕。而失效力。蓋因該要約原卽向不特定人所表示。自不能因特定人之單獨拒絕而失效力也。

3　要約之撤回　要約之撤回云者。謂要約人收回要約。使失其效力。或使不生其效力之意思表示也。故要約之撤回。爲要約效力之消滅原因。按要約人所爲之要約。苟已發生拘束力。則要約人應受其拘束。不得任意撤回。故要約之得撤回者。僅有左列二種情形。

撤回要約爲要約效力之消滅原因

甲　要約人除外要約之拘束力者　此項要約。雖無拘束力。而有承諾能力。所謂撤回者。乃使失其承諾能力之效力也。

乙　要約尚在達到以前者　要約既在達到以前。尚未發生效力。自無所謂拘束力。要約人得撤回其要約。使不生其效力。此項撤回之意思表示。爲須受領之意思表示。應向相對人爲之。且須達到時。始能發生效力。故撤回要約之通知。須較要約先時達到。至遲亦須與要約同時達到。始能發生撤回之效力。（九五條參照）若撤回要約之通知。其達到在要約達到之後。則要約已生拘束力。不得復撤回矣。但按其傳達方法。依通常情形。應先時或同時達到者。相對人應向要約人、即發遲到之通知。若怠於通知。則要約撤回之通知。視爲不遲到。（一六二條）即仍使發生撤回之效力也。

要約人死亡或能力欠缺及於要約之效力

4 當事人死亡或能力欠缺

甲 要約人死亡或能力欠缺 要約人於發出要約之通知後。死亡或喪失行爲能力。其要約不因之失其效力。（九五條二項參照）【註八】但有左列例外。【註九】

A 要約人顯有反對之意思者。例如僅爲個人需要而定買物品是。

B 依契約之性質。須以特定人爲要件者。例如委任、雇傭等契約。注重相對人其人者是。

【註八】 要約人之死亡或能力欠缺。其對於要約所及之效力若何。在各立法例。其主義大別爲二。（1）使要約失其效力者。爲德國普通法時之通說。奧民更以明文定之。（九一八條）（2）以不失效力爲原則者。德舊商(二九七條)德民(一五三條)日民(九七條二項五二五條)採之。我民法亦然。

【註九】日民德民關於例外情形。如當事人顯有反對之意思者。均經明定。(日民五二五條德民一五三條但書)我民雖無此項明文。而固應如斯辭釋也。

相對人死亡或能力欠缺及於要約之效力

乙　接收要約之相對人死亡或能力欠缺　要約成立後。相對人死亡。或喪失行爲能力。其對於要約所及之效力若何。當依左列情形。分別論之。【註八】

A　發出要約之通知後未達到前相對人死亡或能力欠缺者　相對人喪失行爲能力。應依第九六條之規定。決定要約之效力。並非當然失效。至相對人死亡時。以欠缺領受之人。且在達到前。要約人與相對人間法律關係。毫未發生。繼承人亦無所繼承。故要約應不發生效力。惟要約人對於相對人之繼承人。亦有爲要約之意思時。對於繼承人。始發生效力耳。

B　要約達到後未承諾前相對人死亡或欠缺能力者　要約一經達到。卽發生其效力。（九五條一項參照）相對人雖喪失能力。而要約仍不失其效力。惟相對人爲承諾之能力。應受限制。至於相對人。雖有死亡情事。而要約亦不失其效力。惟要約人顯有反對之意思。或契約以特定人爲要件者。則要約失其效力。

C　相對人於發出承諾之通知後死亡或欠缺能力者　當依一般原則。適用第九五條二項之規定。

【註八】相對人之死亡。對於要約所及之效力若何。各立法例。亦不一致。德普通法。認爲要約應失其效力。普國國法。認爲要約不失其效力（第一部第五章一〇六條至一〇八條）德民法。以無明文。頗有爭議。其通說概謂相對人死亡或欠缺能力時。要約應否失效。應解釋要約人之意思而決定之。

承諾爲消

5　承諾　要約一經承諾。契約卽因以成立。自再無所謂要約。唯向不特定人之要約。若其所求之承諾。不僅限於一人。則僅單一之承諾。自不能消滅要約全部之效力。

滅要約效力之原因

6 足致意思表示喪失效力之一般原因　要約既爲意思表示。則關於一般意思表示失效原因之規定。自應適用。

第二款　承諾

承諾

第一項　承諾之性質

承諾者。以與要約人共結契約之目的。所爲之意思表示也。分析說明之於左。

承諾之性質

一　承諾爲意思表示　對於要約。予以承諾。契約卽因以成立。是承諾與要約同爲契約之構成分子。故承諾僅係意思表示。並非法律行爲。

二　承諾之目的在與要約人共結契約　故要約之相對人。須知有要約。並對之承諾。故承諾係接收要約之相對人。向要約所爲之同意。若不知有要約而爲意思表示。縱令偶然暗合。亦不生承諾之效力。

第二項　承諾之要件

承諾之要件

承諾之有效成立。必須具備左列要件。

一　承諾須由接收要約之相對人爲之　其代理人。亦得爲之。至其繼承人。是否得爲承諾。則應解釋要約之意思而定之。

二　承諾須向要約人爲之　蓋以承諾之目的。在與要約人。共結契約。自應向要約人爲之。

三　承諾須在要約發生效力後爲之　蓋對於有效要約。予以承諾。始能成立契約。若要約尚未發生效力。雖爲承諾。亦難生其效力。故承諾須在要約發生效力後爲之。

四　承諾之內容須與要約之內容一致　蓋要約人之意思。在以要約所表示之內容而締結契約。故應據其內容。以爲承諾。此之謂要約不可分。倘將要約擴張、限制、或變更而爲承諾。則視爲拒絕原要約。契約不得因以成立。但爲交易之便易。視爲新要約而已。（一六〇條二項）卽所謂變更之承諾。視爲新要約是也。至所謂將要約擴張而爲承諾者。如擴充要約之內容而爲承諾是。所謂將要約限制而爲承諾者如附加條件、期限、違約金約款而爲承諾是。所謂將要約變更而爲承諾者。如僅就要約之一部。予以承諾是。

變更之承諾視爲新要約

五　承諾須於要約有效期內爲之卽爲得承諾之時期　對於有效之要約。予以承諾。始得因以成立契約。故要約失其效力後。雖爲承諾。亦難發生效力也。其得承諾之時期如左。

得爲承諾之時期

1　向定有承諾期限之要約。須於其期限內爲承諾。（一五八條）

2　向未定承諾期限之要約。其爲對話者。須立時承諾。（一五六條）其爲非對話者。

須於依通常情形。可期待承諾之達到時期內。爲其承諾。(一五七條)

承諾之方法

六 承諾之方法 承諾之方法。以無限制爲原則。但有左列例外。

1 當事人因預約或其他特約限定者。例如當事人預定須以文件爲之者是。

2 要約人預行限定者。例以要約人。於要約中。聲明須以電報承諾是。

3 交易上有特別限制者。例如交易上習慣。須以電報往返者是。

4 依習慣。或依其事件之性質。或依要約人之意思表示。承諾無須通知者。我民法關於此點。已有規定。(一六一條)俟於契約成立之時期中詳說之。

第三項 承諾之效力

承諾之效力

一 承諾效力之內容 承諾之效力。卽在共與要約。成立契約。其在法律上效力。僅此而已。至契約之效力。必契約成立之後。始行發生。固與承諾之效力。大有區別也。

承諾效力發生之時期即爲契約成立之時期

二　承諾效力發生之時期　承諾之效力。在成立契約。故承諾效力發生之時期。即爲契約成立之時期。其時期如何。極爲重要。我國關於此點。未設特別規定【註一】自應適用意思表示發生效力之一般規定。以資決定。此乃做德國法例者也。【註二】

1　對話之承諾　承諾人係與要約人居於對話地位而爲承諾時。以要約人了解時。發生效力。（九四條參照）

非對話之承諾採達到主義

2　非對話之承諾　承諾人係與要約人居於非對話地位而爲承諾時。以承諾之通知。達到於要約人時。發生效力。（九五條參照）故承諾之通知。其發送雖在要約有效期內。而其送到已逾期者。承諾即不能發生效力。而契約亦無由成立。蓋要約一經逾期。卽行失效。而承諾之發生效力。復須在達到之時。若承諾通知之達到。在要約逾期失效以後。此乃對於無效要約。予以承諾。自不能發生承諾之效力。而成立契約也。且徵諸第一五九條及第一六〇條二項之規定。其承諾之通知。按其傳達方法。依通常情形。在相當時期內可達到而遲到者。卽爲遲到之承諾。原則上不發生承諾之效力。僅視為新要約而已。先後參照。更加顯然。蓋依通常情形。本可在相當時期內達到之承諾。其發知通知。自在要約有效期內。假使承諾發生效力。在承諾通知發送之時。則其發送之時。承諾應即發生效力。嗣後有無達到。已非所問。遑論遲到。但我民法。既明定遲到之承諾。原則上不發生承諾之效力。故承諾通知之發送。雖在要約有效期內。而其達到已逾期者。承諾自不能發生效力也。

【註一】關於承諾效力發生時期。在各立法例。頗不一致。大別如下(1)表示主義。即表示承諾之意思時契約即行成立是也。德國普通法學者及法國法學者。頗主張之。(2)發信主義。即發送承諾通知時。契約即行成立是也。英國法採之。(3)達到主義。即承諾之意思表示。達到於要約人時。契約始行成立是也。此為德國普通法之通說。德民(一三〇條)俄民(一三四條)採之。我民法亦然。(4)了知主義。即要約人知曉承諾及其內容時。契約始行成立是也。此為法國法之通說。德國普通法學者。亦有主張者。(5)附條件發信主義。即契約之成立。雖在承諾達到於要約人之時。但在要約有效期內。發送承諾之通知者。則視爲遡及發送之時。成立契約。日民（五二六條一項）瑞債（一〇條）德舊商（三二〇條三二一條）採之。我國民法著述。其抄評日民之解釋者。對我民法。亦頗有主張此說者。

【註二】　考各立法例。關於承諾發生效力之時期。即契約成立之時期。因有設特別規定者。如日民（五二六條一項）俄民（一三四條）瑞債（一〇條）等是。但德民則並未特設規定。僅使適用意思表示發生效力之一般規定而已。（德民一三〇條）我民法倣之。

遲到之承諾

三　遲到之承諾　承諾未於承諾效力發生之時期內達到者。謂之遲到之承諾。質言之。即逾承諾期限或承諾相當時期後。始行達到之承諾是也。此項承諾。自不發生承諾之效力。即不能因以成立契約。但法律對於遲到之承諾。尚與以二種特殊效力。

1　因障礙而遲到者使要約人負通知之義務　即承諾之通知。按其傳達方法。依通常情形。在相當期內。本可達到。而因途中障礙。以致遲到者。要約人應向相對人卽發遲到之通知。（一五九條一項）蓋恐相對人信爲契約成立。着手準備履行。致受意外損害。故使要約人應從速發送遲到之通知。以保護相對人也。要約人怠於爲此項通知者。其承諾視爲未遲到。（一五九條二項）卽仍使發生承諾之效力。而成立契約也。【註三】

2 視爲新要約　遲到之承諾。固不能發生承諾之效力。但係相對人以締結契約之目的。所爲之意思表示。故法律因顧全交易之便宜。當然視爲新要約。（一六〇條一項）【註四】卽原要約人。予以承諾。卽得因以成立契約也。

【註三】考各立法例。關於要約人之此項通知義務。其主義大別爲二。（1）要約人須發送撤同要約之通知。否則應負損害賠償責任。普國國法曾採之。（普國國法第一部第五章第百條以下）（2）要約人須發送承諾遲到之通知。否則視爲契約成立。德民（一四九條）日民（五二三條）瑞債（五條三項）俄民（一三三條後段）採之。

【註四】遲到之承諾。其視爲新要約者。在各立法例。亦大別爲二。（1）法律上當然視爲新要約者。德民（一五〇條一項）採之。我民法亦同。（2）非法律上當然視爲新要約。乃由原要約人。得視爲新要約者。日民日商採之。（日民五二三條日商二七〇條二項）

承諾之撤回

四 承諾之撤回 承諾之撤回云者。承諾人以不使承諾發生效力之目的。所爲之意思表示也。此項撤回承諾之通知。必須達到於要約人。且必須較承諾通知先時達到。至遲亦須同時達到。始生撤回之效力。（九五條但書）若其達到在承諾通知達到之後。則承諾已生效力。不得復任意撤回矣。但撤回承諾之通知。其達到雖在承諾通知達到之後。而按其傳達方法。依通常情形。應先時或同時達到者。要約人應向承諾人。即發遲到之通知。若怠於爲此項通知。則撤回承諾之通知。視爲未遲到。（一六三條）即撤回仍得有效。而使承諾不發生效力也。

第三款 合意及不合意

何謂合意

一 合意 契約之成立。必須有二個以上之意思表示。而各意思表示。並須一致。

其構成契約之各意思表示一致者。謂之合意。故合意爲契約成立不可缺之要件。當事人於契約之內容。須對其如何部分。其意思表示一致者。方得謂爲合意。易滋疑義。茲由法理上言之。當事人對其必要之點。意思一致者。斯爲合意。（一五三條二項前段）所謂必要之點者。卽法定要件及任意要件是也。法定要件者。卽某種契約之成立。其法定之必要的構成分子也。如買賣以移轉財產權及支付價金爲法定要件。（三四五條）贈與以無償給與及允受爲法定要件（四〇六條）是。凡對於契約內容之法定要件。其意思表示。必須一致。任意要件者。雖非法定要件。而當事人雙方預定。或當事人一方表示。必須合意也。如關於給付之處所。給付之時期。給付物體之品質各項。當事人表示應約定者是。苟有此要件。其意思表示。亦須一致。故當事人對此等必要之點。其意思表示一致。而對於非必要之點。未經表示意思者。卽推定其契約爲成立。（一五三條二項中段）如契約履行時。關於該非必要之點。當事人意思不一致時。法院應依其事件之性質定之。（一五三條二項後段）

不合意之種類

二　不合意　構成契約之各意思表示不一致者。謂之不合意。大別爲二。其不合意爲當事人所知者。謂公然之不合意。或稱爲意識的不合意。其一也。其不合意爲當事人所不知者。卽當事人誤信爲意思一致。而實際上並不一致者。謂之隱存之不合意。或稱爲非意識的不合意。其二也。凡屬不合意。無論爲公然的爲隱存的。均阻礙契約之成立。

隱存之不合意

隱存之不合意。得依其不合意之事項。分爲數種。（一）關於契約物體之不合意。例如約定買賣中英字典。買受人意在購買甲某所編。而出賣人意在出賣乙某所編是。（二）關於當事人之不合意。例如有王某同姓名者甲乙二人。本自甲王受其要約。而誤認爲乙王之要約。予以承諾是。（三）關於契約性質之不合意。例如當事人一方。對於他方。寄送金錢。意在貸與。而他方誤爲贈與。又如對於他方。寄送貨物。意在出賣。而他方誤爲贈與是。（四）關於品質之不合意。例如甲向乙提示鍍金表。言明若干元出賣。而乙誤爲眞金表。竟答稱願照價買此眞金表而定約是。

隱存不合意與錯誤

隱存之不合意。雖與錯誤同爲出於誤解。而實不相同。卽隱存之不合意。乃謂構成契約之各意思表示。在客觀上。無同一之內容。卽彼此意思不一致也。而錯誤則專謂一方意思表示。其眞意與表示不一致也。故構成契約之各意思表示。因誤解而不一致者。其契約不成立。若各意思表示彼此一致。僅其中意思表示。有因誤解。以致眞意與表示不一致者。則契約仍可成立。僅生錯誤問題而已。(八八條參照)例如甲向乙提示鍍金表。而爲以二十元賣與之要約。乙誤爲純金表。以買純金表之意思。僅表示願買之承諾時。則在客觀上。甲乙之各意思表示。對於此表。一方願賣。一方願買。已屬一致。卽爲合意。其買賣契約。自可成立。僅乙之意思表示。出於錯誤而已。反之。在同一情形。若乙答稱願以二十元買此純金表。則甲乙之各意思表示。一方願出賣鍍金表。一方願買受純金表。其內容各異。並不一致。卽爲不合意。而買賣契約無由成立是。

第四款　契約成立之時期

契約成立之時期。因其成立之方法而異。分別述之於左。

因合意成立之契約

一　因合意而成立契約　原則上承諾發生效力。卽合意成立之時。斯爲契約成立之時。但有左列例外。

1　要式契約　要式契約。於合意之外。更須具備法定或約定之必要方式。始得完全成立。故某種契約。在法律上定有法定方式者。若不依其方式。則原則上無效。（七三條）又契約當事人。約定其契約須用一定方式者（約定方式）。在該方式未完成以前。推定其契約不成立。（一六六條）

2　要物契約　要物契約。於合意外。更須交付標的物或完結其他給付時。始得成立。

因交錯要

二　因交錯要約而成立契約　甲向乙爲要約時。適値乙亦向甲爲此同一內容之要約

約成立之契約

者。謂之交錯要約。

1 交錯要約得成立契約　交錯要約。是否得成立契約。以未經明定。議論紛歧。大別爲消極說積極說。愚謂積極說爲當。蓋交錯要約。彼此內容。旣屬一致。而復均以結約之意思（契約意思）爲之。其成立合意。毫不容疑。雖彼此之間。無先後之因果關係。不能定其孰爲承諾。然契約之成立。非必限於要約承諾之方法。故理論上。交錯要約。自得成立契約。且實際上。亦以成立契約。最爲便宜。

2 契約成立之時　各要約須均達到相對人時。契約始行成立。蓋各要約之意思表示。須達到於相對人時。始能發生效力。（九五條前段參照）而因以成立契約也。

【註一】 消極說之理由。共有二種（1）謂要約與承諾。性質攸殊。即承諾乃對於要約所爲之意思表示也。在交錯要約。孰爲承諾。難於確定。故不宜成立契約。（2）謂要約在達到前。得撤回之。在交錯要約。若以較後之要約。認爲承諾。則較前之要約。已經過有承諾。雖在達到前。亦不得復行撤回。未免違背當事人之本意。故不宜成立契約。但在積極說論者。均認爲要約。並不認有承諾。自不受此等非難也。

因意思實現成立之契約

三　因意思實現而成立契約　卽依習慣或依其事件之性質。或依要約人之意思。承諾無須通知者。在相當時期內。有可認爲承諾之事實時。其契約成立是也。(一六一條)

1　何謂可認爲承諾之事實　可認爲承諾之事實云者。卽謂足以推斷承諾意思存在之客觀的事實也。其與一般情形異者。卽承諾意思。不問其有無表示。且毋庸向要約人表示也。但關於此點。爭議甚烈。大別爲二。卽意思表示說及意思實現說是也。意思表示說。謂仍須有承諾之意思表示。僅對於要約人。毋庸講求使應得知曉之方法而已。故可認爲承諾之事實。不僅以推斷已有承諾意思。並須包含已有其意思表示也。從來舊說。多謂爲默示之承諾。意思實現說。謂依客觀之事實。苟足以推斷已有承諾意思。則有無表示。已非所問。卽承諾意思。依意思表示以外方法。實現於外部者。斯認爲已有承諾也。此說現正盛行。本書亦採之。

2 如何事實始適於推斷承諾意思之存在　此則應就各情形分別決定之。然通常最適於推斷者。約有數項。（1）爲契約履行之行爲者。例如發送定買之物品。或爲受委託之行爲是。（2）爲契約所得權利之行爲者。例如使用或消費要約人送到之物品是。（3）爲契約履行之準備行爲者。亦有時可推斷已有承諾意思之存在。例如旅館或公寓之主人。對於所定房間。實行打掃是。

3 適用範圍　毋庸爲承諾之通知。僅因意思實現而成立契約者。須限於左列情形。始得適用。

甲　依習慣承諾無須通知者。若要約人所在地之習慣。與相對人所在地之習慣不同時。則依要約人所在地之習慣定之。

乙　依其事件之性質。承諾無須通知者。

丙　依要約人之意思表示。承諾無須通知者。即要約人於要約當時。預先聲明承諾無須通知者是也。

4相當時期內　所謂相當時期內。須解爲要約有效期內。卽得爲承諾之時期是也。

5契約成立之時　卽有足以推斷已有承諾意思之客觀的事實時。契約卽行成立也。

第六節　懸賞廣告

第一款　懸賞廣告之意義及本質

何謂懸賞廣告

一　懸賞廣告之意義　懸賞廣告者。以廣告方法。聲明對完成一定行爲之人。給與報酬之行爲也。（一六四條一項前段）其爲此廣告行爲者。謂之廣告人。而爲廣告上所指一定行爲者。謂之行爲人。【註一】

【註一】懸賞廣告。種類頗多。卽（一）尋求遺失物件或走失家畜之懸賞廣告。（二）尋求走失人口或緝拿人犯之懸賞廣告。(三)獎勵學術上技術上發明發見之懸賞廣告。(四)徵求學術上技術上著作或製造品之懸賞廣告等是也。

契約說及單獨行爲說

二　懸賞廣告之性質　懸賞廣告之性質若何。爭議紛紜。大別爲二。契約說及單獨行爲說是也。主張契約說者。謂懸賞廣告。乃廣告人對於不特定人所爲之要約。必須俟行爲人。予以承諾。始能成立契約。而發生債務。主張單獨行爲說者。謂懸賞廣告。乃單獨行爲。廣告人僅由其廣告之一方的意思表示。遂負擔債務。毋庸經行爲人之承諾。惟廣告當時。廣告上所指之一定行爲。既未完成。其債權人。自不存在。尙難謂爲卽發生債權。故多主張以一定行爲之完成。爲廣告人負擔債務之停止條件【註二】

【註二】　考各立法例。日民(五二九條以下)瑞債。(八條)採契約說。德民(六五七條以下)採單獨行爲說。法民奧民。則並無懸賞廣告之規定。

懸賞廣告

三　我民法係採契約說　我民法將懸賞廣告。規定於契約成立款中。認係契約成立之方法。其採契約說。自不容疑。故懸賞廣告。有要約之效力也。

有要約之效力

第二款　懸賞廣告之要件

懸賞廣告之要件

懸賞廣告。既係契約之要約。所有普通要約之要件。自應具備。但更須具備其特別要件。

須以廣告之方法

一　須以廣告之方法而爲其意思表示　廣告云者。使不特定之多數人得知之表示方法也【註一】其表示方法。或以書面。或以言詞。或登載報章。或張貼牆壁　苟係得用充廣告方法。均無不可。其所向表示之人。須係不特定人。若爲特定人。則非懸賞廣告。例如對逃走家屬。聲明給與財產。或任其結婚。勸令回家之廣告。非懸賞廣告是。又不特定之人。僅多數而已足。故不僅限於一般人。雖一定範圍內之不特定人。亦無不可。例如學校。對本校學生。懸賞徵求某種著述是。

懸賞廣告

【註一】　通常稱爲廣告者。種類頗多。其無法律上效果者。當居多數。如死亡之登報訃告。致謝之

與其他普通廣告不可混同

廣告。聲明會客時間之廣告等是。至發生法律上之效果者。大別爲二。卽事實之通知及意思表示是已。由廣告表示以代理權授與他人者。前者之適例也。（一六九條前段參照）又廣告於契約之成立有關係者。更得分爲四種。（一）爲要約之勸誘者。如招租廣告、招聘廣告等是。（二）爲向特定人之要約者。如報館欵聘某名流爲主筆之廣告是。（三）爲向不特定人之要約者。如某處地皮百畝。每畝以萬元出賣之廣告是。（四）卽懸賞廣告。故懸賞廣告。與其他普通廣告。應予區別。不可混同。

報酬

二　須表示給與一定報酬之意思　其報酬之種類。並無何等限制。旣非僅限於金錢給付。又非必限於財產的給付。例如獎照賞牌。亦得以爲報酬是。但給與之報酬。必須得爲債權之標的者。例如賞與接吻。賞給美人。不得以爲懸賞廣告之報酬。

一定行爲之完成

三　須表示對於完成一定行爲之人給與報酬之意思　其行爲之種類。亦無限制。或爲事實上之行爲。或爲法律上之行爲。或爲作爲。或爲不作爲。苟不違背公序良俗。均無不可。惟旣限於行爲。故以廣告。聲明對於具有一定狀態之人。給與一定利益者。自非懸賞廣告。例如美人懸賞投票廣告。非懸賞廣告是。

負擔債務之意思　四　廣告人須有負擔債務之意思　卽廣告人之爲廣告。須對於完成廣告上所指一定行爲之人。有負擔債務之意思。故廣告人。對於完成該行爲之人。必負給付報酬之義務。（一六四條一項參照）至所以爲廣告之原因。在所不問。或爲自己利益。或爲公益。或竟爲自己之不利益。均無不可。例如指出本工場出品之缺點者。給與賞金之廣告是。

第三款　懸賞契約之成立

懸賞廣告。僅有要約之效力。必須受有承諾。始能成立契約。究竟在如何事實時。方可認爲已有承諾。此爲懸賞契約成立之時期問題。

懸賞契約之成立時期　一　學說上之主張　關於上述問題。爭議紛紜。大別如左。

1　在着手一定行爲以前。因爲意思表示。而認爲有承諾。

2　因着手一定行爲。而認爲有承諾。

3 因完成一定行爲。而認爲有承諾。

4 在完成一定行爲後。因爲意思表示。而認爲有承諾。

5 因將完成一定行爲之結果。交與廣告人。而認爲有承諾。

二 我民法上懸賞契約成立之時期 據我民法之解釋。宜採第四說。蓋數人完成一定行爲時。究應如何給付報酬。據我民法之規定。不以完成之先後爲依據。而以通知之先後爲標準。(一六四條二項參照)足見最先爲承諾之通知。即因以成立契約矣。且廣告人對於不知有廣告。而完成一定行爲之人。據我民法之規定。亦負給付報酬之義務。(一六四條一項後段)若因僅着手或僅完成。而即認爲已有承諾。是不知有要約。而爲承諾。顯缺結約意思。何能成立契約。故完成之時。雖不知有廣告。而完成之後。如欲向廣告人請求報酬。必須更爲承諾之意思表示也。

第四款 懸賞契約之效力

一　效力之內容　行爲人完成一定行爲後。對於廣告人。表示承諾之意思時。懸賞契約。即行成立。行爲人因以取得請求報酬之債權。而廣告人亦因以負擔應給付報酬之債務。此即懸賞契約之效力也。（廣告人義務之發生）

二　數人完成一定行爲時　其情形有二。（行爲人之多數時）

1　數人各自單獨同時或先後完成一定行爲時。其中最先向廣告人爲承諾之通知者。卽與廣告人間。成立契約。而取得請求報酬之債權。其餘行爲人。無論完成之前後若何。苟通知在後。已不得請求報酬矣。故契約之成立。乃以通知之先後爲標準。非以完成之先後爲依據也。又通知最先之行爲人。如拋棄請求報酬之債權。則其通知次位之行爲人。復可取得請求報酬之債權。蓋廣告人須對於最先通知者。已爲報酬之給付。其給付報酬之義務。始行消滅。（一六四條二項）若通知最先之行爲人。拋棄債權。則廣告人尚未爲給付。而其義務。亦尙未消滅。故通知次位之行爲人。復可因其承諾之通知。成立契約。而取得請求報酬之債權也。

2 數人共同完成一定行爲時。其與一人單獨完成一定行爲者無異。惟所取得之債權。有多數之債權人耳。（二七一條二九二條參照）

第五款　懸賞廣告之撤銷

懸賞廣告。既爲要約。故關於要約效力消滅之原則。在懸賞廣告。亦適用之。惟關於撤銷。更設有特別規定。

撤銷之可能

撤銷之可能　懸賞廣告。是否得由廣告人任意撤銷。在學說上。不無爭議【註一】即認許撤銷。行爲人倘已着手一定行爲。難免因撤銷而受意外損害。但禁止撤銷對廣告人。亦未免過酷。且行爲人之損害。尙得由賠償方法。以資救濟。故我民法規定得由廣告人撤銷之。（一六五條前段參照）

【註一】採契約說者。認爲當然得予撤銷。採單獨行爲說者。認爲不得撤銷。然此問題。非決於法律上之性質。乃定於立法上之便宜。故德民雖採單獨行爲說。而認爲得撤銷也。（德民六五八條）

撤銷之要件

二　撤銷之要件　懸賞廣告之撤銷。須具備左列要件。

1　撤銷須由廣告人爲之。

2　須在一定行爲完成之前。若已有完成一定行爲之人。則不得撤銷。（一六五條前段參照）

3　撤銷須以廣告之方法爲之。蓋以須向不特定之多數人。表示其撤銷之意思也。

4　廣告人須未拋棄撤銷權。若廣告中聲明完成一定行爲之期限者。苟無特別意思表示。則爲拋棄撤銷權。（一五八條參照）

三　撤銷之效果　廣告一經撤銷。卽視爲自始無廣告。（一一四條一項）

撤銷之損害賠償

四　撤銷之損害賠償　廣告撤銷後。行爲人雖完成一定行爲。已不得請求報酬。但行爲人於撤銷前。信賴懸賞廣告。（卽所謂善意）着手一定行爲。業已耗費財產、勞力、時間。一旦撤銷。難免徒費。致生意外之損害。故法律使廣告人。負賠償之責。以期公允。惟賠償額。須在廣告預定報酬額之限度內。不得超過。又廣告人若能證明行爲人不能完成其行爲時。雖有損害。亦不賠償。蓋以行爲人。若不能完成一定行爲。報酬且不得請求。勞費更無論矣。（一六五條）

第七節　代理權之授與

第一款　代理權之發生

何謂代理權

一　代理權之意義　代理人之意思表示。直接對於本人發生效力也。【註一】必須其代理人有代理權。代理權者。足使代理關係有效成立之資格也。質言之。卽代本人所爲之意思表示。（積極代理）或代本人受領之意思表示（消極代理）得直接對於本人。發生效力之法律上資格也。【註二】故謂甲對乙有代理權。斯爲甲有代理乙之資格也。

【註一】所謂直接對於本人發生效力者。言代理行爲。由代理人爲之。而所生效果、則直接歸屬於本人。（一〇三條）卽權利應歸本人享有。而義務亦應由本人負擔。並非一旦歸屬於代理人。然後移轉於本人。此卽直接代理與間接代理所以區別也。

【註二】代理權之性質若何。學說紛歧。大別爲三。（1）代理權否認說。卽謂代理權應包含在委任關係及其他各種關係之中。不認其有獨立之存在也。羅馬法及法國法採之（2）權利說。將委任與代理。兩相劃分。委任乃對內履行。代理權乃對外權限。故謂代理權爲一種權利。或更述其權利性質。屬於形成權。（3）資格說。亦稱爲能力說。謂代理權旣非義務。又非權利。乃一種法律上之地位也。本書卽採此說。

意定代理與法定代理

二　代理權發生之原因　代理權發生之原因。大別爲二。卽本人之意思表示及其他原因是也。代理權之發生。本於本人之意思表示者。謂之意定代理。或稱爲任意代理。代理權之發生。本於其他原因者。謂之法定代理。在意定代理。其發生旣本於本人之意思表示。自應有授與代理權之法律行爲。學者以授權行爲稱之。在法定代理。其發生固多本於法律上之規定。如行親權之父母爲其子女之法定代理人。然非必以此爲限。此外尚有指定監護人。選定監護人。及法院所選派之法定代理人是也。

何謂授權行爲

三　授權行爲之性質　授權行爲者。本人以代理權。授與他人之行爲也。其性質若何。固多爭議。【註三】而在我民法。則仿德國法例。（德一六七條一項）認係單獨行爲。即代理權之授與。僅由本人之一方的意思表示。即行成立。毋庸更經代理人之意思表示。蓋代理權。既非義務。在代理人。毫不受損。自毋庸經其同意也。至本人授權之意思表示。或應向代理人爲之。或應向代理人對之爲代理行爲之第三人爲之。二者均無不可。（一六七條）又此項表示。或以書面。或以言詞。亦均無不可。其以書面者。謂之授權書。

授權行爲之成立。在本人與代理人間。是否須有基礎法律關係（如委任、雇傭、合夥等契約關係）亦不無爭議。據我民法第一〇八條之解釋。所以授與代理權之基礎法律關係。於代理

權之發生或消滅。爲其必要條件。故授權行爲可謂爲要因單獨行爲也。【註四】

【註三】　授權行爲之性質若何。學說紛歧。大別爲三。(1)委任契約說。謂代理僅爲委任契約之對外關係。故代理權之成立。必須本於委任契約也。羅馬法、法民(一九八四條)與民(一〇〇一條)採之。日民解釋亦同。然委任契約外。在雇傭、承攬、合夥等契約。亦有代理權之成立。卽在委任契約。對內處理事務之義務。與對外代理本人之權限。其廣狹復有不同。故代理權並非僅爲委任契約之對外關係也。(2)無名契約說。謂代理權之發生。乃出於本人與代理人間之契約也。此項代理權授與契約。僅在發生代理權。與事務處理之義務。既無關係。故委任與代理。不至相混。自與委任契約說不同。(3)單獨行爲說。謂授權行爲。爲單獨行爲。本書採之。毋庸再贅。

【註四】　單獨行爲說中。更得大別爲二。卽不要因之單獨行爲說。及要因之單獨行爲說是也。主張授權行爲與其基礎法律關係。有因果不可分離之關係者。爲要因單獨行爲說。主張授權行爲之成立。無須有基礎法律關係之存在者。爲不要因之單獨行爲說。

四　授權行爲爲債之發生原因

本人由授權行爲。將代理權授與代理人後。代理人在其代理權限內所爲之代理行爲。卽應由本人負其責任。故授權行爲斯爲債之發生原因矣。

爲債之發生原因

第二款　共同代理

何謂共同代理

一　共同代理權之意義　共同代理權者。須由數代理人共同。始得行使之代理權也。故各代理人。不得各自獨立享有代理權。人數雖多。而代理權則僅一個也。在共同代理。須由數代理人。共同爲其代理行爲。故數代理人。先經內部決議。再由其一人對外代表實行者。非共同代理。蓋在共同代理。其代理人全體。須以其代理人資格共同對外代爲或代受意思表示。若所爲代理行爲。非經全體共同。則爲逾越權限之無權代理。無拘束本人之效力。

各自代理與共同代理

二　各自代理與共同代理　各自代理權。亦稱爲單獨代理權或獨立代理權。卽得由數代理人。各自單獨行使之代理權也。故各代理人。各自獨立享有其代理權。並非如共同代理。僅有一個代理權矣。

在各自代理。相對人得安心與代理人爲行爲。既毋庸多方接洽。亦毋庸調查是否共同。於相對人。甚屬便宜。但在共同代理。既可免各代理人間之矛盾。復可防各代理人之專擅。亦於本人。甚屬便宜。孰優孰劣。殊難武斷。

我民法以共同代理爲原則

三　我民法以共同代理爲原則　關於同一事件。代理人有數人時。其代理行爲。應共同爲之。但法律另有規定。或本人另有意思表示者。不在此限。（一一六八條）【註一】

【註一】　關於一事件。有數代理人時。究係各自代理權。抑或共同代理權。考各國法例。頗不一致。（1）苟無特別意思表示。即推定爲共同代理權者。奧民（一〇一一條一二〇條）採之。（2）苟無特別意思表示。即推定爲各自代理權者。法民採之（一八五七條）（3）全不設推定的規定。而諉諸各別情形者。德民日民採之。

第三款　無權代理

第一項 總說

何謂無權代理

一 無權代理之意義 無權代理者。無代理權而爲代理行爲也。即無代理權之代理也。所謂無代理權者。全然無代理權者。及逾越代理權範圍者皆屬之。惟必須具備代理行爲其他要件。而僅欠缺代理權者。始得謂爲無權代理。若其他要件。亦復欠缺。則非無權代理矣。【註一】

【註一】代理行爲之生其效力也。須有二要件。一爲實質的要件。謂代理人之爲代理行爲也。須於代理權限內。即有代理權是。一爲形式的要件。謂代理人之爲代理行爲也。須以本人之名義。即顯名主義是。(一〇三條一項)故無代理權之行爲。仍須以本人之名義爲之。始得謂爲無權代理。

無權代理之類別

二 無權代理之類別 無權代理。大別爲二。即表見代理及狹義無權代理是也。表見代理者。雖無代理權。而表面上足令人信爲有代理權。法律並據此理由使本人負一定責任之謂也。狹義之無權代理。又僅稱爲無權代理。在無權代理中。無上述理由而本人並不負何等責任者。均屬此狹義的無權代理也。

第二項　表見代理

表見代理之要件

一　表見代理之要件　表見代理者。無代理權人。而有相當理由。足令人信爲有代理權時。法律卽使本人負授權人之責任也。故其要件有二。卽（1）無代理權人。須有相當理由。足令人信爲有代理權（2）無權代理人與本人之間。必須有一定關係是也。蓋有相當理由。足令人信爲有代理權。而本人猶不負責。在第三人。易受意外損害。而代理交易之信用。亦難維持。故法律爲維護代理交易之信用。及預防第三人之損害計。使本人負授權人之責任。但自本人方面言之。全無關係之他人。苟自稱代理人。僅因表面上足信爲有代理權。自己卽應負責。亦未免過刻。故須與自己之間。有一定關係。始負其責也。其關係如何。計有後列二種。（一六九條本文）

表見代理之二種類

二　由自己之行爲表示以代理權授與他人者。

1 須表示以代理權授與他人。卽實際上並未授與代理權。僅表示已對某人授與代理權而已。故與授權行爲不同。並非以授權意思。向代理人。或向與代理人爲代理行爲之第三人表示也。

2 須向第三人表示之。茲所謂第三人。其範圍並無限制。無須特定之第三人。其以廣告之方法。向一般人表示者。亦包含之。惟茲所謂第三人。並非現與代理人爲代理行爲之第三人。若係此項第三人。則爲授權之表示矣。

3 此項表示。爲事實之通知。僅使第三人知有此事實而已。並非有意欲生私法的效果。故非意思表示。又因與授權行爲不同。亦非法律行爲。

4 表見代理人之行爲須具備其他要件 卽所爲之行爲須在本人表示之權限內。並須以本人之名義爲之是也。

三 知他人表示爲其代理人而不爲反對之表示者。

1 須無代理權人表示爲本人之代理人 卽自稱代理人是也其所向表示者。無論特定人或一般人均無不可。而其表示方法。亦不問爲文件或言詞。

2 須本人明知而不爲反對之表示。本人是否明知。應由與無代理權人爲代理行爲之第三人。負舉證之責。

表見代理之效果與有權代理不同

四 效果 在上述二種情形。無代理權人與本人間之關係。均足令人信爲有代理權。故認爲表見代理。使本人對於第三人。負授權人之責任。質言之。卽使發生與授與代理權同一責任也。既僅負責任。自不得據以主張利益。故所生效果。與有權代理不同。蓋有權代理。直接對於本人。發生效力。本人對於相對人。得請求履行。而表見代理。則本人不得主張爲代理行爲。向相對人請求履行。僅於相對人向本人請求時。本人卽應負責。不得以未授與代理權。與之對抗而已。

適用之範圍

五 適用範圍 法律使本人就表見代理。對於第三人。負授權人之責任。蓋恐第三人。信爲有代理權。以致受意外之損害也。若第三人明知無代理權。或可得而知者。（卽雖屬不知。而其不知、係出於過失者）則本人不負授權人之責任。（一六九條但書）蓋表見代理乃以保護善意之第三人、若有惡意或過失猶加保護則與認許表見代理之原義相背戾矣。

第三項　狹義之無權代理

何謂狹義之無權代理

一　意義　狹義之無權代理。亦稱僅爲無權代理。凡所爲行爲。具備代理行爲其他要件。而僅欠缺代理權者。爲廣義之無權代理。在廣義之無權代理中。其非屬於表見代理者。斯爲狹義之無權代理。大別爲四（一）不具備表見代理之要件者。（二）授權行爲無效者。（三）逾越代理權之範圍者。（四）代理權消滅者是也。按表見代理。自本人方面觀之。表面上有代理權授與之外觀。原則上由本人負其責任。而狹義之無權代理。則本人不負何等責任。然並非全然無效之行爲。尚有一種不確定之狀態。即得經本人之承認。對於本人。生其效力也。

何謂承認

二　無權代理行爲之承認　無代理權人。以代理人之名義所爲之法律行爲。對於本人不生效力。即本人不負何等責任。然若經本人承認。則發生與有權代理行爲同一之效果。(一七〇條一項)此蓋維持代理制度之信用。復兼顧本人之利益也。

1 承認之意義　承認者。以對效力不確定之法律行爲。而確定其效力之目的。所爲之單獨行爲也。此項單獨行爲。應以意思表示爲之。如相對人確定時。並應向相對人爲之。(一一六條參照)按代理行爲。必須行爲人有代理權。始得對於本人。發生效力。若無代理權。則所爲行爲。對於本人。不生效力。其法律關係。尚在不確定狀態。故須本人承認。始確定其法律關係。使發生與有權代理行爲同一之效果。卽對於本人。發生效力。實等於事後之授權行爲。至其承認方法。須以意思表示。向無權代理人或其相對人爲之也。

2 承認之遡及效力　無權代理行爲。一經本人承認。卽遡及行爲之時。發生效力。(一一五條參照)

三　相對人之催告權　無權代理行爲。未經本人承認以前。其法律關係。尚懸不定。在相對人。亦感不便。故授相對人以催告權。使得催促其確定。卽相對人希望與

本人發生法律關係時。得定相當期限。催告本人是否承認。如本人逾期未爲確答者。視爲拒絕承認。（一七〇條二項）

撤回權

四　相對人之撤回權　無權代理行爲。在未經本人承認以前。相對人發見無代理權時。如不欲與本人間。發生法律關係。得撤回之。（一七一條本文）即表示意思。使原與無權代理人所爲之法律行爲。不生其效力也。

1　撤回之意思表示。須向本人或無權代理人爲之

2　撤回僅得於未經本人承認前爲之。若經承認。則效力已經確定。不得復行撤回矣。

3　撤回權。僅善意之相對人。得享有之。若爲法律行爲時。相對人明知無權代理人無代理權者。則不得有此撤回權。（一七一條但書）蓋不確定狀態。原所預知。而仍與無權代理人爲法律行爲者。僅在希望本人之承認而已。故僅授與催告權。已足保護。毋庸有撤回權也

第八節　無因管理（民法一七二條以下德民六七七以下瑞債四一九條以下法民一三七二條以下日民法六九七條以下）

第一款　總說

一　基礎觀念　並無義務。而管理他人事務。原屬人類義舉。且拯危濟困（如救助人命）亦合社會福利。但對於他人事務。妄行干預。法所不許。故法律一面認許事務管理。以保護管理人。他面復限制其範圍。嚴定其義務。以防其專恣。此卽無因管理之立法理由也。

二　簡略沿革　考羅馬法。義務原因。別爲契約與犯罪二種。此外並非契約。而却由適法行爲發生義務者。則稱爲宛似由契約而生之義務。嗣後法德等國。遂有準契約之稱。無因管理。卽包含於此準契約中。降至近世。學說立法例。已不襲用此觀念。多認爲債權發生之獨立原因。然其編次。尙多賡續於各種契約之後。惟我民法則編入債之發生中。可謂得當。

第一款　無因管理之意義及其要件

何謂無因管理

一　無因管理之定義　無因管理云者　謂未受委任。並無義務。而爲他人管理事務也。（一七二條）此即無因管理之法定定義。其管理他人之事務者。曰管理人。受其管理事務者。曰本人。

無因管理之要件

二　無因管理之要件　據上述定義。無因管理之成立。須具備左列要件。

管理事務

1　須管理事務　事務云者。依勞務得管理之一切事項也。其管理之事項。無論爲法律行爲。或爲事實行爲。（例如救助人命、收養迷失子女之類是）均無不可。並非以法律行爲爲限。管理云者。處理事務。以保全本人之利益也。故不僅管理行爲。（例如爲他人修繕房屋）而處分行爲。（例如爲他人出賣物件）亦包含之。又所管理事務。若係法律行爲。是否用自己名義。（即於本人之計算以自己之名義是）或用本人名義。均無不可。

2　須係他人之事務　他人之事務。大別爲二。客觀的及主觀的是也。前者謂事件之性質。在實際上。本係他人之事務也（例如清償他人之債務、修繕他人之房屋、出賣他人之物件、以及收養他人之子女是）。後者謂因管理人爲他人處理。始成爲他人之事務也。（例如爲他人收買獲利股票、或爲他人租賃房屋是）管理人在處理主觀的他人之事務時。須將爲他人處理之意思。表示於外部也。

爲他人管理事務

3　須爲他人管理他人之事務　管理事務。須管理人。知該事務。係他人之事務且以爲他人之意思爲之。故若以他人之事務。信係自己之事務。爲自已處理之時。（例如善意之占有人、將他人之物、信爲自己之物、加以改良是）及雖知係他人之事務。而爲自己利益管理其事務時。（例如竊盜修繕其竊取之物品是）則其雙方間之權義。須依不當利得或侵權行爲之原則決之。不得成立無因管理。【註一】又所謂他人。毋庸確定。其爲他人管理。有出於好意者。有出於勸誘者。動機若何。亦非所問。

【註一】　即自己受損。而他人受益時。得依不當利得之規定。請求返還。若侵害他人之權利。以致他人受損害時。則應依侵權行爲之規定。賠償其損害也。

4　須無義務　須未受他人委任。此外亦無法律上義務。而爲他人管理事務。始成立無因管理。反是若因法律上之義務。管理他人事務。如受任人於委任範圍內。爲委任人處理事務。法定代理人爲本人處理事務。均不得謂爲無因管理。但受任人或法定代理人。處理其委任範圍外或職務範圍外之事務。亦有屬無因管理者。固不待言。

5　管理之違反本人意思須尚不明　卽管理人明知本人有不欲使管理之意思。或可得而推知者。當然不得爲管理行爲。倘仍爲之。則不得成立無因管理。蓋以違反本人之意思。而干預其事務。則涉及侵權行爲。非復無因管理。（一七二條後段一七四條參照）故管理須尊重本人之意思也。但本人之意思。違反強行法規或公序良俗者。不在此限。例如因援救自殺之人而招聘醫士是。（一七四條二項參照）又管理之不利於本人。須尚不明。卽管理人明知不利於本人。或可得而推知者。當然不得爲管理行爲。倘仍爲之。則不得成立無因管理。蓋管理人干預本人之事務。而無違法性者。以其於本人私利。及社會公益。均有所圖也。若不利於本人。則仍涉及侵權行爲。非復無因管理。故管理須出於圖本人之利益也。（一七二條後段參照）

無因管理之性質

三　無因管理之性質　無因管理。乃法律行爲以外之適法行爲。既非契約。亦非單獨行爲。在我民法上。倣德瑞法例。認係獨立之債的發生原因。其發生債權的效果。乃出於法律之賦與。毋庸有效果意思。亦無須具備有效之意思行爲。僅須有管理意思而已足。故無能力人或限制能力人。亦得爲無因管理。

第三款　無因管理之效力

第一項　總說

債權關係之發生

一　債權關係之發生　無因管理之效果。在於管理人與本人之間。發生債權債務之關係。其一方債權。卽爲他方債務。故以下專就債務方面說明之。

二　違法性之阻却　違法性之阻却。亦爲無因管理之重要效果。蓋干預他人之事務者。常多侵害他人之權利。如修繕房屋而侵害其所有權。救助人命而毀傷其衣服身體是。此等侵害權利行爲。在通常情形。固認爲侵權行爲。但在無因管理。以其於本人私利及社會公益。均有利益。特使喪失違法性。而認爲適法行爲矣。

三　無報酬請求權　無因管理。乃人類義舉。本係道德行爲。故管理人不得請求報酬。但特別法不無例外規定耳。(例如海商法一二五條一二六條是)

第二項　管理人之義務

一　管理義務　管理人原無義務。但一旦開始管理時。即應負管理義務矣。

1　管理方法　管理人爲本人管理事務。應依本人明示之意思。或可推知之意思。以有利於本人之方法爲之。(一七二條後段)故關於管理之方法其要件有二。

甲　管理人爲本人管理事務。須依據本人之意思。而決定其管理方法。故本人曾明白表示意思。而爲管理人所知時。管理人自應依其意思。管理事務。又本人雖未明白表示意思。而依其當時情況。得推定其意思時。亦應尊重其意思。據以管理事務。蓋爲免除不當干預之嫌。不得不設此限制也。但本人之意思。若違反強行法規。或公序良俗。則毋庸尊重。

乙　管理人爲本人管理事務。須以有利於本人之方法。蓋務求保護本人之利益。而適合交易之觀念也。

管理行爲。苟不違反本人之意思並有利於本人時。其管理方法。雖違反本人之意思並不利於本人。仍成立無因管理也。(一七七條前段參照)

注意程度

2　注意程度　管理人之管理事務也。應以善良管理人之注意爲之。(一七五條之反面解釋及債務履行之性質上)故對於輕過失。亦負其責任。【註一】但管理人爲免除本人之生命、身體、或財產之急迫危險。而爲事務之管理者。對於因其管理所生之損害。須除有惡意及重大過失時。始負賠償之責。若僅有輕過失。則不負賠償之責矣。(一七五條)蓋以在此緊迫情形。重在救濟危難。而充分注意之要求。勢難兼顧。卽在本人。苟能保全生命財產。雖管理人稍欠注意。亦所寬恕也。例如援救落水之人而毀損其衣服。又如援救失火房內之人或物而毀損房屋是。

【註一】 管理人在緊迫情形。僅對於惡意及重大過失。負其責任。此乃第一七五條之所規定也。反是。若無緊迫情形。則對於輕過失。亦應負其責矣。惡意者。動機不善之故意也。至於過失。則分爲重大過失。抽象的過失。具體的過失三種。重大過失者。顯然欠缺注意之謂也。抽象的過失者。欠缺善良管理人之注意之謂也。具體的過失者。欠缺與處理自己事務爲同一之注意之謂也。抽象的過失及具體的過失。均稱爲輕過失。而具體的尤輕。（詳細說明見債之效力章中）凡債務人之履行債務。苟法律無特別規定。或當事人未訂過失之程度。則應以善良管理人之注意爲之。此乃債務履行性質上之原則。故謂管理人之管理事務。應以善良管理人之注意爲之也。

管理違反本人意思

3 管理違反本人意思 管理人違反本人明示或可得推知之意思。而爲事務之管理者。對於因其管理所生之損害。雖無過失。亦應負賠償之責。（一七四條）論其情形。大別爲二。（一）管理人明知本人不欲使管理。或可得而知者。當然不得爲管理行爲。倘仍爲之。則匪特不生無因管理之債務關係。而管理亦屬違法。如因管理事務。以致加損害於本人時。其違法管理之初。早經認有過失。嗣後加害行爲。雖無過失。亦不得不負侵權行爲上之賠償義務。（二）管理人之管理行爲。雖不違反本人之意思。而其管理方法。違反本人明示或可得推知之意思者。其行爲本身。固成立無因管理。（一七七條前段參照）加損害於本人時。雖無過失。亦應負賠償之義務。蓋管理人應以有利於本人之方法。管理事務。始得謂爲依無因管理之債務本旨。履行其債務。若反加以損害。則爲債務不履行。應負賠償之責。固不問其有無過失也。

管理違反本人之意思時。固應賠償損害。但其管理係爲本人盡公益上之義務。（例如代繳稅是）或爲履行法定扶養義務者。則事關公益道德。雖反乎本人意思。不必賠償矣。（一七四條二項）

管理繼續問題

4 管理繼續問題 管理人開始管理後。有無繼續管理之義務。卽是否得半途中止。在我民法。係倣德民。並無明文規定。【註一】據德民之解釋。約有兩說。（1）管理人僅於中止管理。有及損害於本人之虞時。負繼續管理之義務耳。（2）無論其情形若何。管理人均不負繼續管理之義務。但其中止管理。係因故意過失。以致本人受損時。管理人須依侵權行爲之規定。負損害賠償之責也。

【註一】法民日民均明定管理人須繼續管理至本人或其繼承人或法定代理人得爲管理時止（法民一三七三條日民七〇〇條）

二 通知之義務 管理人開始管理時。應卽通知本人。如無急迫之情事。應俟本人之指示。但無從通知者。不在此限。（一七三條一項）所以須應卽通知者。蓋使本人得從速決意思。或仍舊管理。或自行管理。或另委他人管理也。

三 報告之義務 管理人應將管理事務進行之狀況。報告本人。管理關係終止時。應明確報告其顚末。（一七三條二項五四〇條）

四　交付收取物及移轉取得權利之義務　管理人因處理其管理事務所收取之金錢物品及孳息。應交付於本人。又以自己之名義。爲本人取得之權利。應移轉於本人。（一七三條二項五四一條）

五　損害賠償之義務　管理人爲自己之利益。使用應交付於本人之金錢。或使用應爲本人利益而使用之金錢者。應自使用之日起。支付利息。如有損害。並應賠償。（一七三條二項五四二條）

第三項　本人之義務

適合本人意思時之償還範圍

一　費用償還之義務。

1　管理事務有利本人並不違反其意思者　即管理人管理事務。利於本人。並不違反本人明示。或可得推知之意思者。以及其管理係爲本人盡公益上之義務。或爲其履行法定扶養義務者。則管理人對於本人。有左列權利。（一七六條）

甲　必要費或有益費之償還　管理爲本人支出必要或有益之費用時。得請求本人償還其費用。及自支付時起之利息。【註一】

【註一】必要費者。管理上必要不可缺之費用也。有益費者。於本人增加利益之費用也。此等費用之支出。本人均享受其利益。自應使負償還之責。且在支出當時。苟已生有利益。嗣後縱令因事情變化及其他原因。其利益歸於消滅。而償還義務之範圍。並不因以減少。

乙　債務之代償　管理人因爲本人管理事務。負擔債務時。得請求本人淸償其所負擔之債務。

丙　損害之賠償　管理人因爲本人管理事務受損害時。得請求本人。賠償其損害。

違反本人意思時之償還範圍

2　管理事務不利本人並違反其意思者　明知不利於本人。並違反本人之意思。而擅行管理者。不得成立無因管理。前經述明。玆所謂管理事務。不利本人。並違反其意思者。乃指管理行爲之不利本人。並違反其意思。尙不分明者。或僅管理方法。不利本人。並違反其意思者而言也。在此情形。仍成立無因管理。於本人與管理人。發生債權債務之關係。故本人仍得享有因管理所得之利益。（一七七條前段）並負其義務。惟所負義務之範圍較狹。僅於因管理所得之利益限度內。負前述甲、乙、丙三項之義務耳。所謂本人所得之利益者。卽本人因管理人支出費用、負擔債務或受損害所享受之利益也。故管理人請求償還之額數。不得逾越本人所得利益之範圍。並非以實額爲標準也。

無因管理承認之效果

二　無因管理之承認　管理人開始管理後。其進行中。若經本人知時。而予以承認。則本人與管理人之間。成立委任契約。適用關於委任之規定。（一七八條）【註二】此項效力。並應溯及開始管理之時。（一一五條參照）

【註二】　德日民法。以無此項明文規定。學者解釋。多謂承認應成立如何契約。須依當事人之意思決之。亦謂無溯及力。僅嗣後依其成立之契約而已。至於瑞債。則與我民同。（瑞債四二四條）

第九節 不當得利（民法一七九條以下德民八一二條以下法民一三七六條以下瑞債六二條以下日民七〇三條以下）

第一款 不當得利之概念

何謂不當利得

一 不當得利之定義 不當利得者。謂無法律上之原因。而受利益。致他人受損害之事實也。（一七九條前段）

二 不當得利之略革 不當得利之制度。發源於羅馬法。然在羅馬法。僅於各種情形。認許特別訴權。（例如非債清償之訴權。因不法原因之訴權。因目的消滅之訴權等）並無一般原則規定。至其性質。則認爲準契約。迄至十八世紀。自然法學家。創公平正義之說。不當利得。始有基本觀念。嗣後學者。嫌其寬泛。加以不當或無法律上原因字樣。以資限制。考近世各法例。法國民法猶墨守舊說。認係準契約。（民一三七六條參照）普國國法與國民法。亦規定於債務消滅中。自一八八一年。瑞士債務法。始認為債權發生之原因。並設一般通則規定。德民日民倣之。我民亦然。

第二款　不當得利之要件

不當得利之三要件

不當得利之成立。據上述定義。應有三要件。即（一）須有受利益者。（二）須他人致受損害者。（三）須無法律上之原因是也。【註一】

【註一】　考外國立法例。瑞士債務法。規定無適法之原因。自他人之財產。而受利益者。謂之不當得利。（瑞債六二條一項）德民規定無法律上之原因。自他人給付或其他方法。並於他人之損害。享受利益者。謂之不當得利。（德民八一二條二項）日民規定無法律上之原因。自他人之財產。或勞務。享受利益。致及損失於他人者。謂之不當得利。（日民七〇三條）較諸我民法。或無致他人受損害字樣。（如瑞債是）或多因他人之財產或勞務字樣。（如日民是德民亦大致相同）然自他人之財產而受利益。在他人方面。自必因此受損。又損及他人。而因以自己受益者。其所受利益。亦必出自他人之財產或勞務。故規定雖彼此互有參異。而結果則殊途同歸也。

須有受利益者

一　須有受利益者。

1　受利益之意義及其狀況　受利益云者。謂因一定事實之結果而增加其財產總額也。無論積極的增加或消極的增加。均包含之。

甲　財產之積極的增加　積極的增加財產云者。謂因財產權之取得。財產權之擴張。或其他原因所生之增加也。其例如左。

A　權利之取得。如所有權、限制物權、無體財產權、債權等之取得皆是。

B　既存權利範圍之擴張。例如因附合而擴充所有權之範圍是。(八一一條 八一二條)

C　所有權或其他權利之限制。歸於消滅。例如自己不動產所定抵押權。歸於消滅是。

D　債務免除。蓋以債務消滅。亦增加債務人之財產也。

乙　財產之消極的增加　消極的增加財產云者。謂本應減少之財產。而因以不減少也。此亦得謂爲受利益。其例如左。

A 本應負担之債務。而不負担者。

B 本應支出之費用。而得節省者。例如喫用他人食物。或居住他人房屋。因以節省自己之支出是。

C 本應設定之權利限制。而不設定者。

2 受利益須自他人之給付或其他方法　享受利益。既係財產增加。則其增加。自必出於他人之給付或其他方法。我民以事屬當然。未予明定耳。所謂給付。卽指財產給付而言。所謂其他方法。卽指財產給付以外之方法而言。如第三人之行爲、附合、混合等是也。所謂受利益自他人之給付者。卽以他人之財產。作爲自己受益之手段。而供諸犧牲也。

3 受益之方法　受益之方法若何。法律別無限制。既不論出於事實行爲或法律行爲。又不問出於受損害人之行爲或受利益人之行爲。復不論出於第三人之行爲或自然事件。然其所受利益。必須無法律上之原因。始得謂爲不當得利。俟於說明該要件時。再詳述之。

致受損害

二 須他人致受損害者 不當利得之成立。必須因自己受益。以致他人受損。故自己雖受利益。而他人並未因此受損害者。自不生不當利得之問題。【註二】

【註二】例如甲造防風林。以保護自己耕地。而其隣地地主乙。因以受益。又如鐵路公司甲。於某地興築鐵路。沿線地價。藉此暴騰。而地主乙因以受益。在此等情形乙之受益。雖出於甲之財產或勞務。然甲並未因此受損。自不得據以請求不當得利之返還是。

1 損害 損害云者。財產減少之謂也。亦包含積極的減少及消極的減少而言。前者謂現存財產之減少。後者謂妨害財產之增加也。【註三】

【註三】例如甲對於自己土地。不加經營。聽其荒蕪。而乙任意耕種。得有利益者。仍應返還相當之地租是。蓋以甲若自己耕種。固可取得相當利益。而增加其財產也。

損益之因果關係

2 損害與受益之因果關係 第一七九條規定受利益以致他人受損害。故損害與受益之間。必須有因果關係。而其因果關係。且必須爲直接之因果關係。所謂直接之因果關係。解釋不一。或謂受損害人之所損失。須直接爲受領人（即受利益人）所取得。始爲不當得利。或謂損害與受益。必須本於同一事實。始得爲不當得利。【註四】若本於各別事實。則非不當利益。【註五】惟我民法倣德民法。對於直接之因果關係。設有例外規定。（一八三條並參照德民八二二條）此節俟於不當得利之效力中詳敍之。

【註四】例如甲以乙之草料。喂養丙之牛馬。乙之受損，與丙之受益。同出於甲之行爲是。

【註五】例如甲拋棄某物之後，乙始由先占而取得時。自非不當利得是。蓋以甲之受損。出於拋棄。而乙之受益。出於先占。乃本於各別事實也。

（三）無法律上之原因

三　無法律上之原因　僅自己受利益。致他人受損害者。尙不得謂爲不當得利。必更須無法律上原因而受利益。（一七九條）蓋在不當得利。應返還其利益者。係以所受利益。無法律上原因。故無法律上原因。爲不當得利之第三要件。非先了解其意義。則無以明不當得利之概念。何謂無法律上原因。歷來學者。聚訟紛紜。舉其學說。

大別爲二。即統一說與非統一說是也。

統一說

1 統一說 此乃就無法律上原因。求其統一意義。無論何種不當得利。均使適用也。此說更分數說。（一）公平說。即以公平或正義。爲不當利得請求權之基礎。所謂無法律上原因。不外指違反公平或正義而言。在學者間。流傳極廣。（二）正法說。斯他姆那（Stammler）氏唱之。即違反其所謂正法。則爲無法律上原因。故成法與正法相衝突。則生不當得利。（三）債權說。哥那之（Collatz）氏唱之。謂債權關係爲原因。若缺乏所以受益之債權關係。即爲無法律上原因。（四）相對關係說。雍格（Gung）氏唱之。謂相對關係爲原因。當事人一方。雖據絕對關係。自他方取得財產。然當事人間。如缺乏相對關係。則爲無法律上原因。而其所謂相對關係。亦不外債權關係而已。（五）權利說。中島氏唱之。即謂無法律上原因。乃指自受利益人方面觀之。常無其權利者而言。

非統一說

2 非統一說 統一諸說。或意義渺茫。難於捉摸。或範圍過狹。包括匪易。故多數學者。以統一意義。實所難定。因主張就各種受益方法。分別定其意義。德民註釋諸家。尤多採之。

本書採非統一說

3 本書採非統一說　在非統一說。受益之方法不同。而原因之意義亦異。玆將受益分爲出於給付者。與出於給付以外方法者。務以定原因之意義。而明受益之狀況。

受益出於給付者

甲　受益係出於給付者　受益係出於給付云者。謂受利益人所得利益。係出於受損害人之意思也。簡單言之。卽財產給付之義也。（或稱爲出捐）凡財產之給付無論爲法律行爲爲事實行爲。必有一定之目的。其所以給付之目的。斯爲原因。

原因者所以給付之目的也

若無目的。則爲無原因。而發生不當利得之請求權矣。此項目的。在交易上。垂爲模範者。約有數端。卽（一）債務淸償目的。（使既存債務歸於消滅之目的）（二）債權成立之目的。（使相對人負擔債務之目的）（三）贈與目的。（使相對人無償取得利益之目的）（四）定金目的。（以自己給與充作定金之目的）（五）條件履行目的。（充實條件之目的）等是也。按無目的既爲無原因。足以發生不當得利。故更就給付無目的之情形。分別說明之。

原因欠缺之不當得利

A 自始欠缺目的者（原因欠缺之不當利得）例如原無給付義務而誤為給付者。（非債清償）又如雙方當事人。因關於契約性質之不合意。以致契約不能成立者。（如當事人一方給與物件、意在出賣、而他方誤為贈與是）又如因違反公序良俗之行為而為給付。其行為原無效者（不法原因之給付並參照一八〇條四款但書）等是也。

無結果之不當得利

B 目的不到達者（無結果之不當利得）即意圖實現某項目的而為給付。但其目的不能到達者。例如預科債務之清償。先交領受字據。或交還負債字據。嗣後並未受清償。又如預料買賣之締結。先交價金。嗣後買賣。並未成立。又如對於附有停止條件之債務。先行清償。嗣後條件並不成就等是也。以上各情形。均不能達到所以給付之目的。自生不當利得之請求權。

原因消滅之不當得利

C 所為給付。已達目的。而其目的嗣後消滅者（原因消滅之不當利得）即所謂雖有法律上之原因。而其後已不存在者。（一七九條後段）例如原交負債字據之債務。其債務消滅後。請求負債字據之返還。又如原交定金之契約。其契約完全履行或無效時。請求定金之返還。又如履行契約而為給付。嗣後契約解除、撤銷或因事變以致相對人之給付不能履行時。請求給付之返還（四一九條二項二六六條二項參照）等是也。

受益出於給付以外方法者

乙　受益係出於給付以外方法者　受益係出於給付以外方法云者。謂受利益人所得利益。非出於受損害人之意思也。此項情形。更大別為五。

受益出於受利益人之行為者

A　受益出於受利益人（即受領人）之行為者　例如因消費他人之物。侵奪他人之占有。或由他人之勞務以受益者。又如無權利人。得對價而讓與他人之動產所有權時。受讓人依占有保護之規定。（八〇一條九四八條）取得所有權是也。在此項情形。何謂無法律上原因。學說紛歧。或謂原因為受損害人之意思。無意思斯為無法律上原因。或謂當事人間無債權關係。或相對關係。斯為無法律上原因。竊以為應採權利說。即受利益人若無受益之權利。則為無法律上之原因。

以上情形。倘受利益人有故意過失時。自構成侵權行爲。故不當得利之請求權。與侵權行爲之請求權。多相併存。又侵權行爲。縱令因無責任能力。不能成立。(一八七條)而不當得利問題。仍猶發生。

受益出於第三人之行爲者

B 受益係出於第三人之行爲 例如甲以乙之草料。喂養丙之馬。又如債務人善意無過失。向債權之準占有人爲淸償。以致債權人喪失其權利者(三一〇條二項參照)是也。關於此項情形。何謂無法律上原因。學者主張。亦不一致。或謂無損害人之意思。或謂第三人無爲其行爲之權利。或謂受利益人無受益之權利。竊以第三說爲當。

受益出於受損害人之行爲者

C 受益雖由於受損害人之行爲但非出於其意思者 例如誤認他人之馬。爲自己之馬。而予以喂養是。玆所謂法律上原因。即指受利益人無受益之權利而言。

受益出於法律規定者

D 受益係出於法律規定者　法律有因一定事實之發生。或因有一定行爲。不問當事人之意思如何。使受一定之利益者。例如因時效而受利益。（無論爲取得時效或消滅時效）又如因附合、混合或加工而受利益是也。此等情形。其受益既出於法律之規定。自屬正當。似無發生不當得利之理由。必須法律明定爲不當得利者。始爲無法律上之原因。夫法律所以明定爲不當得利或否者。蓋以立法政策上。各具其理由故也。如因時效所得之利益。不得請求返還者。以時效制度之精神。在確定權利關係。保護交易安全。不應定爲不當得利也。至如因附合。混合或加工所取得利益。係因一物之上。不能有兩所有權。或又不宜共有。乃使其所有權。歸於一人。而因此受損害者。則使得依不當得利之規定。請求償金。（八一六條）以期公允也。

受益出於事件者

E 受益係出於行爲以外之事件者　例如養魚池之魚。自然逃入他人之池中是。茲所謂無法律上之原因。亦卽指受利益人無受益之權利而言。

第三款　特種不當得利及其限制

特種不當得利及其制限

凡受利益人。（即受領人）於具備前述要件時。即成立不當利得。對於受損害人。應返還其利益。（一七九條）但法律於特種不當利得。有更設其特別要件。或限制其成立者。茲分述於左。

履行道德義務之給付非不當利得

一　履行道德上義務之給付　關於道德上或禮節上應爲之給付。應依道德上或禮節上之規範。其不爲給付時。既不以訴強制其履行。而任意履行後。亦不得依不當得利之規定。請求返還。故我民法規定給付係履行道德上之義務者【註一】不得請求返還。（一八〇條一款德民八一四條後段瑞債六三條二項後段）

【註一】德國學者所謂道德上之義務。即指出生、死亡、歲首、歲終等所贈之禮物而言。

清償期前之清償非不當得利

二　清償期前之清償　債務人於未利期之債務。因淸償而爲給付者。不得請求返還（一八〇條二款）蓋債務人不過拋棄期限利益。先期履行。並非對於不存在之債務。而行淸償。其給付之目的。既在消滅原存之債務。自不得謂爲無法律上之原因。故將未屆清償期之債務。計至清償期爲止。扣息清償者。固無待言。卽非扣息清償。亦不問是否出於錯誤。均不得請求返還。以免法律關係益趨煩雜也。【註二】

【註二】　考日民法。以債務人先期清償者。債權人卽得自清償時起。至清償期止。利用所領受之給付。以取得中間利息。此項受益。無法律上之原因。應成立不當得利。故規定債務人因錯誤而爲給付時。質言之。卽誤爲已到清償期而爲清償時。債權人須返還因此所得之利益。卽中間利息。（民法七〇六條但書）我民法以此項規定。過於煩雜。故規定不問是否出於錯誤。均不得請求償還。德民亦同。（德民八一三條二項後段）

非債清償之特別要件

三　非債清償　非債清償云者。並無債務。而因清償債務。以爲給付之謂也。以欠缺給付目的。自爲無法律上之原因。原則上應成立不當得利。但尚有其特別要件。（依第一百八十條第三款之反面解釋）分述於左。

1　須無給付義務　給付義務者。謂債務人應爲其債務關係所定給付之義務也。

故無給付義務。乃指給付當時。於給付人並無應為其給付之債務關係而言。如原無債務。而誤信為債務人。或債務業經消滅。而誤信為尚猶存在。或將他人之債務。而誤信為自己之債務等是也。

時效完成後之債權

債權於消滅時效完成後。債務人仍為履行之給付者。不得以不知時效為理由。請求返還。(一四四條二項前段)蓋我民法於消滅時效之效力。係採抗辯權發生主義。其消滅時效完成或之結果。僅使債務人得拒絕給付而已。其債權並未全然消滅。(一四四條一項德民二二二條)若債務人拋棄拒絕給付之抗辯權。而仍為履行之給付。則係對於尚猶存在之債務。予以清償。自不得據不當利得之理由。請求返還。故與上述所謂無給付義務者不同。【註三】

【註三】日民之學者解釋及其判例。均謂消滅時效完成後之債權。原則上係屬非債清償。惟債務人明知時效之完成。而仍清償者。則認為拋棄時效之利益。不得請求返還。此項主張。蓋以日民於消滅時效之效力。採權利消滅主義。與我民法及德民採抗辯權發生主義者不同。故解釋亦異。

2　須因淸償以爲給付　卽以債務淸償目的。使因淸償而消滅債務也。若以其他目的所爲給付。則不得謂爲非債淸償。其應否成不當得利。應視其應否具備不當利得之通常要件。以決定之。

明知無給付義務者非不當得利

3　淸償須出於錯誤。卽須不知無給付義務也。按第一百八十條第三款。規定因淸償債務而爲給付。於給付時明知無給付之義務者。不得請求返還。蓋以明知自己無給付義務。而仍爲淸償之給付者。純係無意味之行爲。法律毋庸予以保護。自不宜認有不當得利之請求權。故必須於給付時不知無給付義務。因誤信爲有此義務。予以淸償者。始成立非債淸償之不當得利。又所謂不知。僅出於錯誤而已足。有無過失。則非所問。

第一百八十條第三款。於明知無給付義務。而仍爲給付。所以定爲不得請求返還者。蓋以給付人任意爲此無意味之行爲也。故僅任意爲給付者。得適用之。若因避免強制執行或其他事由。不得已而爲給付時。雖明知無給付之義務。仍得請求返還。

關於無給付義務。是否不知。應由何方負舉證責任。解釋上不無爭議。然通說多解爲應由拒絕返還之被告。負舉證之責。蓋明知無給付義務而仍爲給付者。本屬例外事項。而第一百八十條第三款。又爲第一百七十九條之例外規定。故原告祇須證明第一百七十九條要求之事項。卽可請求返還。被告若欲免其返還義務。則須就第一百八十條第三款所定給付人明知無給付義務之特別事項。負舉證之責。

四　因不法原因所爲之給付　因不法之原因而爲給付者。不得請求返還。但不法原因。僅於受領人一方存在者。不在此限。此第一百八十條第四款所規定也。據此規定言之。因不法原因所爲之給付。原則上認爲無返還請求權。僅於例外情形。認有此請求權而已。

不法原因之給付原則上非不當得利

1　原則上無返還請求權　卽因不法之原因而爲給付者。不得請求返還是也。(一八一

甲　立法理由　按不法原因。法所不許。凡給付之原因。係不法者。自可謂為無法律上之原因。給付人似得據以請求不當利得之返還。然無論何人。既不得以自己不法行為為理由。主張權利。且因自己不法行為而受損害者。亦不宜保護。故特剝奪其請求權也。（〇條四款本文）

乙　要件　此原則之適用。須具備二要件。即須已為給付。及須因不法之原因是也。

A　須已為給付　給付者。本於受損害人之意思所為財產給付也。物權之設定移轉。債權之讓與。債務之免除等皆屬之。本款之規定。既以受益之原因出於給付者為限。故受益之原因出於給付以外方法者。不適用之。

B　須因不法之原因　凡違反法律所禁止者。謂之不法。違反公序良俗者。原為法律所禁止。其屬於不法範圍。自不待言。至於因不法原因所為之給付。乃謂所以給付之原因行爲。其本身係不法。或雖非不法。而當事人特以不法事項。作爲其行爲之條件也。例如因賭博而給付財物。因姦通而給付金錢。因使殺人而贈與財產。因約求公務員違背職務之行爲而給與金錢。因充作僞造貨幣之費用而給與金錢。詐欺人以行詐欺之手段、給與財產於相對人等是也。若僅知相對人將以借得之金錢。用於賭博。而貸與金錢。則非因不法原因之給付。蓋以並非以賭博之不法事項。作爲貸與之條件也。

丙　效果　具備上述要件。雖不可成立不當得利。而給付人不得請求返還。然本款所限制者。僅關於不當得利之請求權。故給付人如別有其他請求權時。仍不妨其行使。如本其所有權而行使物上請求權。或以侵權行爲爲理由。而行使損害賠償請求權是也。然被害人以侵權行爲爲理由。請求賠償。若須主張自己之不法時。則依本款之類推解釋。亦不得請求賠償。

不法原因　2　僅於例外情形有返還請求權　卽不法之原因。僅於受領人（卽受利益人）一方存在

之不當得利

時。其受損害人始得請求返還耳。（一八〇條四款但書）蓋以在此情形。受損害人於法律上。無可責難。故仍與以返還請求權也。所謂不法之原因。僅於受領人一方存在者例如約使他人不爲某項犯罪。而給與金錢。又如約求公務員執行當然職務行爲。又如債權人違反高利禁止之規定。而收取高利等是也。

第四款　不當得利之效力

不當得利之效力

不當得利之要件完備時。受損害人對於不當得利之受領人。（卽受利益人）卽取得請求返還其利益之權利。

當事人

一　當事人　不當得利之當事人如左。

1　權利人　受損害人得請求返還利益。斯爲權利人。

2　義務人　不當得利之受領人。應返還其利益。斯爲義務人。又受領人將其利益無償讓與第三人時。該第三人於受損害人不能直接向受領人請求返還之限度內

。負返還責任。故該第三人亦為義務人。（一八三條參照）

二　返還之物體　不當利得之返還。在使將無法律上原因所受利益。返還於受損害人。以回復其原狀。而回復原狀之方法。首推原物返還。其不能時。始償還價額。故民法以原物償還為原則。而以償還價額為例外也。（一八一條）

1　原物返還　原物返還者。以其所受利益之原形而返還也。即受領人取得之物或權利。於返還當時。尚現存者。須返還該物或該權利也。法文所謂返還其所受之利益。（一八一條前段）亦即此義。受領人如本於所受利益。更取得孳息及使用收益時。應一併返還。（一八一條中段）蓋受損害人。因此喪失取得機會。自應認為財產上之損害。而使受領人任返還之責也。

2　償還價額　受益人在返還當時。不能以其所受利益之原形而為返還。則應估計金錢。償還價額。其不能原因。有出於利益之性質者。如因物之使用或勞務所

受之利益是。又有出於其他情形者。如原物處分、滅失、或毀損以致不能是。（一八一條但書）

返還範圍

三　返還義務之範圍　返還義務之範圍。因受領人之善意惡意而異。

善意受領人之返還範圍

1　善意受領人之返還範圍　善意受領人。僅於現存利益之限度。負返還責任。（一八二條一項）

甲　善意之意義　善意受領人云者。謂不當得利之受領人。不知無法律上之原因也。其不知情。必須自受益時起。至返還時止。始終如一。若中途知情。則變爲惡意矣。至其不知情。是否出於過失。則非所問。

乙　何謂現存利益之限度　現存利益之限度云者。指受領人所受利益中。現尚留存者而言也。

A　利益須現尚留存　受領人所受利益中。須現尚留存者。始應返還。故已不存在者。自免負返還或償還價額之責任。（一八二條一項後段）但所謂利益現尙留存。非僅指利益之原物存在。凡受領人之財產總額。尚猶留存其增加狀態者。均包含之。如因消費所受利益。而節省他項費用，又如因所受利益之毀損滅失而取得代償之利益。（如對於第三人之損害賠償請求權等）均得謂爲利益尚猶留存。又領受人支出必要費用。以保存其所受利益時。則其所受利益。僅於減去費用額之範圍。現尚留存。

B 決定利益留存與否之時期　我民法關於此點。並無規定。究以請求返還之時爲標準。抑或以提起請求返還之訴時爲標準。難免爭議。竊以前說爲當。蓋不當利得返還之債務。爲不定期限之債務。故以請求返還之時爲標準。定現存利益之限度。嗣後則使受領人負遲延責任。實與第二百二十九條之意旨。恰相符合。且可免生後說不當之弊也。【註一】

【註一】　據後說以提起請求返還之訴時爲標準。不僅裁判外請求時。無以決定範圍。且裁判外請求後。領受人惡意使利益滅失時。亦宜解爲無返還義務。殊屬不當。若依前說。則遲延後之滅失。

受領人應任其責。自無此弊。

C　舉證責任　利益留存與否。應由受領人負舉證之責。蓋受領人本應返還所受利益之全部。僅因保護善意關係。特縮小返還範圍。以現尚留存者為限耳。故受領人。如欲主張縮小範圍。即應負舉證之責。

惡意受領人之返還範圍

2　惡意受領人之返還範圍　惡意受領人應返還其受領時所得之利益。並附加利息。一併償還。如有損害。並應賠償。（一八二條二項）

甲　惡意之意義　惡意受領人云者。謂不當得利之受領人。於受領當時。知無法律上之原因也。

乙　何謂受領時所得之利益　即受領人應將受領時所得之利益。全部返還。雖返還時已不存在者。亦應返還。並非如善意時僅以現存利益為限也。

丙　附加利息　即所得利益。如為金錢。則須附加法定利息。即非金錢。亦應折算為金錢。附加法定利息。

丁　損害賠償　卽受領人返還其所得利益全部。並附加利息。如不足償受損害人之損失時。則其不足部分。應由受領人賠償之是也。此項賠償義務。乃出於本條規定。並非出於侵權行爲。自毋庸具備侵權行爲之要件。

中途惡意受領人之返還範圍

3　中途惡意受領人之返還範圍　中途惡意受領人云者。謂受領人於受領當時。並不知無法律上原因。嗣後始知無法律上原因也。此種惡意受領人。應返還其知無法律上原因時所現存之利益。並附加利息。一併償還。如有損害。並應賠償。(一八二條二項)所謂知無法律上原因時所現存之利益。乃指受領人由善意變爲惡意時現尚留存之利益而言。故善意以前。已不存在者。固應免返還責任。而變爲惡意時所留存之利益。如嗣後有不存在者。仍應返還。此外附加利息及賠償損害。與普通惡意受領人無異。

第三人之返還義務

四　第三人之返還義務　不當得利之受領人。將其所得利益。移轉於第三人時。該第三人。雖因此受益。原則上亦不負返還之義務。蓋以第三人所受利益。與受損害人所受損害。並無直接之因果關係。故不得成立不當得利。例如甲將自乙收買之物。贈與於丙。嗣後因甲不付價。而乙解除契約時。乙對於丙。不得以不當得利。請求返還是。但我民法倣德民法。【註二】規定不當得利之受領人。以其所受者。無償讓與第三人。而受領人因此免返還義務者。第三人於其所免返還義務之限度內。負返還責任。（一八三條）此乃特設例外規定。使第三人於特種情形。仍負返還義務也。

1　要件　第三人之負返還義務也。必須具備下列要件。（一）讓與行為。須係無償。即不當得利之受領人。須以其所受利益。無償讓與第三人。若有償讓與。則不生此問題（二）受領人須因此免返還之義務。即受領人須因無償贈與之處分。免除返還義務。而受損害人。不得復向之請求返還。若無償讓與之後。受損害人尙能向受領人請求返還。亦不生此問題。所謂受領人因此免返還之義務者。如受領人不知其受益無法律上原因。將其所受利益。無償讓與第三人時。則依善意受領人返還範圍之規定。（一八二條一項參照）其所受利益。已不存在。自可免返還之義務是也。至於具備以上要件時。第三人須負返還義務者。蓋在此情形。受損害人不得向受領人請求返還。而第三人反無償取得利益。未免不平。故特使第三人負返還義務也。

2 返還範圍　第三人負返還義務時。於受領人所免返還義務之限度內。負返還之責。蓋以受損害人。不得向受領人請求返還。始由第三人負返還義務故也。

侵權行爲

第十節 侵權行爲（一八四條以下德民八二三條瑞債四一條以下法民一三八二條以下日民七〇九條以下）

第一款 總說

侵權行爲與違法行爲

一 侵權行爲與違法行爲　侵權行爲者。謂故意或過失。不法侵害他人權利之行爲也。（一八四條一項前段）凡人之行爲。發生法律效果者。大別爲二。適法行爲及違法行爲是已。因適合法法律。而賦與法律效果者。謂之適法行爲。因違反法律。而賦與法律效果者。罰之違法行爲。在違法行爲。又可分爲侵權行爲及債務不履行二種。蓋侵權行爲。既係不法侵害他人權利之行爲。其違反法律。已不待言。而法律復因塡補損害。賦與損害賠償之效果。故侵權行爲。自係違法行爲之一種。至債務不履行。乃侵害債權之行爲。論其性質。亦係侵權行爲。惟法律以其侵害債權。係出於債務人之行爲。另定爲債務不履行。故侵權行爲之規定。在債務不履行。自不適用。

二　簡略沿革　考羅馬法。僅限於犯罪事實存在時。認許賠償請求權而已。即羅馬法所謂犯罪之訴。一面在對於犯罪人。適用刑罰。而他面在對於被害人。賠償損害。故侵權行爲與犯罪行爲。兩相混同。尙未分化。德國普通法。亦大致相同。但降至近代。社會進步。民刑分化。各國民法。均規定侵權行爲之通常意義。並以爲私法上債權關係發生之原因矣。【註一】

【註一】　普國國法。就侵權行爲之權利義務。設有規定（第一編第六章）法民就侵權行爲及準侵權行爲。設有規定。（法民一三八二條以下）奥民就損害賠償之權利。設有規定。（第二編第三十章一二九三條以下）德民專設侵權行爲一節（第二編第七章第二十五節八二三條以下）瑞債於債之發生章中。專設侵權行爲一節。（第一編第一章第二節四一條以下）日民於債權編內。專設侵權行爲一章（第三編第五章七〇三條以下）俄民於債權編內。專設因加損害於他人所生之債務一章（一九二二年蘇俄民法第三編第十三章四〇三條以下）

民事責任與刑事責任

三　民事責任與刑事責任　按不法侵害他人法益之行爲。多同時發生二方面之責任。即一面認爲刑法上之犯罪。應受刑罰之制裁。謂之刑事責任。又他面認爲民法上之侵權行爲。應受損害賠償之制裁。謂之民事責任。此兩種責任。其發生雖本於同一行爲。而其主要目的。則彼此不同。即刑事責任之目的。重在防衛社會。維將來之安寧。而民事責任之目的。重在保護被害人。塡補過去之損害。故民刑兩責任。古代雖曾混同規定。然及近代。社會進步。刑法新派學者。復力持刑罰之目的主義。而民刑兩責任。遂各有其基礎觀念。兩相分化矣。

民刑兩責

民刑兩責任。既各有其要旨的。故其責任之發生要件。亦因以不同。即（一）損害之發生。爲侵權行爲不可缺之要件。而於犯罪之成立則否。(二)故意與過失。在犯罪各異其效果。而於侵權行爲。則效果同一。(三)故意與過失。在犯罪爲不可缺之要件。而於侵權行爲。則有時不以爲要件。卽有所謂無過失損害賠償責任是也。

任要件之差異

四　過失主義與結果責任主義　侵權行爲之成立。依是否須以故意過失爲要件。分爲過失主義與結果責任主義兩種。過失主義云者。謂於原因事實及損害發生以外。更須行爲人有故意或過失。始使生損害賠償之責任也。結果責任主義云者。謂苟因原因事實。發生損害。縱令行爲人無過失。亦使生損害賠償之責任也。故亦以原因主義稱焉。過失主義。肇自羅馬法。結果責任主義。出於日耳曼法。顧受過失主義之壓迫。久經埋沒。自羅馬法以來。諸國民法。殆均採過失主義。【註二】然及近代。因大工業之勃興。交通機關之發達。以致危險事業。日益激增。若猶嚴守過失主義。則不啻寬待少數分子。享受暴利。而徒令一般羣衆。無辜受損。社會之中。不

過失主義與結果責任主義

平滋甚。故學者復唱結果責任主義。各國法制。亦多參酌矣。【註三】

我民法以過失主義為原則以結果責任主義為例外

我國民法。係以過失主義為原則。（一八四條參照）以結果責任主義為例外。（一八七條三項四項一八八條二項參照）按社會常態。僅盡通常人之注意。即可防損害之發生。實使有過失者負損害賠償責任。已足達損害豫防之目的。且不問過失之有無。而均使負責。則責任心重之人。或畏縮不前。妨害其活動範圍。而責任念薄之人。以縱令注意。仍不免負責。必至益加放縱。不徒無益。反滋弊害。故在通常情形。仍宜以過失主義為原則。

危險責任

但在危險事業之特別情形。（如火車、汽車、煤氣電力、工業企業等是）則應採結果責任主義。蓋以如斯規定。始足保護羣衆。且享優厚之利益者。亦應負較重之責任。況危險之負擔。早預計在經營費用之中。雖使負責。並無大損。故此項責任。多以危險責任或報償責任稱之。

【註二】 考羅馬曾有格言。謂發生賠償義務。非損害。乃過失。此最足以表明過失主義之意義近世諸國。民法、如德八二三條、瑞債四一條、法民一六八二條一三八三條、奧民一二九四條一二九

五條、日民七〇九條等。亦皆採過失主義者也

【註三】　一九二二年俄民第四〇三條。規定加損害於他人之人格或財產者。應負賠償損害之責。但證明加害人。不得豫防損害者。或有加損害之權利者。或損害出於被害人自身之故意（預謀）或重大過失者時。得免賠償之義務云云。此項規定。殆已排斥從來立法例之過失主義。而採結果責任主義之理論為原則矣。又其第四百四條。規定鐵路、電車、製造工場、燃料商人、野獸持有人。為建築或其他設備等、足使周圍發生異常危險之企業或個人。苟非證明損害出於不可抗力。又或被害人自身之故意或重大過失。則對於異常危險所生之損害。負賠償之責云云。此規定。乃所以標明危險責任之原則也。又於第四百六條規定。依一般規定。（四〇三條至四〇五條）雖不負損害賠償義務。而法院仍得斟酌加害人及被害人之財產狀況。命加害人賠償損害。此則更注重保護貧弱之要求矣。

第二款　通常侵權行為之概念及要件

第一項　總說

何謂通常侵權行爲

一　通常侵權行爲與特種侵權行爲　侵權行爲。得分爲通常侵權行爲與特種侵權行爲二種。侵害權利。出於自己之行爲者。謂之通常侵權行爲。民法第一百八十四條之所定者是也。侵害權利。出於自己行爲以外事實者。謂之特種侵權行爲。第一百八十七條至第一百九十一條所定者是也。特種侵權行爲。於通常侵權行爲之成立要件。非必全須具備。故應分別硏究之。

通常侵權行爲之要件分類

二　成立要件之分類　凡侵害他人之權利者。自應負其責任。理所當然。但成立侵權行爲。必須具其要件。

1　客觀的要件　卽（一）自己之行爲。（二）侵害權利（三）損害之發生。（四）違法。（五）因果關係是也。

2　主觀的要件　卽侵權行爲能力（責任能力）及故意或過失（意思責任）是也。

第二項　客觀的要件

第一目　自己之行為

自己之行為係通常侵權行為之要件

一　自己之行為何以為要件　侵害權利。出於自己之行為者。始得謂為通常侵權行為。故自己之行為。自為其成立要件。若侵害權利。出於自己行為以外之事實。(他人之行為、或人之行為以外之事實、)則為特種侵權行為矣。

作為及不作為

二　何謂行為　行為者。有意識之身體動作也。故無意識之動作。不成立侵權行為。所謂身體動作。非專指作為而言。不作為亦包含之。惟不作為。必須行為人在法律上。原有作為義務時。始得成立侵權行為耳。【註一】

【註一】此項問題。同乎刑法。即有一定之行為。足以防止一定結果之發生時。若法律期望其行為而不作為。以致發生該結果。(因果關係)則此項違反作為義務。顯係違法。自應成立侵權行為。倘法律上無此項作為義務。則雖不作為。並不違法。自不成立侵權行為。至法律上期望其作為者。屋有三種。(一)其作爲定爲法律上之義務者。例如夫原有扶養其妻之法定義務，若另軋姘頭。而遺棄其妻。則成立侵權行爲是。(二)其作爲本於法律行爲之義務者。即因契約或無因管理而負義務者是。(三)其不作爲違反公序良俗者

自己之行爲與他人之行爲

三　自己之行爲與他人之行爲應如何區別　凡非他人之行爲。斯爲自己之行爲。通常侵權行爲與特種侵權之區別。亦即以侵害權利。是否出於自己行爲爲標準。但苟本於自己之意思決定。雖有他人之行爲。介入其間。以致發生權利侵害者。仍係出於自己之行爲。造意及幫助。其一也。(一八五條二項)以他人爲機械者。其二也。前者俟於第四款共同侵權行爲中。加以研究。玆僅將後者說明之。

以他人爲機械之侵權行爲

以他人爲機械之侵權行爲。必須他人之行爲。並不具備侵權行爲之要件。即欠缺責任能力或故意是也。故介入責任無能力人而爲侵權行爲者【註二】自不待言。雖介入有責任能力人之適法行爲而爲侵權行爲者。仍亦屬之。【註三】

【註二】　例如使精神病人毀損他人之物是。

【錯誤】例如甲偽稱乙之所有物。為自己之所有物（詐欺）使丙誤信為眞。（陷於錯誤）因命毀損之。卽因詐欺。而利用他人之錯誤行為是。又介入他人之職務行。為以侵害第三人之權利者亦然。

四　私法人機關之行為　法人之機關。於其權限內所為之行為。原為法人本身之行為。法人不得不任其責。故民法第二十八條。規定法人對於董事或職員。因執行職務。所加於他人之損害。與該行為人連帶負賠償之責任。此乃表明法人機關之侵權行為。卽係法人本身之侵權行為。在法人亦應任其責也。

私法人機關之行為

五　公務員之行為　國家或其他公共團體之機關。卽公務員。於其職務範圍內所為之行為。斯為國家或其他公共團體本身之行為。如因此行為。致第三人之權利。受有損害時。應如何負賠償之責。須分為左列兩情形而說明之。

公務員之行為

1　私法上之行為　公務員於職務上。為國家或其他公共團體。為買賣、承攬、運送、借貸等私法上行為。致第三人之權利。受有損害時。則應依第二十八條之規定。由國家或其他公共團體與公務員。連帶負賠償之責。蓋以國家爲私法上行爲時。其地位固與私法人或其他一私人無異也。

2 公法上之行爲　國家或其他公共團體。以其固有團體資格。行使權力時。則其地位與私法人迥異。故公務員之職務行爲。苟係代表國家或其他公共團體。行使其公權力。則不得適用民法之規定。除有特別規定外。國家或其他公共團體。自不負何等責任。惟公務員違背職務。致第三人之權利。受有損害時。其加害行爲。嚴格論之。非復國家或其他公共團體之行爲。應由公務員負賠償之責。茲更分爲左列二種情形而說明之。

公務員違背職務之侵權行爲

甲　違背職務之行爲。形式上尚屬於職權行爲之範圍內者。據我民法之規定。其賠償責任。因出於故意抑出於過失而不同。【註四一】

A　出於故意者　公務員因故意違背對於第三人應執行之職務。致第三人之權利。受損害者。負賠償責任。（一八六條一項前段）所謂對於第三人應執行之職務。

言對於第三人所負擔之職務。應爲其合法適當之處置也。若關於職權範圍內之事項。明知其處置爲違法、或不適當。僅因其他目的。仍託名職務行爲而爲之。以致侵害第三人之權利者。卽屬故意違背對於第三人應執行之職務。致第三人之權利。受有損害。自應成立侵權行爲。例如登記官吏。因另受他人之賄託。對於登記之合法聲請。不予依法登記是。在此情形。無論被害人能否依他項方法。受其賠償。概應由公務員負賠償責任。惟被害人已依他項方法受賠償時。不得更向公務員請求賠償。自不待言。

B出於過失者　公務員因過失違背對於第三人應執行之職務。致第三人之權利。受損害者。以被害人不能依他項方法受賠償時爲限。負賠償責任。（一八六條一項後段）在此情形。公務員並無利用其職務行爲之意思。僅欠缺注意。以致違背職務。故特輕減其賠償責任。以不能依他項方法受賠償時爲限耳。所謂不能依他項方法受賠償者。例如別無負責之人。或雖有之。而因其人逃匿無蹤。或毫無資力。不能達賠償之目的者是。

C 救濟方法　在上述二種情形。公務員違背職務所生之損害。固使公務員負賠償之責。但法律上設有救濟方法者。被害人亦應依其方法。務以除去損害。倘因故意或過失。拋棄其救濟權。例如對於法院裁判不聲明不服。對於行政處分。不提起訴願或行政訴訟。則在法律上。無保護之必要。故公務員不負賠償責任。（一八六條二項）

乙 違背職務之行爲。形式上已不屬於職權行爲之範圍者。其爲職權範圍外之行爲。尤爲顯然。應由公務員以其私人資格。負侵權行爲之賠償責任。不得復援用第一百八十六條之規定也。

【註四】 公務員之侵權行爲。應由公務員負賠償責任。德民及瑞債。均有規定。（德民八三九條瑞債六一條）而德民規定。尤與我民法第一八六條相同。

第二目 侵害權利

因故意或過失。侵害他人之權利者。負損害賠償責任。（一八四條一項前段）故侵害權利常多爲侵權行爲之成立要件。

權利與反射利益之區別

一　權利之意義　權利云者。謂使一定人格、得享受一定利益之法律上力也。凡人之營社會共同生活。於其對人、物及其他生活財貨之關係。須享受各種利益。法律保護此種關係。對於個人。賦與得享受此利益之力。斯爲權利矣。

由是觀之。權利乃法律使毎個人格。得完全享受一定之利益。至於公益法規之目的。若在保護增進社會之一般利益。而個人僅因其反射作用。受有利益。（例如因刑法吾人得享受安當之利益、因關稅法、內國農工商業者、得享受保護之利益是、）並非專認個人有享受利益之權利者。雖違反之。亦不成立侵權行爲。

侵權行爲之客體以私權爲限

二　足爲侵權行爲客體之權利　權利爲侵權行爲之客體者。一切之私權也。公權固亦爲權利之一種。但民法侵權行爲之規定。專以保護私權爲目的。而公權之保護。則須另有特別規定。故第一百八十四條。所謂權利。公權不在其內。專以私權爲限。又凡屬私權。事實上得被侵害者。無論其種類若何。均得爲侵權行爲之客體。茲略舉其大要於左。

財產權得爲侵權行爲之客體者

1 財產權 如所有權。限制物權。準物權。（鑛業權漁業權等）無體財產權。（專賣特許權、著作權、商號專用權、商標專用權等）均得爲侵權行爲之客體是。債權是否得爲侵權行爲之客體。雖不無爭議。但以積極說爲當。前經述明。（見第一章第一節）我國判例亦同。【註一】

【註一】前北京大理院判例。謂唆使債務人。故意不履行債務。致債權人受有損害者。對於債權人。即爲侵權行爲。自應賠償其損害。（三年上字一二〇五號）

人格權得爲侵權行爲之客體者

2 人格權 人格權者。以與權利人格不可分離之利益爲標的之權利也。其得爲侵權行爲之客體。民法第十八條。業經明定。其中姓名權、身體權、健康權、名譽權、自由權各種。並經第十九條第一百九十三條及第一百九十五條。列舉得爲侵權行爲之客體。

姓名權

姓名權者。保護人的姓名利益之權利也。登記前之商號權亦屬之。身體權者。

身體權　保護人的身體利益之權利也。侵害身體。卽損傷自然人身體內外部之組織也。但就身體權。廣義言之。其應包含者。尙有二種。生命權、肖像權是也。蓋有生命之身體。爲身體權存在之要件。若加以殺害。奪其生命。卽屬侵害身體權。故應以爲身體權之一部。而認有生命權。

生命權　其賠償請求權。於被害人死亡時。是否卽移轉於繼承人。易生爭議。或謂生命權與身體權。不可分離。其生命權被侵害之瞬間。權利主體。已不存在。故賠償請求權。不得發生。而繼承人。亦無可繼承。或謂自受致命傷。以至斷絕生命。消滅主體。不無稍有間隔。故應解爲被害人仍可取得賠償請求權。而繼承人。亦可繼承也。但我民法明定非財產的損害賠償請求權。不得讓與或繼承。（一九五條二項）宜採前說。

肖像權　至於肖像權。現行法上。是否認之。固不無疑問。但自己之所有物。僅自己得利用之。除經所有人許可、容忍者外。倘對於他人。任意照像或寫生時。卽係侵害他人所有身體權。故亦應以爲身體權之一部。而認有肖像權。

貞操權　此外婦女貞操。固爲身體權之一部。但侵害貞操。非僅侵害身體權。而自由權及名譽權。亦可同時致被侵害。

健康權

健康云者。謂自然人所有生理機能之健全狀態也。侵害健康。乃變更自然人之生理機能。致成不良狀態也。（如精神衰弱因驚成瘋是）就身體狹義言之。身體僅謂物質的身體。係指自然人內外部之肉體組織而言。（內部如心肝臟腑外部如皮肉筋骨）而健康則謂生理的身體。指自然人之生理機能而言。但就身體廣義言之。物質的及生理的。兩俱包含。

勞動能的

故健康權。亦可謂為身體權之一部。至於勞動能力。乃自然人從事其職業上工作之能力。在小資產階級及無產階級。尤為甚可寶貴之經濟財貨。倘有滅失減少情事。影響生計。實非淺鮮。故我民法於健康外。特予明定。以資保護。（一九三條參照）

名譽權

名譽權者。人（自然人或法人）在社會上之價值也。質言之。即由人之品行、能力及社會上地位所生之價值也。凡人在法律上均有得使其社會上價值不被侵害之權利。此之謂名譽權。故苟毀損人在社會上之價值。無論是否傷害感情。有無眞價。均係侵害名譽。

自由權　自由權者。人之活動。不受不當拘束之權利也。若使他人於其活動。受不當之拘。即係侵害自由。凡人之活動。包含身體的活動及精神的活動。故侵害意思決定之自由者。亦為侵害自由之侵權行為。例如詐欺、強迫係侵權行為是。

信用權　信用者。人在經濟方面之名譽也。質言之。即由人之財產上資力。及遵守義務之信賴。所生之社會上價值也。故信用權。應包含於名譽權中。其被侵害時。亦成立侵權行為。

親屬權亦得為侵權行為之客體　3 親屬權　親屬權是否得為侵權行為之客體。法無規定。不無爭議。但第一百八十四條。僅曰權利。別無限制。故竊信親屬權。亦得為侵權行為之客體。例如強姦有夫之婦女。不僅對於該婦女。為侵權行為。而侵害夫權。亦為侵權行為是。

何謂侵害　三　侵害權利之意義　侵害權利云者。妨害權利之享有或行使之謂也。非必須使喪失權利之全部或一部。苟已妨害其享受權利內容之利益。雖不達喪失程度。亦不失為侵害權利。

侵害權利。有妨害權利人現存利益之享受者。有妨害權利人將來可得利益之享受者。前者如物權或其他管領權之侵害是。後者如債權之侵害是。

侵害保護他人法律所認之利益亦成立侵權行為

四　利益侵害與侵權行為　侵權行為。常多以侵害權利。(以私權為限)為其成立要件。然其所謂侵害權利。應取廣義。凡保護人之法律上所認利益。被侵害者。亦應包含。俾資救濟。故違反保護他人之法律。侵害其所認利益。以致加損害於他人者。亦成立侵權行為　使得請求賠償。(一八四條二項德民八二三條二項參照)所謂保護人之法律。指以保護人之利益為目的之保護法規而言。此項法規。固多網羅於民法及其特別法中。所保護之利益。亦即多為私權之內容。似毋庸擴充範圍。然刑法及其他公法中。亦不少見。自應另行規定。以促注意。又茲所謂保護法規。不僅謂保護個人利益或某階級利益(如農民階級工人階級等是)之法規。雖保護一般人利益之法規。若其規定。非僅保護全體。而並重在或附帶保護其組織成分中之集團者。亦包含之。惟公法法規之目的。若僅在保護增進社會之一般利益。個人不過僅由反射作用。享受利益者。則不得以所謂保護法規論也。

此種保護法規。所認利益。例如書信祕密之保護。（刑法三一五條）未註册商標之保護。（刑法二六八條）合格工人入會之保護（工法二〇條二項）等是也。

違背善良風俗之行爲加損害於他人者亦成立侵權行爲

五　違背善良風俗行爲與侵權行爲　我民法規定故意以背於善良風俗之方法。加損害於他人者。負損害賠償責任。（一八四條一項後段）【註二】質言之。即以違背善良風俗之行爲。加損害於他人者。雖不侵害權利。亦成立侵權行爲是也。善良風俗者。謂於確保社會之存立及發達之範圍內。依現代社會之健全思想。堪爲現代國民道德之準繩也。（即國民之一般的道德觀念）【註三】違背道德觀念之行爲。斯爲違背善良風俗之行爲。故意以此行爲。加損害於他人時。倘他人所受損害。既非他人之權利。又非保護他人法律所認之利益。則侵害權利及違反保護他人之法律等規定。殊不足以包括。必須更行規定。方可救濟其損害。否則不僅個人受損。而社會之存立及發達。亦被阻礙。且成法規定。係出於歷史惰性。及現代社會之反射。殊難與時推移。以變更或擴充其保護範圍。故設此規定。以補救法規之缺陷。且使富有彈性力也。

所謂以違背善良風俗之行爲。加損害於他人者。例如勞動爭議之不當爭議手段。（如同盟罷工、暫閉工場之類是）脫拉斯、加爾特耳 Kartelle 等合同經濟力之濫用。協同絕交。（如市民甲某、對於市民乙某協議多數市民、同與絕交是。）女子隱祕與他人性交受姙而結婚等是也。

【註二】 關於此點。德民八二六條瑞債四一條二項奧民一二九五條二項。均設相同之規定。

【註三】 善良風俗一語。頗爲渺茫。殊難捉摸。自來研求其意義者。有二方面。（一）謂其意義應於法律外求之。卽自風俗道德方面求之。或謂善良風俗。卽爲行爲當時之善良風俗。或謂善良風俗。爲現代社會或國民之一般道德觀念。然反對者流。則謂法律與道德之界限。難免因此混淆。（二）謂其意義仍應於法律範圍內求之 卽以法律必有貫澈其體系之根本理想 其根本理想。卽爲確保社會之存立及發達。所有法律。乃均以此爲準繩而表現者也。其超越成法而表現者。斯爲善良風俗。故善良風俗。不過表現現行法律體系所有根本理想之一種形式耳。本書雖謂善良風俗爲道德觀

念。但恐過於廣汎。仍加貫澈法律體系之根本理想　以資限制

侵害權利非絕對要件

六　侵害權利非絕對要件　侵權行爲。固常多以侵害權利。爲其成立要件。然在我民法。故意以違背善良風俗之方法。加損害於他人者。雖不侵害權利。仍成立侵權行爲。故侵害權利。非侵權行爲成立之絕對要件也。

第三目　損害之發生

損害之發生

無損害則無賠償

一　損害爲侵權行爲之要件　民事責任。以塡補損害爲主要目的。故侵害權利。而不發生損害時。侵權行爲。無由成立。【註一】英國法固有所謂名義上損害 Nominal Damage 之制度。即侵害權利。縱令事實上不發生損害。而法律上仍視爲有損害。以此名義。使爲極少額之賠償。但大陸諸國法制及我民法。並不認此制度。倘無損害。自無由發生賠償請求權。

【註一】　例如出賣他人之所有物。尙未至使喪失所有權者。不得僅因出賣而成立侵權行爲是。（日本大正八年十月三日大審院判例）

損害之意義

二　何謂損害　損害云者。謂某人因某事實。於其財產或其他法益。（生命、身體、健康、名譽、自由等）所受之不利益也。故損害非僅指財產的不利益。而無形的不利益。亦包含之。損害一語。尙有所謂差額說。即謂以某人受損害後狀態之財產額。與假定損害原因事實不發生所應有之財產額。兩相比例。其所得差額。斯為損害。此說於表明財產的損害。固甚適當。然非財產的損害。則殊難表明。

損害之種類

三　損害之種類。

1　財產的損害與非財產的損害　財產的損害者。通常交易上得以金錢估計價格之損害也。如侵害他人財產所加之損害是。非財產的（無形的）損害者。不能以金錢估計價格之損害也。如侵害他人財產以外法益（如生命、身體、健康、名譽、自由等）所加之損害是。然兩者之生。非必常相分離。亦有同時俱生。故有因侵害財產權之結果。並生非財產的損害者。例如毀損他人之寶貴家寶。致使受精神上之痛苦是。亦有因侵害財產以外法益之結果。並生財產的損害者。如損害他人健康。致使不能從事職業。減少其收入是。

2 積極的損害與消極的損害　積極的損害者。因損害原因事實。致使現存財產減少也。消極的損害者。因損害原因事實。致妨害現存財產之增加也。【註二】

【註二】例如殺害他人價值五元百之馬。此五百元。爲積極的損害。倘他人曾約以七百元出賣之契約　則使他人喪失增加二百元財產之機會。此爲消極的損害。

第四目　違法

違法

一　何謂違法　違法者。違背法律之命令禁止也。民法第一百八十四條。所謂不法。即係此義。蓋雖侵害權利。而其侵害。若係適法。則不生賠償義務。故違法侵害權利。亦爲侵權行爲成立之要件。惟侵害權利。常屬違法。【註一】必須有阻却違法事由存在時。始阻却其違法性。是則侵權行爲。毋庸特舉違法。以爲要件。僅以阻却違法事由不存在。爲其消極的要件而已足。

違法之意義

【註一】凡屬權利。均有不可侵性。而侵害權利。又係違背不可侵義務。故謂侵害權利、常屬違法。

【註二】德民瑞債均特舉違法。以爲侵權行爲之成立要件。（德民八二三條瑞債四一條）惟日民俄民。則並未特舉。（日民七〇九條俄民四〇三條）以侵害權利。當然包括違法。毋庸再予明定也。

阻却違法事由

二　阻却違法事由　阻却違法事由存在時。雖侵害權利。而其違法性。已被阻却。不能成立侵權行爲。玆舉其事由於左。

權利之行使

1　權利之行使　權利之行使云者。權利人因享受其權利內容之利益所爲之行爲也。此項行爲。爲適法行爲。雖因以侵害他人之權利。不成立侵權行爲。惟權利之濫用。不能認爲權利之適法行使。（瑞民二條二項參照）故因權利之濫用。而侵害他人之權利者。仍成立侵權行爲。例如於適當限度內。將煤煙、音響、惡臭。傳入隣地者。固可認爲自己所有權之行使。尚不失爲適法行爲。若超過適當限度。則爲權利之濫用。應成立侵權行爲矣。（七九三條參照）至於權利人之行使權利行爲。是否涉及濫用範圍。應斟酌法律認許該權利之本意。並以社會一般觀念為標準而決定之。

我國民法。尙倣德民。懸有抽象的標準。依此等標象的標準。應認爲權利之濫用者。卽權利之行使。以損害他人爲主要目的者。其一也。（一四八條德民二二六條）違背善良風俗者。其二也。（一八四條一項後段德民八二六條）違背誠實及信用者。其三也。（二一九條德民二四二條）此外違背公共秩序者。亦應解爲權利之濫用。

於茲尙有牽連之問題。卽欺騙法院。取得不當之確定判決者。本此判決。爲強制執行時。是否成立侵權行爲。不無爭議。竊以積極說爲當。蓋以利用法院。爲侵權行爲之手段故也。【註三】

【註三】關於此問題。德日兩國學者。均聚訟紛歧。主張消極說者。謂認爲侵權行爲。使得請求賠償。必致動搖判決之既判力。故不宜認爲侵權行爲。但主張積極說者。則謂以欺詐手段。取得不當之確定判決。並據以強制執行者。此乃利用法院而爲自己之侵權行爲。雖使請求賠償。並無傷於既判力。故宜認爲侵權行爲。日本大審院判例。亦採此說。

又行政官署之許可。是否阻却違法性。亦多爭論。竊以消極說爲當。我國判例亦同。【註四】蓋因行政官署之許可。對於人民付與權利時。除法令有特別規定。特許得爲侵害他人權利之行爲外。僅付與一定之權利。並非特許其得侵害他人之權利。故私人行使官署所許可之權利時。如侵害他人之權利。原則上仍成立侵權行爲。並不因官署之許可。而阻却違法性也。【註五】

【註四】 前大理院判例。謂凡當事人。以私人資格。假官廳之行政處分。爲侵害他人權利之手段者。受害人對於加害人。得提起民事訴訟。請求侵權人回復其原狀或爲損害賠償。（四年上字一〇二三號）

【註五】 例如鐵路公司。經主管行政官署之許可。架設橋梁時。如侵害他人之用水權。則被害人得請求回復原狀是。

被害人之承諾

2 被害人之承諾 被害人承諾者。容許他人侵害權利之一方的意思表示也。原則上得阻却侵權之違法性。蓋權利人。本得自侵害其權利。故亦得容許他人侵害之。但容許他人侵害權利。既爲意思表示之一種。若其內容。違背公秩良俗。亦不生承諾之效力。(七二條參照)例如容許監禁之承諾。(一七條一項刑法三一六條參照)受他人之囑託或得其承諾而殺之。(刑法二九〇條)受他人之囑託。或得其承諾。傷害他人。因而致死或致重傷。(刑法二九九條)皆不爲阻却違法之事由。

與被害人之承諾。似是而非者。共有三種(一)付與侵害之權利。卽被害人之承諾。僅阻却侵權之違法性。而付與侵害之權利。則使取得權利。例如使用借貸。使借用人取得使用權是。(二)事前損害賠償請求權之拋棄。卽債權未發生以前。不妨預先拋棄。僅對於故意或重大過失之責任。不得預先免除耳。(二二二條)事前拋棄。僅拋棄將來發生之損害賠償請求權。並非容許侵害權利。故兩者在法律上。行爲各別。(三)被害之預期。例如知有洋灰製造廠之烟灰。而移住其地。雖被害原所預期。但不得謂爲已經承諾。故不阻却違法性。

無因管理

3　無因管理　無因管理。爲適法行爲。得阻却侵權行爲之違法性。蓋管理他人之事務。多致侵害他人之權利。如修繕房屋而侵害他人之所有權。救助人命而傷毀身體衣服等是。此等侵害權利行爲。在通常情形。固爲侵權行爲。但無因管理。乃出於圖本人利益之意思。故阻却其違法性。不成立侵權行爲。

正當防衛

4 正當防衛 正當防衛者。對於現時不法之侵害。爲防衛自己或他人之權利。所爲之反擊行爲也。(一四九條)凡權利人。於法律之範圍內。本得保護其權利。不受他人之侵害。法律因使於緊急情形。得爲防衛行爲。以自行保全。是其適法性。乃出於權利之本能。故正當防衛。爲適法行爲。阻却侵權行爲之違法性。不負損害賠償之責。

甲 現時 正當防衛。須對於現時之侵害。所謂現時。言非過去。亦非將來。乃目前直接可以實現侵害危險之狀態也。蓋若非現時之侵害。則被害情事。並不急迫。可由公力救濟。毋庸自行防衛也。

乙 不法 正當防衛。須對於不法之侵害。所謂不法。言其侵害。爲法律上所不許也。故僅客觀的不法而已足。雖對於無責任能力人之行爲。及非故意過失之行爲。均得爲正當防衛。

丙　侵害　侵害者。對於他人權利所加之攻擊也。無侵害則無防衛。故在正當防衛。必須有侵害。惟對於單純不作爲。（如債務不履行）是否得爲正當防衛。不無爭議。竊以在緊急情形。亦得正當防衛。【註六】

【註六】例如乳母不乳哺小兒。行將餓斃。則以腕力強迫乳哺。亦應以正當防衛論。

丁　須爲防衛自己或他人之權利　應防衛之權利。其種類並無限制。凡屬生命、身體、自由、財產、名譽等一切權利。不問其屬於自己。或屬於他人。均得防衛之。又雖非權利。而以違背善良風俗行爲所侵害之利益。亦應解爲得防衛之。（一八四條一項後段參照）所謂他人。言加害人以外之第三人也。

戊　防衛須不逾越必要程度　防衛權利。不可逾越防衛所必要之程度。（一四九條但書參照）質言之。即必須其行爲。按照各該情形。由社會的見解。認爲妥當方法者

。方得謂為正當防衛。若由社會的見解言之。並非妥當。雖別無他法。亦不得謂正當防衛【註七】

【註七】 例如防止奪取園中果物。雖別無他法。而用槍擊殺。則由社會的見解言之。必非妥當是。但考日民。於正當防衛。規定以出於不得已為要件。日刑亦同。（日民七二〇條一項日刑三六條）所謂不得已。學者解釋。大別為二。或謂別無他法。足以避免 並須於必要程度內行之。或謂苟在排除現在不法侵害所必要之程度內。即無論有無他法也。要之其舊日學說判例。均謂苟因防止懷中錢財被竊。雖不得已而殺扒手。亦係正當防衛 此之謂必要性。權衡輕重。未免失當。迄至近代。奧刑草（三二條二項）瑞刑草（三二條）日刑改正綱領（二三項）均改採妥當性。（亦稱為相當性）日民刑學者解釋。亦暫採此說。我國民法以不得已字樣。易滋疑義。未予規定。而其所謂必要程度。自應採妥當性之解釋也

己 反擊行為 正當防衛者。對於加害人所為之反擊行為也。質言之即以為擊退現時不正侵害之手段。而對於加害人。亦予以加害行為也。

庚　防衛逾越必要程度者　防衛行爲已逾越必要程度者。因欠缺正當防衛之要件。非復正當防衛。仍成立侵權行爲。惟法院斟酌情節。如出於恐怖、驚愕等事由者。得減輕或免除其賠償額而已。（二一七條奧刑草二二條三項瑞刑草三三條二項德刑五三條三項參照）故已逾越必要程度者仍負相當賠償之責。（一四九條但書）

5　緊急避難　緊急避難者。因避免自己或他人生命、身體、自由、或財產上急迫之危險。所爲之加害行爲也。（一五〇條）凡在緊急狀態。因救護自己或他人之權利。以致加損害於第三人者。法律上認爲放任行爲。阻却侵權行爲之違法性。故不負損害賠償之責。

急避難因

甲　危險　危險者。實有因偶然事件發生實害之可虞狀態也。其危險原因。無論出於自然。抑或出於人爲。均無不可。前者如地震、暴風、洪水、饑饉等是。動物之侵害亦然。後者如盜難、失火、殺傷等是。

乙　急迫　緊急避難。須因避免急迫之危險。所謂急迫。指現時之危險而言。

即現有發生實害之急迫狀態也。故對於過去之危險。無所謂避難。對於未來之危險狀態。可以預避。亦無緊急救濟之必要。

丙　救濟法益之限制　得以緊急避難行為救濟之法益。法律上有一定之限制。即自己或他人生命、身體、自由或財產是也。

丁　加害行為　緊急避難。須係因避免急迫危險。對於危險原因之人以外者。所為之加害行為。此即緊急避難與正當防衛所以異也。蓋正當防衛。係對於加害人之反擊行為。而緊急避難。則係犧牲危險原因以外之法益。以救濟自己或他人法益之行為。若對於危險原因之人。予以反擊。則屬正當防衛。非緊急避難矣。

戊　須不逾越必要程度並須權衡損害之輕重　即加害行為。須不逾越避免危險所必要之程度〔註八〕其加害行為所生之損害。並須未逾越危險所能致之損害程度。(一五〇一項但書)〔註九〕倘有違背。則欠缺緊急避難之要件。仍成立侵權行為矣。

【註八】緊急避難。所謂必要程度。其意義亦與正當防衛所謂必要程度相同。卽加害行爲。必須按照各該情形。由社會的見解。認係適當方法者。方得謂爲緊急避難。

【註九】緊急避難。所以增加衛損害輕重之要件者。蓋以正當防衛僅係對加害人。予以反擊。而緊急避難。則對於一般人。均得加害。範圍較廣。應防弊害也。

己　危險之發生在行爲人應負責者　在緊急避難。其危險之發生。如行爲人應負責任者。（如犬之追噬係出於自己之挑發是）不能謂無過失。故應負損害賠償之責。（一五〇條二項）

自救行爲

6　自救行爲　自救行爲者。爲保護自己權利。對於他人之自由或財產。施以拘束、押收或毀損之自力強制行爲也。（一五一條）按權利被侵害。而時機緊迫。不及請求公力救濟時。法律因許權利人。暫以自力強制。回復權利現狀。故自救行爲。係出於自救權之發動。應阻卻侵權行爲之違法性。不負損害賠償之責。

甲　保護權利　卽自救行爲。須以保護自己權利爲目的。

乙　自力強制行爲　卽自救行爲。須權力人因保護自己權利之目的。以自力押收或毀損他人之財產。例如恐難受淸償。而押收債務人之物。因保全自己權利標的物。而毀損他人之物是。又或對於他人拘束其自由。例如恐義務人潛逃。而暫行扣留。因排除義務人之抵抗。而予以強制是。

丙　時機緊迫　卽自救行爲。須於不及受官署援助。並非於其時爲之。則請求權不得實行。或其實行顯有困難者。始得爲之。（一五一條但書）蓋私權保護。以公力救濟爲原則。必須有急迫情形。始認自力救濟耳。故雖以自力強制行爲。拘束他人自由。或押收他人財產者。事後仍須卽時向官署聲請救助。此項聲請。若被駁回。或其聲請遲延者。行爲人應負損害賠償之責。（一五二條）

第五目　因果關係

因果關係之必要

一　因果關係之必要　被害人據侵權行爲。請求損害賠償。必須損害與侵權行爲之間。有因果關係。否則雖有侵害與損害。亦不生賠償責任。

何謂因果

二　因果關係之意義　何謂因果關係。爲公私法之共通問題。刑法學者。爭論尤烈

關係

。由一般概念言之。因果關係者。原因與結果之關係也。某前事實必發生某後事實。其間斯有因果關係矣。後事實之發生。必基於前事實。若無前事實。則無後事實。學者因稱前事實。為後事實之條件。但分量過多。牽聯亦遠。故多主張於其前事實中。認一定限界。在其限界內者。謂為原因。其非然者。則為條件。然限界應如何定之。則爭論紛紜。因果關係之學說。因此叢生。大別為三。即條件說、原因說、及相當因果關係說是也。在民法上。最通行者。首推相當因果關係說。

條件說

1　條件說　亦稱為絕對主義之原因說。蓋謂凡屬發生結果之條件。皆原因也。此於刑法方面。固為有力學說。【註一】但原因範圍。過於廣汎。與私法目的。殊不相符。

【註一】　刑法著名學者卜禮（Brui）李士德（Liszt）福蘭克（Frank）裴薩爾（Finger）等。均持此說。德意志帝國法院刑事庭亦採之。

原因說

2　原因說　亦稱為相對主義之原因說。此乃將原因與條件。嚴予區別。僅於原因與結果間。認有因果關係。而條件與結果間。則不認有因果關係。但原因與條件。究應如何區別。所持根據。殊不一致。故又生左列各說。

甲　必要條件說　此說以必至導生結果之條件爲原因。但僅由單一條件。必至導生結果者。殊難想像。

乙　直接條件說　此說以對於結果。直接者爲原因。間接者爲條件。但直接間接。殊難區別。

丙　有力條件說　此說以數多條件中。導生結果最有力者爲原因。

丁　最後條件說　此說以導生結果最後之條件爲原因。

戊　異常條件說　此說以條件中。變更事物當然經過。而使其進行異常者爲原因。

己　優勝條件說　此說謂促進發生結果之勢力。與妨止發生結果之勢力。本相均衡。打破其均衡。以致導生結果之條件。斯爲原因矣。

庚　原動力原因說　此說謂對於結果之發生。與以原動力者。爲原因。僅與以可使發生效力之狀態者。爲條件。

相當因果關係說

3　相當因果關係說　亦稱爲適當條件說。蓋謂某事實。僅於現實情形。發生某結果。尙不能遽認爲有因果關係。必須在一般情形。依社會的見解。亦謂能發生同一結果者。始得認爲有因果關係【註二】按行爲人。對於某結果。應否負責。乃以其行爲與某結果。有無因果關係爲標準而決定之。使行爲人對於相當因果關係範圍內之結果。負其責任。與民法尙公平之精神。恰相符合。故相當因果關係說。在民法方面。多爲學者及判例所採用也。【註三】

【註二】　例如傷害人後。送入醫院療治。不幸醫院失火。致被燒死。其傷害與燒死。僅就該情形言之。固不能謂無關係　但其燒死。係出意外。在一般情形　非必生此結果。自不能認有因果關係。若傷後受風。以致死亡。則在一般情形。依通常經驗觀之。能致死亡。故其傷害與死亡之間。自應認爲有因果關係矣。

【註三】日本大審院判例。謂依吾人之智識經驗。堪認某行爲應發生某結果者。該行爲即爲發生結果之原因。（日本大正二年判例）又謂侵權行爲與損害之間。有無因果關係。應依事物通常之狀態。本於社會普通之觀念判斷之（大正六年判例）即採相當因果關係說也。

不作爲之因果關係

三　不作爲之因果關係　在不作爲。有無因果關係。不無爭論。或謂在不作爲。無因果關係。或謂必須有作爲義務時。始有因果關係。余則謂不作爲。常爲其結果之原因。質言之。卽因行爲得防止結果之發生時。若不作爲。以致發生該結果。則不作爲與該結果間。斯爲有因果關係矣。惟無作爲義務時。因欠缺違法性。不成立侵權行爲耳。【註四】

【註四】參照本書本項第一目註一

相當因果關係說無中斷問題

四　因果關係之中斷　原因事實。正在進行中。因他項原因事實之介入。而發生結果時。則前因後果。不相連絡。其第一原因與結果之關係。被第二原因之介入而遮斷之狀態。此之謂因果關係之中斷。究竟介入。應否有中斷效力。不無爭論。但採相當因果關係說。則毋須再有因果關係之中斷觀念。蓋依相當因果關係說。有無因果關係。以按照一般情形。及依據社會見解。能否發生同一結果爲斷。苟其行爲。合此標準。而生同一結果。縱令有他項事實介入其間。而其行爲仍不失爲結果之原因。行爲人自應負責【註五】倘不合此標準。則本無因果關係。雖無他項事實之介入。行爲人亦不負責。故中斷問題。毋庸顧及矣。

【註五】日本判例。謂依一般觀察。同種條件存在時。當生同種結果者。不問其條件爲直接的。抑爲間接的。亦不問同時存有他項原因與否。其行爲對其結果。應負責任。縱令有他項事實。介入於行爲與結果之間。而其行爲。仍不失爲結果之原因(日本大正六年神戶地方裁判所判例)此卽表示應依相當因果關係說。認定因果關係。毋庸顧及中斷問題也。

五　因果關係與過失　因果關係問題。與過失問題。應嚴予區別。蓋行爲與結果之因果關係。雖屬同一。而行爲則或因故意。或因過失。再損害賠償義務之發生。原則上固因果關係與過失。均須有之。但僅有因果關係。雖無過失。亦有發生賠償義

（因果關係與過失）

務者。要之因果關係。乃行爲人與結果之客觀的關係。而過失則係行爲人與結果之主觀的關係。故應分別觀察也。

第三項　主觀的要件

第一目　侵權行爲能力（責任能力）

何謂侵權行爲能力

一　侵權行爲能力之意義　侵權行爲能力者。堪使負擔侵權行爲上賠償義務之意思能力也。在侵權行爲。行爲人之負賠償義務也。以有侵權行爲能力爲原則。蓋侵權行爲之成立。原則上以故意過失爲要件。必須有意思能力。（即侵權行爲能力）方足以構成故意過失。故侵權行爲。原則上亦以侵權行爲能力。爲其成立要件。但法律若特認結果責任。則不問故意過失之有無。均使行爲人負賠償義務。雖無侵權行爲能力。亦成立侵權行爲。

侵權行爲能力方僅爲侵權行爲成立要件原則上

凡人以有

二　凡人以有侵權行爲能力爲原則　凡自然人。原則上莫不有侵權行爲能力。法律

侵權行爲能力爲限則

僅規定孰爲無侵權行爲能力。此外卽屬均有侵權行爲能力。是以能力之有無。其舉證責任。常應由主張無能力者負擔之。

法人有侵權行爲能力

法人有無侵權行爲能力。因法人本質問題。主張各異。採擬制說者。謂法人無侵權行爲能力。而採實在說者。則謂法人有侵權行爲能力。余採後說。蓋法人機關之行爲。卽法人本身之行爲。故因此行爲。以致侵害他人之權利時。亦應成立法人之侵權行爲。（參照二八條）詳細研究。請參照民法總則著述。

無侵權行爲能力者

三　無侵權行爲能力者　我民法所定無侵權行爲能力者。共有二種。

無行爲能力人或限制行爲能力人之無辨別力者

1　無行爲能力人或限制行爲能力人於其行爲時無識別能力者　我民法關於此項無侵權行爲能力人。並非卽以未成年人及禁治產人爲標準。劃定能力之有無。乃審查其行爲時未成年人精神發育之程度。或禁治產人精神狀況。以資決定。【註一】雖屬無行爲能力人或限制行爲能力人。而於行爲當時。具有識別能力者。仍係有侵權行爲能力。如不法侵害他人之權利。則應成立侵權行爲。與其法定代理人。連帶負損害賠償責任。（一八七條一項中段）必須其行爲時。不具有識別能力。始成爲無侵權行爲能力人。原則上不負侵權行爲之責。是其能力之有無。以行爲時是否具有識別能力爲斷。所謂識別能力卽指足以辨別自己行爲、係法律上不當行爲、應負何等責任之知能而言。故其應注意事項如左。

A 所應識別者。非僅謂得辨別行爲之是非善惡。（卽道德上責任）亦非僅謂得辨別行爲之事實的結果及社會的意義。必須得辨別法律上應負何等責任。但毋庸必至得辨別應負賠償責任之程度。

B 是否具有此項辨別知能。以行爲當時爲標準而決定之。

C 苟行爲當時。足認爲具有此項辨別知能。而實際上果否辨別。則非所問。

【註一】 考瑞士債務法。未成年人或禁治產人。有無侵權行爲能力。應以行爲時有無辨別力爲標準而決定之。（瑞債五四條反面解釋並參照瑞民一九三項）日民亦同。（日民七一二條七一三條）爲卽採所謂知能主義者也德民於未成年人採年齡及知能之折衷主義。卽未滿七歲之未成年人。無侵權行爲能力。滿七歲以上十八歲以下之未成年人。以行爲時有無辨別力爲標準而決定之。（德民八二八條）要之侵權行爲能力之有無。不以有無行爲能力爲標準。而以有無辨別力爲依據。均與我民同。惟俄民則侵權行爲能力之有無。以有無行爲能力爲標準而決定之。即無行爲能力人。斯爲無侵權行爲能力人也。（俄民四〇五條）

無意識或精神錯亂者

2 行爲當時在無意識或精神錯亂之狀態者　無意識者。全然無意思作用之精神狀態也。質言之。即對自己舉動。毫無知覺之狀態也。如因驚恐或泥醉全失知覺之類。精神錯亂者。欠缺意思能力之精神狀態也。質言之。即並非全無意思作用。僅因精神作用暫時發生異狀。以致對於自己行爲之結果。無判斷之意思能力而已。如暫時心神喪失者是（例如一時的發狂）。凡有行爲能力人。通常莫不有侵權行爲能力。但在無意識狀態或精神錯亂狀態中。因無意思能力。當然認爲無侵權行爲能力。【註二】其所爲行爲。雖致損害於他人者。原則上不負侵權行爲之責。惟法院因被害人之聲請。得斟酌行爲人與被害人之經濟狀況。令行爲人爲全部或一部之

故意過失招致無意識或精神錯亂狀態者

損害賠償。（一八七條四項）此乃本於社會政策上理由。特設此規定也。

有行爲能力人。在無意識狀態或精神錯亂狀態中所爲之行爲。雖致損害於他人。原則上固不負侵權行爲之責。但有利用此等狀態之意思。或得預見此等狀態中之行爲。以暴飲或其他類似方法。暫時自陷於此等狀態者。可認爲因故意過失而爲加害行爲。仍應負侵權行爲之責。【註三】

【註二】心神喪失狀態。有常況者。有暫時者。其屬於常況者。如已經宣告禁治產。應包括於無行爲能力人之內。（一四條一八七條一項參照）玆所謂精神錯亂。自僅指暫時心神喪失者而言。禁治產人。應予除外。（七五條後段參照）

【註三】德民規定以暴飲或其他類似方法。暫時自陷於此狀況者。對於此狀況中不法所生損害。與有過失者負同一之責。但無過失而陷此狀況者。不在此限。（德民八二七條後段）瑞債規定暫時喪失辨別力。於此間加損害於他人者。苟不證明非出於自己之過失。則對其損害。負賠償之責。（瑞債五四條二項）日民規定因故意或過失。招致暫時心神喪失者。仍負賠償責任（日民七一三條但書參照）我民法關於此點。雖無上述明文規定。仍應採同一解釋。

第二目　意思責任（故意過失）

故意過失多爲侵權行爲之成立要件

一　故意過失多爲侵權行爲之成立要件　侵權行爲之成立。原則上常以須有故意或過失爲要件。（一八四條一項）其出於故意。抑或出於過失。原則上固無差異。但法律有僅於故意。始認成立侵權行爲者。如故意以背於善良風俗之方法。加損害於他人者是也。（一八四條一項後段）又有僅於重大過失。始認成立侵權行爲者。如租賃物因承租人之重大過失。致失火而毀損滅失者是也。（四三四條）

何謂故意過失

二　故意過失之意義　何謂故意過失。俟於債之效力章中。詳細研究。茲略舉其意義。故意云者。謂明知自己行爲。可生一定結果。並有意使其發生或信爲未必發生者也。過失云者。謂按其情節應注意。並能注意。而不注意也。質言之。即對於行爲之結果。本得預見其發生。但因欠缺注意。而不預見。或雖預見。而確信其不發生者是也。

三　當事人間之特約　當事人關於故意或過失之責任。訂有免除特約時。其屬於故意或重大過失者。（異常欠缺注意者）因我民法明定不得預先免除。（二二二條）當然無效。至於抽象的過失。（欠缺善良管理人之注意者）及具體的過失。（欠缺與處理自己事務爲同一之注意者）則法無限制。其免除特約。苟不違背公序良俗。應認爲有效。

免除特約之無效及有效者

四　舉證責任　故意過失之存在。爲侵權行爲之成立要件。故除有特別規定外。原則上應由主張侵權行爲成立之人卽原告。負舉證之責。但侵權行爲人。違反保護他人之法律者【註二】推定其有過失（一八九條二項）在此情形。旣經法律推定被告有過失。原告自不負舉證責任。被告如欲推翻此推定。則須提出反證。

舉證責任

【註二】何謂違反保護他人之法律。請參照本節第二款第一項第二目說明之四。

第三款　特種侵權行爲

特種侵權行爲

第一項　總說

一　負責理由　特種侵權行爲者。侵害權利。出於自己行爲以外事實之侵權行爲也。凡人原對自己行爲。負其責任。若侵害權利。出於自己行爲以外事實者。原則上固不應負何等責任。但被害人等。貧弱民衆居多。富厚之徒。受害機會較少。不予救濟。情殊可憫。且際茲社會自覺時代。國家立法。宜以社會利益爲前提。非以個人私利爲標準。苟合乎羣衆利益。卽應使負責塡補。況所認責任人。均有合理的根據。故在特種情形。使負相當責任。亦無不可。

二　特種侵權行爲之種類　侵害權利。出於自己行爲以外事實。經民法認爲成立侵權行爲者。大別爲二。

1　因他人行爲所生損害之責任　更得分爲二種。卽（一）因無能力人行爲所生損害之賠償責任。（一八七條）（二）因受僱人行爲所生損害之賠償責任（一八八條一八九條）是也。

2　因人的行爲以外事實所生損害之責任　亦更得分爲二種。卽（一）因動物加害所生損害之賠償責任。（一八九條）（二）因工作物加害所生損害之賠償責任（一九一條）是也。

第二項　因無能力人行爲所生損害之賠償責任

無能力人之侵權行爲由法定代理人負責

玆所謂無能力人。指無行爲能力人或限制行爲能力人而言。其有無侵權行爲能力。以行爲時是否具有辨別力爲標準。行爲時具有辨別力者。爲有侵權行爲能力。行爲時不具有辨別力者。爲無侵權行爲能力。無能力人因無侵權行爲能力。原則上不負侵權行爲之責時。由法定代理人負損害賠償責任。雖有侵權行爲能力。自己應負其責時。仍由法定代理人與無能力人。連帶負損害賠償責任。（一八七條一項）故無行爲能力人或限制行爲能力人之法定代理人。對其無能力人之侵權行爲所生損害。應負賠償責任。惟法定代理人。如其監督並未疏懈。或縱加以相當之監督。而仍不免發生損害者。不負賠償責任耳。（一八七條二項）

法定代理人之責任根據

一　法定代理人之負責根據　無能力人無權利行爲能力時。其侵權行爲所生損害。由法定代理人負賠償責任者。蓋以法定代理人。爲監督義務人。須課賠償義務。促其注意。俾使預防。且此項無能力人。因無侵權行爲能力。對於所爲加害。原則上旣不負責。亦應另有賠償之人。以資救濟。故應使法定代理人負損害賠償責任。至無能力人有侵權行爲能力時。其侵權行爲所生損害。仍由法定代理人。與無能力人。連帶負損害賠償責任者。蓋以無能力人於行爲時。究竟有無辨別能力。實際上不易判別。在被害人因證明困難。往往難受塡補。且加害行爲之發生。在法定代理人。亦難免監督不過之咎。故規定使負連帶賠償責任。俾被害人對於法定代理人及無能力人。得任意選擇請求也。（二七三條）法定代理人如履行賠償後。對於無能力人。得依連帶債務之規定。請求償還。（二八一條二八〇條二項）自不待言。

法定代理人之負賠償責任。不以故意過失爲積極的要件。自非過失責任。但須監督不懈。始得免其責任。仍係以過失爲免責要件。亦非純粹無過失責任。（結果責任）故其責任。可謂在過失責任與無過失責任之間也。

二　責任要件　法定代理人之負賠償責任也。必須無能力人之行爲。係侵權行爲。所有侵權行爲之要件。如侵害權利、違法、損害、因果關係等項。均須具備。惟無能力人無侵權行爲能力時。其有無故意過失。則非所問。（責任要件）

三　免責要件　無能力人之行爲。係侵權行爲時。原則上固應由其法定代理人負損害賠償責任。但法定代理人之監督。並未疏懈者。其監督義務。已完全履行。猶使負責。未免不當。又縱令加以相當之監督。而仍不免發生損害者。無論監督義務。曾否懈疏。而損害結果。終必發生。損害既非疏懈所致。兩者自無因果關係。若猶負責。亦屬強人所難。故法律使在此等情形。不負損害賠償責任。（一八七條二項）（免責要件）

四　無能力人之無過失賠償　無能力人無侵權行爲能力者。不負侵權行爲之責。其所生損害。僅由法定代理人負責賠償。若法定代理人已完全履行監督義務。或所生損害。與監督義務履行。並無因果關係。又或無賠償資力。則被害人無由領受賠償（無能力人之無過失賠償）

。在此情形。被害人既不得向無能力人請求。又無由自法定代理人領受。所受損害。無可救濟。倘係貧苦之人。情尤可憫。故法律為圖經濟上公平起見。（即本於社會政策上之理由）規定法院因被害人之聲請。得斟酌行為人（無能力人）與被害人之經濟狀況。令行為人（無能力人）為全部或一部之損害賠償。（一八七條三項）按無能力人無侵權行為能力時。並無故意過失。僅因社會政策上之理由。使為此項賠償耳。故以無能力人之無過失賠償稱之【註一】

【註一】德民八二九條瑞債五四條一項均與我民此項規定。大致相同。俄民四〇六條。尤相酷似。

舉證責任

五　舉證責任　前述責任要件。應由原告負舉證之責。而前述免責要件。應由法定代理人即被告負舉證之責。蓋法定代理人。以負責為原則。以免責為例外也。至於前述經濟狀況。則應由被害人即原告負舉證之責。蓋以應出於被害人之聲請也。

第三項　因受僱人行爲所生損害之賠償責任

受僱人職務上侵權行爲由僱用人負責

受僱人因執行職務。不法侵害他人之權利者。由僱用人與行爲人。連帶負損害賠償責任。但選任受僱人。及監督其職務之執行。已盡相當之注意。或縱加以相當之注意。而仍不免發生損害者。僱用人不負賠償責任。（一八八條一項）

僱用人負責之根據

一　僱用人負責之根據。受僱人職務上之侵權行爲。本由受僱人負其責任。而復使僱用人負責者。其理由有三。（一）僱用人既因使役他人。享受利益。亦應負擔損失。（二）受僱人通常多無資力。若僅使負責。則被害人請求賠償。往往有名無實。故使僱用人亦負責任。以資救濟。（三）僱用人負有此項責任。對於受僱人之選任監督。必充分注意。足以預防損害。至於規定僱用人與受僱人。（行爲人）連帶負責者。蓋使其責任。無先後之分。俾被害人得任意選擇請求也。（二七三條）

以無過失

僱用人之負賠償責任也。不以故意過失爲積極的要件。自非過失責任。但須於選

爲免責要件

用監督。已盡相當之注意。始得免其責任。仍係以無過失爲免責要件。亦非純粹無過失責任。(結果責任)故其責任。可謂在過失責任與無過失責任之間。夷考厥由。共有二端。(一)無過失者。若使負責。則審愼之人。必畏縮不前。且無過失與有過失者。同一看待。不僅有失公平。亦非所以獎勵注意之道。故不採純粹無過失責任主義。(二)不以過失爲積極的要件。而以無過失爲免責要件者。蓋以僱用人於選用監督。有無過失。在被害人。殊難證明。故以無過失爲免責要件。使被告負舉證之責。而更以保護被害人。

立法上宜採無過失責任主義

由立法論言之。僱用人對於受僱人侵權行爲之賠償責任。宜採無過失責任主義。(卽結果責任主義)蓋無產階級或小資產階級。因缺乏經濟能力。不能使用他人。無由藉以免責。而資產階級。則可使用他人。苟證明選用監督無過失。卽可免責。兩相比較。未免不平。且僱用人如無過失。卽不負責。而受僱人多無資力。其負責又不易生效。雖受損害。難望賠償。貧弱民衆。徒供犧牲。亦非所以顧全社會利益之道。故應採無過失責任主義。無論僱用人自己有無過失。均使負責。現代立法。已趨向此途矣。

責任要件

二　責任要件　須具備左列要件時。僱用人始負損害賠償責任。

1　行爲人須爲僱用人之受僱人　受僱人者。爲僱用人服勞務之人也。若非自己之受雇人。對其行爲。自不負責。

何謂受僱人

甲　受僱人之範圍若何　由文理解釋言之。係指僱傭契約之受僱人而言。（四八二條參照）然適用範圍。未免過狹。自應擴張解釋。凡使辦理事件而服勞務者。既不問其服勞務。係因何種契約。亦不問其有償無償。甚至不問其契約關係。曾否成立。均應解爲茲所謂受僱人。【註一】例如囑託粗諳駕駛汽車之友人。將借用汽車。駕還原主。倘途中撞傷行人。自己亦應負責是。

【註一】　關於此點。瑞債定爲主人之被用人或勞動者。（瑞債五五條一項前段）德民定爲因某事業所使用之人。（德民八三一條一項前段）法民定爲所使用之人（法民一三八四條三項）日民亦定爲因某事業所使用之人。（日民七一五條一項前段）所有學者解釋。均謂事實上被用而已足。非必限於僱用。務以擴充適用範圍。由此觀之。我民法自應採擴張解釋。

乙　勞務之種類若何　凡辦理事件所服勞務。其種類別無限制。既不問物質的或精神的。亦不問事實的或法律的。並不問繼續的或暫時的。均無不可。

丙　須有選用監督之關係　僱用人與受僱人之間。固不限於必有主從關係。但必須有選任監督之關係。徵諸第一八八條但書之規定。已甚瞭然。故茲所謂受僱人。全然獨立。得以自己判斷。而自由行動者。僱用人自不負責。例如電車、公共汽車駕駛人夫之侵權行爲。雖由營業主人負責。而顧客對於零僱汽車駕駛人夫之侵權行爲。則不應負責。以顧客與零僱汽車駕駛人夫之間。並無選任監督之關係故也。

受僱人之行爲須係侵權行爲

2　受僱人之行爲須不法侵害他人之權利　即受僱人之行爲。須爲侵權行爲。僱用人始負其責。故受僱人之行爲須具備侵權行爲。之成立要件。如侵害權利、違法、損害、因果關係、侵權行為能力、故意過失等是也。關於應否具備故意過失。尚不無爭論。主張毋庸具備者。謂法條對於僱用人。既經認為須有過失。其侵權行為。已具有主觀的要件。自毋庸對於受僱人。再認須有過失。務以減少侵權行為成立之阻礙。且採過失說。若受僱人衆多時。果係出於何人過失。亦難證明。主張應具備者。謂法條對於僱用人所認過失。非侵害權利之過失。乃選用監督之過失。僅以無過失為免責要件而已。尚難謂為侵權行為。已具有主觀的要件。且自己無過失行為。原不負責。若獨使對於受僱人無過失行為。負其責任。較諸自己執行。顯失均衡。本書據我民法以過失主義為原則之精神。採取後說。

茲所謂他人。指僱用人及受僱人以外之人而言。故僱用人使同服勞務之其他受僱人。因受僱人之侵權行為。致受損害者。亦包含之。

受僱人之行為須職務上侵權行為

3 受僱人須因執行職務侵害他人之權利 即受僱人之侵權行為。僱用人非必均負其責。必須受僱人在職務上之侵權行為。僱用人始負責任。

執行職務之意義

甲　何謂執行職務。所謂執行職務。僅指執行職務本身。非謂執行職務之時。故加害他人。係因執行職務而生者。固可謂爲執行職務。若加害他人。雖在執行職務之時。但並非因執行職務而生者。則不得謂爲執行職務。例如汽車夫駕車不愼。撞傷他人。固爲執行職務。而駕車時爭鬥。毆傷他人。則復非執行職務。主人不負其責矣。

執行職務之範圍

乙　執行職務之範圍若何　關於此點。學說紛歧。大別爲三。（一）以僱用人之意思爲標準說。此說謂僱用人命辦或委辦事件之執行行爲。及其執行所必要之行爲。始係因執行職務所爲之行爲。故受僱人當執行職務。以單獨意思所爲之不當行爲。（如錯誤、詐欺是）縱圖僱用人之利益。不包含之。又受僱人因圖自己利益。濫用地位所爲之行爲。雖外表上與執行職務無異。仍非因執行職務所爲之行爲。（二）以執行職務之外表爲標準說。此說謂執行職務之範圍。原則上固依僱用人所命辦或委辦者定之。但外表上苟以執行職務之形式而爲者。均係因

本書所謂執行職務之範圍

執行職務所爲之行爲（三）以受僱人之意思爲標準說。此說謂執行職務之範圍。原則上雖依僱用人所命辦或委辦者定之。此外行爲。如係圖僱用人命辦或委辦事件之利益者。亦可謂爲因執行職務所爲之行爲。就上述三種學說觀之。命辦或委辦事件之執行行爲。及與相牽連不可分離之行爲。均係因執行職務所爲之行爲。第二說第三說。皆與第一說無異。所爭執者。僅其範圍應如何擴充而已。竊以爭執之生。皆因第一說範圍過狹。僱用人易免責任。被害人難受賠償。未免埋沒第一八八條保護之精神。且經濟貧弱階級。不得使用他人。無由藉以免責。若僱用人之免責過寬。實同優遇資產階級。亦屬不平。故余主張更加廣義解釋。凡第二說及第三說。均以爲擴充範圍之標準。即執行職務之執行行爲。及與有外表的牽連（第二說）或內部的牽連（第三說）之行爲。均可謂爲因執行職務所爲之行爲。【註二】

【註二】日本舊判例。其大旨均謂僅限於與執行行爲常相牽連不可分離之行爲。事業主始負責任。若所爲行爲。外表上與執行職務無異。或以圖利自己或他人之目的。濫用地位所爲之行爲。事業主仍不負責。此等判決。顯採第一說。學者之間。咸多貶詞。迄至近年。已改採廣義解釋。即大正十五年十月廿三日大審院民刑聯合判決。謂被用人在股分公司。（使用主）充當庶務課長。擔任發行股票事務。且保管證券用紙及印章。論其地位。實隨時得自由處理股票發行事務。縱令該被用人。濫用其地位而發行股票。但不過僅係不當執行事業。仍不失爲關於執行事業之行爲。此項判例。較諸舊判例。已大加變更矣。

免責要件

三　免責要件　僱用人於具備前述責任要件時。對於受僱人職務上之侵權行爲。應負賠償責任。但選任受僱人及監督其職務之執行。已盡相當之注意。或縱加以相當之注意。而仍不免發生損害者。僱用人不負賠償責任。（一八八條一項但書）其非以僱用人之過失爲其責任之積極的要件。乃以無過失爲免責要件。徵諸法條。極爲明瞭。

1　選任受僱人已盡相當之注意者。言就僱用人之能力資格。於其職務。能否勝任。於選任之初。及選任之後。均已盡相當之注意也。

2 監督其職務之執行已盡相當之注意者。言對於使受僱人執行職務。已盡相當注意也。若關於受傭人裝設事業所用機械或其他設備之注意。則不包含。【註三】蓋以因此等設備之瑕疵。致第三人受損害時。若傭用人本身與有過失。則依其自己行爲。負侵權行爲之責矣。

【註三】德民明文規定使用主於被用人裝設機械、或器具。已盡相當之注意者。亦得免責。（德民八三一條一項但書參照）至於日民。因無此項明文。其解釋均主張不應包含。我民法亦同。

3 相當之注意者。言善良管理人之注意。並應按照各項情形。而恰合其必要程度也。

4 本條明定對於選用及監督。均須注意。故注意選用而不注意監督。或注意監督而不注意選用。仍不得免其責也。

5 縱加以相當之注意。而仍不免發生損害者。無論注意義務。曾否履行。而損害結果。終必發生。其注意義務之違反。與損害之發生。並無因果關係。自不負賠償之責。

僱用人之無過失賠償

四　僱用人之無過失賠償　僱用人具備免責要件時。即不負損害賠償責任。被害人自不能受其賠償。但法院因被害人之聲請。得斟酌僱用人與被害人之經濟狀況。令僱用人爲一部或全部之損害賠償。（一八八條二項）僱用人在此情形。原無過失。僅因社會政策上之理由。使賠償損害耳。故以僱用人之無過失賠償稱之。

僱用人之請求權

五　僱用人之求償權　僱用人與受僱人。對於被害人。均負損害賠償之連帶債務。然就內部關係（即僱用人與受僱人相互間之關係）言之。損害之生。究係受僱人之侵權行爲所致。應專由受僱人負擔。在僱用人並無分擔部分。（二八〇條）故僱用人已向被害人賠償損害時。得對於爲侵權行爲之受僱人。請求償還其賠償額之全部。（一八八條三項）而受僱人賠償損害時則不得對於僱用人求償。

定作人之責任

六　因承攬人行爲所生損害之賠償責任　承攬人因執行承攬事項。不法侵害他人之權利者。定作人不負損害賠償責任。（一八九條本文）蓋以承攬人非定作人之受僱人。而其

執行承攬事項。亦獨立爲之。非受定作人之監督故也。但定作人於定作或指示。有過失者。仍應負損害賠償責任。(一八九條但書)

1 定作人之責任。係因自己於定作或指示有過失。以致侵害他人之權利。此乃利用承攬人。自爲侵權行爲。依第一八四條之規定。當然應負損害賠償責任，

2 定作人之責任。係因自己行爲而發生。故僅須定作人。就其行爲。有故意過失而已足。毋庸承攬人亦有故意過失。倘承攬人亦具備侵權行爲之要件。則爲共同侵權行爲。

3 損害之發生。須與定作人之定作或指示。有因果關係者。定作人始負損害賠償責任。故定作人於定作或指示。雖有過失。而承攬人之執行承攬事項。並未依其定作或指示。以致侵害他人之權利者。則定作人不負損害賠償責任。

舉證責任

七 舉證責任 前述責任要件。應由被害人即原告負舉證之責。前述免責要件。應由僱用人即被告負舉證之責。前述經濟狀況。應由被害人即原告負舉證之責。前述

關於定作或指示之過失。應由被害人即原告負舉證之責。

第四項　因動產加害所生損害之賠償責任

動物之加害由占有負責

動物加損害於他人者。由其占有人負損害賠償責任。但依動物之種類及性質。已為相當注意之管束。或縱為相當注意之管束。而仍不免發生損害者。不在此限。（一九〇條一項）

占有人負責之根據

一　占有人負責根據　動物之加害。由其占有人負損害賠償責任者。因動物富有加害危險性。特使占有人負重責任。以促其注意預防也。

占有人之責任。係因動物之加害行動而發生。不以故意過失為其責任之積極的要件。自非過失責任。但須注意管束。始得免其責任。係以無過失為免責要件。亦非純粹無過失責任。故其責任。可謂為在過失責任與無過失責任之間。

何謂占有人

占有人之免責也。係以注意管束為要件。故茲所謂占有人。必須以直接實施管領者爲限。自主占有之自行占有（如動物所有人自行占有、強竊盜自行占有盜取動物。）動物之直接占有人。（如租用、借用、或寄養他人之牛馬者）以及其他占有人直接實施管領者皆屬之。若動產之間接占有人。（九四一條參照）非直接實施管領。無從注意管束。當然不在其內。【註一】至於動物之占有補助人。（如馬夫牧者）乃幫助占有人。管領動物。實與占有人之手足無異。其行爲仍應由占有人負責。並不得稱爲占有人。（九四二條參照）亦當然不在其內。

【註一】我民法第九四一條。倣德民八六八條。規定質權人承租人受寄人或基於其他類似之法律關係。對於他人之物爲占有者。稱爲直接占有人。而該他人則稱爲間接占有人。

責任要件

二 責任要件 動物加損害於他人時。占有人始負損害賠償責任。故動物加害。爲責任之積極的要件。

1 動物之種類。並無限制。惟黴菌無論是否動物。而德日學者。均謂其傳染疾病。不適用動物加害之規定。

2 動物行動與損害之間。必須有因果關係。惟其直接或間接。則所不問。

3 動物加害之方法如何。固所不問。然必須因動物獨立之行動。例如驚馬不服馬夫駕御撞傷行人是。若利用動物。加害他人。則爲人之行爲。應適用第一八四條之規定矣。例如馬夫故意驅馬傷人是。

免責要件

三 免責要件 占有人在其動物加損害於他人時。固負賠償責任。但依動物之種類及性質。已爲相當注意之管束者。不負賠償責任。管束者。防範加害之謂也。依動物之種類者。按照動物種類。分別施以防範也。例如虎豹圈入鐵柵。猿猴繫以鎖練是。依動物之性質者。雖同種動物。尚須斟酌性質。而施防範也。如易驚之馬。必加障目面具。猛噬之犬。必加口咬是。相當注意。卽善良管理人之注意。並須按照各項情形。而恰合其必要程度也。又縱爲相當注意之管束。而仍不免發生損害者其損害之生。與注意義務之違反。並無因果關係。占有人亦不負賠償責任。（一九〇條但書）

占有人之求償權

四 占有人之求償權 動物係由第三人或他動物之挑動。致加損害於他人者。（前條但書）

（如犬之噬人、係因第三人嗾使、後者如牛之撞毀、係因避他牛鬭擊、）占有人仍不得免損害賠償之責。惟對於該第三人或該他動物之占有人。有求償權而已。

舉證責任

五　舉證責任　責任要件。應由被害人即原告負舉證之責。而免責要件。則應由占有人即被告負舉證之責。

第五項　因工作物加害所生損害之賠償責任

工作物之加害由其所有人負責

土地上之建築物。或其他工作物。因設置或保管有欠缺。致損害他人之權利者。由工作物之所有人。負賠償責任。但於防止損害之發生。已盡相當之注意者。不在此限。（一九一條一項）

所有人負責之根據

一　所有人負責之根據　因土地上工作物加害所生損害。由其所有人負賠償責任者。其理由有二。（一）所有人既享有其利益。自應負擔其損失。（二）土地上之工作物。特多崩潰倒塌之危險。倘經發生。或至奪生命。損身體。傷健康。毀物件。

務須重所有人責任。以促其注意防止。惟此項責任。究應由所有人負之。抑應由占有人負之。在立法上成一問題。而各國法制。亦不一致。〔註一〕我民法採所有人主義。竊以爲得當。

【註一】　考各立法例。大別爲三。(一)所有人主義。我民法、瑞債(瑞債　八條)法民(民法一三八六條)採之。其理由蓋以所有人既享有其利益。自應負擔其損失。且經濟能力較強。被害人亦易受賠償。(二)占有人主義。德民採之。(德民八三六條)其理由蓋以占有人事實上管領工作物。所居地位。較易防止損害也。(三)折衷主義。日民採之。即原則上由占有人負賠償責任。但占有人因無過失而免責時。則由所有人負賠償責任。(日民七一七條)

所有人之責任。係因土地上工作物之加害而發生。不以故意過失爲其責任之積極的要件。自非過失責任。但須注意防止。始得免責。係以無過失爲免責要件。亦非純粹無過失責任。故其責任。可謂在過失責任與無過失責任之間。由立法言之。宜

立法上宜採無過失責任主義

採無過失責任主義。蓋原動力(如蒸汽力、電力)發明以來。大規模企業。日益勃興。工作

物之危險。較前增多。羣衆之受害。亦較前增廣。且工作物之所有人。多屬資產階級。卽使賠償。無關痛痒。而工商企業。其損害負擔。原在營業費預計之中。早經酌定賣價。取諸羣衆。尤應賠償。若使所有人。得以無過失而免責任。必至資產階級。易享樂利。而無產階級。無辜受損。故宜不問所有人有無過失。均使賠償。俾被害人。易受塡補。考各立法例。亦不無採無過失責任主義者。【註二】

【註二】 德日民法。固與我民法相同。均以注意防止。（卽無過失）爲免責要件。（德民八三六條一項但書日民七一七條但書）但瑞債法民。則採無過失責任主義。惟法民以房屋所有人爲限。範圍較狹耳。（瑞債五八條一項法民一三八六條）

責任要件

二　責任要件　土地上之建築物或其他工作物。因設置或保管有欠缺。致損害他人之權利者。工作物之所有人。始負賠償責任。故其積極的要件如左。

何謂工作物

1　須係土地上之工作物　土地上之工作物者。謂就土地或聯接土地施加工作所成之物也。房屋、工場等建築物。乃其最重要者。此外牆壁、橋梁、埠頭、運河、溝渠、堤坊、井池、電柱、電線、水管、煤氣管、安設地上遊戲器具等皆屬之。其爲土地一部。抑或獨立成物。則所不問。工場內安設之機械汽罐等設備。是否工作物。不無爭議【註三】竊以此等設備。易生危險。倘安設地上。亦與遊戲器具安設地上者無異。故主張安設地上者。不應除外。

【註三】　日本判例。謂機械爲動產。非建築物之一部。不應解爲土地上之工作物。（大正元年一二月六日大審院判決）學者之間。亦多附和。然大機械、大發動機。汽罐等。須緊接土地。始能安置。其不易移動。及易生危險。較諸安設地上之遊戲器具。（如鞦韆、浪橋等）尤不可同日而語。何以後者認爲土地上之工作物。而前者則否。其理由殊難索解。

何謂設置或保管之欠缺

2　工作物之設置或保管須有欠缺　設置有欠缺者。謂設置之初。其設置方法有缺點。以致工作物發生瑕疵也。如設計不妥或材料粗劣是。保管有欠缺者。謂設置以後。其保管方法有缺點。以致工作物發生瑕疵也。如怠於修繕、久未檢查是。又設置方法或保管方法之缺點。僅客觀上有此缺點而已足。所有人有無過失。

則所不問。工作物發生瑕疵云者。言工作物缺少通常應有之安全設備或性狀也。【註四】

【註四】 我民法定爲設置或保管有欠缺。與瑞債日民相同。（瑞債五八條日民七一七條）而與法民德民則異。即法民定爲房屋倒塌。（法民一三八六條）德民定爲工作物之倒塌或其一部脫落（德民八三六條）較諸我民法。其範圍均狹。

何謂因欠缺加害他人

3 須因設備或保管有欠缺致損害他人之權利　所謂因設備或保管有欠缺。以致損害他人。非必以欠缺爲損害發生之唯一原因。苟欠缺與損害之間。存有因果關係。雖有自然事實。（如風雨是）第三人之行爲。或被害人之行爲。介入其間。仍不失爲因欠缺所生之損害。惟自然事實介入時。如縱無欠缺。而仍不免發生損害。則所有人不負賠償之責。例如因從來未有之暴風。致房屋倒塌。加害他人者。其加害並非欠缺所致。已無因果關係。不應負責是。又第三人之行爲介入時。如第三人知有欠缺或可得而知。則第三人與所有人爲共同侵權行爲人。連帶負責。又被

害人之行爲介入時。如被害人亦與有過失。則生過失相抵問題。（二一七條參照）

免責要件

三　免責要件　工作物之所有人。在其工作物加損害於他人時。固負賠償責任。但於防止損害之發生。已盡相當之注意者。不負賠償之責。（一九一條一項但書）所謂相當之注意。卽善良管理人之注意。而所取防止手段。並須按照各項情形。已臻足以防止損害發生之程度。

所有人之求償權

四　所有人之求償權　損害之發生。如別有應負責任之人。例如設置或保管之欠缺。係出於建築之承攬人。或前所有人。或工作物之占有人。則賠償損害之所有人。對於該應負責者。有求償權。（一九一條二項）

舉證責任

五　舉證責任　前述責任要件。應由被害人卽原告負舉證之責。而前述免責要件。則應由所有人卽被告負舉證之責。

第四款　共同侵權行爲

侵害權利。固多由一人單獨爲之。但數人協力。侵害權利者。亦復不少。其協力侵害權利。恰如刑法上之共同犯罪。故與刑法上共犯。對照研究。較易明瞭。由廣義言之。於侵害權利。有協力關係之行爲。斯爲共同侵權行爲。但依其協力關係之體態。更得分爲三種。即狹義共同侵權行爲。共同危險行爲。造意及幫助是也。

廣義之共同侵權行爲

狹義之共同侵權行爲

一　狹義共同侵權行爲（共同正犯）　第一八五條一項前段。規定數人共同不法侵害他人之權利者。連帶負損害賠償責任。據此規定言之。共同侵權行爲者。數人（二人以上）共同實行侵害權利之侵權行爲也。惟同條一項後段及同條二項所規定者。並未共爲侵害權利之實行行爲。非此項共同侵權行爲。所能包括。因以狹義共同侵權行爲稱之。茲述其要件於左。

其要件

共同實行侵害權利之行爲

1　須數人共同實行侵害權利　數人共同實行侵害權利者。侵害權利行爲。由數人共同實行也。

A　須有主觀的意思聯絡　數人共同實行侵權行爲時。其相互間。是否須有意

意思聯絡問題

思之聯絡。不無爭論。主張消極說者。謂加害人間。毋庸有意思聯絡。苟事實上。數人共同侵害權利。以致發生同一損害之結果。即應成立共同侵權行為。【註一】而主張積極說者。則或謂必須通謀【註二】或謂雖無須通謀。但必須有共同之認識。【註三】若加害人間。毫無意思之聯絡。則不能成立共同侵權行為。【註四】竊維二人以上之行為。而合一觀察者。以有共同意思也。此為一般之觀察方法。民法何能獨異。又共同行為人所以負連帶責任者。蓋以實行共同目的。合為一體。互相利用。其侵害權利之力量。較大於單一行為也。且第一八五條一項後段。所謂不知中孰為加害人者。即指數人雖共為危險行為。但於侵害權利。並無意思聯絡者而言。（參照本款丙二之1）兩相參照。則在共同侵害權利時。必須有意思聯絡。更益明瞭。

【註一】例如甲穿陷阱。適乙丙偕行。乙將丙推入阱內。致受重傷。又如甲在山中。將丙痛毆。已受致命傷。伏地不起。嗣後乙誤為野獸開槍擊殺。在此二項情形。甲乙雖無意思聯絡。仍成立共同侵權行爲是。日本判例。亦採消極說。其大正八年十二月二十三日大審院民事判決。曾謂構成民法第七百十九條所定共同侵權行爲者。非必加害人間。須有通謀意思之聯絡。但其數名加害人。須參與同一之侵權行爲。致加被害人以同一損害。

【註二】德意志帝國法院。採積極說。主張必須通謀。所謂通謀者。數人於共同爲侵權行爲。曾經協議也。如共謀殺人。共謀放火是。

【註三】共同之認識者。謂加害人間。雖無須預行通謀。但彼此對於共同侵害權利。須經認識。互相利用。協力侵害也。例如甲乙二人。先後來丙女居室會談。甲睹女美。起意強姦。料乙必具同情。突將丙女擁抱。乙亦欲乘機輪姦。隨即按腿是。

【註四】前大理院判例。謂同一權利。若爲數人所侵害。而各加害人。無意思上之聯絡者。應由加害人。各就其所加之損害。分別負賠償責任（五年上字一〇一二號）此即採積極說也。

B 侵害權利行爲須共同實行　即加害人。須於共同侵害權利之目的範圍內。分擔其實行行爲也。其分擔部分。不問種類之異同。（同者如甲乙共毆傷丙是、異者如甲對丙施強暴乙對丙奪財物是）均無不可。茲更有應注意者二點。

共同實行之注意點

a 數人於共同目的範圍內所生損害。均須負全部賠償責任。（例如分擔實行強姦之行爲、在外把風之人、對於室內強姦所生損害、均應負責是、）

b 數人同謀侵害權利。而使其中一人。擔任實行時。仍成立共同侵權行爲。蓋以其他同謀加害人。均由該一人代表實行。仍不失爲共同實行也。（例如嚇詐團同謀嚇詐取財、僅使團員一人、接收財物者是、）

須具備侵權行爲要件

2 侵害權利行爲須於數人係侵權行爲　即其行爲。對於數人。須具備侵權行爲之要件。若其中一人。因有阻却違法事由。或並無故意過失。以致對於該一人不能成立侵權行爲時。縱令曾共同實行其行爲。仍非共同侵權人。所有賠償責任。應由其他具備侵權行爲要件者負擔之。

因果關係

3 侵害權利行爲與損害須有因果關係　此項因果關係。爲侵權行爲之要件。若所生損害。並非數人共同損害權利所致。則數人不負賠償責任。（例如甲乙共毆傷丙、送入醫院療治、因院中失火、致被燒死、則甲乙雖共負傷害所生損害之賠償責任、但不共負死亡所生損害之賠償責任是也）又所生損害。對於數人中一人。若無因果關係。則對於該一人。不能成立侵權行爲矣。

共同危險行爲

二　共同危險行爲（德刑二三二條日刑三八〇條參照）第一八五條一項後段。規定不能知其中孰爲加害人者亦同。此項共同侵權行爲。乃數人共爲有侵害權利危險性行爲。並非共同實行侵害權利行爲。自與狹義共同侵權行爲不同。因以共同危險行爲稱之。茲述其要件於左。

其要件

加害人須在數人中

1　加害人須在數人中　數人之中。須有某人之行爲。侵害權利。致生損害。使數人全體。共負責任者。即以加害人在數人中也。惟數人中實行侵害權利行爲者。僅加害人。其餘之人。不僅未共同實行。並須無意思聯絡。即其餘之人。於加害人之侵害權利。未與通謀。並無認識是也。若數人於侵害權利。有意思聯絡。則構成狹義共同侵權行爲。苟係數人共同目的範圍內所生損害。均須負全部損害賠償責任。當然適用第一八五條一項前段連帶之規定。毋庸於同條一項後段。再定亦同字樣矣。該亦同字樣所以規定者。卽以在共同危險行爲。其數人相互間。於侵害權利。無意思聯絡。不能當然適用狹義共同侵權行爲之連帶規定。始特別規定亦同字樣。使亦負連帶責任也。

須共爲危險行爲

2　數人須共爲有侵害權利危險性行爲　數人於其中加害人之侵害權利行爲。雖未共同實行。但必須共爲有侵害權利危險性行爲。使數人全體共負責任者。亦以有此共同關係也。若毫無關係之數人。何能使共負責任。所謂共爲有侵害權利危險性行爲。指共爲之行爲。足以造成侵害權利之機會者而言。例如兩輛汽車比賽。其比賽行爲。足以造成軋斃人命機會。又如惡少年三人。輪姦一女。足以造成受孕機會是。

加害人須屬不明

3　加害人須屬不明　侵害權利之加害人。雖在數人之中。但究係數人中之何人。實際上不能證明者。始使數人連帶負賠償責任。例如兩輛汽車比賽。於砂塵飛舞之中。軋斃小兒。究係何車軋斃。不能證明。又如惡少年三人。輪姦一女。不幸受孕。究係何人性交結果。無由證明是。故侵害權利行爲。已證明係由數人中某一人所爲。則賠償損害責任。應由該一人負擔。而其餘之人。於侵害權利。既未彼此通謀。又未分擔實行。自不負何等責任矣。

連帶之根據

4　負連帶責任之理由　數人中僅某人侵害權利。其餘之人。不過共爲有侵害權利危險性行爲。並未共同實行侵害。而法律因不能知加害人。究係其中何人。即使數人全體連帶負賠償損害責任者。蓋以故意或過失。參與有侵害權利危險性行爲。已難辭其咎。且數人中不能知孰爲加害人時。若仍由被害人證明。必至無從受償。再加害人因不能證明。即可倖免責任。亦違背公平正義也。

造意及幫助

三　造意及幫助　第一八五條二項。規定造意人及幫助人。視爲共同行爲人。造意人維何。教唆他人。使之生爲侵權行爲之決意者是也。（刑法二九條一項參照）幫助人維何。於他人爲侵權行爲之際。幫助該侵權行爲人者是也。（刑法三〇條參照）所謂幫助。即指侵害權利實行行爲以外之一切援助行爲而言。凡使侵權行爲人容易侵害權利者皆屬之。

從屬性

1 從屬性　造意人。僅教唆他人。使決意爲侵權行爲。幫助人。僅幫助他人。使容易爲侵權行爲。均非自爲侵害權利之實行行爲。故教唆及幫助。有從屬性。必須於被教唆或所幫助之他人。其行爲成立侵權行爲時。始得視爲共同侵權行爲。若該他人之行爲。因不具備侵權行爲要件。不成立侵權行爲時。雖曾經教唆幫助。亦不得視爲共同侵權行爲。

視爲共同行爲人之理由

2 何以視爲共同行爲人　造意人及幫助人。既自爲侵害權利之實行行爲。與狹義共同侵權行爲不同。原均非共同行爲人。但造意人。教唆原無侵權行爲意思之他人。而造成其侵權行爲之意思。論其地位。實與實行人無異。又幫助人於損害結果。亦與有力。故法律均視爲共同行爲人。使與爲侵權行爲之他人。連帶負賠償損害責任。

共同侵權行爲之效果

四 共同侵權行爲之效果　共同侵權行爲人。連帶負賠償損害責任。（一八五條）據此規定。無論前述何種侵權行爲人。凡屬於共同侵權行爲人者。其對外關係及內部關係皆應適用連帶債務之規定。（二七三條以下）自不待言。連帶債務之內部的分擔部分。以平均爲原則。故共同侵權行爲人。除法律別有規定。或共同侵權行爲人間。另有應異其分擔部分之特別情事外。其內部的分擔部分。亦應解爲平均。（二八〇條）而實際上各自所加損害額如何。則非所問。

第五款　侵權行爲之效果

侵權行爲之效果

一　損害賠償債權之發生　侵權行爲之效果。在使被害人。對於侵權行爲人。取得損害賠償債權。故損害賠償之一般規定。（自二一三條至二一八條）除侵權行爲另有規定外。於侵權行爲上之債權。當然適用。

損害賠償債權

二　權利侵害預防請求權　侵害權利。尚繼續時。（如噴煙降灰之尚繼續者是）或侵害權利。有重復侵害之虞時。僅使對於既生損害。請求賠償。其保護權利。尚難謂爲完全。又現在雖無侵權行爲。而將來其權利實有被侵害之虞時。亦應求適當方法。以資預防。

侵害預防請求權

於是遂生侵權行為之效果。於損害賠償請求權外。是否更有侵害預防請求權（即不作為請求權）之問題矣。

據我民法言之。對於侵害權利。固僅有事後救濟之損害賠償。尚無事前預防之一般規定。但吾人因法律所保護之權利或利益。必使得實行。且不可侵害。倘有因侵權行為。將受損害之虞者。即得請求預防。並訴請勿為侵權行為。（不作為之訴）故有侵權行為上之損害賠償請求權時。亦必有侵害預防請求權。此乃當然之一般原則。毋庸經法律之明定。【註一】且我民法於特定情形。亦設有預防請求權之規定。如土地所有人。對於煤氣、蒸氣、臭氣、烟氣、灰屑、喧囂、振動等之侵入。得禁止之（七九三條）工作物有傾倒危險。致鄰地有受損害之虞者。鄰地所有人。得請求預防。（七九五條）占有被妨害之虞者。得請求防止其妨害（九六二條）是也。此等規定。不過一般原則之表現。並非限於各該特定情形。始認侵害預防請求權。由此類推。凡因侵權行為不可侵害之權利或利益。將有被侵害之虞者。亦莫不有侵害預防請求權也。【註

〔三〕

【註一】德國民法學者。近多主張凡可成立侵權行爲之情形。卽有侵害預防請求權之存在。如耶兒智巴哈(Eltzbacher)卜蘭克(Planck)修兒德(Fuld)黑兒尾西(Hellwig)等氏是也。德國帝國法院。亦採此說。認許一般的不作爲之訴。其一九〇一年四月十一日判決。及一九〇四年四月九日判決。更於以違背善良風俗之方法。故意加損害於他人者。亦認不作爲之訴。一九〇二年二月十四日判決一九〇五年一月五日判決及同年十一月十六日判決。並於散布虛構事實。加損害於他人者。亦認不作爲之訴。此外判決。認許一般不作爲之訴者不少。迄至今日。殆成定論矣。

【註二】日本民法學者。多就其占有妨害之預防請求權等規定。唱類推適用之說。謂絕對權（或謂物權及其他管領權）應有侵害預防請求權。如末弘嚴太郎鳩山秀夫松本蒸治等氏是也。日本判例亦採此說。如明治四二年五月十日大審院判決。於田地加水害者。認許水害排除及預防之請求權是也。余雖亦主張類推適用。而範圍則較廣矣。蓋以我民法所定侵權行爲之客體。係倣德民。並不以權利爲限。並推及利益。（一八四條一項後段同條二項德民八二六條八二三條二項）此等利益。既經法律保護。明定不可侵害。其有被侵害之虞時。自應有侵害預防請求權。即在權利。亦不應以絕對權（如物權是）爲限。致使身體、健康、勞動能力、婦女貞操等。雖有被侵害之虞。不得請求預防。且物權之享受。有產者居多。若以絕對權爲限。則法律之保護。亦未免偏重資產階級也。

損害賠償債權之當事人

債務人

三　損害賠償債權之當事人。

1　債務人　損害賠償債務人。即侵權行爲人。依通常侵權行爲及特種侵權行爲。情形各別。前於各該款內。業經說明。茲不再贅。

債權人以直接被害人爲原則

被害人因殺傷死亡時間接受第三受害人之亦爲債權人

2　債權人　損害賠償債權人。原則上即係本身權利被侵害之直接害被人。但不法侵害他人致死者。卽因侵權行爲殺人或傷害致死者。除直接被害人於被殺傷後。尚未死亡前。得據第一九五條一項所謂身體侵害。請求賠償外。若第三人因此致受間接之損害。亦不可不設救濟方法。故在殺人或傷害致死時。特設例外。認間接受害之第三人。亦爲債權人。俾得請求賠償。又此項第三人。多係被害人之近親。如父母、配偶、子女之類。蓋以近親。於被害人之死亡。利害甚深。應特予保護故也。惟第三人之範圍。頗有參差。而受害之種類。亦不一致。更應按所定各情形。分別說明之。

甲　財產的損害。

殯葬費支出人為債權人者

A　殯葬費之支出　不法侵害他人致死者。對於支出殯葬費之人。亦應負損害賠償責任。（一九二條一項德民八四四條一項）所謂殯葬費。指收殮費及埋葬費而言。所謂支出殯葬費之人。並無德民所定殯葬義務人之限制。自不問與被害人之關係如何。其近親如父母、配偶、子女、兄弟、姊妹所支出者。固得請求賠償。即非近親。而為親戚、友好、同居、同行所支出者。亦得請求賠償。惟以公益關係。支出殯葬費者。（例如慈善團體）法律上無認許賠償之必要。自不包含在內。至殯葬費之數額。以相當於被害人及其近親之身分者為限。

法定扶養權利人為債權人者

B　法定扶養請求權之喪失　被害人對於第三人。負有法定扶養義務者。加害人對於該第三人。亦應負損害賠償責任。（一九二條二項德民八四五條二項）由此規定言之。

所謂第三人。即法律上對於被害人有扶養請求權之法定扶養權利人。如直系親屬、配偶、兄弟、姊妹等是。此等法定扶養權利人。如因被害人之死亡。致喪失扶養權利時。得向加害人。請求損害賠償。至其賠償數額。應以被害人實際上支出。或可得支出之數額爲標準。並應就被害人。參酌其可以推知之生存期限。【註三】

【註三】 德民規定加害人。應就被害人於可以推知之生存期內所應給與扶養數限度內。向第三人支付定期金。賠償損害。並準用終身定期金之規定。(德民八四四條二項)我國第一次民草(九六八條一項九七〇條)第二次民草(二六〇條二項二六四條)亦同。但我現行民法。既未明定得以定期金支付。自不能採同一方法。且徵諸第一九三條二項之特予明定。更足參證。故僅可就被害人可以推知之生存期限。酌定賠償總額而已。惟須扣除期前之利息。以免第三人因提前取得。而享分外之利益。至其利息之扣算。則以法定利率爲準。

慰藉費請

乙 非財產的損害 不法侵害他人致死者。被害人之父母、子女及配偶。雖非

求權人爲償權人者

財產上之損害。亦得請求賠償相當之金額。（一九三條）即被害人之父母子女及配偶。因被害人之死亡所受財產上損害。如殯葬費之支出。及扶養請求權之喪失等。固得依第一九二條之規定。請求賠償。但所受非財產的損害。如精神上之痛苦。較財產的損害尤烈。亦應使得請求相當金額。以資撫慰。此之謂慰藉費。而其數額如何。則應斟酌被害人並加害人之地位。所受痛苦之程度。以及其他各種情事。由法院自由裁量定之。

慰藉費之請求權人。僅限於被害人之父母子女及配偶。其範圍較諸法定扶養權利人及殯葬費支出人爲狹。又此項請求權。乃被害人之父母子女及配偶。固法律之規定。獨立取得損害賠償請求權。並非認被害人之此等遺族。得繼承其生命損害賠償請求權。（一九五條二項參照）

胎兒爲債權人者

丙 胎兒 第一九二條二項所定法定扶養權利人。（即所謂第三人）及第一九四條所定慰藉費請求權人中之子女。依第七條之規定。均包含胎兒在內【註四】故胎兒亦有喪失扶養費請求權之損害賠償請求權。及慰藉費之損害賠償請求權。（例如胎兒在懷姙中其父被他人殺害是）惟胎兒在法律上之地位如何。學說不無爭論。依照通說。胎兒在出生前。尚難謂為享有權利。必俟將來以非死體而出生時。始遡及侵權行為當時。取得此等損害賠償請求權也。【註五】

【註四】按胎兒尚未出生。原非權利能力之主體。（六條參照）但各國法制。為保護胎兒利益起見。莫不認有例外規定。惟其規定體例。大別為二。（一）設一般規定。視為已出生者。如羅馬法、普國法、奧民、瑞民是。我民法亦同。（二）並不設一般規定。僅於特定情形。各別規定。視為已出生者。如法民、德民、日民是。我民法既採第一體例。所設第七條之一般規定。於凡屬保護其個人利益之情形。皆應適用。故關於侵權行為之損害賠償請求權、雖未如德日民法。規定胎兒。仍應認胎兒有此項損害賠償請求權也。

【註五】　胎兒在法律上之地位如何。學說大別為二。（一）謂胎兒在出生前。已有權利能力。惟將來以死體而生。或不出生時。（如姙婦死亡是）始遡及既往。自始喪失其權利能力。依照此說。

胎兒於出生前。已取得賠償請求權。惟不得行使而已。倘將來以死體而生。則喪其權利。德日少數學者唱之。(二)謂胎兒出生前。並無權利能力。必俟將來以非死體而出生時。始遡及旣往。取得權利能力。此爲德日學者之通說。余卽取此說。以解釋胎兒取得賠償請求權之地位。此外在德國。尙有所謂胎兒法人說及無主體權利說。然在我民法。則不成問題。

損害賠償之方法

四　損害賠償之方法　我民法關於損害賠償。旣設有一般規定。(二一三條至二一八條)故侵權行爲之損害賠償方法。除另有特別規定外。亦應適用損害賠償之一般規定。

回復原狀之原則

1　原則　損害賠償。除法律另有規定。或契約另有訂定外。應回復他方損害發生前之原狀。(二一三條)若不能回復原狀。或回復顯有重大困難者。則應以金錢賠償其損害。(二一四條)故我民法上損害賠償之方法。以回復原狀爲原則。而以金錢賠償爲例外也。

對於回復原狀另設之特例

2　特例　侵權行爲之損害賠償方法。依損害賠償之一般規定。固應以回復原狀爲原則。然依被害人所受損害之性質。設有各種特例。

侵害人格權之賠償特例

甲　侵害人格權之損害　不法侵害他人之身體、健康、名譽、或自由者。被害人雖非財產上之損害。亦得請求相當之金額。（一九五條一項前段）何謂身體、健康、名譽或自由之侵害。前經述明。（本書一四九頁至一五二頁）此等法益。爲吾人之重要生活財貨。倘因侵權行爲被侵害時。雖所生損害。爲非財產的損害。不能以金錢估計價格。仍應賠償相當之金額。俾被害人。得以滿足。而其賠償金之額數。則由法院公平認定之。

名譽被侵害時。除賠償相當之金額外。並得請求爲回復名譽之適當處分。（一九五條一項後段）例如由加害人登載道歉廣告是。

侵害勞動能力之賠償特例

乙　侵害勞動能力之損害　不法侵害他人之身體或健康者。對於被害人因此喪失或減少勞動能力。或增加生活上之需要時。應負損害賠償責任。（一九三條一項德民八四三條一項瑞債四六條一項）所謂喪失或減少勞動能力。即其從事職業上工作能力全部或一部之滅失。（本書一五一頁參照）所謂增加生活上之需要。即維持其通常生活狀態必須增加之費用。例如非服相當之補品。不能支持其身體。非僱人扶持。不能照常行動是。倘由侵權行爲。侵害身體或健康時。並因以發生此等損害者。除賠償身體或健康之損害外。更應以相當之金額。另行賠償此等損害。俾被害人。仍得維持其生計。其賠償金之數額。亦由法院公平認定之。又此項賠償金。固以一次支付總額爲原則。但當事人如欲以定期金支付。則須向法院聲請。由法院斟酌情形判定之。如判定以定期金支付時。法院並須命加害人。提出擔保。以確保將來之履行。（一九三條二項）至其支付時期。法院曾經判定者。自當依之。如未判定。則應準用第七三二條之規定。（即關於終身定期金支付時期之規定）我民法固未如德民。定有準用明文。（德民八四三條二項）但自同爲定期金之性質觀之。應解爲得準用也。

毀損物之賠償特例

丙　毀損物之損害　不法毀損他人之物者。應向被害人。賠償其物因毀損所減少之價格。（一九六條）按毀損他人之物者。依回復原狀之原則。其一部毀損者。應予修繕。其全部毀損者。應償給同種之物。但侵權行爲。於其賠償方法。設有特例。使以金錢。賠償因毀損所減少之價格。

侵害生命之賠償特例

丁　侵害生命之損害。因侵權行為奪取他人之生命時。（如殺人或傷害致死是）其所生損害。無論財產的。（如殯葬費扶養請求權是）或非財產的。（如精神上之痛苦是）均應以金錢賠償。（一九三條一九四條）前經述明。茲不再贅。

損害賠償之範圍

五　損害賠償之範圍　在侵權行為。其損害賠償之範圍。亦適用損害賠償之一般規定。其應賠償之損害範圍。自以與侵害權利。有相當因果關係之損害為限。此外所應賠償之損害。為所受損害及所失利益。（二一六條）過失相抵。（二一七條）及賠償金額之減輕（二一八條）等項。均與一般損害賠償無異。自應於債之標的中損害賠償債權內研究之。

損害賠償債權有無轉讓性

六　損害賠償請求權有無轉讓性　因侵權行為所生之損害賠償請求權。能否讓與或繼承。依其所受損害之種類而異。即所受損害。係財產的損害者。以所侵害之財產權。不必專屬於被害人本身。故其損害賠償請求權。亦無妨讓與或繼承。反之。若所受損害。係非財產的損害者。以所侵害爲身體、健康、名譽或自由等法益。專屬於被害人本身。與有不分離之關係。故其損害賠償請求權。能否讓與或繼承。易生爭議。【註六】至我民法已認爲有專屬性質。明定不得讓與或繼承。（一九五條一項本文）以防解釋紛歧。但無論財產的損害賠償請求權。或非財產的損害賠償請求權。苟已依契約承諾。或已起訴者。即均不妨讓與或繼承。（一九五條二項但書）蓋以雖係非財產的損害賠償請求權。而已因當事人間契約。或將因法院判決。變爲純粹金錢關係之債權。故不問其發生原因如何。均使得讓與或繼承也。

【註六】因侵害非財產權（如人格權）所生之非財產的損害。能否讓與或繼承。學說大別爲二。（一）積極說。謂此項非財產的損害。亦以金錢賠償。既係金錢債權。無論何人。皆可同一享受。故無不可讓與或繼承之理由。（二）消極說。謂非財產的損害。係由侵害非財產權而生。此等法益乃專屬於被害人本身。與有不可分離之關係。法律許以金錢賠償者。亦不過俾被害人。藉以滿足。慰解其本人之苦痛煩悶而已。僅被害人本身。始得享受。非他人所能享有。故此項損害賠償權。不得讓與或繼承。

七　消滅時效　因侵權行爲所生之損害賠償請求權。雖係第一二五條所謂請求權之一種。但民法以原因事實之有無。及損害額數之多寡。若年月久遠。恐難證明。且被害人明知受損。而久置不理。亦毋庸保護。故特設短期消滅時效。俾權利義務關係。得早日確定。並務使被害人。從速請求。其規定之短期消滅時效如左。

1　自請求權人知有損害及賠償義務人時起。二年間不行使而消滅。（一九七條一項前段）所謂知有損害。僅知因侵害行爲致受損害而已足。毋庸詳知損害額數。故後發的損害。仍自最初知曉時起。進行時效。【註七】又須知賠償義務人者。以不知孰爲賠償義務人。則不得行使損害賠償請求權也。故在數人之共同侵權行爲。請求權人已知之賠償義務人。與未知之賠償義務人。應各別進行消滅時效。其中一人之消滅時效已完成時。對於其他共同侵權行爲人之效果。應依第二七六條二項定之

【註七】 日本判例。謂自被害人知曉損害發生之事實時。起算時效期間（大正九年三月十日大審院判決）又謂自被害人最初知曉加害人及損害時起。對於損害全部之賠償請求權。進行時效。（大正九年六月二十九日大審院判決）皆採此說者也。日本學者、亦多贊同。但少數學者、亦有主張後發的損害。須自被害人知曉該部分損害時起。分別進行時效。

2 自有侵權行爲時起。逾十年者。亦歸消滅。（一九七條一項後段）無論以前曾否知有損害及賠償義務人。均已不得行使請求權矣。

因侵權行爲取得之債權雖已廢止請求權因時效消滅後仍得拒絕履行

因侵權行爲對於被害人取得債權者。被害人對該債權之廢止請求權。雖因時效而消滅。仍得拒絕履行。（一九八條）所謂因侵權行爲。對於被害人取得債權者。如詐欺或脅迫被害人。因而取得債權是也。在此情形。被害人須行使撤銷權。以廢止該債權。始不受法律上之拘束。（九二條）若被害人之此項廢止請求權。已因時效而消滅。（九三條參照）則無以免除拘束。似更應履行矣。但實同獎勵侵權行爲。殊違正義。故規定仍得拒絕履行。

第六款　請求權之併存

何謂請求權之併存

請求權之併存。亦稱爲請求權之競合。卽有同一目的之數個請求權。在同一當事人間。同時存在者是也。其發生之基礎。常係各別原因。惟其外表行爲。則彼此共同而巳。

請求權併存之發生情形

一　請求權併存之發生情形　究在如何情形。侵權行爲之請求權。始與其他請求權併存。玆略擧於左。

1　債務不履行之請求權與侵權行爲之請求權併存者　卽一個行爲。於債務不履行之要件。及侵權行爲之要件。均同時具備時。卽各因其所具要件。而同時成立該兩種請求權。例如承租人故意毁損租賃物時。一面固因契約上保管債務之不履行。發生請求權。（四三二條參照）而他面復因不法侵害物之所有權。發生侵權行爲之請求權是。

2　物權的請求權與侵權行爲之請求權併存者　卽一個行爲。於妨害物權行爲之要件及侵權行爲之要件。均同時具備時。卽各因其所具要件。而同時成立該兩種請求權。例如故意或過失。侵奪他人之所有物時。一面固因妨害所有權之行使及妨害占有事實。發生物權的請求權。而他面復因不法侵害所有權或占有事實。發生侵權行爲之請求權是。

3　不當利得之請求權與侵權行爲之請求權併存者　卽一個行爲。於不當利得之要件及侵權行爲之要件。均同時具備時。卽各因其所具要件。而同時成立該兩種請求權。例如盜竊他人之財貨者。一面固因不法侵害他人權利。發生侵權行爲之請求權。而他面復因無法律上原因而受益。以致他人受損。發生不當利得之請求權是。（一七九條參照）

請求因併存之效果

二　請求權併存之效果　請求權併存時。究生如何效果。大別爲二。

1　其中一請求權若因已達到目的而消滅。則其餘請求權。亦因達到目的而消滅。蓋以併存之數個請求權。係有同一目的故也。

2　其中一請求權因達到目的以外原因而消滅。(如消滅時效完成是)則其餘請求權。仍猶存在。所以認請求權併存之實益。亦卽在此。故侵權行爲之損害賠償義務人。因侵權行爲受利益。致被害人受損害時。以侵權行爲之請求權與不當利得之請求權併存。雖侵權行爲之請求權。因消滅時效完成。歸於消滅。而不當利得之請求權。尙屬存在。仍應依不當利得之規定。返還其所受之利益於被害人。(一九七條二項)又物權的請求權或債務不履行之請求權。與侵權行爲之請求權併存時。雖侵權行爲之請求權。因消滅時效完成。歸於消滅後。仍得依物權的請求權或債務不履行請求權之規定。請求淸償。

民法債編總論目錄

民法債編總論

戴修瓚 著

第三章 債之標的

第一節 總說

何謂債之標的

一 債之標的與給付 債之標的云者。謂債的關係所以構成之內容。即指債務人之行為而言也。【註一】在學術上。亦稱為債之物體。蓋債的關係。為債權人向債務人請求行為之法律關係。（參照債之本質見上冊七頁）凡基於債的關係。債權人所得請求。而債務人所應實行者。均為債務人之行為。故債的關係所以構成之內容。斯為債務人之行為矣。其基於債的關係。債務人所應實行之行為。斯為給付。民法第一九八條一項。所謂債權人得向債務人請求給付。即指得請求行為而言也。由此觀之。債之標的

何謂給付

、物體、給付三種術語。其實質原屬同一。不過其觀察點各異耳。故常相混用。

【註三】

【註一】　何謂債之標的。自來學說紛歧。或謂債務人其人。或謂債務人之意思。或謂債務人之財產。或謂債務人及其財產。或謂債務人應給付之物。或謂債務人之行爲。按債權乃請求權。非支配權。債權人對於債務人本身。或其意思。或其財產。均不得逕行支配。僅可請求其行爲而已。故以最後之見解爲當。我民法亦採之。

【註二】　債之標的乃就債的關係。自其構成內容方面言之。謂債權人所得請求及債務人所應實行者也。債之物體乃就債的關係自債權人方面言之謂債權人所得請求者也。債之給付。乃就債的關係。自債務人方面言之。謂債務人所應實行者也。要之皆指債務人之行爲而言故謂爲實質原屬同一。

何謂債之內容

此外尙有債之內容。亦與債之標的無異。故在德民法。凡屬債之標的。常爲債之內容。亦易相混用。

給付與履行

二　給付與履行　給付乃基於債之關係。債務人所應實行之行爲。質言之卽構成債

行之差異及其混用

之內容之債務人行爲也。而履行則爲基於債的關係。債務人實行其應實行之行爲。質言之卽實現債之內容之債務人行爲也。故給付乃指債務人所應實行之行爲。而履行則爲實現其行爲之行動。兩者不無差異。惟易相混用。多有稱履行爲給付也。

給付與交付之差異

三　給付與交付　交付者。卽移轉有體物之占有是也。移轉有體物之占有。固多爲給付內容之一種。但給付內容。非概係物之交付。（如勞務給付是）自不相同。

標的與標的物之差異

四　債之標的與債之標的物　債之標的。爲債務人之行爲。而債之標的物。則爲債務人應給付之物。兩者迥然不同。蓋債之標的卽給付。有與物有關係者。有與物無關係者。前者如出賣人之給付物品是。後者如受雇人之給付勞務是。其與物有關係者。固有所謂標的物。而其與物無關係者。則無所謂標的物也。

第二節　給付之要件

何謂給付之要件

債之標的卽給付。固爲債務人之行爲。然非一切行爲。均可有效成立債權。必須具備可能、適法、確定三項要件。在法律上。始得認爲有效。〔註一〕此外尙有消極的要件。卽給付無須有財產價格是也。

【註一】　按可能、適法、確定三項。在一般法律行爲。本爲其有效要件。故在由法律行爲所生之債權。當然爲其有效要件。又在由法律行爲以外原因所生之債權。亦復爲其要件。惟由法律規定所生之債權。必屬有效。自不生是否有效之要件問題。

給付之可能

一　給付須爲可能　給付之可能云者。卽謂債務人之行爲。須爲可能之事項也。故以不能之事項。定爲給付者。其債權無效。（二四六條一項參照）何謂不能。俟於第四章第二節第三款給付不能中說明之。

給付之適法

二　給付須爲適法　給付之適法云者。卽謂債務人之行爲。須不背乎公共秩序。或善良風俗。（七二條參照）又不違反法律規定也。（七一條參照）所謂背乎公共秩序。卽違反國家社會之一般利益。所謂背乎善良風俗。卽違反國民之一般的道德觀念。所謂違反法律規定。卽違反強行法或禁止法也。

三　給付須爲確定　給付之確定云者。卽謂債務人之行爲。其內容須自始確定。或至少亦須有得確定之狀態也。夫債權關係。係於一定範圍內。拘束債務人。若給付之內容。全不確定。則債權之效果。無由實現。故債權應歸無效。

（給付之確定性）

給付之內容。自始確定者。固無問題。而在僅有得確定之狀態者。則更須有確定之方法。其方法如左。

（確定之方法）

1　有依習慣而確定者。

2　有依法律之規定而確定者。例如第二〇〇條第二〇八條是。

3　有依當事人或第三人之意思而確定者　德民關於此點。詳設規定。（德民三一五條至三一九條）我民雖無此項規定。然應依一般法理。以決定之。【註二】

【註二】　我國第一次民草（五一九條至五二八條）及第二次民草。（二二五條至二二八條）均倣德例詳設規定。惟我現行民法。則無此項規定。雖得依學理解釋。以資決定。然適用上。仍難免不便。

甲　約由當事人一方確定者　卽給付之內容。經當事人雙方約定。由其一方決定者是也。更得分爲左列二種。究係何種情形。應解釋當事人之意思。以資決定。

A　約由當事人一方自由決定者　全然由債權人一方自由決定者。恐過於傷害債務人之自由獨立。違背公序良俗。【註三】又全然由債務人一方自由決定者。恐其所定。毫無拘束力。【註四】故原則上約定無效。而債權亦無由發生效力。然苟不至上述之程度。則約定仍屬有效。例如自始定有一定範圍。約定於其範圍內。由當事人一方自由決定者是。

【註三】例如對於落水危急之人。約定救濟報酬。任我所求。又如約定汝終身一切行爲。惟余命是從是。

【註四】例如約定我想還款時。始還汝借款是。

B　約由當事人一方依信義原則決定者　信義云者。謂公平意見。質言之。即依據交易上之一般觀念。按照各該事件之特別情形。均認爲公平妥當之處置也。（二一九條參照）在此項約定。其決定權雖操諸當事人之一方。然其決定。須依據一定客觀的標準。與前述約由當事人一方自由決定。無所依據者。大不相同。故享有決定權者。無論爲債權人或債務人。其約定均屬有效。而債權亦得實現其效果。【註五】至於決定是否合於信義。有爭執時。或決定遲延時。當事人得訴請法院。以判決定之。

【註五】例如定作某物件時。其樣式約由定作人妥當定之。又如買賣貨物時。其價金約由買受人妥當酌定是。

乙 約由第三人確定者 卽給付之內容。經當事人約定由第三人決定者是也。更得分爲左列二種。究係何種情形。應解釋當事人之意思。以資決定。

A 約由第三人自由決定者 當事人雙方。旣均信用第三人。自可任其自由決定。故此項約定有效。而債權亦得實現其效果。（德民三一七條三一九條二項參照）至於第三人不能決定。（如第三人死亡或喪失能力是）或拒絕決定。或決定遲延時。除當事人曾有特別意思表示外。其約定應歸無效。而債權亦無由發生效力。蓋當事人之意思。重在第三人之主觀的判斷。自不得以法院判決替代之也。

B　約由第三人依信義原則決定者　此項約定。應認爲有效。而債權亦得實現其效果。其理由與當事人依信義原則決定者相同。前經述明。至於決定是否合於信義。有爭執時。及第三人不能決定。或拒絕決定。或決定遲延時。當事人得訴請法院以判決定之。蓋以有一定客觀的標準。足資依據。故不妨以法院判決替代之也。

給付無須有財產價格

四　給付無須有財產價格　財產價格云者。即謂交易上之金錢價格也。給付是否限於有財產價格。從來學說【註六】及各立法例。頗不一致。考羅馬法。給付必有財產價格。【註七】法英兩國法亦同。【註八】德民解釋紛歧。【註九】日民明定無須有財產價格。（日民三九九條參照）我民法。亦倣日例。明定給付不以有財產價格者爲限。（一九九條二項）按人類生活。多須享受財產的利益。而通常給付。自亦以有財產價格者居多。然無形的利益。在人類生活。亦須享受。如教師之講演。醫師之診察。藝員之演奏。美術家之圖畫。學者之著作。以及不奏樂。不礙眺望等項。均可滿足吾人之精神的欲望。使享受無形的利益。此等行爲。雖無交易上之金錢價格。而法律上則應得爲債之標的。使吾人得依賴法律之保護。以享受其利益。故給付自不能以有財產價格者爲限。

【註六】學說上主張給付須有財產價格者。其理由有二(一)謂債權爲財產權。故其給付。須有財產價格。然債權係財產權。乃就大體而言。故物權中雖有以無財產價格之物爲標的者。(例如宗譜之所有權是)而物權仍不失爲財產權。債權亦何獨不然。(二)謂應以財產價格之有無爲標準。對於法律上債務與法律外義務。(如社交、道德上之義務是)劃分其界限。若給付無須有財產價格。則債權成立之範圍。過於廣汎。上述界限。將無由劃分。然上述界限之劃分。另有標準。即其行爲。依一般社會見解。究應受法律的規範之支配。抑應受社會的規範之支配是也。且有無財產價格。亦不足以劃分。例如請酒觀劇等約束。雖有財產價格。而仍爲社交上之義務是。

【註七】羅馬古法。給付必須有財產價格者。蓋在當時。債務不履行時。其訴訟程序上。迫以金錢賠償損害。於金錢賠償外。尚無強制執行方法。故其給付。自以有財產價格者爲限。然在現代。債務不履行時。於金錢賠償外。定有強制執行方法。故羅馬法之理由。已不足爲說明之根據矣。

【註八】法國民法。其給付須有財產價格者。就其債權。規定於財產取得編中觀之。已甚顯然。至於英國法。其要式契約。(Formal Co t act)無須有對價。(Consideration)則不生應否須有財產價格問題。然無形式契約。(Simple Contract)非具備有效對價。(Valuble Consideration)則不生效。所謂有效對價。卽須有財產價格者是也。

【註九】德國民法學者之解釋。有主張無須有財產價格者。亦有主張須有財產價格者。究以前說居多。

第三節　給付之種類

債之標的卽給付。得依各種標準。以爲分類。玆舉其重要者於左。

積極給付與消極給付

一　積極給付與消極給付　此項分類。乃以態度之動靜爲標準。

1　積極給付　即動態之給付。所謂作爲是已。作爲又可細分爲二。(一)單純作爲。其實行僅注重債務人之行爲。毋庸別有所給與。如服勞務之義務、教授、演奏等義務是也。(二)給與作爲。其實行不僅債務人之行爲。並須別有所給與。如物權之設定移轉。動產不動產之交付等是也。

2　消極給付　即靜態之給付。所謂不作爲是已。不作爲亦得爲債權之給付。在近世學說。業經一致。我民法。並明文規定之。(一九九條三項)不作爲又得細分爲二。(一)單純之不作爲。即僅不爲某種行爲是也。如約定在同一地域。不營同業。對面不建高樓。讀書時不奏音樂之類。(二)聽許亦稱爲容許。即聽許債權人爲某種行爲。不加以妨害是也。如承租人按約就租賃物使用收益時。出租人不得加以妨害。(四二三條參照)出租人爲保存租賃物之必要行爲時。承租人不得加以妨害(四二九條二項)之類。

混合給付

3　混合給付　即一個給付由作爲及不作爲而構成也。如出租房屋而禁營公寓宿舍。夥同營業而禁別爲同種營業。約使承攬建築而禁用某工匠之類。

積極給付與消極給付區別之實益

積極給付與消極給付。其區別實益。約有二端。(一)強制執行方法。兩者各別。【註二】(二)民法關於不作爲債務。規定極少。僅得就作爲債務之規定。類推適用而已。

【註一】　拨強制執行。依給付之種類。而異其方法。在積極給付。其給與作爲。得扣押應給與之物或權利。而強制的實現債權之內容。概可適用直接強制之執行方法。(民事訴訟執行規則一四條五二條九三條參照)其單純作爲。可由他人代替者。以直接強制執行之代替執行方法行之。(民事執行規則八七條參照)如不可由他人代替者。以間接強制之執行方法行之。(民事執行規則八八條參照)至於消極給付。則概多以間接強制之執行方法行之。(民事執行規則八七條參照)其詳細說明。見第四章第二節第五款強制執行之效力中。

可分給付

二　可分給付與不可分給付　此項分類。乃以分析之利害爲標準。

可分與不可分給付

1 可分給付　可分給付者。卽一個給付。分爲數個給付。而無損於其性質或價格者是也。蓋可分給付。既分析之後。其各部分之給付。仍不變其性質或價格。不過較諸原給付。其數量不同耳。

2 不可分給付　不可分給付者。卽一個給付。非損及其性質或價格。卽不能分爲數個給付者是也。其不可分之原因。大別爲二。(一)性質上之不可分。卽物理上或法律上不可分者。前者如一匹馬之交付。後者如地役權是。(二)因當事人意思之不可分。卽其性質上雖屬可分。而依當事人之意思表示。定爲不可分者。例如將五百元之金錢債務。特約爲不可分是。

可分給付與不可分給付區別之實益

可分給付與不可分給付。其區別實益。約有三端。(一)一部履行。卽債務人在原則上。雖無一部清償之權利。(法三一八條本文)但如係可分給付。經法院之允許。或當事人之合意時。得分期給付。(三一八條但書參照)又法律之規定。並有使債務人得爲一部履行者。(票據法七〇條一項)(二)一部不能。卽在可分給付。固生給付之一部不能。而在不可分給付。在原則上無所謂一部不能。(三)多數當事人之債務債權。即數人負同一債務或有同一債權時。則以給付可分或不可分爲標準。而分爲可分之債務債權。(二七一條)或不可分之債務債權也。(二九二條)

三　一時給付循環給付繼續給付　此項分類。乃以時間之長短斷續爲標準。

一時給付　1　一時給付　一時給付。卽一回爲給付。立卽完結。並無時間之繼續者是也。當其爲給付之時。通常概需若干之時間。但究重在一回之履行。卽使債務消滅。故可謂爲無時間之繼續也。

循環給付　2　循環給付　循環給付。卽數個迭爲給付。然後完結。其給付時間較長。而其給付又於時間內。必有間隔者也。例如定期金債務。(七二九條參照)每週定期講演義務等是。

繼續給付　3　繼續給付　繼續給付。卽於較長之時間內。繼續爲給付者也。例如出租人之給付。受僱人之給付等是。

特定給付與不特定給付

四 特定給付與不特定給付　此項分類。乃以給付是否具體的指定爲標準。即給付物體。〔註二〕具體的指定者。謂之特定給付。例如此匹馬之給付是。反之。給付物體。並未具體的指定。僅依種類數量而確定者。謂之不特定給付。例如酒十桶之給付是。

何謂給付物體

〔註二〕　給付物體云者。指債務人行爲所關係之物或權利而言也。蓋債之標的。爲債務人之行爲。而給與行爲。於債務人之行爲外。尙須有所給與。其所給與者。斯爲物或權利。例如房屋之交付。權利之移轉等是。在法文上。給付之物體。爲有體物者。稱爲給付物。

何謂給付物

第四節　特定債權

何謂特定債權

一　特定債權之意義　特定債權亦稱爲特定債務。或逕稱特定給付。謂債權之給付物體。已經具體的指定者也。如特定物之交付。特定債權之讓與。特定行爲之給付。莫不屬之。惟在通常情形。特定物之交付居多。故日民僅爲特定物之交付。特設專條。（日民四〇〇條）學者另以特定物債權稱之。

何謂特定物債權

特定物債權者。以特定物之交付爲標的之債權也。所謂特定物之交付。卽將特定物之占有。移轉於債權人。其發生體態。約有四種（一）因特定物所有權之移轉而發生者。例如贈與買賣時。贈與人或出賣人。應將指定之贈與物或賣與物。移交於受贈人或買受人是。（二）因設定物權而發生者。例如設定質權時。出質人應將指定之質物移交於質權人是。（三）因使爲物之使用收益而發生者。例如出租人應將租賃物移交於承租人是。（四）因所保管之物。須返還於權利人而發生者。例如承租人應將租賃物返還於出租人。借用人應將借用物返還於貸與人。受寄人應將寄託物返還於寄託人等是。

特定物債權發生之體態

二　特定債權之效力　特定債權之效力如左

特定債權之效力

1　特定給付物體之給付　特定債權。其給付物體。既經具體的指定。債務人自應給付原所指定之給付物體。不容以其他物體充代。【註一】故在特定物債權。應

給付義務

交付原所指定之給付物。在特定權利之讓與。應移轉原所指定之權利。在特定行爲之給付。應實行原所指定之行爲。但當事人事前或事後。爲變更之同意者。不在此限。

【註一】 前大理院三年上字第三七五號判決。亦謂以特定物爲買賣標的者。賣主不得以同種類同數量之他物。代爲給付。

給付物體之狀態

2 給付物體之狀態 特定之給付物體。自債權發生之時起。至應給付時止。其間難免有種種之變動。究須依債權發生時之狀態爲給付。抑須依應給付時之現狀爲給付。不無疑義。故日民關於特定物債權。特明定須依應爲交付時之現狀爲交付。以防爭議。我民雖無此項明文。亦應取同一解釋。

保存義務

3 特定給付物體之保存 特定債權之標的。在給付特定之給付物體。若不保存。無以給付。故債務人至給付時爲止。須以一定程度之注意。保存其特定之給付物體。【註二】所謂保存。亦稱爲保管。蓋指防止給付物體之滅失毀損。以維持其存在者而言。所謂一定程度之注意。卽原則上應以善良管理人之注意。保存其給付物體。債務人欠缺此項注意。斯爲過失。【註三】若給付物體。因債務人之過失。滅失毀損。則債務人應負賠償損害之責任。(二二〇條參照)

【註二】考法日民法及我國第一次民草。均關於特定物債權。明定特定物保存之注意義務。(法民一〇二七條日民四〇〇條我第一次民草三二五條)惟我民法及德民瑞債意民。則以注意義務及過失責任。乃一般債務履行之共同事項。非僅特定債權所生問題。應就一般債務履行。設其一般規定。(我民二二〇條德民二七六條瑞債九九條至一〇一條意民一二二四條)故在特定債權。毋庸再行明定。由立法論言之。後例較當。

【註三】據我民法之規定。過失共有三種。抽象的過失、具體的過失、及重大過失是也。抽象的過失者。謂欠缺善良管理人之注意也。具體的過失者。謂欠缺與處理自己事務爲同一之注意也。重大過失者。謂顯然欠缺通常人之注意也。在通常情形。債務人之履行債務。應以善良管理人之注意爲之。卽原則上應就抽象的過失。負其責任。若僅就具體的過失或重大過失負責。則爲例外。應另有明文規定。詳細說明詳見第三章第二節第二款。

給付不能
危險負擔問題

4 給付不能及危險負擔問題　特定給付物體。因債務人之過失。滅失毀損。以致給付不能時。債務人固負賠償損害之責任。(二二六條參照)但給付不能。如因事變而發生。債務人並無過失。則債務人匪特不負賠償責任。且免給付義務。(二二五條參照)【註四】至因事變之給付不能。係在雙務契約時。債權人之對待給付義務。是否亦因而免除。此即所謂危險負擔問題。據我民法之規定。關於一般雙務契約之危險負擔。採債務人主義。(二六六條)而關於買賣之危險負擔。則採所有人主義。(三七五條)【註五】無論依上述何種主義。債權人均免爲對待給付之義務。由事變所生之損害。究歸屬於債務人。例如指定之賣與物。因洪水冲失。不能交付時。出賣人固不必交付。而買受人亦毋庸付價。出賣人所受損害。無所取償。其危險自可謂爲由出賣人負擔是。

【註四】給付不能係因事變而發生者。債務人本無故意過失。原則上自不負責。然法律有於特種業務。規定債務人對於通常事變。負其責任。例如旅店飲食店浴堂等之主人。對於客人所攜帶物品之毀損喪失。運送人對於運送物之喪失毀損。雖無過失。亦應負賠償責任是也。（六〇六條六〇七條本文六三四條本文）

【註五】債務人主義及所有人主義之意義。請參照本書第三章第五節中危險負擔問題。及拙著債編各論上册一九頁以下。

第五節　種類債權

第一款　種類債權之性質

何謂種類債權

一　種類債權之意義　種類債權者。以種類指示其給付物之債權也。（二〇〇條前段）例如汎稱湘米百包。蒙古馬十匹。但以米馬之種類。指示其給付物是已。當債權發生之初。其給付物。僅以種類指示。並未具體的指定。故又稱爲不特定物債權。或逕稱不特定給付。茲述其特質於左。

以種類指示

1　須用種類之名詞指示其給付物　種類之名詞。即所以表示同屬性之物。以與他屬性相區別者也。其表示之標準。得由當事人隨意定之。通常多爲種別、出產地、製造所、用途等項。而其範圍之廣狹。亦得由當事人定之。然所表示之種類。必須足以特定其給付物。故種類之範圍。亦不得過於廣汎。例如泛言動物鑛產。雖可表示種類。然不得據以特定給付物。其種類債權。即無從成立矣。

須抽象的指示

2　須以種類中一定數量抽象的指示其給付物　種類債權之給付物。既非自始具體的指定。亦非指其種類之全體。僅以種類中一定數量。抽象的指示其給付物。必須更以抽象的指示。用作標準。具體的確定其給付物。始可實行給付。由是觀之。種類債權之給付物。雖非自始確定。但有得確定之狀態。故自始發生效力。與附有停止條件之債權不同。

種類債權

二　種類債權之範圍　由理論言之。凡債權之給付物體。無論爲有體物。爲無形權

之範圍

利。苟以種類指示。未經具體的指定者。均爲種類債　。即不宜以有體物之給付爲限。雖權利勞務之給付。其得以種類指示者。亦得成立種類債權。例如供給瓦匠十人之類是。然我民法所謂種類債權。係專指有體物之給付而言。徵諸第二〇〇條一項前段之法文。甚屬明瞭。故在權利勞務。以種類指示其給付物體者。僅可準用種類債權之規定而已。

第二款　種類債權之效力

種類債權。自始發生效力。前經述明。茲更述其特別效力於左。

在種類債權原則上無給付不能

一　不因事變而免責　在特定債權。其給付物。因事變滅失毀損。以致給付不能時。債務人固免給付義務。（二二五條）然在種類債權。其債務人預定充償之物。縱令因事變滅失毀損時。債務人仍不得免給付義務。蓋以得就同種類中。另以他物給付。並非給付不能。自應仍負給付之責也。【註一】

【註一】德民我國第一次民草關於此點。定有明文。（德民二七九條我國第一次民草三六二條）我民以事屬當然。未予明定。

無同種類之物可給付

二　無同種類之物可給付　在種類債權。固無給付不能。然不無例外。即已至無同種類之物可以給付是也。如同種類全體。均已滅失。（例如應給付某倉內之米而米已全燒是）則為給付不能。在此情形。出於債務人之過失者。債務人負賠償損害責任。若因事變。則債務人亦免給付義務。

三　金錢債權　凡金錢債權。論其性質。亦屬種類債權。然因另有特別規定。故不適用種類債權之規定。

第三款　種類債權之特定

特定之意義及必要

一　特定之意義及必要　種類債權。僅以種類指示其給付物。若不更行具體的確定。則不能實行給付。故履行之際。更須以原所指示。用作標準。而具體的確定之。

斯爲種類債權之特定。【註一】

【註一】給付之特定。與給付之確定。微有不同。特定乃具體的確定其給付物。而確定則具體的確定其給付物者。固爲確定。雖未具體的確定其物。僅定其數量品質者。亦不失爲確定。故特定實爲確定之一種。

特定乃將種類債權變爲特定債權

二　特定之性質　特定者。債權內容之變更也。即種類債權。因特定而變爲特定債權也。故在特定之前。爲種類債權。而特定之後。則變爲特定債權。雖仍屬同一債權。而內容則變更矣。

數量及品質爲特定之標準

三　特定之標準　種類債權之特定。必須以原所指示。用作標準。具體的確定其實行給付之物。其原所指示。固以種類。然必有一定數量。始可據以特定。又在同種類中。品質常有等差。究應給付何等品質。若不先行解決。亦無由以特定。故數量及品質。均爲特定之標準。玆分述於左。

1　數量　在種類債權。其給付物之數量。須自始確定。（如云蒙古馬十匹）或須有得確定之狀態。始足以爲特定之標準。所謂有得確定之狀態。乃酌留當事人伸縮餘地。（如云上下左右等）或僅定最高及最低限度（如云米千包乃千五百包）是也。

2 品質 在種類債權。其所指示之種類中。品質有數等時。究應給付何等品質之物。首須依法律行爲之性質定之。例如消費借貸。借用人須歸還與原借用物品質相同之物是。次之則須解釋當事人之意思定之。例如應給付貨價相當之物。或從前陸續定交同樣之物是。（二〇〇條一項中段）

應給以中等品質之物

依上述方法。仍不能定其品質時。我民法設有標準規定。即債務人應給以中等品質之物。（二〇〇條一項後段）蓋以如斯規定。最合乎交易信用。及當事人意思也。【註三】至是否爲中等品質。則須依交易上通常情形爲斷。若同種類中。品質之等級。僅有上下兩種。並無中等。則依我國判例。應由債務人自行選擇給付之。【註四】

【註二】 究應給付何等品質之物。在各立法例。非必一致。大別爲五。(一)可給最下品質者。蓋以既屬其種類。無論何等品質。均得給付。故最下品質。亦可給付。羅馬法採之。(二)不可求最上品。亦不可給最下品。法國法系諸國採之。（法民一二四六條意民一二四八條西民一一六七條）（三）須給付交易上認爲妥當之商品。英國法採之。（四）須給付中等品質。德國法系諸國採之。（德民二四三條日民四〇一條）（五）不得給付中等以下之物者。瑞債採之。（瑞債七一條二項）

【註三】　債務人不得給付中等以下之物。自不待言。然債務人是否得給付中等以上之物。在德日民法。頗有爭議。大別爲二。（一）謂債務人匪特無給付中等以上品質之義務。且無給付中等以上品質之權利。（Dernburg 氏川名氏六七頁中島氏一六四頁石坂氏一三〇頁）（二）謂除不利於債權人之情形（例如身分不相當是）外。得給付中等以上之物。（Planck氏 Örtmann 氏鳩山氏二八頁三潴氏四六頁）竊以此項問題。常生於買賣。其價金一定時。出賣人固不至有損己之擧動。卽或有之。而買受人除有特別不便之情事外。亦不至拒絕受領。若價金未定。比例品質之高低。以計價金之多寡。則債務人既不得任意給付中等以上之物。希冀多得價金。而債權人亦得拒絕受領。

【註四】　前大理院四年上字第二二三五號。

特定之方法　四　特定之方法　種類債權之特定方法。據第二〇〇條二項之規定。共有二種。

交付必要行爲完結之特定

1　債務人交付其物之必要行爲完結後其物卽爲特定給付物。卽債務人一方。雖依債務之本旨。就同種類中。具體的指定某物爲給付物。尙不得謂爲特定。必須債務人交付其物之必要行爲。並已完結。其指定之物。始爲特定之給付物。所謂債務人交付其物之必要行爲完結者。言債務人關於履行。在自己方面。已爲其應爲之一切行爲也。【註五】與提出大致相同。究竟須至如何程度。其交付必要行爲。始得謂爲完結。則依各種債權之內容。頗不一致。尤應着眼其履行地。（卽清償地）以資決定。玆分述於左。

【註五】　債務人一方。依債務之本旨。指定給付物時。更須經如何程序。始可認爲特定。從來重要學說。大別爲四。（一）分離主義。亦稱爲一方的分離主義。卽謂債務人具體的指定給付物。使與同種類之他物。顯然成分離之狀態者。始爲特定之給付物。（法民一五八五條法商一〇〇條參照）然曾否分離。何時分離。在債權人均難知曉。而債務人難免顧及自己利害。任意主張特定時期。或處分變更其給付物。故待遇債權人。殊不公平。（二）通知主義。亦稱爲雙方分離主義。卽謂債務人具體的指定給付物。使與同種類之他物。顯然成分離之狀態。並已向債權人通知者。始成爲特定之給付物。在此主義。債務人任意主張特定時期之弊。雖可預防。而隨意處分變更其給付物之患。仍屬難免。(三)交付主義。亦稱爲履行主義。卽謂債務人具體的指定給付物。並已向債權人實行交付者。始成爲特定之給付物。然一經交付。卽爲清償。由理論言之。必先經特定。然後清償。若據清償。以論特定。匪特本末顚倒。毫無實益。且特定過遲。待遇債務人。亦不公平。(四)折衷主義。卽謂債務人具體的指定給付物。而交付其物之必要行爲。並已完結者。始成爲特定之給付物。在此主義。僅指定分離。尚不足以特定。自無上述分離主義之弊。且債務人方面。苟已爲其交付所應爲之行爲。並不待實行交付。卽可特定。亦上述無交付主義之弊。由立法論言之。比較得當。德日民法及我民法。均採此主義。(德民二四三條二項日民四〇一條二項我民二〇〇條二項前段)

詣交債務

甲　詣交債務　詣交債務。亦稱爲赴償債務。卽在債權人住所地履行之債務。其債務人須詣債權人之住所。履行債務者是也。【註六】在此項債務。其債務人。須將所指定之給付物。置諸債權人卽可受領之地位時。始成爲特定。質言之

以現實提出之特定爲原則

。債務人僅通知實行指定及準備給付。或已發送所指定之物品。均不足以言特定。必須於債權人之住所。爲現實提出。卽將所指定之給付物。送至債權人之住所。俾債權人居於卽可受領之地位。始成爲特定是也。（二三五條前段參照）故發送後中途滅失毀損時。無論債務人自己運送。或委託運送承攬人運送。債務人均不得免給付義務。仍應給付同種類之他物。

以言語提出之特定爲例外

在詣交債務。債務人固須爲現實提出。始成爲特定。但債權人預示拒絕受領之意思者。債務人僅具體的指定給付物。並將準備給付之情事。通知債權人。卽成爲特定。（二三五條後段參照）質言之。卽僅依言語提出而生特定也。

【註六】據我民法之規定。債務履行地。以詣交債務爲原則。（三一四條二款）

赴領債務

乙　赴領債務　赴領債務。亦稱爲索取債務。卽在債務人住所地履行之債務。其債權人須赴債務人之住所。受領給付者是也。在此種債務。其履行兼需債權人之行爲。債權人來受領時。固由債務人現實提出。始成爲特定。若債權人不來受領。則債務人僅具體的指定給付物。並將準備給付之情事。通知債權人。卽成爲特定。（二三五條後段參照）質言之。卽僅依言語提出而生特定也。

（僅因言語提出而特定）

丙　送交債務　送交債務。卽債務人依債權人之請求。將給付物送交履行地以外之處所者是也。（三七四條前段參照）在此種債務。其給付物。因發送而特定。卽債務人具體的指定其給付物。並交付於運送承攬人、運送人、或其他受託運送之人時。卽成爲特定。（三七四條後段參照）蓋已發送。則債務人交付之必要行爲。自可認爲完結。故發送後。中途滅失毀損。以致給付不能時。債務人免給付義務。毋庸再給付同種類之他物。此則與詣交債務不同。惟所謂依債權人之請求。乃指原不負送交以外處所之債務。僅應債權人之希望。好意送交者而言。若據原訂契約。本負送交以外處所之債務。則仍與詣交債務無異。

（送交債務因發送而特定）

2　經債權人之同意指定其應交付之物時其物卽爲特定給付物　卽由債務人一方指定其應交付之物。並須經債權人之同意。其指定始得有效。故此項特定方法。

（經債權人同意之特定）

並非雙方之契約。仍係債務人之一方行爲。不過以債權人之同意。爲有效之條件而已。【註七】債權人之同意。無論指定前、指定後、或同時。均無不可。至債務人之指定。不僅須表示指定之意思。並須使所指定之物。與同種類之他物。顯然成分離之狀態。例如附加記號。插立標識。或打包裝箱之類是。

契約之特定

第二〇〇條二項所定特定方法。固僅有上述二種。但此外尚有其他特定方法。(一)種類債權發生後。當事人另以契約具體的指定其給付物時。其物即成爲特定給付物。(二)依當事人之契約。授與當事人一方或第三人以指定權時。則依指定權人之指定。而給付物即成爲特定。以上二種特定方法。學者多以契約之特定稱之。

【註七】按經債權人同意之特定。究爲契約。抑或一方行爲。不無爭議。或謂雙方以契約指定。或謂債務人因契約取得指定權。再據以指定。(石坂氏一三六頁鳩山氏三一頁)或謂債務人一方指定。不過以債權人之同意。爲有效條件耳。(中島氏民法釋義卷三債權總論上一六九頁)本書係採後說。

特定之效力

五　特定之效力　在種類債權。其給付物特定時。即由種類債權。變爲特定債權。嗣後效力。與特定債權無異。玆述於左。

保存義務

1　保存義務　債務人嗣後須以善良管理人之注意。保存其給付物。欠缺此項注意。即爲過失。倘給付物因此滅失毀損時。債務人應負損害賠償責任。（二二〇條一項參照）

給付不能之免責

2　因事變給付不能之免責　在給付物特定以前。本爲種類債權。其給付物縱令因事變滅失毀損。債務人仍不得免給付義務。前經述明。但一經特定。斯爲特定債權。嗣後其給付物。因事變滅失毀損。以致給付不能時。債務人郎免給付義務。（二二五條一項參照）

變更權之有無

3　特定後之給付物債務人有無變更權　種類債權之給付物。旣經特定。嗣後自應給付特定之給付物。原則上不容變更。然債權人於受領原所特定之給付物。如毫無特別利益。則債務人亦得給付同種類之他物。以替代原所特定之給付物。蓋

此項變更。於債務人有利。而於債權人無損。若債權人拒絕受領。則爲僅損害他人。而濫用其權利矣。（一四八條參照）【註八】

【註八】給付物特定後。債務人有無變更權。學說紛紜。大別爲四。(一)謂債務人無變更權。(Oertmann 氏 Delbrug 氏倡之）蓋以特定專爲債權人之利益。不容債務人有所變更也。(二)謂債權人未受領前。債務人有變更權。蓋以法律既未明定無變更權。而實際復有變更之必要也。(三)謂僅於債權人受領遲延時。債務人有變更權。蓋以在此項情形。若無變更權。則債務人對於給付物。不得處分。更須保管。煩累堪虞。殊失平允故也。(四)謂債權人於受領原所特定之給付物。如毫無特別利益時。債務人始有變更權。此乃據權利濫用之規定。尤爲解釋。本書即採此說。

危險負擔問題

4　危險負擔問題　據我民法之規定。（二六六條三七三條）在特定債權。仍由債務人負擔危險。前經述明。故種類債權。雖由特定。變爲特定債權。而危險仍由債務人負擔。並不移轉於債權人。例如買賣應交貨物特定後。因洪水地震延燒等事由滅失時。出賣人向買受人。仍不得請求貨價是。惟不無例外。即(一)在送交債務。其特定後。危險負擔。即移轉於債權人。（三七四條參照）例如原定上海交貨。而買受人請求送交天津。其發送後滅失毀損時。出賣人向買受人。仍可請求貨價是。（二）特定後債權人如有受領遲延情事。自債權人遲延時起。危險負擔。即移轉於債權人。蓋以債權人若早予受領。或不至發生此項損害。故債權人應負其責任。（二六七條參照）

5）所有權是否移轉　在種類債權。其給付物所有權。是否因特定而移轉於債權人。不無爭議。【註九】據我民法之規定。以讓與動產物權爲標的之債權契約。僅使債務人負擔移轉動產物權之債務。並非即以移轉。必更須再訂移轉之物權契約。並經交付。始生移轉之效力。（七六一條參照）所謂特定。不過將不特定給付物。變爲特定給付物。使債務人負擔交付特定給付物之債務而已。其特定給付物所有權之移轉。亦必須再有實行交付之物權契約。故不得僅以特定。而認爲所有權即行移轉於債權人也。惟特定當時。明示的或默示的。兼有移轉所有權之物權的意思表

所有權不因特定而即行移轉

示者。或債權成立之初。曾約定以特定爲條件。而發生移轉所有權之物權契約者。則在特定時。特定給付物之所有權。即移轉於債權人。此亦不過因同時另有物權契約。並非特定當然之效果。

【註九】按物權之移轉。原有二種主義。(一)法國法主義。物權因當事人間之債權契約而移轉。在此主義。給付物所有權。自因特定而移轉於債權人。(二)德國法主義。債權契約。僅使債務人負擔移轉之債務。而實行移轉。則須另有物權契約。不得僅因債權契約而移轉。在此主義。給付物所有權。自不因特定而移轉於債權人。我民法關於物權之移轉。係採德國法主義。

第四款 限制的種類債權

何謂限制的種類債權

一 限制的種類債權之意義 限制的種類債權。亦稱爲混合的種類債權。或部屬債權。即以同種類中限定範圍內不特定部分。指示其給付物之債權也。故此種債權之存在。必具備二種要件。(一)其給付物須在同種類中限定範圍內。所謂限定範圍者。即不僅以種類指示。更須就其種類。限定範圍者是也。其限定範圍之標準。有自限定分量內。給付其某一定分量者。例如言此桶中之酒五斤。此疋中之布三尺是。有自限定集合物內。給付其不特定之個體者。例如言此羣之馬一匹。此倉內之米十包是。(二)須自同種類中限定範圍內。給付不特定部分。若給付特定部分。如言此段土地中之東南角十畝。則爲特定債權。非復種類債權矣。

限制的種類債權與選擇債權應如何區別

二　限制的種類債權之性質　限制的種類債權。究爲種類債權。抑爲選擇債權。【註一】必須解釋當事人意思。以資決定。申言之。即應解釋當事人之意思。究注重在範圍。抑注重在個體。以決定之。如注重在範圍。則爲種類債權。如注重在個體。則爲選擇債權。例如言此罐中之酒一斤。此疋中之布三尺。固爲種類債權。而言此廄內甲乙丙三馬中之一頭。則爲選擇債權是已。

【註六】　關於限制的種類債權之性質。學說紛紜。大別爲四。(一)謂此種債權。既須給付限定範圍內之物。即屬特定物債權。然此種債權於限定範圍內。更須具體的指定。始得爲給付。故與特定物債權。顯然有別。(二)謂此種債權。乃屬選擇債權。蓋使債務人於限定範圍內。選擇其標的物也。然種類債權之具體指定。與選擇債權之選擇不同。其須自限定分量內給付其不特定分量者。固不能僅爲選擇之意思表示。即使成爲特定物也。(三)謂此種債權。乃屬種類債權。然其須自限定集合物內給付其不特定之個體者。有時當事人之意思。係注重在其範圍內之各個體。使選擇以爲給付。故亦難概謂爲種類債權。(四)謂此種債權。究爲種類債權。抑爲選擇債權。必須解釋當事人之意思。以決定之。此爲德日兩國之通說。本書卽採此說。

第六節　金錢債權

第一款　金錢

一　金錢之意義　金錢云者。卽貨幣之謂。乃爲評定價值之標準。交換貨物之媒介。支付債務之方法是也。故法律上所謂金錢。與經濟學上所謂貨幣。毫無差異。何謂金錢

金錢之種類

二 金錢之種類 金錢之種類。大別為二。

1 通用貨幣（亦稱為法幣或通貨） 通用貨幣者。法律強制通用之貨幣也。所謂強制通用者。即給付金錢以為淸償時。債權人不得拒絕受領者是也。通用貨幣更得分為主幣（即本位貨幣）與輔幣（即補助貨幣）二種。主幣之強制通用額無限制。而輔幣則於一定額數內。始可強制通用。例如一元銀幣。用數無限制。五角銀幣。每次授受。以合二十圓以內。二角一角銀幣。每次授受。以合五元以內。鎳幣銅幣。每次授受。以合一元以內為限是。（國幣條例六條）至於享有兌換券發行特權之銀行。其所發行之兌換券。乃為通用貨幣之代用。有強制通用力。自亦為通用貨幣。

2 習用貨幣（亦稱為自由幣） 習用貨幣者。即交易上所習用之貨幣也。此種貨幣。在法律上。無強制通用力。不過事實上通用而已。例如已逾定額所行用之輔幣。國內所沿用之外國貨幣。特別地方所沿用之金銀塊皆是也。

金錢之價格

三 金錢之價格 金錢之價格。可分為三種。

1 額面價格（亦稱爲名價或法定價格）額面價格者。即法律所界與之價格。銘諸貨幣之額面者是也。例如一圓銀幣所銘之一圓。二角銀幣所銘之二角。兌換劵所載之五圓是。

2 金屬價格（或稱爲質價）金屬價格者。即貨幣所含金屬所有之價格是也。例如一圓銀幣。總重七錢二分。而銀九銅一。所含銀質。僅六錢四分八厘。即金屬價格也。（國幣條例五條一款二條參照）在貨幣政策。固務使額面價格與金屬價格。兩相符合。然實際上。仍難符合。額面價格。概較金屬價格稍昂。蓋貨幣鑄造。頗需勞費。且鑄造各幣。難免微差。而輾轉行用。必有磨損。故苟不逾通用之最輕量即公差。則仍依其額面價格。强制通用。（國幣條例八條至十條參照）至於兌換劵。則僅有額面價格。而無金屬價格也。

3 流通價格（或稱爲交易價格）流通價格者。即貨幣在實際交易上所有之價格是已。夫各種貨幣。苟爲通用貨幣。均應以額面價格。强制通用。然在交易上。亦難免因需要供給之關係。以致實際價格。較諸額面價格。時有低昂。而發生所謂流通價格矣。此種價格之變動。在內國貨幣相互間。卽以該兩種貨幣額面價格之比價表示之。例如國幣與兌換券之間。或主幣與輔幣之間。常有所謂折扣貼水之情形是。至於內外貨幣之間。旣無共通之額面價格。自以雙方所有金屬價格之比價表示之。

內外貨幣間之流通價格。常有變動。對外匯兌行情。亦常多隨以低昂。然內外貨幣間之流通價格。與對外匯兌之行情。在理論上。顯有區別。蓋前者爲一定分量之外國貨幣之市價。（例如英國一磅金幣百枚在北京值中國銀幣若干）後者爲一定金額之指示證券之市價。而其證券之一定金額。乃以外國貨幣爲給付標的。並須在外國支付者也。（例如倫敦付款之英幣百磅證券在北京值中國銀幣若干）

第二款　金錢債權之意義

何謂金錢債權

一　金錢債權之意義　金錢債權者、以金錢給付爲標的之債權也。

金錢債權之種類

二　金錢債權之種類　金錢債權。得分三種。卽特定金錢債權、金額債權、金種債權是已。

1　特定金錢債權　特定金錢債權者。以特定金錢給付爲標的之債權也。例如因寄託運送等契約所應給付之金錢是。其應給付之金錢。旣爲特定物。自屬特定債權。應適用特定債權之規定。自毋庸另設特別規定。

2　金額債權　金額債權者。以一定金額給付爲標的之債權也。申言之卽非特定金錢之給付。亦非特種金錢之給付。乃一定數額金錢之給付也。蓋金額債權。重在給付一定價額之金錢。而其所給付之金錢。究爲何種。在所不問。

3　金種債權　金種債權者、以特種金錢給付爲標的之債權也。例如言中國銀行鈔票千元。或廣東毫洋百元是。蓋當事人之如斯約定。重在特種金錢之給付。非僅以表示金錢之數額。故與金額債權不同。

金種債權。更得分爲二種。(甲)絕對的金種債權。即絕對須以特種金錢爲給付。若給以他種金錢。則不能達其債權之目的是也。(乙)相對的金種債權。即當事人雖約定特種金錢之給付。仍重在取得一定金額。不過附帶約明。須以特種金錢爲給付耳。

第三款　內國貨幣金錢債權

內國貨幣金錢債權者。以內國貨幣之給付爲標的之債權也。玆按金額債權與金種債權之種類。而分別說明之。

內國貨幣金額債權

一　金額債權　金額債權。僅注重應給付之金錢價額。並未限定應給付之金錢種類。無論何種通用貨幣。皆可以爲給付。故債務人得就各種通用貨幣。任意選擇。以爲清償。(瑞債八四條一項日民四〇二條一項參照)【註一】此即應給付金錢之確定種類問題也。

【註一】我國前大理院判例。亦謂凡以金錢給付爲標的之債權。(即金額債權)得從債務人之選擇。以各種通用貨幣清償。（五年上字一〇六三號）我民法關於此點。未設規定。蓋以事屬當然。毋庸明定也。

金錢之價格、有額面、金屬、流通三種。彼此之間。難免互異。究應依何種價格。以爲清償。此卽應給付金錢之算定價格問題也。考學者通說。均謂當事人苟無特約。則應依額面價格。以爲清償。蓋貨幣之有額面價格。原所以避金屬價格之差。防流通價格之變。常使依額面價格。以爲通用。故金額債權之清償。自應以依額面價格爲原則也。但此項原則。在貨幣制度紊亂之國家。頗難適用。亦應斟酌當事人之利害。使依流通價格。以爲清償。例如我國判例。凡通用貨幣（國幣或兌換券）之流通價格。較低於額面價額者。原則上均使依流通價格。以爲清償是。【註二】

流通價額較底於額面價格時

【註二】 前大理院判例。謂債務人所爲清償之貨幣。若當給付時。其強制通用之效力。已較他種通貨。稍有軒輊。而通行市價。（卽流通價格）實不免較法定價格（卽額面價格）爲低。則因此所生之差額。苟非債權人當時業經同意。卽應由債務人補償。而不能強令債權人獨受虧損。（五年上字一

○六三號）又謂兌換紙幣。本爲金錢之代用物品。故以兌換紙幣。爲消費借貸之標的。而其實際所能代表之金額。（即幣價）較幣面所定爲低者。則締約時借主所受之利益。即爲該紙幣所代表之金額。（即流通價格）故於償還時。亦必照締約時該紙幣所代表之金額（即流通價格）給付。始合於當事人締約之本意。而不使一造受不當之損失。（大理院判例六年上字九三五號）

相對的內國貨幣金種債權

二 金種債權　相對的金種債權。即當事人附帶約明應以特種通用貨幣爲給付者。自應以所約定之特種內國通用貨幣爲給付。蓋當事人既附有特種金錢之約款。原則上自應依約清償也。（四八〇條三款參照）惟至清償期。其原約定之特種通用貨幣。如喪失強制通用之效力。則應給以他種通用貨幣。（四〇一條）蓋相對的金種債權。其主要目的。在取得金額。而應以特種通用貨幣給付。不過附帶約款而已。故給付不能。則原附約款失效。仍爲金額債權。應以他種通用貨幣給付也。所謂喪失強制通用之效力云者、即原有強制通用力之法幣。在法律上。嗣後不認其爲法幣或事實上禁止流通也。至於絕對的金種債權。既由當事人約定絕對須以特種貨幣爲給付。（例如債權人因欲蒐集某種金錢給付者是）自僅能以原約定之特種貨幣爲給付。若該特種貨幣。全不存在。即屬客觀之不能。應依給付不能之規定、使債務人免其義務。毋庸給以他種通用貨幣。故與相對的金種債權不同。

絕對的內國貨幣金種債權

第四款　外國貨幣金錢債權

外國貨幣金錢債權者。以外國貨幣之給付爲標的之債權也。玆亦按金額債權與金種債權之種類。而分別說明之。

外國貨幣金額債權

一　金額債權　凡金錢債權。以外國通用貨幣定其給付額者。債務人得按給付時給付地之市價。以中華民國通用貨幣給付之。（二〇二條本文德民二四四條二項日民四〇三條）蓋外國通用貨幣。在我國內。並無強制通用之效力。故債務人得折合爲我國通用貨幣。以爲淸償。但亦不妨就各種外國通用貨幣中。任意選擇。以爲淸償。是其給付。究折爲內國貨幣。抑以外國貨幣。得由當事人任意爲之。至於折合之標準。當事人如無特約。則依給付時給付地之市價。【註一】蓋以債權重在履行故也。

【註一】我國前大理院判例。謂以外國貨幣表示其給付額者。應準立約時該幣之市價給付（七年上字三六一號）其所採之折合標準。自與民法不同。

相對的外國貨幣金種債權

二　金種債權　相對的金種債權。卽當事人附帶約明。應以特種外國通用貨幣爲給付者。自應以所約定之特種外國貨幣爲給付。若至淸償期。其原約定之特種通用貨幣。喪失強制通用之效力。則應給以他種外國通用貨幣。（我國第一次民草三二九條一項但書暨同條二項第二次民草二九〇條一項但書暨同條二項本文參照）如無他種相當外國貨幣時。並可按給付地最後之市價。給以中華民國通用貨幣。（第二次民草二九〇條二項但書參照）蓋附帶約款。一經給付不能。卽失其效力。自可準用金額債權之規定。以資解決也。至於絕對的金種債權。卽由當事人約定絕對須以特種外國貨幣爲給付者。（例如債權人因欲向外國付款而特約收買是）其情形與內國貨幣之絕對的金種債權無異。茲不再贅。（二〇二條但書參照）

絕對的外國貨幣金種債權

第七節 利息債權

第一款 利息之意義

利息之意義。在民法及其他法令。均未明定。學者之間。主張各異。言余所信。利息云者。乃原本債權滋生之所得。應以對於原本債權之一定比例。按存續期間之長短。而支付之金錢或其他代替物也。

無原本即無利息

一　利息以有原本爲前提　利息之發生。以有原本債權爲前提。無原本卽無利息。故利息必附隨原本而滋生。故折扣付款、分期支付定期金、公司紅利、建設股息等項。均非利息。〔註一〕所謂原本者。卽取得他財產之基本財產。與經濟學上之資本同義。

原本須爲

二　原本須爲金錢或爲其他代替物。此爲學者之通說。蓋利息之支付。應以對於原本

金錢或其他代替物

之一定比例。（利率）若非代替物。無從按比例支付。例如言馬一匹之一分。屋一棟之五厘。殊難想像也。但有其他學說。即謂原本須爲流動資本。而非固定資本。至於是否代替物。則非所問。【註二】

利息之似是而非者

【註一】　折扣付款者。貸與人向借用人支付貸款之折扣也。此乃貸與人支付原本之折扣。非借用人利息之支付。不過貸與人以爲巧取重利之方法耳。分期支付定期金。乃分期清償原本。並非利息。公司紅利。亦非利息。蓋股東出資。並非貸款於公司。乃股東運用自己之資金。必須營業。實有盈餘。始受紅利之分派。決非若貸原本於他人。即可收取利息也。建設股息。（公司法一七三條）乃暫提資本之一部。津貼股東。決非利息。

【註二】　流動資本者。謂利用一次而即消滅之資本也。如金錢商品之類是。固定資本者。謂得繼續利用以爲生產之資本也。如機械器具之類是。流動資本。重在消費。債務人僅返還同種之物。固定資本。重在使用。債務人須返還原物。以流動資本作爲原本。其滋生所得。斯爲利息。以固定資本作爲原本。其滋生所得。斯爲租金。故利息與租金之分。在債務人返還原本。究以同種之物。抑或以原物。再流動資本。固多爲代替物。然不代替物。如用在消費。亦爲流動資本。例如許借貸與衣服。而返還則以同種衣服。及比例原評價額計算之金額。亦不失爲利息是。

利息爲使用原本之對價

二　利息乃原本滋生之所得　利息爲使用他人原本之對價。【註三】自爲原本所生之收入。在經濟學上。謂爲所得。而法律學上。則稱爲法定滋息。然法定滋息。亦不得均謂爲利息。例如租金、地租。雖爲使用物之對價。係屬法定滋息。而均非利息是。【註四】

【註三】　我國前大理院判例。亦謂利息爲原本使用之對價。(四年上字二七號)學者之間。議論頗多。大別爲二。(一)對價主義。謂債務人利用債權人之原本。享受利益。自應支付利息。作爲酬報。本書採之。(二)缺損或補償主義。謂利息乃因債權人欠缺原本之利用。受有損失。故特由債務人支付。以資補償。考此兩說。無甚懸殊。但亦有反對說。即謂此兩主義。雖足以釋明約定利息之性質。而法定利息之性質。則多無從說明。例如受寄人使用受寄之金錢。應付利息者。即非補償。蓋以寄託之金錢。寄託人當然不得利用。原無所謂欠缺。而法律仍規定應付利息。又如債務人應付遲延利息或墊付利息者。即非對價。蓋以債務人雖未使用。而仍應付此等利息也。

租金與利息之區別

【註四】 代替物。在交易上注重種類、品質、數量之同一。得以同種之他物代替。而不代替物。在交易上注重個性。不容以同種之他物代替。是以利用他人代替物者。以應返還同種物爲特徵。所付利用對價。斯爲利息。而利用他人之不代替物者。以應返還原物爲特色。所付利用對價。如地上權永佃權之地租。租賃之租金等。不得謂爲利息。

利率爲計算利息之標準

三 利息之支付應以對於原本之一定比例並按存續期間之長短 利息須以對於原本之一定比例。計算數額。並按存續期間之長短。有所增減。其對於原本之一定比例。謂之利率。通常以原本之週年百分數表示之。

利率爲利息之要件

利息必須依利率。以計算其數額。故利率爲利息之要件。此爲學者之通說。但亦有反對說。謂利率僅爲計算利息數額之通常方法。尚難謂爲要件。【註五】

【註五】 石坂博士日本民法二四〇頁參照。

利息爲金

四 利息爲金錢或其他代替物 利息須爲金錢或其他代替物。此爲學者之通說。但

錢或其他代替物

亦有反對說。卽謂利息僅多爲金錢或其他代替物。尙難卽以爲限。【註六】

【註六】 石坂博士日本民法二四五頁。三瀦博士債權法提要九五頁。富井博士民法三卷一三三頁。

利息與原本須爲同種物

利息與原本。應否爲同一種類之物。爭論頗多。主張積極說者。卽謂利息應爲原本之同種物。蓋以利息乃以對於原本之一定比例。計算數額。若非同種。無從計算。且法律之規定。亦以同種物爲前提。例如滾息作本。及利息之利率。爲週年百分之幾各項規定是。（二〇三條至二〇七條參照）主張消極說者。卽謂非必限於同種物。如原本爲金錢。而利息則約定穀米是。竊以積極說爲當。【註七】

【註七】 我民法第四七七條規定利息及其他報償。所謂利息。卽指與原本之同種物而言。所謂其他報償。卽指與原本不同種之物而言。故須採積極說。然後利息與其他報償。始能分別解釋。

第二款 利息之種類

債權非當然發生利息。凡利息之發生。必有原因。或由法律行爲。或由法律規定。前者曰約定利息。後者曰法定利息。

何謂約定利息

一　約定利息　約定利息之發生。由於法律行爲者。固多爲契約。但亦有一方行爲之遺囑。【註一】又其意思表示。無論明示、默示。均無不可。且交易上有常生利息之習慣時。亦可視爲默約。蓋以約定利息之發生。必須有意思表示也。

我國自古無利息之禁。子母相權之法。成周秦漢以來。未嘗廢止。但歐西沿革。昔多禁止。蓋乘人窘迫。貪圖利息。在道德上。不無罪過。故羅馬法以來。曾禁止利息。中世教會法。禁令尤嚴。違者科以重刑。【註二】嗣後迫於經濟上之必要。至十六七世紀。利息禁止之法。悉歸廢止矣。

【註一】例如遺囑義務人。表示至遺囑執行完結時爲止。對受贈人。應支付利息是。

【註二】羅馬共和時代。曾禁止利息。嗣因規避甚巧。實效難收。至儒斯的尼安帝。始弛此禁。僅限制重利。中古時之寺院法。從宗教上之理由。復行禁止。仍難收實效。嗣後因羅馬法之繼承及宗教之改革。此項禁令。終被廢止。

何謂法定利息　法定利息之種類

二　法定利息　法定利息之發生。由於法律之規定。而法律上發生利息之理由。頗不一致。故法定利息。更分數種。(一)遲延利息。即金錢債務人。因未按期清償所負擔之利息。(二三三條參照)論其性質。實爲履行遲延之損害賠償。(二)墊費利息。即爲他人墊支費用者。得請求自支出時起之利息。(一七六條五四六條參照)(三)假定利息。亦稱爲擬制利息。即爲自己利益而消費他人之財產時。則法律視爲享受利益。因使支付法定利息。(五四二條一七三條二項參照)(四)返還利息。即對於他人負返還財產之義務者。其已取得或可取得之利息。亦應隨同返還。(一八二條二項二一三條二項二五九條二款參照)

第三款　利率

利率爲計算利息之標準。通常以原本之週年百分數表示之。前經說明。惟依所由定之原因不同。得分爲二。約定利率及法定利率是也。

何謂約定利率

一　約定利率　約定利率者。因法律行為所定之利率也。故約定利率。在當事人亦必須有意思表示。無論明示、默示。均無不可。在交易上有一定習慣可遵循者。亦可視為默約。又其表示時期。或與發生利息債務之表示同時為之。或在其後。

約定利率之限制

二　約定利率之限制　我國自漢以來。即限制利率。以防重利。【註一】歐美諸國。自廢止利息禁令後。亦曾限制利率。此之謂利息限制法。嗣以規避甚巧。難收實效。迄至今日。除法美諸國。仍設限制利息法外。【註二】其餘各國。如英、德、奧、匈等。均已廢止利息限制。而採用重利取締法。對於重利盤剝之徒。科以刑罰。【註三】我國民法亦採中國國民黨代表大會決議案。設限制利息之規定。茲分述於左。

約定利率較高時之還本止息

1　約定利率較高時之早日還本　即約定利率逾週年百分之十二者。經一年後。債務人得隨時淸償原本。但須於一個月前。預告債權人。此項早日還本之權利。不得以契約除去或限制之。（二〇四條）民國十九年五月五日民法債編施行前所約定之利率。逾週年百分之十二者。亦適用上述規定。（民法債編施行法四條）蓋以約定利率較高時。還本期長。利息更增。故無論曾否屆期。苟逾一年。卽可隨時還本。俾得停止生息。以保護債務人。但須預告債權人。俾得另求利用之途也。【註四】

重利之禁止

2 約定利率之最高限度　約定利率超過週年百分之二十者。債權人對於超過部分之利息。無請求權。（二〇五條）故當事人約定利率。至多不得超過週年百分之二十。卽年利二分。又在民法債編施行前發生之利息債務。而於民國十九年五月五日債編施行時。尚未履行者。雖原約利率。在年利二分以上。仍依年利二分計息。（民法債編施行法五條本文）再在民國十六年八月一日後。債務人履行義務者。卽應以年利二分計算。（十六年七月九日國民政府規定年利不得超過百分之二十訓令及最高法院十七年解字第四六號參照）蓋利率愈高。利息愈重。故法定最高限度。以防重利。

超過部分之性質

當事人約定利率。超過法定最高限度時。其超過部分之利息。據民法第二〇五條之規定。僅債權人無請求權。卽不得以訴權強制債務人履行而已。依文義解釋。其超過部分。僅無請求權。並非全然無效。似可成立自然債務。如債務人願履行時。則其履行有效。亦不得援不當得利之規定。請求返還。但此項規定。在禁止重利盤剝。保護社會公益。其爲強行法規。毫無疑義。苟有違反。即屬不法。且鄉愚無知。常被欺壓。甘受剝削。情尤可憫。其不法原因。僅在重利盤剝之債權人。亦不待言。據我民法不法原因。僅在受領人之一方者。仍得請求返還之規定。（一八〇條四款但書並參照本書上册一二七頁）債務人對於超過部分之利息。雖已支付。仍得請求返還也。

規避方法之禁止

3 規避方法之禁止　債權人收取利息。至多不得過年利二分。此爲法定禁令。但債權人仍多方規避。巧取重利。或折扣支付原本。或另立禮金名義。或高訂買回價金將重利盤剝情事。隱匿於此等方法之中。故法律更規定除至多收取年利二分外。不得以折扣或其他方法。巧取利益。（二〇六條）以禁止債權人之規避。

【註一】　我國自王莽時。民貸以治產業者。受息無過歲什一。近世明律。禁每月取利。無過三分。清律因之。（現行律錢債違禁取利條）民國肇造。仍猶援用。迄至民國十六年八月一日。始改為年利二分。（十六年七月九日國民政府訓令）

【註二】　法國在革命以前。除年金契約外。均禁止利息。及一七八九年。始對於消費借貸。許付利息。最高以年利五厘為限。嗣後民法頒行。雖解除利息之限制。然至一八〇七年。復設限制。即民事五厘。商事六厘。如逾此限制。而以重利貸款為專業。則科以罰金。迄一八五〇年。更改處徒刑。自一八八六年以來。此項限制。在商事雖已解除。而在民事則猶適用。美國各州。均設限制重利法。以年利五厘乃至一分為限。如超過時。則喪失利息債權。日本民法。雖無限制重利之規定。但另頒利息限制法。即原本百元以下。以年利二分為限。百元以上千元以下。以年利一分五厘為限。千元以上以年利一分二厘為限。

【註三】　利息限制之廢止。首推奧國。即奧國於一七八七年廢止利息之限制。嗣因重利盤剝之徒。日益跋扈。始於一七九一年及一八八一年。先後頒行重利取締之法令。對於重利盤剝。科以刑罰。匈牙利倣之。亦於一八八三年頒行重利取締法令。德國舊商法。關於商事。早已廢止利息限制。

至一八六七年。更一般的認許利息之自由。僅於民法規定乘他人之窮迫、輕率、或無經驗貪圖暴利之行爲。應爲無效而已。(德一三八條二項)然弊害甚多。終於一八八○年頒行重利取締法令。對於重利盤剝。科以刑罰。一八九三年刑罰更嚴。英國亨利八世時。曾對消費借貸。許付利息。以年利一分爲限。其後一旦禁止利息。然更復弛禁。僅加限制。以年利五厘爲限。迄至一八五四年。全然廢止利息限制。僅於典當業。仍以年利一分至二分爲限。於是瑞典(一八五五年)西班牙(一八五六年)和蘭(一八五七年)。那威(一八五七年)均倣英國。相繼廢止利息之限制矣。

【註四】　還本止利之規定。係倣德民二四七條。惟德民所定約定利率。係逾週年百分之六。而經過期限及預告期間。則爲六個月。

何謂法定利率

三　法定利率　法定利率者。因法律所定之利率也。凡利息債權。其利率未經約定。亦無法律可據者。無論其債權之發生原因若何。均使依法定利率。(二○三條前段)故法定利率。非法定利息之利率。而約定利息。未定利率者。亦依法定利率。是以法定利息。與法定利率。應予區別。不可相混。再法定利率。爲週年百分之五。即年利

五厘。(二〇三條後段)【註五】

法定利率為年利五厘

【註五】考外國立法例。凡民商兩法典分立國家。其商法上之法定利率。多較民法上之法定利率為高。德國為民四商五。(德民二四六條德商一五二條)法國亦為民四商五。(法國一九〇〇年之法律)。日本則為民五商六。(日民四〇四條日商二七六條)

第四款 複利

複利之意義及其弊害

一 複利之意義及其弊害 利息之利息。斯為複利。即將遲付利息。滾入原本。再生利息也。【註一】此項生息方法。足使原本債額。迅速增加。雖年利五厘之低利。逐年滾入原本生息。約十四年。即可增至原本二倍。在債務人。易受危險。彼重利盤剝之徒。多利用之。

【註一】複利有獨立複利與滾入複利之分。前者謂以遲付利息。作為獨立原本。再生利息。後者謂將遲付利息。滾入原本。再生利息。其均為利息之利息。固屬無異。惟在前者。其利率與原來原本之利率。非必相同。而在後者。則利率當然相同。

原則上禁止複利

二　禁止複利之原則　複利弊害。既如上述。故我民法規定利息不得滾入原本。再生利息。（二〇七條一項本文）以禁止複利。而防弊害。據此規定。在滾入複利。【註二】債權人既不得以一方行爲。計算複利。而雙方約定。亦無論事前事後。【註三】原則上均在禁止之列。惟事前約定。合於法定條件者。以及商業上另有習慣者。有例外而已。至於外國立法例。如德、瑞、法諸國。莫不設有限制複利之規定。【註四】

【註二】　我民法規定利息不得滾入原本。再生利息。似所禁止者。僅爲滾入複利。若獨立複利。卽將利息。另作原本。再生利息者。則在不禁止之列。至於俄民二一三條。規定對於利息。不許再生利息。其範圍較廣矣。

【註三】　複利有一方複利與約定複利之分。前者謂由當事人一方行爲所生之複利。後者謂由當事人雙方契約所生之複利。再複利復有事前複利與事後複利之別。前者乃於遲付利息未生之前。預行約定複利。多以複利預約稱之。後者乃於遲付利息已生之後。始約定複利。

【註四】 歐洲諸國。雖未如我民、俄民。禁止復利。但莫不設有限制規定。而復利預約。尤均加禁止。法國禁止複利預約。唯遲付一年以上之利息。得由特約或審判上之請求。而滾入原本。（民法一一五四條）德國規定。除二三特殊情形外。複利預約。作爲無效。（德民二四八條）瑞士規定亦同。（瑞債三一四條）要之以上諸國。對於事前複利。均予禁止。蓋以事前預約。債務人往往不計日後利害。輕予承諾。故加禁止。以保護債務人。若事後復約。則均予認許。由當事人約定之。惟法國附有遲付一年之條件耳。至於日本。以禁止預約。難收實效。對於事前複利。概認有效。其事後複利。由當事人雙方約定者。亦認爲有效。再利息遲付一年以上。經債權人催告。而債務人尚未付其利息時。債權人更毋庸經債務人之承諾。得以自己一方行爲。將利息滾入原本。再生利息。（民法四〇五條）此項放任主義。殊不足保護債務人。該國學者。多加貶詞。據上所述。我民禁止複利之原則規定。與德、法、瑞、日。均不相同。惟略同於俄。此則解釋我民所應注意者也。

允許複利之例外

三　允許複利之例外　我民法固以禁止複利爲原則。但在例外情形。亦有允許複利者。茲述於左。

事前約定之複利

1　事前約定合於法定條件者　據我民法。事前約定之複利。(即複利預約)非必盡行有效。必須約定內容。合乎法定條件。始得認爲有效。即我民法規定當事人以書面。約定利息遲付逾一年後。經催告而不償還時。債權人得將遲付之利息。滾入原本者。依其約定。(二〇七條一項但書)故滾息作本。必須具備左列要件。【註五】

甲　必須當事人雙方事前預行約定。不得由債權人以一方行爲。滾息作本。且其約定。須以書面。以便證明。而防爭議。

乙　利息遲付。必須已逾一年。所謂已逾一年。乃自淸償時起。已逾一年也。

丙　必須先經債權人催告。而債務人仍不償還。

【註五】　我民法第二〇七條一項但書之規定。與日民第四〇五條之規定。頗有參異。即(一)我民須當事人雙方事前預定。而日民則爲事後債權人一方之行爲。(二)我民爲利息遲付已逾一年。而日民則爲利息停付一年以上。

商業上之

2　商業上另有習慣者　我民法原則上固禁止複利。必須當事人雙方事前約定。

複利

並合乎法定條件者。始許滾利作本。但商業上如另有習慣者。仍依其習慣。（二〇七條二項）不受禁止複利之限制。以便商情。例如銀行存款。得將利作本滾算是。【註六】

【註六】德民規定儲蓄處、信用借貸所、或銀行。其所收存款之利息。得視為新收存款。而預約更生利息。（德民二四八條二項）瑞債規定交互計算之利息、及商人以類似存款局將利作本滾算之方法。經營業務所生之利息。得預約更生利息。（瑞債三一四條三項中段）俄民規定禁止複利之限制。在現行金融機關所為正當交易。不適用之。（俄民二一三條後段）

複利與限制重利之關係

四　複利與限制重利之關係　我國舊律。僅限制重利。而不禁止複利。但恐將利作本。滾算利息。易成鉅額。無異重利。因更規定年月雖多。不過一本一利。（現行律錢債門違禁取利條）以示限制。民法債編施行前發生之利息債務。其在施行時未付之利息總額。已超過原本者。仍不得過一本一利。（民法債編施行法五條但書）至民法債編施行後。因限制重利之關係。亦必生二問題。即（一）施行後發生之利息債務。是否仍受一本一利之限制。據施行法第五條但書之規定。似受限制者。僅以施行前發生者為限。施行後發生者。不在其內。但一本一利。遵行已久。垂爲習慣。依民法第一條民事法律所未規定者。依習慣之規定。竊謂仍應受其限制。(二)例外允許複利者。是否受重利之限制。如約定利率。已屆最高限度。卽已滿年利二分者。其利息是否得更生利息。竊謂例外允許複利。仍應於限制重利之範圍內爲之。卽原約利息及所加複利。其合併計算之額。不得超過約定利率之最高限度也。

第五款　利息債權之性質

利息債權之意義

利息債權者。以給付利息爲標的之債權也。論其本質。與普通債權。固屬相同。但因從屬於原本。不無特質。茲述於左。

利息債權之從屬性

一　利息債權之從屬性　利息債權。乃從屬於原本債權之從屬債權。自應與原本債權。共其運命。其效果如左。

1　原本債權。自始不成立時。利息債權。卽無從發生。又一旦成立之原本債權。因撤銷或其他事由歸於消滅時。利息債權。亦歸於消滅。

2 原本債權存續之間。苟無特別訂定。利息債權。亦繼續發生。

3 原本債權移轉於他人者。苟無特別訂定。利息債權。亦隨同移轉。（二九五條二項參照）

利息債權之獨立性

二 利息債權之獨立性 利息債權。雖從屬於原本債權。但利息債權。與原本債權。仍爲各別債權。並非合而爲一。故亦獨立發生法律上之變動。其效果如左。

1 利息債權。得單獨轉讓。

2 利息債權。得儘先清償。（三二三條參照）

3 已生之利息債權。雖原本債權。歸於消滅。仍不妨獨立存在。

利息債權爲原本債權之擴張性

三 原本債權之擴張性 利息債權。與原本債權。雖爲各別債權。然法律上往往視爲原本債權之擴張。使原本債權之效力。推及利息債權。

1 原本債權之擔保。當然亦擔保利息債權。（七四〇條八六一條八八七條）

2 算定訴訟標的之價格時。毋庸併算利息。（民事訴訟法七八條二項）僅依原本債權之額數而已足。

第八節　選擇債權

第一款　選擇債權之性質

選擇債權之意義

債權之標的。係於數宗給付中。得選定其一者。斯爲選擇債權。（二〇八條前段）【註一】例如約定給付房屋一所或洋萬元。又如約定給寫字四條或給畫畫一張是。若債權之標的。僅係一宗給付。則爲單純債權。

【註一】各立法例關於選擇債權。均設有規定。如德民二六二條以下、瑞債七二條、俄民一〇八條二項、法民一一八九條以下、日民四〇六條以下是。

選擇債權

一　選擇債權以數宗給付之擇一履行爲標的　選擇債權之內容。係預定數宗給付。

之標的

劃作選擇範圍。俾得選定其中一宗給付。以為履行。故選擇債權成立之初。原以數宗給付之擇一履行為標的。【註二】惟嗣後履行其債權。必須經由選擇。以定其履行之給付。是以在選擇之前。債權人僅有擇一的給付之請求權。而履行之給付。尚不確定。必須俟選擇後。始臻確定。

【註二】選擇債權。究以複數給付為標的。抑以單一給付為標的。主張複數說者。謂選擇債權。乃以擇一的選定之數宗給付為標的之債權。又謂選擇債權乃於數宗給付中擇一履行之債權。此為德、法民法所採之主義。且為其一般通說。（德民二六二條瑞債七二條法民一一八九條德龍伯爾西 Dernburg 三卷二七節石坂氏日本民法一五六頁以下）主張單一說者。謂選擇債權。乃於數宗給付中。以其選定一宗給付為標的之債權。即謂選擇債權成立之初。原以尚未確定之一宗給付為標的。並非以數宗給付為標的。此說在日本民法學者中。亦頗有之。（橫田氏債權總論一九七頁以下中島民法釋三卷二四五頁以下）本書係採前說。

選擇債權

二　選擇債權乃單一債權　選擇債權之標的。因含有數宗給付。從來學說。遂於選

乃單一債權

擇債權。究係複數債權。抑爲單一債權。聚訟紛紜。

1　複數債權說　卽謂有幾宗給付。斯爲幾個債權。其說明方法。或謂各債權彼此互爲停止條件。（停止條件說）【註三】或謂各債權彼此互爲解除條件。（解除條件說）【註四】然均屬不當。蓋停止條件。乃使法律行爲之效力。停止發生。而選擇債權。則自成立之初。卽發生擇一的給付之效力。顯與停止效力之發生者不同。又解除條件說。雖較停止條件說爲優。然選擇債權在選擇之前。僅有擇一的給付之一個請求權。並非按數宗給付。分別有其多數請求權。其僅爲單一債權。本甚顯然。自得謂爲原有複數債權。因履行其一債權。而其他債權。遂歸消滅。故兩說均屬不當。

【註三】停止條件說。謂應按給付之數。成立數個債權。如約定給付甲或乙。則成立應給付甲之債權。與應給付乙之債權。並互附有他債權若不履行。則一債權卽發生效力之條件。在他債權不履行之條件未成就之前。此兩個債權。均無從發生效力。故爲停止效力發生之停止條件。

【註四】解除條件說。亦謂應按給付之數。成立數個債權。並附有若履行其中一債權。則他債權均歸消滅之條件。此項條件。一經成就。則他債權均歸消滅。故爲消滅已生效力之解除條件。

2 單一債權說　卽謂選擇債權。並非複數債權。僅成一個債權。惟因含有數宗給付。不無主張其給付附有停止條件。【註五】或解除條件。【註六】故在單一債權說。亦有停止條件說及解除條件說二種。然均屬不當。蓋此兩說。雖均以選擇爲所附條件。而選擇並非眞實條件。【註七】已欠穩妥。且在選擇之前。條件未成就時。依停止條件說。給付義務。毫不存在。債權人毫無請求權。又依解除條件說。債務人對數宗給付。有平行並重的給付義務。並非擇一履行之義務。亦均與法定效力及當事人意思不符。故兩說均屬不當。

【註五】停止條件說。謂選擇爲數宗給付所附之停止條件。卽選擇之前。各宗給付。均不生給付義務之效力。債權人亦毫無何項請求權。必須俟選擇卽停止條件成就時。所選定之給付。始生給付義務之效力。

【註六】解除條件說。謂選擇爲數宗給付所附之解除條件。卽選擇之前。各宗給付。均生給付義務之效力。債權人亦平行的受其拘束。必須俟選擇卽解除條件成就時。所選定之給付。留存其給付義務。而其他給付。則均歸消滅。

【註七】按條件必須爲將來成否不定之事實。但選擇之意思表示。其到來與否。並非不定。且得催告。(二一〇條)故不宜爲條件。

3 折衷說　卽謂債務人有選擇權時。爲單一債權。債權人或第三人有選擇權時。爲複數債權。然條件說。不足說明。已如上述。且我民法規定選擇權之移屬。(二一〇條)亦不能謂債權之數。可隨其移轉而變更。故不足採。

我民法之解釋　據上所述。條件說旣均不足取。且我民法第二〇八條。明定於數宗給付中得選定其一。顯係以數宗給付之擇一履行爲標的。亦經述明。故選擇債權。在選擇之前。債權人僅有擇一的給付之一個請求權。而債務人亦僅受擇一的給付之一種拘束。其爲單一債權。毫無疑義。不過嗣後究以何宗給付。實行履行。尚不確定。須經選擇而已。

選擇債權與種類債權之區別

三　選擇債權與種類債權之區別　選擇債權。與種類債權。在成立之初。其履行之給付物體。均不確定。固屬相類。但顯有區別。卽(一)種類債權。係指示種類範圍。俾得確定其給付物體。所指示並不個別預定。而選擇債權則指示選擇範圍。俾得擇一履行。所指示必須個別預定。(二)選擇債權之特定。有溯及效力。種類債權之特定則否。(三)選擇債權因給付不能而特定。種類債權則否。

第二款　選擇債權之特定

特定之必要

一　總說　選擇債權爲數宗給付擇一履行之債權。故須於數宗給付中。確定一宗給付。此之謂選擇債權之特定。一經特定。卽變爲單純債權。可得履行。惟特定之後。尙爲種類債權。則更須特定。始可履行。至特定之方法。共有三種。卽契約、選擇、及給付不能是也。惟得由契約而特定。事屬當然。毋庸說明。玆僅就選擇及給

特定之原因

付不能說明焉。

選擇爲特定之常因

二　給付之選擇　給付之選擇云者。乃自預定數宗給付中。選定一宗履行給付之意思表示也。選擇債權。以選擇爲不可缺之要件。且其特定。通常概由選擇。

選擇權之性質

1　選擇權之性質　選擇權者。得爲選擇的意思表示之權利也。論其性質。實爲一種形成權。蓋因以權利人之一方的意思表示。卽發生由選擇債權變爲單純債權之變更的效力也。又選擇權與選擇債權。有不可離之關係。當然受同一之處分。蓋以選擇爲選擇債權不可缺之要件也。再選擇權非本身專屬之權利。故繼承或移轉時。卽移轉於選擇權人之繼承人。但第三人之爲選擇權人。如注重其知識人格。其死亡時。則選擇權卽應準用第二一〇條三項之規定。移屬於債務人。

選擇權究屬何人

2　選擇權人　有選擇權者。究爲何人。在選擇債權由法律規定發生者。自應依其規定。又在選擇債權由法律行爲發生者。如當事人以契約訂定者。亦依其訂定。其所訂定或爲債權人。或爲債務人。或爲第三人。均無不可。惟契約別無規定。而當事人或契約別無訂定者。則選擇權屬於債務人。（二〇八條）蓋債權人於負擔一定給付外。全然自由。不應再受拘束。倘其給付之內容不定。又屬諸減輕負擔方面。卽應認爲債務人之利益。且選擇爲履行之前提。由債務人爲之。亦與當事人之意思相符。故選擇權應以屬於債務人爲原則也。所謂債務人。卽指負有擇一的給付義務之人而言。在雙務契約。如雙方均負有擇一的給付義務。則雙方均各爲債務人矣。

選擇權之行使

3 選擇權之行使選擇權之行使。由選擇權人以意思表示爲之。【註一】卽債權人或債務人。有選擇權者。應向他方當事人以意思表示爲之。由第三人爲選擇者。應向債權人及債務人以意思表示爲之。（二〇九條）惟此項意思表示。爲單獨行爲。不必經所向表示人之同意。再依一般原則。毋庸何等方式。以通知到達於所向表示人時。發生效力。（九五條）又默示亦無不可。【註二】

選擇能否

選擇之意思表示。其發生效力之後。不得撤銷或變更。惟未生效力前。或出於詐欺脅迫時。自得撤銷。（九五條但書九二條參照）又發生效力後。如經相對人之同意時。亦得撤銷或變更之。

撤銷或變更

選擇之意思表示。不得附以條件或期限。蓋以附有條件或期限。不能變爲單純債權。仍屬不定狀態故也。惟如經相對人之同意。亦得附之。

選擇能否附條件或期限

選擇定有行使期間者。自應於該期間內爲之。（二一〇條一項前段）如當事人間未特別約定。任何時期。均得爲之。非必限於履行期以前。惟不得經過第二一〇條所定催告期間。自不待言。

選擇之時期

選擇權人有數人時。其選擇之意思表示。應由全體爲之。又相對人有數人時。亦應向全體爲之。此爲一般之通說。但法律另有規定或當事人間別有約定時。不在此限。

當事人有數人時

選擇權人爲第三人。其有數人時。亦應由全體爲之。惟當事人間別有約定時。亦不在此限。

第三人有數人時

【註一】日民四〇九條一項。規定其選擇以向債權人或債務人之意思表示爲之。該國學者。解釋謂僅向一方表示而已足。毋庸向雙方爲之。德民之選擇債權。適用德民第三一八條之規定。亦僅向一方表示而已足。但我民法既明定應向債權人及債務人。以意思表示爲之。其應向雙方表示。極爲明瞭。自不得採德、日之解釋。

【註二】所謂選擇之默示者。如債權人有選擇權時。已就某個給付。爲其請求。或債務人有請求權時。已就某個給付。爲其提出是也。

選擇權之移屬

4　選擇權之移屬　選擇權人不行使選擇權時。選擇債權無由特定。更須另求特定方法。卽選擇權之移屬是也。茲分左列二種情形說明之。

甲　債權人或債務人有選擇權時　選擇權人固僅有選擇之權利。不負選擇之義務。不得強制其選擇。然若不選擇。則法律關係。久懸不定。在相對人。頗蒙不利。【註三】法律不能無救濟方法。故規定選擇權未定行使期間者。債權至淸償期時。無選擇權之當事人。得定相當期限。催告他方當事人行使其選擇權。

如他方當事人不於所定期限內行使選擇權者。其選擇權移屬於爲催告之當事人。（二一〇條二項）即具備清償屆期、催告、及催告期內不行使三項要件時。選擇權人即喪失其權利。而另由他方取得矣。所謂相當期限者。言足爲選擇之適當期限也。

【註三】債權人有選擇權時。如不選擇。則債務人無由履行。又債務人有選擇權時。如不選擇。則債權人不得領受給付。

乙　第三人有選擇權時　第三人亦僅有選擇之權利。不負選擇之義務。亦不得強制其選擇。然若不選擇。則法律關係。亦久懸不定。在當事人亦殊不利。法律亦不能無救濟方法。故規定由第三人爲選擇者。如第三人不能或不欲選擇時。選擇權移屬於債務人。（二一〇條三項）所謂不能選擇者。言因死亡、疾病、遠行、或其他障礙。不能選擇也。所謂不欲選擇者。言能選擇而表示不爲也。選擇權移屬於債務人者。蓋以給付之內容。應視爲債務人之利益也。（二〇八條參照）在此情形。第三人之不能或不欲。苟經明確。卽當移屬於債務人。非必俟清償屆期。又毋庸有當事人之催告。

在以上二種情形。其選擇權或移屬於相對人。或移屬於債務人。但均非強行規定。如有特約時。仍依其約定。自不待言。

選擇之溯及效力

5 選擇之效果　選擇之效果。在就擇一履行之數宗給付中。確定履行之給付。將選擇債權。變爲單純債權。前經述明。此項結果。應溯及債權之發生時。（二一二條）【註四】卽視爲債權自其發生時起。卽以此選定給付爲唯一無二之標的。並非以擇一履行之數宗給付爲標的。質言之。卽苟經選擇。則選擇債權。自其發生時起。卽視同單純債權也。此項規定。乃以鞏固第二一一條但書所定情形之選擇效力也。【註五】

【註四】選擇應否有溯及力。自羅馬法德普通法以來。頗有爭論。法國民法。因無明文。議論紛紜。我民倣德民（二六二條二項）日民（四一一條）明定有溯及力。

【註五】依我民第二一一條但書之規定。因無選擇權人之過失。以致不能給付時。選擇權人對於不能給付。仍有選擇權。即債務人有選擇權時。如因債權人之過失。以致不能給付。則債務人得選擇不能給付。以免給付義務。（二二五條參照）又債權人有選擇權時。如因債務人之過失。以致不能給付。則債權人得選擇不能給付。以請求賠償損害。（二二六條參照）選擇如有溯及力。則選擇債權。自發生時起。其不能給付。均得經選擇。視為債權之標的。而以實現上述之效果矣。

因不能給付所生之情形

三　不能給付　不能給付。亦為選擇債權特定之方法。前經述明。即數宗給付中。有不能給付時。選擇債權。僅存在於餘存之給付。（二一一條本文德民二六五條法民一一九二條日民四一〇條一項）故數宗給付中。除不能給付（無論自始不能或嗣後不能）外。尚餘存二宗以上可能給付時。選擇債權之範圍。不過為之縮減。如僅餘存一宗可能給付時。則選擇債權。即變為單純債權。而生特定矣。惟不能給付出於無選擇權人之過失者。始不在此限耳。（二一一條但書）

不能給付足生特定者

1　不能給付足生特定者

甲　自始不能　選擇債權發生當時。其數宗給付。均屬不能時。債權無由成立。自不待言。如於不能給付外。尚餘存可能給付。則或僅縮減範圍。或變爲單純債權。而生特定。前經述明矣。

乙 嗣後不能 選擇債權成立後。其數宗給付中。如有因事變【註六】或選擇權人之過失。【註七】以致不能給付。此外尚餘存可能給付時。或僅縮減範圍。或變爲單純債權而生特定。亦前經述明矣。倘均屬不能給付。則債務人免給付義務。（二二五條參照）

【註六】所謂因事變不能者。言因非不可歸責於雙方當事人之事由。以致不能給付也。

【註七】所謂因選擇權人之過失不能者。言因可歸責於選擇權人之事由。以致給付不能也。其情形得分爲二。（一）債權人爲選擇權人。並因其過失。以致不能給付時。債務人關於不能給付。固可據侵權行爲。向加害之債務人。請求損害賠償。但仍應就餘存之可能給付。履行其債務。（二）債務人爲選擇權人。並因其過失。以致不能給付時。債務人亦僅應就餘存之可能給付。履行其債務。蓋以債務人有選擇權時。縱令其他給付。並非不能。亦可選擇此餘存之給付也。

不能給付不生特定者

2　不能給付不生特定者　不能給付。亦有不生特定者。卽其不能之事由。應由無選擇權之當事人負責者是也。（二一一條但書德民二六五條後段日民四一〇條二項）所謂不能之事由。應由無選擇權之當事人負責者。言因可歸責於無選擇權人之事由卽過失。以致不能給付也。其所以不生特定者。蓋不能給付。乃出於無選擇權人之侵權行爲。選擇權人之選擇權。絕無因此喪失之理由。故選擇權人。仍得行使其選擇權。並不因不能給付而卽特定也。

甲　債務人有選擇權時　在此情形。因債權人之過失。以致不能給付。則債務人得選擇不能給付。以免給付義務。（二二五條參照）或選擇餘存之可能給付。以履行債務。並關於不能給付。向加害之債權人。請求損害賠償。

乙　債權人有選擇權時　在此情形。因債務人之過失。以致給付不能。則債權人得選擇不能給付。據以向債務人請求損害賠償。（二二六條參照）或選擇餘存之可能給付。以請求履行。

丙　第三人有選擇權時　在此情形。其能不給付。無論出於債權人或債務人之過失。而第三人仍得行使其選擇權。其選擇之效果。與前述甲乙二項無異。

3　一部不能給付　數宗給付中。其一宗給付。僅一部不能給付時。是否適用不能給付之特定方法。（即第二一一條）不無爭議。竊謂應先據一部不能給付之原則規定。須其他部分之履行。於債權人無利益時。始得認爲不能給付。（二二六條二項參照）使選擇債權。僅存在於餘存之給付。若一部不能給付。爲額極微。則尚可予選擇也。

第三款　任意債權

任意債權之意義

一　任意債權之意義　任意債權者。債務人或債權人得以他種給付。代替本來給付之債權也。故任意債權依代物淸償之所屬。得分爲二種。一爲債務人之任意債權。例如原定給付房屋一所。而債務人得給付洋萬元。以代替免責是。二爲債權人之任意債權。例如原定給付房屋一所。而債權人得請求給付洋萬元。以代替原定給付是。又依任意債權發生之原因。得分爲二種。一爲意定任意債權。乃當事人一方所表示（如遺贈是）或雙方所約定者。當事人之一方之得行使代物淸償權。以原經表示。或原結約時曾經他方同意也。二爲法定任意債權。乃法律所規定者。如第二〇二條第七五一條二項所定者是。

任意債權與選擇債權之差異

二　任意債權與選擇債權之差異　任意債權與選擇債權。極相類似。但不無差異。卽選擇債權。以數宗給付之擇一履行爲標的。其履行之給付。在特定前。原不確定。而任意債權。係以唯一之本來給付爲標的。其履行之給付。自始卽屬確定。不過附有代物淸償權。使得選擇他種給付。以代替之而已。故(一)在債務人之任意債權。其債權人僅有請求本來給付之權利。而在選擇債權。其債權人則有請求數宗擇一權利。(二)在任意債權。其本來給付自始不能。或嗣後不能時。債權歸於消滅。而在選擇債權。其數宗給付中。如有自始不能或嗣後不能。則債權存在於餘存之可能給付。此所不同也。

任意債權之性質

三　任意債權之性質　任意債權之性質若何。爭論頗多。有謂爲附有代物淸償權之債權者。有謂爲代物淸償之豫約者。有謂爲特殊之債權者。按任意債權。僅由當事人之一方。卽得以他種給付替代。毋庸經他方之同意者。蓋以任意債權。自發生時起。卽附有代物淸償權也。主張特殊說者。雖謂任意債權之一方行使。與代物淸償須經債權人同意者不同。因認與代物淸償有別。然任意債權。自發生之初。原附有代物淸償權。據此權能。以行使代替。自毋庸再經他方之同意。且在約定之任意債權。其代物淸償權。原經他方同意。始行約定。又何得謂無同意。主張代物淸償之預約說者。不爲無見。然於法定之任意債權。無由說明。竊以附有代物淸償說。較爲得當。

第十節　損害賠償

第一款　損害賠償之性質

損害賠償之意義

一　損害賠償之意義　回復或塡補他人所受之損害。謂之損害賠償。被害人對於賠償義務人。請求其回復或塡補之權利。謂之損害賠償請求權。亦稱爲損害賠償債權。或損害賠償債務。蓋吾人之財產或其他法益。難免有因某事實。致受不利益（卽損害）之時。損害賠償。卽在排除此不利益。務使被害人回復其未受損害前之原狀。然亦有回復舊狀。勢所難能。不得不另設方法。塡補缺損。俾與回復原狀。收同一之效益。故謂損害賠償。爲回復或塡補他人所受之損害也。

損害賠償請求權之發生原因

二　損害賠償請求權之發生原因　損害以被害人自己負擔爲原則。而以請求他人賠償爲例外。故損害賠償請求權之發生。必須有法定原因。考法律所定原因。大別爲二。

1　法律行爲　即依契約而負損害賠償責任者。如保險契約、擔保契約等是。

2　法律之規定　即法律據某事實。使負損害賠償責任者。首推侵權行為。及債務不履行二種。公用徵收亦屬之。此外法律所規定者。尚復不少。（如九八條一〇條一七四條一項七八二條七九一條七九二條七九六條九五五條九五六條等）損害賠償請求權之發生。出於契約者。其成立要件、賠償方法、及賠償範圍等項。均依契約所定。所應論究者。僅為法律規定所生之損害賠償請求權而已。

損害賠償請求權與原債權之關係

三　損害賠償請求權與原債權之關係　損害賠償請求權。就其發生關係言之。大別為二。(一)原始的發生者。如侵權行為、保險契約、公用徵收所生之損害賠償請求權。其發生之初。卽為損害賠償請求權是。(二)傳來的發生者。如因債務不履行所生之損害賠償請求權。或以代替原債權之本來給付請求權。（如不能給付）或與原債權之本來給付請求權併存。（如遲延給付）卽因原債權之內容變更。而變為損害賠償請求權是。此項損害賠償請求權。固不無主張另為他種債權。然僅為原債權內容變更。並非新生他種債權。故與原債權。仍屬同一債的關係。運命與共。【註一】

【註一】即損害賠償請求權之消滅時效。與原債權同。又原債權所有之擔保及抗辯。在損害賠償請求權。仍猶存續是也。

四　損害賠償規定之適用範圍　我民法倣德國法例。【註二】設損害賠償之一般規定。凡屬損害賠償請求權。不問其發生原因若何。除有特別規定外。均適用此一般規定。蓋損害賠償請求權。其發生原因。或爲侵權行爲。或爲債務不履行。或爲其他法定原因。固不相同。而賠償責任則一。故應設一般規定。使共同適用。

【註二】德民於債務關係內容中。設關於損害賠償之一般規定。概括的規定賠償責任。（德民二四九條以下）俾各種損害賠償請求權。均得共同適用。至法日兩國民法。並未設一般規定。僅於債務不履行之損害賠償。及侵權行爲之損害賠償。分別各設規定。瑞債亦未設一般規定。僅於其第九九條第三項。聲明侵權行爲上之責任規定。亦準用於契約違反之行爲而已。

第二款　損害賠償請求權之成立要件

損害賠償請求權之成立。其要件有三。須有責任原因。其一也。須發生損害。其二也。損害與其原因事實之間。須有因果關係。其三也。茲依次說明之。

成立之三要件

一　責任原因　法律上須定有所以負責之原因事實。始負賠償責任。如債務不履行之損害賠償。因有債務不履行之事實。侵權行為之損害賠償。因有侵害權利之事實。此外損害賠償。亦莫不各有其法定事實。凡法律所定應負賠償責任之事實。謂之責任原因。若無責任原因。縱生損害。亦不負賠償責任。故責任原因。為損害賠償請求權之成立要件。

責任原因之意義及必要

責任之原因事實。應在各種損害賠償請求權。分別說明。其所共通者。即賠償責任人於原因事實外。應否須有過失是也。【註一】考各立法例。其主義大別為二。(一)過失主義。謂須行為人更有過失。始使負賠償責任。(二)無過失責任主義。亦稱為原因主義。或結果責任主義。謂苟有原因事實及所生結果。(即損害)縱令行為人無過失。亦應使負賠償責任。【註二】至我民法通常損害賠償請求權。均以過失主義

應否須有過失

爲原則。（一八四條二二六條二三〇條參照）但不無採無過失責任主義之例外。雖無過失。亦使負賠償責任。【註三】舉其重要者。如無權代理人之責任。（一一〇條）事務管理人之責任。（一七四條一項）無能力人僱用人等之無過失賠償責任。（一八七條三項一八八條二項）場屋營業主人之責任（六〇六條至六〇九條）等是。

【註一】茲所謂過失。乃指廣義的過失而言。應包括故意在內。故意及過失之意義。詳見本書第三章第二節第二款中。

【註二】請參照本書上冊一三八頁。

【註三】請參照本書上冊一三九頁。

無損害即無賠償

二　損害之發生　無損害則無賠償。此爲損害賠償之原則。故損害之發生。爲損害賠償請求之要件。損害云者。謂某人因某事實於其財產或其他法益（生命身體健康名譽自由等）所受之不利益也。又損害之種類。既有財產的損害與非財產的損害之別。復有積極的損害與消極的損害之殊。前在第二章第十節第二款第三目。業經詳述。（本書上冊一五六頁以下）

茲不再贅。

因果關係

三　因果關係　所生損害與其原因事實之間。須有原因結果之關係。質言之。即損害須爲責任原因事實所生之結果。賠償義務人。始負賠償責任。若非責任原因事實所生之結果。縱有損害。亦不負責。故因果關係。爲損害賠償請求權之要件。惟因果關係。牽聯甚廣。若所生一切損害。均應賠償。未免過重。須認定標準。限制因果關係之範圍。在此範圍內之損害。始任賠償之責。所認因果關係之標準若何。在學者間。爭議頗多。但現在通說。均主張相當因果關係說。【註四】即在相當因果關係範圍內之損害。始任賠償之責也。【註五】

【註四】　因果關係之意義及何謂相當因果關係。並其他因果關係之學說。前在本書第二章第十節第一款第五目。業經詳述。(見本書上冊一六九頁以下)茲不再贅。務請參照。

法國法系之主義

【註五】　按法國法系諸國。關於債務不履行之損害賠償。將損害分爲直接損害與間接損害二種。其債務人僅對於直接損害。負賠償責任。若間接損害。則不負責。而直接損害。除債務不履行出於債務人之故意者外。更限於已豫見及得豫見之損害。始負賠償責任。(法民一一五〇條一一五一條意民一二二八條一二二九條)日民關於債務不履行之損害賠償。亦將損害分爲通常可生損害。及因特別事情所生損害二種。前者均應賠償。而後者則僅限於已豫見或可得豫見者。始任賠償之責。(日民四一六條)是法國法系諸國及日民。關於債務不履行之損害賠償。已以法律規定。劃定損害賠償之範圍。毋庸再有因果關係之標準。然所謂直接損害與間接損害。實際上頗難劃分。而侵權行爲之損害賠償。又未規定損害賠償之範圍。(法民一三八二條)法國通說。多謂行爲人應賠償一切損害。又未免過重。故德民及我民。均不認直接損害與間接損害之區別。而以學者所認因果關係之標準。限制損害賠償之範圍。所認標準若何。在德國學者間。學說頗多。現在通說。殆均採相當因果關係說矣。

第三款 損害賠償之方法

立法主義

一 賠償方法之立法主義 考各立法例。其所採主義。大別爲三。(一)回復原狀主

回復原狀主義

義。卽使賠償責任人。對於被害人。回復其損害發生前之原狀也。如奪取物件。則應返還。毀損物件。則應修補或償還同樣之物是。德民（二四九條至二五一條）奧民（一三二三條）及英美法均以此種主義爲原則。

金錢賠償主義

（二）金錢賠償主義。卽按損害程度。估計金錢。使賠償義務人。對於被害人。給付金錢。以塡補其損害也。羅馬古法、法民、日民（四一七條）均以此種主義爲原則。

審判官裁定主義

（三）審判官裁定主義。卽損害賠償方法。任由審判官衡情酌定者是。瑞債採之。其所酌定之方法。亦多回復原狀或金錢賠償。要之回復原狀主義。極合理論。而金錢賠償主義。則甚便實際。各有短長。【註一】

【註一】 回復原狀主義。乃回復損害發生前之原狀。極與損害賠償之目的相合。此其所長也。然不能回復。或回復困難者。旣復不少。且執行不易。（如作爲債務之回復原狀、非定拘束人身之強制執行方法、無由回復是、）時期延緩。此其所短也。金錢賠償主義。乃以金錢塡補損害。各種損害賠償。均得行之。不能情事。殊不多見。且容易實行。迅速可期。而訴訟上之執行。亦不困難。此其所長也。但估計金錢。恐不正確。而非財產的損害。更無由估計。且僅爲間接塡補。並非直接排除。與損害賠償之目的不符。此其所短也。

民法之規定

二　我民法之規定　我民法倣德國法例。其損害賠償方法。以回復原狀主義為原則。而以金錢賠償主義及其他方法為例外。

以回復原狀主義為原則

1　原則　我民法第二一三條一項。規定負損害賠償責任者。應回復他方損害發生前之原狀。此卽標明以回復原狀主義為原則。如法律別無規定。當事人未訂特約。又無回復不能或困難情事。則賠償請求權人。當然得請求回復原狀。而賠償義務人亦當然應回復原狀也。

因回復原狀而應給付金錢者。自損害發生時起。加給利息。（二一三條二項）所謂因回復原狀而應給付金錢者。如所奪取者為金錢。則應返還金錢。又如所奪取者為可得利益之物。則於返還原物外。更應給付金錢。抵償其可得利益。始克回復原狀是。至自損害發生時起。加給利息者。蓋被害人本可利用金錢。收取普通利息。故使賠償義務人。按法定利率。加給利息。以資補償也。

以金錢賠償主義爲例外

2　例外　賠償損害。固以回復原狀爲原則。但不無以金錢賠償之例外。分述於左。

甲　法律另有規定者　法律上另定損害賠償之方法者。依其規定。（二一三條一項中段）如侵害人格權之損害賠償。規定賠償相當之金額。（一九五條前段）侵害生命之損害賠償。規定應賠償相當之金額。（一九二條一九四條）侵害勞動能力之損害賠償。規定應賠償相當之金額。（一九三條）毀損物件之損害賠償。規定賠償因毀損所減少之價額（一九六條）等是。

乙　當事人訂有特約者　回復原狀之規定。並非強行規定。故當事人間以特約另定以金錢賠償時。依其特約。（二一三條一項中段）

丙　回復原狀遲延者　應回復原狀者。如經債權人定相當期限催告後。逾期不爲回復者。債務人得請求以金錢賠償其損害。（二一四條德民二五〇條）蓋以回復原狀。不易強制執行。故回復遲延時。即使債權人得請求以金錢賠償也。

丁　回復不能或困難者　損害賠償固應回復原狀。但實際上有不能回復原狀者。（如給付是）不得強人以不能。又或有回復雖屬可能。而顯有重大困難者。（如費用之負擔過重是）亦應顧及公平。故在此等情形。應以金錢賠償其損害。（二一五條德民二五一條）

第四款　損害賠償之範圍

法定賠償範圍與約定賠償範圍

損害賠償之範圍。除法律另有規定。或契約另有訂定外。（二一六條前段）須由審判官依一般標準。裁定所應賠償之範圍。其由當事人以契約訂定者。謂之約定賠償範圍。（即賠償額之預定是亦參照二五〇條至二五二條）其審判官依一般標準裁定者。謂之法定賠償範圍。茲於本款分別說明之。至其由法律規定者。如第二三三條所定遲延利息是。

第一項　法定賠償之範圍

裁定之標

一　賠償範圍裁定之標準　審判官固依一般標準。以裁定賠償範圍。但此外其他事

準

項。如損益相抵。過失相抵。及義務人之生計關係。亦應予以斟酌。分述於左。

一般標準

1　一般標準　損害賠償之目的。在回復被害人損害發生前之原狀。故在相當因果關係範圍內。由責任原因所生之一切損害。無論積極的或消極的。均應賠償。第二一六條。規定應以塡補債權人所受損害及所失利益爲限。蓋即以申明此旨。俾審判官得據以裁定賠償之範圍。

積極的損害及消極的損害

所謂所受損害。即積極的損害。謂既存財產或人格利益。因責任原因事實。以致減少也。所謂所失利益。即消極的損害。謂無責任原因事實。斯能取得之利益。質言之。即因責任原因事實之妨害。以致逸失其可取得之利益也。

消極的損害之法定標準

積極的損害。爲現實所受損害。固易認定。而消極的損害。乃妨害利益之增加。範圍難明。故本法更爲特定標準。凡依通常情形。或依已定之計劃設備或其他特別情事。可得預期之利益。視爲所失利益。(二一六條德民二五二條)所謂依通常情形可得預期之利益者。言依事物之通常進行。本可取得之利益。例如工廠照常工作。可收取日常利益。如承包修理機械之人。不予按時修理。以致停止工作。則逸失其日常利益是。所謂依特別情事可得預期之利益者。言依事物之通常進行。未必能取得利益。但債權人實另有特別情事。可據以取得利益也。其中最顯著者。爲債權人原有此項計劃。或此項設備。如米店收買米糧時。可認爲米店能轉賣得利。以其有設備也。住戶收買米糧時。依通常情形。未必可認爲能轉賣得利。但曾與他人締結轉賣契約。或曾經他人約請賣與。則可認爲住戶能轉賣得利。以其有原定計劃也。又如貸與人於收還借款之前。欲以此款收買有利產業。曾與他人商議收買。則可認爲能收買得利。亦以其有原定計劃也。倘米糧出賣人。未按期交貨。金錢借用人。未按期還款。以致逸失其轉賣得利或收買得利之利益。則應負賠償之責。要之所謂可得預期之利益。既非僅謂取得希望。亦非謂確實必取。必須依一般情事及債權人行動。均有取得之可能。始可認爲得預期之利益。

損益相抵

2 損益相抵　損害賠償之目的。在使被害人回復發生損害前之原狀。俾生未受損害之同樣狀態。其賠償損害。僅須足償被害人之損害。非使被害人因此更受利益。故被害人因損害賠償請求權之同一原因事實。受有利益時。【註一】應自所受損害。扣除所得利益。以酌定損害賠償範圍。此之謂損益相抵。【註二】我民法雖無此項明文。然自損害賠償之性質言之。固應如斯斟酌也。

【註一】例如交馬遲延。固有遲延損害。但在買受人。亦因遲延而受節省草料之利益是。

【註二】損益相抵之方法。在金錢賠償方法。以金錢估計損害額。與利益額。然後自損害額中。扣除利益。而在回復原狀。先由賠償義務人回復原狀。然後由被害人返還所受利益。若所受利益。係屬對第三人之請求權。則讓與於賠償義務人。

過失相抵

3 過失相抵（即被害人之過失）損害之發生或擴大。非僅因賠償義務人之行為。而被害人（即賠償權利人）亦與有過失者。則法院得視其過失程度如何。以減輕賠償金額。或免除賠償責任。（二一七條一項）此之謂被害人之過失。在英美法。稱為共同過失。【註三】在德國法。稱為過失相抵。【註四】其所據理由。雖議論紛歧。然被害人本得防止或減輕損害。而不採應取之手段。則自己之過失。亦為損害發生或擴大之共同原因。必須自任其責。始得謂為公平正當也。至其要件。共有二端。

甲　損害發生或擴大。須由於被害人之行為所助成。即賠償義務人之行為。與被害人之行為。須為損害發生或擴大之共同原因。且被害人之行為。不問其為作為【註五】或不作為。故(一)重大之損害原因。為義務人所不及知。而被害人不預促其注意。(二)被害人於可避免之損害。而怠於避免。【註六】(三)被害人於可減少之損害。而怠於減少者。【註七】皆可認為因被害人之不作為。以致助成損害之發生或擴大。(二一七條二項)

乙　其助成損害發生或擴大之行為。須出於被害人之過失。故被害人之行為。雖為損害發生或擴大之共同原因。然非出於過失者。則不得予以斟酌。所謂過失者。言出於故意或欠缺通常人應注意之程度也。

【註三】　共同過失者。蓋謂加害人之過失與被害人之過失。兩相協同。以構成加害之原因事實也

【註四】過失相抵者。蓋謂比較加害人之過失與被害人之過失。而酌定賠償之範圍也。

【註五】例如託運人於包裝有過失。而運送人於運送方法。亦有過失。以致貨物毀損或遲到是。又如還債遲延。係因債權人變更住址。不予通知。而債務人。亦不注意尋覓是。

【註六】例如寄託人因有過失。於寄託物之危險性質。未予告知。而倉庫營業人。於保管方法。亦欠缺注意。以致寄託物滅失毀損是。

【註七】例如債務人所交染病牛羊。最易傳染。而被害人不預為隔離。或傳染擴大之後。亦袖手旁觀。不講求相當手段是。

4 義務人之生計關係　損害非因故意或重大過失所致者。如其賠償。致賠償義務人之生計。有重大影響時。法院得減輕其賠償金額。（二一八條）此項賠償額之減輕。其要件有二。即損害之發生。僅出於輕過失。及賠償結果必使賠償義務人之生計。無以支持是也。在此情形。其情可恕。而社會政策上。亦不宜使弱者負擔過重。故使法得斟酌情形。而減輕賠償金額也。

賠償額之算定

二　賠償額之算定　以金錢賠償時。其估價之標準。共有三種。卽價格、時期、及處所是也。

應賠償之價格

1　應賠償之價格　凡物之價格。得分三種。(一)普通價格。乃一般交易上之價格。卽無論對於何人。均有其價格也。雖係因嗜好所生之價格。但適合多數人之情感嗜好時。則爲交易上之價格。應屬普通價格矣。如古董、字畫、古錢之類是。(二)特別價格。乃因特定之人、時、地。或其他關係所有之價格。例如博物學者所採標本之價格。博覽會附近房屋之價格是。(三)感情價格。乃專因所有人特別情感或嗜好所有之價格。例如父母遺像。祖傳器具是。在算定賠償額。非僅依普通價格。且須賠償特別價格。現時已成爲通說。至感情價格。以範圍難定。殆不認爲計算標準。

算定之時

2　算定之時期　賠償額之算定。究應依何時價格。法無規定。徵諸各國學說判例。亦頗紛歧。大別爲二。以加害行爲之時爲標準。其一也。以判決或請求之時爲標準。其二也。究以主張後說者居多。蓋以損害多係漸次發生故也。

算定之處所 3 算定之處所 賠償額之算定。究應依何地價格。法亦無規定。據從來通說。在債務之不履行。原則上以履行地之價格爲標準。在侵權行爲。原則上以行爲地之價格爲標準。

第二項 賠償額之預定（即約定賠償範圍）

賠償額預定之適用範圍 賠償額之預定 當事人得以契約定損害賠償額。其契約在損害發生前定者。謂之損害賠償額之預定。（亦稱爲約定賠償範圍）在一般損害賠償。均得約定賠償額。惟我民法倣多數立法例。僅於債務不履行。設有規定。（二五〇條至二五三條參照）至其他損害賠償。其約定賠償額者。僅可解釋當事人之意思。以資決定。不得適用關於債務不履行所有約定賠償價額之規定。

賠償額預定之意義及其必要

賠償額預定與違約金之區別

一　賠償價額預定之性質　賠償價額預定者。當事人以契約預定不履行債務時所生損害之賠償額也。蓋當事人爲避免賠償額算定之困難。及訴訟之煩累。先以契約預定其賠償額。苟債務人不履行債務時。無論實際損害額。較諸約定賠償額。有無多寡。均應支付約定賠償額。以資賠償。故賠償額預定與違約金。應嚴予區別。卽違約金之目的。在確保債權之效力。以刑罰的制裁。強制債務之履行。並無損害賠償之目的。而賠償額預定之目的。則在避免計算之困難。及訴訟之煩累。並無確保債務履行之目的是也。

我民法所定違約金亦可視爲賠償額預定

我民法所定違約金。其性質有二。含有刑罰的裁制之性質者。卽固有之違約金。而含有賠償額預定之性質者。則爲賠償額預定。究竟其性質何屬。應依當事人之意思定之。若當事人未予明訂。則視爲因不履行所生損害之賠償總額。（二五〇條二項本文）卽所謂賠償額預定是也。

賠償額預定之效力

二　賠償額預定之效力　其效力如左。

照約支付

1　照約支付　照約支付。惟法院得予酌減。卽債務人不履行債務時。無論所生損害之多寡若何。均應照約定賠償額。支付損害賠償金額。(二五〇條一項參照)惟約定賠償額過高時。法院亦得減至相當之數額。(二五二條參照)【註一】

及法院之減輕

【註一】德民(三四三條)法民(一一三一條)及英美法。其約定賠償過高時。法院得減至相當之數額。惟日民(四二〇條後段)德商(三四八條)則法院不得增減。蓋以法院之干涉。有礙契約之自由。但由社會政策上言之。宜由法院干涉。蓋以經濟上之強者。常利用其地位。壓迫弱者。宜予救濟也。

不妨礙契約之解除或履行之請求

2 不妨礙契約之解除或履行之請求。蓋以賠償額預定。不過僅就生有損害時。預定其賠償額。而於債權之本來效力。固毫無影響故也。茲更分別說明之。(一)債務全部不履行時。債權人得於履行之請求、或賠償額預定之損害賠償請求。擇行其一。若賠償額僅係預定履行遲延、或不完全履行之損害時。則於履行、與預定賠償額。得併行請求。(二五〇條一項但書中段參照)(二)債權人於解除契約、或賠償額預定之損害賠償請求。擇行其一。且解除契約時。如有損害。尚得依一般方法。請求賠

償。（二六〇條）

第五款　賠償義務人之讓與請求權

賠償義務人之讓與請求權　賠償權利人。關於物或權利之全部價額。已受損害賠償時。則賠償義務人得向損害賠償權利人。請求讓與基於其物之所有權或基於其權利對於第三人之請求權。（二二八條）此項讓與之請求。謂爲賠償義務人之讓與請求權。蓋損害賠償之目的。僅在補償損害。不許更受利益。若賠償權利人關於物或權利之損害。已受全部賠償。而猶享有其物或權利。未免重受利益。殊屬不當。故規定賠償義務人。有讓與請求權。以期公允。

一　讓與請求權之性質　考各立法例。日民稱爲代位權。（物權主義）在上述情形。賠償權利人之權利。法律上當然移轉於賠償義務人。毋庸經讓與行爲。所謂代位。即指法律上之權利移轉而言。（日民四二二條）德民稱爲讓與請求權。（債權主義）即須經讓與行爲。

始得移轉。非法律上當然移轉。（德民二五五條）我民法係仿德例。故稱為賠償責任人之讓與請求權。而不稱為代位權也。【註一】

【註一】昔羅馬法。原認讓與請求權。德民第一次草案。改為代位權。（二二三條）蓋以圖賠償責任人之確實取得權利。然認定讓與請求權。使必經讓與行為。則讓與之事實、時、日。及所讓與之範圍。均可確定。在實際適用上。較為便宜。故德民第二次草案及現德民。復改為讓與請求權。日民倣德民第一次草案。而我民法則倣現德民。

讓與請求權之適用範圍

二　讓與請求權之適用範圍　德民規定於損害賠償中。其適用於一般損害賠償。甚屬明瞭。然我民法係倣日民。就給付債務之不履行。設其規定。適用範圍　固不無疑義。但此制度之本旨。在不許賠償權利人。重受利益。故無論責任原因若何。凡屬損害賠償義務存在時。均應適用。是以本書特於損害賠償債權節內說明之。

讓與請求權之要件

三　讓與請求權之要件　其要件有三。（一）須有關於物或權利之喪失或損害。所謂物之喪失。指被第三人侵奪、致喪失占有而言。【註二】例如承租人、借用人、受寄人之租賃物、借用物、寄託物、被盜是。所謂物之損害。指第三人故意或過失、致物全滅或毀損而言。【註三】所謂權利之喪失。指喪失其權利行使之要件而言。例如財產管理人因過失而遺失所保管之票據是。所謂權利之損害。指減損其權利之價值而言。例如受託索取債務。因怠於索取。而債務人已變爲無資力是。(二)須因關於物或權利之喪失或損害。對於權利人而負賠償責任。(三)須賠償義務人已賠償物或權利之全部價額。

讓與請求權之效力

四　讓與請求權之效力　具備以上要件時。賠償義務人即得向賠償權利人。(即所謂損害賠償請求權人)請求讓與基於其物所有權之請求權。或基於其對第三人權利之請求權。所謂基於其物所有權之請求權。例如承租人因租賃物被盜、而賠償全部價額時。得請求讓與基於所有權之返還請求權是。所謂基於其對第三人權利之請求權。例如承租人已賠償第三人所全滅或毀損之租賃物全部價額時。得請求讓與對第三人之損害賠償請求權是。

【註二】物或權利之全滅。因可歸責債務人之事由者。債務人固負賠償責任。但讓與請求權之物體。已不存在。自無由發生讓與請求權。至於因可歸責債務人之事由而毀損者。亦有損益相抵之規定。尙可適用。故第二二八條。均未予規定。

【註三】物之全滅或毀損。因可歸責第三人之事由者。若危險由債權人負擔時。因債務人不負賠償責任。自無以發生讓與請求權。惟債務人負絕對責任時。其債權人一面因債權效力。得向債務人請求賠償。而他面復得據侵權行爲。向第三人請求賠償。債務人如爲全部之賠償。自得向債權人請求讓與其向第三人之賠償請求權也。

第四章　債之效力

第一節　總說

何謂債之效力

債之效力云者。實現債的內容之作用也。按債的內容。乃債的關係所以構成之內

效力

容。自債權人方面觀之。卽指其請求力而言。自債務人方面觀之。卽指其應實行之行爲而言。故債之效力。自債權人方面觀之。卽指實現其請求所得有之權能而言。

債之普通效力

自債務人方面觀之。卽指實現其行爲所當盡之義務而言。玆就債之通常效力。列舉於左。

一　給付　債之效力。其主要者。首推給付。卽債權人向債務人得請求給付。而債務人向債權人。亦應爲給付。至於應爲給付。通常以給付義務稱之。

二　故意或過失　債務人既負給付義務。若因故意或過失。違反其義務。則應負其責任。

三　給付義務不履行及強制執行　債務人未依債的關係。而盡其給付義務者。斯爲給付義務之不履行。亦稱爲債務不履行。共有三種。其不能爲給付者。謂之給付不能。其所爲給付違反債務之本旨者。謂之不完全給付。其能爲給付而不給付者。謂之給付遲延。我民法將第三種。規定於遲延款中。稱爲債務人之遲延。

債務人能爲給付。而任意不爲給付。或所爲給付。係不完全給付時。債權人得藉公力。強制執行。

四 遲延 所謂遲延。共有二種。債務人之遲延及債權人之遲延是也。前者業經述明。至於後者亦稱受領遲延。卽債務人給付之完結。須協同債權人時。債權人於其完結。不予以協力是也。

五 保全 保全亦稱爲債權之對外效力。卽債權人因欲維持債務人之財產。以確保其債權之效力。得行使債務人之權利。或撤銷債務人之行爲。前者謂之代位權。後者謂之撤銷權。

六 契約 契約爲債之發生原因。而契約之效力。亦僅發生債的關係。故契約之效力。與債之效力。不宜混同。但我民法則規定於債之效力中。其內容大別爲六。卽(1)契約內容之要件。(2)契約之確保。(3)契約之解除。(4)契約之終止。(5)雙務契約之效力。(6)爲第三人之契約是也。

第二節　給付

第一款　給付方法

給付方法

債權人爲實現其請求給付。而行使債權。或債務人爲實現其應爲給付。而履行債務時。均應依誠實及信用之方法。（二一九條）蓋債權之行使。或債務之履行。固有契約或法律之規定。足資依據。然法律規定。或過於峻嚴。或於社會情事。甚爲隔膜。且社會生活。日趨複雜。欲以法律規定。概予網羅。亦所不能。而契約所定。又難期公平。故使應依誠實信用之方法。俾各個事件。均得其公平妥當。此爲現代法之一種特色。咸以誠實信用之原則稱之。【註一】

誠實信用之原則

【註一】按自第十八世紀末葉至第十九世紀中葉。其社會理想及法律目的。均極端尊重個人自由及個人權利。凡契約所定權利義務。均應按約嚴格行使履行。始得謂爲適合法律目的。雖法國民法

第一一三四條三項規定契約之履行。應依信義。藏克森(Saxeng)氏法第八五八條。亦規定契約之履行。除依特約及法規外。應依信義誠實。按照誠實人所當爲而爲之。然此等規定。不過定債務人義務之體態。並非限制債權人之權利。仍僅就尊重契約之原則。予以補充而已。降至第十九世紀後葉。社會本位之理想漸興。個人主義之觀念失勢。所謂誠實信用之原則。始克盛行。故德民第一五七條及第二四二條。規定契約之解釋及債務之履行。均依據交易習慣而誠實信用爲之。瑞士民法第二條一項。亦規定行使權利。履行義務。應依信義。此蓋明定誠實信用之原則。著名學者。如斯他姆那(Stammler)氏。龐德(Pound)氏。皆譽爲現代法律之特色。

何謂誠實及信用

一　誠實及信用　何謂誠實信用。卽斟酌各該事件之特別情形。較量雙方當事人之彼此利益。務使在交易上公平妥當也。【註二】【註三】

【註二】　誠實信用之意義若何。學說紛歧。茲舉其重要者。(一)斯他姆那(Stammler)氏謂爲社會的理想。卽己所不欲。勿施於人是也。(二)德龍伯爾西(Dernbury)氏謂爲各人所期望之交易上道德的基礎。(三)栗顯達(Schneeder)氏謂爲就雙務當事人之利益。公平較量。(四)多數學者。謂爲與羅馬所謂一般的惡意之抗辯同其意義。本書係採第三說。

【註三】 誠實信用與衡平。觀念各別。按適合於各該事件之情形者。謂之衡平即法官適用法規時。其務使適合於各該事件之情形者。謂之衡平法。其常拘守一定準繩。毋庸斟酌各該事件之情形者。謂之嚴格法。現代債法。咸以衡平法為原則。而誠實信用之原則。亦復為衡平法適用之補助方法。然衡平之觀念。範圍較廣。且衡平為某項關係判斷及確定之標準。而誠實信用。則屬行為應遵守之標準。故不相同。

債務人之誠實及信用

二　債務人須依誠實及信用之方法履行債務　所謂履行債務。應依誠實及信用之方法者。即給付之物體、【註四】處所、【註五】時期、【註六】手段、【註七】等項。務期於交易上公平妥當也。所提出之給付。苟已公平恰當。縱令嚴格論之。稍有欠缺。仍認為依債務之本旨也。

【註四】 例如債權之標的物。既經特定。原則上自不容變更。然債權人於受領最初特定之標的物。如毫無特別利益。則債務人亦得另行給付同種之物。以代最初特定之標的物。（通常以債務人之變更權稱之）又如債務人提出之給付。微有不足。而並無故意過失時。仍生提出之效力。（參照日本大正九年十二月十八日大審院關於行使買回權提出原價之判決）此皆適用誠實信用之原則者也。

【註五】　例如特定物之交付。固應於訂約時物之所在地行之。（三一四條一款參照）若偶然在某地方租賃動產。將來返還時。則與其在偶然結約之原所在地返還。曷若在出租人（即債權人）現時所在地返還。更較妥當。又如依法律規定或特約定有清償地時。究應於該地內何處所爲之。此皆應適用誠實信用之原則者也。

【註六】　例如依法律規定或特約。定有清償期時。究應於應行清償期日內何時刻爲之。則應依誠實信用之原則。若深夜叩門。履行債務。雖在期日內。亦不得爲妥當。又如即時債務。雖得隨時清償。（三一五條）然所應給付之物。數量甚多。突然提出。債權人無從準備受領者。亦不得謂爲妥當。此皆適用誠實信用之原則者也。

【註七】　例如債權之標的物。應由債務人送往。雖依法律規定或特約。業已確定。而發送之手段。究應如何。（如應用何項包裝。郵寄時應否掛號。運送以何方法等。）則應依誠實信用之原則是也。

三　債權人之誠實及信用　債權人須依誠實信用之方法行使債權　誠實信用之原則。不僅適用於債務人。並應適用於債權人。雙方待遇。始得謂為均等。故債權人行使債權。即請求給付。或受領給付各項。亦應相當之注意。務期於交易上。公平妥當也。否則為濫用權利。【註八】或為受領遲延矣。

【註八】　例如房屋出租人。於應行收回房屋時。適值承租人家有病人。勢難遷移。或辦理婚喪。尚未完畢。而猶主張必須收回。又如債務人變更原特定之標的物。另行給付同種之物。於債權人利益。仍屬同一時。若債權人強行要求最初之物。則均為濫用權利。不得謂為妥當矣。

第二款　故意或過失

一　總說　故意過失何以負責　債務人就其故意或過失之行為。應負責任。（二二〇條一項並參照德民二七六條一項前段）蓋在社會生活之下。凡負法律上之義務者。均應盡相當之注意。以履行其義務。【註一】

可歸責於債務人之事由即指債務人之故意或過失而言

廣義過失包含故意

故債務人履行給付義務。亦應盡相當之注意。其注意義務。實爲給付義務之當然內容。若欠缺相當之注意。即屬過失。應負其責。過失尚猶負責。則故意更不待言矣。民法上所謂可歸責於債務人之事由者。即指債務人之故意或過失而言也。

民法第二二〇條。於故意與過失。雖并予列舉。然過失意義。例分廣狹。廣義兩并包含。狹義獨指過失。其他法條所稱過失。或採廣義。如第二一七條第四八九條第二項。其適例也。蓋以規定過失負責。則故意負責。自在其中矣。

【註一】凡負法律上之義務者。既必負注意義務。則注意義務。非特債法。而物權法、親屬法、繼承法等。亦均適用。是以故意過失之問題。在德國民法教科書。多於民法總則中研究之。獨註釋書。則於債法中釋明之。

故意之意義

二 故意 故意云者。謂明知自己行爲。(作爲或不作爲)可生一定結果。並有意使其發生或容許其發生者也。(刑法二六條參照)【註二】茲就故意之本質。分晰言之。

【註二】在德國民法。其民事上故意。與刑事上故意。務取同一之觀念。故刑法上學說。在民法上。亦極有價値。且以一致爲宜也。

1 行爲意思　行爲人之作爲或不作爲。須本於自己之意思。此之謂行爲意思。或以行爲之決意稱之。故絕對的喪失知覺精神中之行爲。或出於絕對強制之行爲。均不得成立故意。

2 結果之認識　行爲人就自己行爲可生一定之結果。須屬明知。而猶決意爲之。始成立故意。此之謂結果之認識。

故意之成立。是否須認識違法。卽行爲人信其行爲係屬法律上所許時。是否尚成立故意。不無爭議。關於此點。固有主張積極說者。【註三】但以消極說爲通說。卽故意之成立。毋庸認識違法是也。【註四】

【註三】　此說主張。必須行爲人明知其行爲違法時。始成立故意。故出於法律之錯誤者。阻却故意。例如誤解有正當防衛或緊急避難之權利而爲其行爲者。應阻却故意是。

【註四】　此說謂行爲人對其行爲之結果。固須認識。而對其行爲之違法。則毋須認識。故出於法衛之錯誤者。不阻却故意。例如誤解有正當防衛或緊急避難之權利。而爲其行爲者仍成立故意是。

3 對於結果發生之希望或容許　卽行爲人對其行爲之結果。不僅明知。並希望其發生。（所謂有意使其發生是也）或雖無此希望。而容許其發生者。始成立故意。按從來學說。對於故意之本質。大別爲二。希望主義及認識主義是也。

希望主義

希望主義亦稱爲意思主義。蓋謂行爲人。不僅認識（明知）其行爲可生一定之結果。並希望其發生而決意爲之者。始成立故意。若僅有認識而無希望者。不成立故意。

認識主義

認識主義亦稱爲觀念主義。蓋謂行爲人僅認識其行爲可生一定之結果。而決意爲之者。卽成立故意。至於希望之有無。則非所問。

應以希望主義爲原則而以認識主義爲例外

本書因使民事上故意。與刑事上故意。同其意義。故說明故意之本質。亦參照刑法二六條之規定。以希望主義爲原則。而以認識主義爲例外也。【註五】

【註五】　按希望主義或認識主義。其必須有決意與認識。兩俱相同。而其不同者。厥有二端。（一）關於共發之結果者。卽預見自己之行爲。足以發生一定之結果。但自己之爲此行爲。實在希望發生他項結果是也。例如意圖詐騙保險金。放火燒燬有人居住之住宅。雖希望僅在騙取保險金。而其中居住之人。或被燒死。亦所預見是。(二)關於未必結果者。即預見自己之行爲。足以生一定之結果。但以爲未必如此。而仍爲之者是也。例如明知以汽車運搬玻璃器具。足致破損。但以爲未必破損而仍爲之者是。上述二種情形。在認識主義。俱成立故意。而在希望主義。則非當然成立故意。此即兩種主義所以有區別也。本書因參照刑法二六條一項。採希望主義。謂須有意使其發生者。始成立故意。但上述二種預見情形。亦不能不使行爲人負其責任。故更參照刑法二六條二項。並謂行爲預見足以發生一定結果。而其發生又屬所容許者。(所謂不違背行爲人之本意者是也)仍成立故意。使僅有認識而無希望者。如在所容許之範圍內。亦視同故意。是又兼採認識主義。以爲例外也。

故意與惡意之區別

4　故意與惡意　惡意云者。動機不善之故意也。故惡意非謂故意程度之較強。乃指主觀的意思之不善者而言也。

過失之意

三　過失　過失云者。欠缺注意之謂也。質言之即謂按其情節。應注意並能注意。

義

而不注意。以致對其行爲之結果。本得預見。而不預見。或雖預見。而確信其不發生者是也。（刑法二七條參照）【註六】

【註六】　過失之體態。大別爲二。無認識的過失及有認識的過失是也。前者謂行爲人因欠缺注意。而不預見其行爲之結果。即對其行爲之結果。全不認識也。後者謂行爲人對其行爲之結果。雖已預見。而因欠缺注意。確信其不發生。即對其行爲之結果。原經認識也。有認識的過失。與未必的故意。似頗相類。而實不同。即有認識的過失者。行爲人對其行爲之結果。預見其能發生。而確信其不發生也。（刑法二七條二項參照）未必故意者。行爲人對其行爲之結果。雖亦預見其能發生。但僅信爲或不至發生而已。非確信其不發生也。（刑法二六條二項參照）

過失之種類

1　過失之種類　過失乃欠缺注意。而債務人所應盡之注意。依各種債的關係之性質。又異其程度。故欠缺注意之過失。亦因而分爲數種。我民法所規定者。共有三種。即抽象的過失。具體的過失。及重大過失是也。【註七】

【註七】　在德國普通法。其最古學說。據羅馬法之解釋。將過失分爲三種。即重大過失。輕過失。最輕過失是也。其輕過失。更分爲抽象的過失及具體的過失。法國古說亦同。然德國現時學說。則僅分爲重大過失及輕過失二種。其輕過失仍分爲抽象的過失及具體的過失。法國民法。亦分爲重大過失。抽象的過失。具體的過失。均與我民法相同。

何謂抽象的過失

甲　抽象的過失　抽象的過失。亦稱爲客觀的過失。即謂欠缺善良管理人之注意也。所謂善良管理人。即指誠實勤勉且有經驗之人而言。【註八】因想像其人。以爲標準。而定注意程度。若有欠缺。則爲過失。並不以行爲人自己之注意能力爲標準。此即抽象的或客觀的之名稱所由生也。在抽象的過失。其注意的標準。固屬客觀的。然各該情形。行爲人之地位、職業等項。亦應予斟酌。【註九】

債務人以負抽象的過失爲原則

抽象的過失。通常以輕過失稱之。凡關於過失之程度。法律別無規定。或當事人亦未訂定時。債務人履行債務。應以善良管理人之注意爲之。故債務人以負抽象的過失之責爲原則也。

【註八】善良管理人之注意。在羅馬法稱為良家父之注意。德氏改稱交易上必要之注意。其文字雖異而意義相同。要之皆謂有謀慮及經驗之人、於同一情形、為同一行為時所加之注意也。

【註九】所謂各該情形者。言履行各該債務之標的物、時期、處所、及周圍之情形也。例如保管或運送貴重品。其注意程度。應較高於普通物品。又如在市內或黃昏時。開行汽車。其注意程度。應較高於郊外或白晝。又如戰時運送物品。其注意程度。應較高於平時等是。所謂行為人之地位者。言債務人之年齡、教養等。亦應予斟酌也。例如夥友與學徒。又如律師與代書人。其注意之程度。應不同是。所謂行為人之職業者。言債務人之業務上行為。應予斟酌也。例如律師醫士船長銀行家商人於其業務上行為。其注意程度。應以各該職業為標準。較高於普通人是。

何謂具體的過失

乙 具體的過失 具體的過失。亦稱為主觀的過失。蓋謂欠缺與處理自己事務為同一之注意也。所謂自己事務。即指凡屬自己利益範圍之事務而言。在此項過失。乃以債務人本身之注意力為標準。而定其注意之程度。故稱為具體的或主觀的過失也。

應與處理自己事務爲同一之注意。較諸應以善良管理人之注意。其程度爲輕。於債務人。頗爲有利。而其注意義務。亦形減輕。故抽象的過失與具體的過失。雖均稱爲輕過失。而具體的尤輕。質言之。卽任具體的過失者。較諸任抽象的過失者。其責任爲輕也。

具體的過失較抽象的過失爲輕

何謂重大過失

丙　重大過失　重大過失者。顯然欠缺通常人之注意也。果否有重大過失。無由懸一般的標準。應按各該情形決定之。

重大過失所負責任更輕

任重大過失者。較諸任輕過失者。其責任爲輕。若規定對於重大過失負責。則對於輕過失。不負其責矣。

過失之責任

2　過失之責任　無論何種過失。莫不以注意義務爲標準。不盡其注意義務者。卽應負其責任。按注意義務之程度。旣有高低。則所負過失之責任。自有重輕。卽任抽象的過失者。責任較重。任具體的過失者次之。任重大過失者更次之是也。夫在各事件。債務人所負責任之重輕若何。論其大體。大別爲三。(一)僅債務

過失責任之標準

人自己一方受利益時。應就抽象的過失。負其責任。(二)他方受利益。而自己亦受利益時。須就具體的過失。負其責任。(三)僅他方受利益。而債務人自己不受利益時。則僅就故意或重大過失負其責任。此即所謂過失之責任。依事件之特性。而有輕重。如其事件。非予債務人以利益者。應從輕酌定是也。(二二〇條二項並參照瑞債九九條)故我民法以抽象的過失爲原則。凡債務人之履行債務。苟法律無特別規定。或當事人未另訂過失之標準。則應以善良管理人之注意爲之。若具體的過失。乃其例外。必須明定。如無償受任人之責任。(五三五條前段)無償受寄人之責任。(五九〇條前段)合夥人履行合夥契約之責任(六七二條)等是也。至於重大過失。責任尤輕。更須明定。如無因管理人對於急迫危害之賠償責任。(一七五條)承租人之失火責任。(四三四條)無償受任人之賠償責任(五四四條二項)等是也。

債務人就具體的過失。負其責任時。則就重大過失。更應負責。自不待言。故應與處理自己事務。爲同一之注意者。如有重大過失。仍應負責。(二二三條)自不得以自己平素注意甚薄而免責也。

故意或過失之責任能力

四　故意或過失之責任能力　故意過失之成立。以有意思能力為前提。故債務人為無行為能力人或限制行為能力人者。以其行為時有辯別能力為限。始成立故意或過失。而負其責任。（二二一條並參照德民二七六條一項）

當事人間之特約

五　當事人間之特約　當事人間對於過失責任。不妨以特約加嚴或減寬。但故意或重大過失之責任。不得以特約預先免除。（二二二條）蓋以故意責任之預先。免除特約。與債務之履行義務。殊相牴觸。而重大過失責任之預先免除特約。亦未免違背善良風俗也。〔註一〇〕

〔註一〇〕關於此項預先免除特約。其屬於故意者。德民與瑞債固均定為無效。但屬於重大過失者。瑞債雖定為無效。而德民則否。（德民二七六條二項瑞債一〇〇條一項）我民係倣瑞債。

對於使用人過失之責任

六　對於使用人過失之責任　債務人之代理人或使用人。關於債之履行有故意或過失時。債務人應與自己之故意或過失。負同一責任。（二二四條本文）蓋在今日。交易頻繁。債務人之履行債務。多須使用他人。以資補助。若猶沿襲自己責任之原則。【註一一】自己如無過失。卽不負責。而使用人多無資力。其負責又不易生效。則債權人雖受損害。難望賠償。揆諸今日交易狀況。殊不相宜。且債務人旣因自己利益。而使用他人。則對其過失。亦應負責。故我民法倣德瑞立法例。【註一二】規定債務人履行債務。如使用他人補助時。縱令自己並無過失。而對其使用人之過失。仍應負責也。茲更分晰言之。

【註一一】按個人主義的民法時代。係採自己責任原則。卽對於自己過失。始負責任。若對於他人之過失。則不負責。故債務人履行債務使用他人時。必須自己用人不當。監督不週。卽自己有過失者。始負責任。

【註一二】考各立法例。羅馬法以過失主義爲原則。在自己並無過失時。卽不負責。德普通法。雖學說紛紜。而其通說亦謂使用人之過失。於債務人不外一種事變。故債務人不負其責。近世立法。普國法僅規定承攬人對其使用人之過失。必須負責。（一部第十一章第九二〇條）法民亦僅規定承攬人對其使用人之過失。以及承租人對其家屬轉借人之過失。必須負責。(法民一七九七條一七三五條)至瑞債德民。始使債務人關於履行債務。對其使用人之過失。須負責任。(瑞債一〇一條一項德民二七八條)更一般的廣爲規定矣。

使用他人須因履行債務

1　債務人須因履行債務而使用他人　使用他人云者。謂基於債務人之意思而補助債務履行之人也。其分爲二。以債務人之代理人。(法定代理人亦同)而履行債務者。其一也。債務人自己履行債務時。予以協助者。其二也。凡履行債務之補助行爲。苟基於債務人之意思。則債務人與使用人間。有無委任或僱傭關係。以及使用人有無法律上補助義務。均非所問。【註一三】若不基於債務人之意思。則無由生本條適用問題。【註一四】

【註一三】例如託友人送還所借車馬書籍是。

【註一四】例如債務人對其無因管理人之過失。非屬本條適用範圍是。

使用人履

2　使用人須關於債務履行、因有過失、對於債權人、加以損害　若債權人雖受

行債務上之過失

損害。而使用人並無過失。或雖有過失。而與債務履行無關。均不生本條適用問題。至於使用人之過失。有關於給付之物體者。【註一五】有關於非給付物體之物者。【註一六】有利用債務履行之機會者。【註一七】

【註一五】例如成衣店之使用人。因過失燒燬所承做之衣服是。

【註一六】例如電料行之工人。於裝安承包電燈時。因過失毀損主顧房屋裝修。或撞毀室內陳設是。

【註一七】例如運送店之使用人。竊取所承運之物品是。

債務人須無過失

3 債務人須無過失　蓋因使用人之行為。致債權人受損時。若出於債務人之過失。則其負責。自屬當然。【註一八】茲所論者。僅使用人有過失。而債務人並無過失。以致債權人受損之情形也。【註一九】

【註一八】所謂出於債務人之過失者。大別為二。債務人用人不當。監督不週者。其一也。法律規定或特約禁止使用他人履行債務。而債務人竟違背禁止。使用他人者。其二也。

【註一九】此乃以過失主義。與現代社會生活。頗不相宜。故改採無過失責任主義也。（參照拙著債編總論上册一八八頁所述立法上宜採無過失責任主義）

所負責任

4 債務人對於使用人之過失、須與自己過失、負同一責任　即因使用人之過失。發生債務不履行情形。以致債權人受損時。應由債務人負賠償之責也。【註二〇】

【註二〇】其最多適用者。如承攬人之使用人。因過失毀損承攬所受領之物。運送人之使用人。盜竊或因過失毀損所承運之物。出賣人之使用人。將貨物送往買受人途中。因過失毀損其物。承租人借用人受寄人。託他人返還租賃物、借用物、寄託物時。因他人之過失。毀損其物。應由承攬人、運送人、出賣人、承租人、借用人、受寄人、賠償其損害是也。

第二二四條所定與第一八八條所定不可混同

5 第二百二十四條情形與第一百八十八條情形不可混同　按兩條之性質範圍。各不相同。試爲區別。共有三點。(一)本條以原有債的關係爲前提。債務人之使用人。須關於債務履行。因有過失。對於債權人。加以損害。而第一百八十八條。則係受僱人一般的對於第三人。加以損害。(二)本條係因使用人之過失。發生債務不履行。以致債權人受損。而第一百八十八條。則因受僱人之侵權行為。以致他人受損。(三)在本條情形使用他人之債務人。並無過失。仍負其責。而第一百八十八條。則以無過失而免責。(參照拙著債編總論上冊一八七頁)故第一百八十八條。在本條情形。不得適用也。

當事人之特約

6 當事人之特約　債務人履行債務。使用他人時。對於使用人之過失。固負責任。但當事人另有規定者。不在此限。(二二四條但書)【註二二】

【註二二】考瑞債德民。均規定債務人對於使用人過失之責任。不得預先免除。(瑞債一〇一條二項德民二七八條後段)蓋以此項無過失賠償責任之規定。在近世社會生活。殊為切要。故不許以特約免除。至於我民規定得以特約免除者。蓋恐債務人之責任過重。故使得免除。以期緩和耳。但得使用他人者。多係有資產之人。雖不許免除。亦屬無妨。竊以瑞債之立法例為優。

事變及不可抗力

七　事變及不可抗力。

可抗力

何謂事變

1 事變及不可抗力之意義。

事變者。非出於行爲人故意過失之事實也。質言之。卽債務人雖無故意過失。而仍生債務不履行結果之事實也。如天災、地變、戰爭、流行病、交通斷絕、法令改廢等是。第三人之行爲。非行爲人所誘致者。以及行爲人之行爲。非出其故意過失者。亦均屬之。

事變不可抗力

事變得分爲二。通常事變及不可抗力是已。不可抗力之意義。從來學說。大別爲三。(一)客觀說。亦稱爲絕對說。卽謂不屬於業務執行範圍之外部事變。且性質異常。而其發生。非通常所能預期者也。(二)主觀說亦稱爲相對說。卽謂凡事業之性質上。雖以最大之注意。而猶不能避免之事變也。(三)折衷說卽謂外部事變。雖以週到之注意。講求預防方法。而仍不能防止者也。三種學說之中。究以客觀說爲通說。

對於事變

2 事變及不可抗力之責任。

原則上不負責任

債務不履行之結果。係因事變而發生者。債務人本無故意過失。原則上自不負責。然法律有於特種業務。規定使債務人對於通常事變。負其責任。例如旅店、飲食店、浴堂等之主人。對於客人所攜帶物品之毀損喪失。運送人對於運送物之喪失毀損或遲到。縱令自己無過失。應負賠償責任是也。(六〇六條一項六一七條本文六三四條本文)

對於不可抗力原則上更不負責

債務人對於通常事變。猶不負責。其對於不可抗力。更不待言。又在特種業務債務人。對於通常事變。雖應負責。而對於不可抗力則否。(六〇六條六〇七條)故債務人。對於不可抗力。以不負責為原則。然不無例外。即(一)不可抗力於債務人遲延後發生者。(二三一條二項本文)(二)訂有負責之特約者。(三)法律規定使負責者。例如質權人對於因轉質所受不可抗力之損失。亦應負責是。(八九一條)

債務人欲主張事變或不可抗力而免責時。不可不負舉證之責。

第三款　給付不能

給付不能。有關於債權之成立者。有關於債務之履行者。玆乃就債務履行方面。敍述其必要問題。至於債權成立方面。其所生必要問題。則在本章第五節契約中研究之。

給付不能之意義

一　給付不能之意義　何謂給付不能。其學說從來有二。絕對主義及相對主義是也。絕對主義。所謂不能。亦稱爲論理的意義。蓋指絕無可能性而言。質言之。卽在論理上必然的不能爲其給付也。相對主義。所謂不能。亦稱爲法律的意義。卽論理上縱令可能。而強使給付。必至債務人蒙過重之犧牲。在一般社會上之見解。認爲不公平妥當者。斯謂爲給付不能也。按可能不能之問題。務求適合社會之實際生活。自應依據法律上之意義。不宜囿於論理上物理上之意義。故法律觀念上。認爲不能強使給付者。斯爲給付不能矣。例如強使債務人給付。必至或使冒生命身體之危險。或使違背法律上之義務。或使違背道德上之義務。或使違背職業上之義務者。縱令論理上尙屬可能。而法律上則應認爲不能是也。【註一】又給付不能。在不作爲

。亦得有之。【註二】

【註一】例如戰爭、流行病時。不能按約履行。房客因家族身染重病。不能按期交房。戲劇家因脚本未經官署許可。不能排演原約脚本。音樂家因父母病危。不能按期演奏。醫師產婆因負保守祕密之義務。不能按約述明等是也。

【註二】強使履行不作爲債務。必至債務人蒙過大之犧牲。在一般社會之見解。認爲不公平妥當者。亦係給付不能。例如任官當兵。須駐紮某地。不能履行禁居某地之原約。因選充遺產管理人。須爲某種營業。不能履行禁止競業行爲之原約。因取水救火。不能履行禁止取水之原約等是也。

給付不能之種類

二　給付不能之種類　給付不能。因不能之原因。及其他對外關係。得分爲左列各種。

自然的不能與法律的不能

1　自然的不能與法律的不能　自然的不能。亦稱爲事實上之不能。蓋謂不能出於自然的法則也。質言之。即指物理上不能實行者而言。【註三】法律的不能。亦稱爲法律上之不能。蓋謂不能出於法律規定也。【註四】

【註三】例如房遭延燒。不能交房。鐵路冲斷。不能運送。畫家斷腕。不能寫畫等是也。

【註四】例如設定法無規定之物權。又如原屬債權人所有之物。不能重給以所有權是。

絕對的不能與相對的不能

2　絕對的不能與相對的不能　絕對的不能。亦稱爲抽象的不能。蓋謂不能係出於給付本身之性質者。例如死者不能復生是。相對的不能。亦稱爲具體的不能。卽給付本身之性質上。雖非不能。而其不能。乃出於特種情形。例如給付已死之馬是。

主觀的不能與客觀的不能

3　主觀的不能與客觀的不能　在此種分類。從來學說。大別爲二。(一)以不能給付之人的範圍爲標準。無論何人。均不能給付者。謂之客觀的不能。僅債務人不能給付者。謂之主觀的不能。(二)以所以給付不能之原因爲標準。因給付本身而不能者。謂之客觀的不能。因債務人一身之情事而不能者。謂之主觀的不能。以上二說。究以第一說爲通說。【註五】

【註五】按德民法。在自始不能。如爲客觀的不能。則契約無效。不發生債權。若係主觀的不能。則契約有效成立。債務人對其不能。絕對的負責。（德民三〇六條）又在嗣後不能。因不可歸責於債務人事由之不能。固無論客觀的或主觀的。債務人均免給付義務。但在種類債權。其主觀的不能。債務人仍應負責。（德民二七九條）故在德民。此項分類。甚爲重要。

自始的不能與嗣後不能

4 自始不能與嗣後不能　自始不能。亦稱爲當初不能。或原始不能。即謂債的原因事實發生當時所存之給付不能也。嗣後不能。亦稱爲後發不能。即謂債的原因事實發生以後所生之給付不能也。【註六】

【註六】 按我民法。在自始不能。如係永久的不能。則契約無效。若係一時的不能。則不妨成立契約。是其效力。乃關於契約能否成立。（二四六條）至於嗣後不能。因是否可歸責於債務人之事由。而效力各異。即因可歸責於債務人之事由。則債務人負賠償責任。（二二六條）若因不可歸責於債務人之事由。則債務人免給付主義。（二二五條）是其效力。乃對於已生債權。使生影響。故此項分類。在我民法。甚爲重要。

全部不能

5 全部不能與一部不能　給付之全部不能者。謂之全部不能。給付之一部不能

與一部不能

者。謂之一部不能。債務人須於一定時期、一定處所、而爲一定給付時。則得就時間的關係、處所的關係、物體的關係、分別觀察之。【註七】

【註七】（一）給付時期。即履行期重要時。如不按期履行。則生全部不能。若履行不重要時。則期後尚可履行。債務人僅負遲延責任。不生不能問題。（二）給付處所。即給付處所重要時。如不能在其處所給付。則生全部給付不能。例如約定建房之基地。因地震陷塌。或被公用徵收是。若給付處所不重要時。則尚可在其他處所給付。自不生不能問題。（三）給付物體。即給付不可分者。常生全部不能。而給付可分者。則得生一部不能。

永久不能與一時不能

6 永久不能與一時不能　永久不能。亦稱爲繼續的不能。即謂不能乃永久繼續。無除去之時期也。一時不能。即謂原雖一時不能。而嗣後可以除去也。【註八】

【註八】請參照註六。

因可歸責於債務人事由之不

7 因可歸責於債務人事由之不能與因不可歸責於債務人事由之不能　何等事由。始爲可歸責於債務人之事由。須先以當事人特約或法律特別規定爲標準而定之。若無此等標準。足以決定。則債務人對於故意及抽象的過失。應負其責。故因債務人之故意或抽象的過失。致給付不能者。通常可謂爲因可歸責於債務人事由之不能。否則爲因不可歸責於債務人事由之不能。

能與因不可歸責於債務人事由之不能

給付不能之效力

三　給付不能之效力　給付不能。對於已生之債的關係。究有如何效力者。斯爲嗣後不能之效力問題。給付不能。有關於契約之能否成立者。斯爲自原不能之效力問題。關於自原不能之效力。俟於契約之要件中硏究之。玆所論者。惟嗣後不能之效力而已。再嗣後不能之效力。以其不能是否出於因可歸責於債務人事由。而有差異。

債務人無過失時免給付義務

1　因不可歸責於債務人事由之給付不能　債務人並無過失。自應免其給付義務。（二二五條一項並參照德民二七五條一項）即全部不能時。債務人全免給付義務。【註一】一部不能時。債務人就其不能部分。免給付義務。僅給付其他可能部分而已。至其不能。係一時不能者。（如暫時染病不能者作是）則債務人於其不能之存在間。免給付義務。其後不能

停止時。債權人尚得請求給付。【註二】

種類債權與給付不能

【註一】無論客觀的不能或主觀的不能。均免其給付義務。但在種類債權。如係主觀的不能時。債務人仍不得免責。德民業經明定。(德民二七九條)我民因尚有同種物體。可以給付。並非不能給付。債務人仍應負責。事屬當然。未予明定。

【註二】德民關於此點。學說紛歧。(一)謂債務人於其不能之存在期間。免給付義務。(二)謂不能繼續間。停止給付義務。(三)謂債務人不負遲延之責。並得以暫時抗辯。拒絕債權人之請求。(四)謂債務人雖不負遲延責任。而債務尚不免除。以上四說。究以第一說爲通說。

債務人有過失時之效力

2　因可歸責於債務人事由之給付不能　更得分爲左列二種。

全部不能之損害賠償

甲　全部不能　因可歸責於債務人之事由。致給付全部不能者。債務人雖毋庸給付。而對債權人。則應賠償其因不能所受之損害。故債權人得請求賠償損害。(二二六條一項並參照德民二八〇條一項)若債權係因契約而生者。債權人尚得解除契約。(二五六條)

一部不能

乙　一部不能　因可歸責於債務人之事由。致給付一部不能者。債務人僅對其

之損害賠償

歸責事由所生結果。應負其責。故債權人僅得就給付不能部分。請求賠償損害。而其他給付可能部分。仍應受領原來之給付。惟其他給付可能部分之履行。於債權人無利益時。債權人得拒絕該部分之給付。而請求全部不履行之損害賠償。（二二六條並參照德民二八〇條二項）至於債權係因契約而生者。在其給付可分時。債權人得就其不能部分。解除契約。惟其他給付可能部分之履行。於債權人無利益時。則無論給付是否可分。債權人得解除全部契約。（二六〇條並參照二二六條二項）

凡因可歸責於債務人之事由。致給付不能者。縱爲一時不能。債權人仍得請求賠償損害。卽不能之存在間。得請求賠償損害。而不能停止時。則更得請求本來之給付是也。【註三】

【註三】按德民通說。謂因可歸責於債務人之事由。致給付一時不能者。非眞不能。僅爲一時障礙。卽雖屬一時不能。而債務之內容。無所變更。債權人仍得請求本來給付。故債務人就給付不能。不負損害賠償之責。僅負遲延責任而已。此項通說。自與本書所主張者不同。

債權人之代償請求權

四　代償請求權　代償請求權云者。謂債務人因不可歸責之給付不能事由。取得給付物體之代償利益時。債權人得向債務人。請求償還其利益之權利也。蓋債務人既因此項給付不能事由。免除給付義務。（二二五條一項參照）而因此所得利益。若仍猶保有。未免享受不當得利。自應使債權人得請求償還。以期公允。故債務人因此項給付不能事由。對第三人。有損害賠償請求權者。債權人得向債務人。請求讓與其損害賠償請求權。或交付其所受領之賠償物。（二二五條二項）

第四款　不完全給付

何謂不完全給付

不完全給付之意義　不完全給付。亦稱爲不完全履行。卽債務人所爲給付。違反債務之本旨是也。例如交付病羊。致債權人之羊。全受傳染。又如三個月內始能完成之著作物。而一月草成。以致內容簡陋。不易銷行。又如洋酒店與咖啡館約包賣洋酒半年。而所送洋酒味劣。顧客銳減。又如運送人誤書所交處所。未能收到等是。【註一】在不完全給付。乃債務人所爲給付。與其所負擔之給付不符。使債權人致受損害。既非不爲給付。自與給付遲延有別。又非不能爲給付。亦與給付不能不同。給付遲延及給付不能。其侵害債權。均係債務人消極的不爲其所負擔之給付。而不完全給付。其侵害債權。則係債務人積極的爲其不符之給付。故學者或謂爲債權積極的侵害之一種。【註二】

【註一】不完全給付。得就給付之性質、標的物之數量、履行之處所方法等方面。而發生之。至於時期。其給付不按時者。則爲給付遲延。自不生所謂不完全給付。

【註二】從來立法例。如法德民法。及其學說。於給付義務不履行。（亦稱爲債務不履行）僅有給付遲延及給付不能二種。降至一九〇二年。斯拖布（Staub）氏。始發表積極的契約違反及其效果論文。又於一九〇四年。刊行積極的契約違反一書。嗣後學者及判例。皆祖述其說。遂認不完全給付。亦爲給付義務不履行之一種矣。

不完全給

二　不完全給付之效力　債務人不爲完全之給付者。債權人得聲請法院強制執行。

付之效力

並得請求損害賠償。(二二七條後段)即(1)不完全給付。如有補正之可能。而債務人不予補正。則債權人得聲請法院強制執行。於補正外。如尚有損害並得請求賠償。(2)不完全給付。如無補正之可能。則債權人得返還所受領之給付。而請求損害賠償是也。【註三】

債權人。在不完全給付時。是否得解除契約。德日民法。解釋紛紜。【註四】至我民法。僅規定得聲請法院強制執行及請求損害賠償。別無准予解除契約之規定。就解釋言之。自以不得解除契約為當。然就立法言之。則不得不謂為法規之欠缺也。

【註三】按德民關於不完全給付。未設規定。其效力若何。學說紛紜。(一)謂準用給付遲延之規定。(二)謂應使債務人依對故意過失任責之原則。負損害賠償之義務。(三)謂債務人有過失時。債權人得依侵權行為之規定。以資救濟。(四)謂應就給付遲延及給付不能之規定。類推適用。(五)謂應由法官自由裁量而判斷之。至於我民。已有明文規定。自不生爭論問題。

【註四】按德民因關於不完全給付。未設規定。解釋亦甚紛歧。凡採前述第一說第四說者。均謂得解除契約。但我民關於不完全給付。已明定其效力。自不宜盲從。

第五款 關於强制執行之效力

何謂强制執行

一 强制執行之意義 强制執行云者。强制的實現給付請求權之國家機關行爲也。我民法第二二七條。規定債務人不爲給付或不爲完全之給付者。債權人得聲請法院强制執行。卽表明債權人得用公力而實現其給付請求權也。

二 强制執行之方法。

對人執行

對物執行

1 對人執行與對物執行 對人執行云者。謂就債務人之身體。加以强制。使實行其給付也。例如管收債務人是。(民事執行規則八九條參照)對物執行云者。謂僅就債務人之財產而執行也。就沿革觀之。已由對人執行。漸變爲對物執行矣。【註一】

【註一】按羅馬法得將債務人降爲奴隸。聽由債權人處分。(或殺或賣)法國一六六七年敎令。曾頒布拘禁人身之制。降至一八六七年始行廢止。英國古代法。亦得拘禁債務人。其期間可無限制。常至終身。近代雖漸趨寬大。尚存（Debtor's Act）之制。德國民訴。現仍有拘禁之制。我國民事執行規則亦然。

直接強制

2　直接強制與間接強制　直接強制云者。既不問債務人之意思。又不待債務人之行為。而用公力以實現債務人所應為之給付也。例如動產執行之查封拍賣。（民事執行規則一四條）不動產執行之查封拍賣或管理。（民事執行規則五二條）債權執行之轉付命令（民事執行規則九三條）等是也。

間接強制

間接強制云者。謂脅迫債務人。強制其意思。務使自為其給付也。例如管收債務人。處以過怠金。及應給付物體之命令交付等是也。（民事執行規則八八條八九條九一條）【註二】

代替執行

代替執行。即作為可由第三人代替時。法院得以債務人之費用。命第三人代為履行是也。（民事執行規則八七條）此種執行。亦為直接強制之一種方法。蓋以不問債務人之意思。而實現其給付也。

【註二】法國雖廢止拘禁。而罰金之制尚存。英國拘禁之制。亦未全廢。德國之間接強制。則有拘禁罰金二種方法。（德民訴八八八條）日本之間接強制。雖無拘禁制度。而罰金制度則有規定。（日民訴七三四條）我國係倣德制。

作爲債務之強制執行

三　作爲債務及不作爲債務之強制執行方法。

1　作爲債務之強制執行　作爲大別爲二。給與作爲及單純作爲是也。在給與作爲之債務。概適用直接強制之執行方法。但亦有用間接強制之執行方法者。如給付物體之命令交付是。（民事執行規則九一條）至於單純作爲。又大別爲二。代替作爲及不代替作爲是也。代替作爲之債務。得用直接強制之代替執行方法。（民事執行規則八七條）而不代替作爲之債務。則用間接強制之執行方法。（民事執行規則八八條）【註三】

【註三】　按法民於作爲債務。概不許強制執行。如債務人不履行時。債權人僅得請求賠償損害而已。（法民一一四二條）

不作爲債務之強制執行

2　不作爲債務之強制執行　不作爲之債務。固多用間接強制之執行方法。（民事執行規則八七條）但其性質上能代替者。亦得用直接強制之代替執行方法。如得以債務人之費用。命第三人替代除去妨害。或為預防處分是。

不許強制執行之債務

四　債務之性質與強制執行之許否　債務之性質上不許強制執行者。則不得強制執行。（民事執行規則八八條二項參照）究竟如何情形。始可謂為債務之性質上不許強制執行。不外強予執行。即違背公序良俗。或雖執行。亦難達其目的者是也。（如以特別學藝上能力為內容之債務是）給付不能之債務。雖其不能。係因可歸責債務人之事由。亦不得聲請強制執行。蓋以其給付無由實現也。

強制執行與損害賠償

五　強制執行與損害賠償　我民法第二二七條後段。規定並得請求損害賠償者。表明債權人雖有聲請強制執行之權利。而仍不失其損害賠償請求權也。其效果如下。即(一)債權人於聲請強制執行外。如尚有損害。更得請求賠償。(二)在具有特別情形時。債權人得不聲請強制執行。而請求賠償損害也。（二三二條及本節四款二參照）

第三節　遲延

第一款　債務人之遲延

何謂債務人遲延

一　債務人遲延之意義　債務人之遲延。亦稱爲給付遲延。或履行遲延。即謂債務人本能爲給付。而不於淸償期爲其給付也。夫債務人原負給付義務。並須於淸償期給付。始合乎債務之本旨。若不按期給付。卽屬侵害債權。故債務人應負其責。給付不能。與債務人遲延。固均爲債務不履行。但給付不能。乃不能爲給付。而債務人遲延。則本能爲給付。不過不爲而已。故兩者不同。且互相排斥。即在給付不能。無所謂遲延。而在債務人遲延。亦無所謂不能。

債務人遲延之要件

二　債務人遲延之要件　其要件如左。

須有既存債務

1　債務之存在　債務人遲延。乃對於既存債務。不按期給付。自必須先有債務之存在。故附有停止條件之債務。在條件未成就以前。不發生遲延問題。又債務苟經存在。任何債務。均得發生遲延。雖物權的請求權。亦得準用關於債務人遲延之規定。〔註一〕惟不作爲之債務。是否得發生遲延。不無爭議。竊以不作爲之債務。苟屬可能。而不按期給付者。亦生債務人之遲延。〔註二〕

〔註一〕例如所有人之所有物。其占有被侵奪時。若侵奪人不返還其物。則負遲延之責是。

〔註二〕不作爲之債務。是否得發生遲延。學說大別爲二。(一)消極說。其所持理由。厥有二端。在不作爲之債務。苟有違反行爲。即不能再回復其不作爲之狀態。故僅生給付不能。並無給付遲延。其一也。在不作爲之債務。不得催告。故缺乏遲延之要件。其二也。(二)積極說。其所持理由。謂不作爲之債務。如可補行履行。則違反行爲。非必即招致不能。且催告亦非遲延之要件。故不作爲之債務。苟具備遲延之要件。當然發生遲延。

須給付可能

2　給付之可能　若係給付不能。則不得發生遲延。但所謂可能。究指何時。不無爭議。(一)謂不僅在清償期。須屬可能。而清償期以後。亦須尚屬可能。據此說言之。不作爲債務及嚴格定期行爲之債務。並無遲延。僅生給付不能而已。(二)謂僅須在清償期。必係可能。而其以後是否可能。則非所問。德國學者。雖多取前說。而余則採後說。蓋以給付之是否可能。在債務之性質上。應以淸償期爲標準而資決定也。

須已屆淸償期

3　債務已屆淸償期　債務未屆淸償期以前。債務人無給付之義務。雖不給付。亦不負遲延之責。故須已屆淸償期時。始負其責。惟因淸償期之種類。此外尙有另須具備其他條件者。

有確定期限者自屆期時起負遲延責任

甲　給付有確定期限者　給付有確定期限者。債務人自期限屆滿時起。負遲延之責。（二二九條一項）卽僅須已屆淸償期而已足。此外毋庸另有他種條件。所謂確定期限者。言淸償期曾經預行確定也。債務人旣知其淸償期。自得準備給付。毋庸待債權人之催告。故僅以屆淸償期。而卽使債務人負遲延之責也。考外國立法例。多與我民同。（德民二八四條二項瑞債一〇二條奧民一三三四條意民一二二一條一二二三條）英國法亦然。但法法主義。於已屆淸償期外。尙須以債權人之催告爲要件。（法民一一三九條）但一一催告。不堪其煩。且使債務人更益怠惰。故我民不採之。

無確定期限者

乙　給付無確定期限者　所謂無確定期限者。言清償期未經預行確定也。更得分爲二種。即定有不確定期限者。及未定期限者是也。

A　定有不確定期限者　所謂不確定期限者。言清償期之到來。固屬確定。而其到來之時期。尚不確定也。在此情形。債務人於債權人得請求給付時。經其催告。而未爲給付。自受催告時起。負遲延之責。（二二九條二項前段德民二八四條一項法民一一三九條瑞債一〇二條一項奧民一三三四條）蓋清償期何時屆滿。尚未確定。在債務人。不易知曉。故須經債權人催告。而未爲給付。始自催告時起。負遲延責任。（二二九條二項前段）【註三】

【註三】　考各立法例。在給付定有不確定期限者。均以債權人之催告。爲遲延成立之條件。（德民二八四條一項法民一一三九條瑞債一〇二條一項奧民一三三四條）惟日民則獨定爲債務人自知其期限之屆滿時起。負遲延之責。（日民四一二條二項）

B　未定期限者　未定期限云者。謂不能依當事人之意思。給付之性質。或法律之特別規定。而定其清償期也。按未定清償期之債務。本得隨時請求清償。（三一五條參照）其債務發生之初。如不爲給付。似卽應負遲延責任。然如是辦理。未免嚴酷。故仍使經債權人之催告。而未爲給付。始自催告時起。負遲延責任。（二三九條二項前段）

無確定期限者自催告時起負遲延責任

給付無確定期限者。無論定有不確定期限或未定期限。固均自催告時起。負遲延責任。但催告定有期限者。債務人卽應自期限屆滿時起。負遲延責任。（二三九條三項並參照德民二八四條二項瑞債一〇二條二項）蓋以催告於一定期限內清償。卽視同給付有確定期限也。

催告及類似催告者

催告云者。債權人向債務人請求清償之意思通知也。按清償之請求。有審判上及審判外二種。審判上之請求。爲提起給付之訴及送達支付命令。而審判外之請求。則爲催告。故經債權人起訴。或依督促程序送達支付命令者。與催告有同一之效力。（二三九條二項後段）卽給付無確定期限之債務。其債務人應自債權人起訴時起。或自支付命令送達時起。負遲延責任是也。玆更就催告。

述其應注意事項於左。

A　催告之性質　催告並非法律行爲。僅係單純的適法行爲。（或稱爲準法律行爲）蓋催告不過債權人向債務人。表白其請求淸償之意思。並非使新生法律關係。且法律所賦與之效果。亦非必出於債權人之欲求。故僅係單純的適法行爲也。

B　催告人及其相對人　催告人自係債權人或其代理人。而受催告之相對人。則爲債務人或其代理人。

C　催告之方法　催告不拘方式。無論書面口頭。又不問明示默示。均無不可。惟須到達於債務人。始生效力。通常送帳單或收據者。可認爲催告。

D　催告之時期及處所　債權人自得請求給付時起。即得隨時爲催告。（二二九條二項前段）至於處所。別無限制。惟非通常交易之處所。雖爲催告。不生效力。

E　附條件或附期限之催告　附條件之催告例如汝之貨物出脫。即應淸償是。附期限之催告。例如十日以內。即應清償是。按催告能否附條件或期限。不無爭議。余採積極說。蓋以並非變更清償期。債務人於條件成就或期限屆至前。仍得任意清償。毫無不利也。

須債務人有過失

4 未爲給付須因可歸責於債務人之事由　我民法明定因不可歸責於債務人之事由。致未爲給付者。債務人不負遲延責任。（二三〇條）故未爲給付。須因可歸責於債務人之事由者。債務人始負遲延責任。毫無疑義。【註四】所謂可歸責於債務人之事由者。原則上指過失而言。故債務人並無過失。不知債務之存在。或不知債權人究係何人。或不知清償期之屆至。以致未爲給付者。自不負遲延責任。

【註四】債務人之負遲延責任。是否須有過失。在各立法例。頗不一致。法民明定無須有過失。（法民一一四二條）德民明定須有過失。（德民二八五條）日民關於此點。並無規定。其學說判例。雖主張須有過失者居多。但主張無須有過失者。亦非絕無。至我民法。係倣德民。

須債務人

5 債務人不爲給付須法律無正當理由　故債務人因法律上有正當理由。不爲給付者。自不負遲延責任。例如給付之完結。須待債權人之協助。而債權人不予協助時。又如債務人有留置權時。（九二八條）又如債務人有同時履行之抗辯權時（二六四條）等是。

無正當理由

債務人遲延之效力

三　債務人遲延之效力　債務人之遲延。乃侵害債權。自應負其責任。至其內容若何。概括的言之。即在使回復債權人於遲延發生時受清償之同一狀態。故規定債權人有左列權利。期以回復其同一狀態。

損害賠償請求權

1　損害賠償請求權　債務人遲延以後。債權人仍得請求履行。惟債權人因遲延所受之損害。則債務人應賠償之。故履行請求與損害賠償請求。非相排斥。乃屬併行。

甲　遲延損害賠償　債務人遲延者。債權人得請求其賠償因遲延而生之損害。（二三一條一項）此項損害賠償。非賠償全部不履行之損害。乃賠償因遲延所生之損害。故以遲延損害賠償稱之。至其賠償之範圍。依一般損害賠償之規定。（二一六條參照）

）

乙　不可抗力之賠償　債務人在遲延中。對於因不可抗力而生之損害。亦應負責。（二三一條二項前段）蓋以債務人若於適當時期。早日履行。則債權人不至因此受損害也。例如物品早日交付。不至延燒是。但債務人證明縱不遲延給付。而仍不免發生損害者。則不負責。（二三一條二項但書）蓋雖不遲延。而損害仍猶發生。則遲延與損害之間。已無因果關係。故不應賠償也。例如房屋雖早日交付。而仍不免延燒或被洪水冲去是。

強制執行權

2　聲請強制執行權　債務人不爲給付者。債權人得聲請法院強制執行。（二二七條前段）蓋遲延後之債務。除嚴格定期行爲之債務外。尚屬給付可能。故債權人得用公力。以取得其本來給付。再債權人聲請強制執行時。其因遲延所受之損害。並得請求賠償。（二二七條後段）即聲請強制執行。與遲延損害賠償。得兩相併行是也。

拒絕給付

3　拒絕給付權　遲延後之給付。於債權人無利益時。債權人得拒絕其給付。並得請求因不履行而生之損害。(二三二條)由此觀之。遲延後之給付。在一般情形。債權人尚應受領。不得拒絕給付。蓋以淸償期後。縱令遲延。而債務人尚得履行也。債權人於受領給付外。所得請求賠償者。亦僅因遲延所受之損害而已。必須遲延後之給付。於債權人無利益時。(例如嚴格定期行爲之債務是)債權人始得拒絕給付。不予受領。而請求全部之損害賠償。以替代履行之請求。故我民法。原則上僅可請求遲延損害賠償。必須有上述特別情形。始得請求全部之損害賠償也。【註五】

【註五】按德民規定。與我民同。(德民二八六條二項)日民因未明定。解釋紛歧。其主張得拒絕給付。而請求全部之損害賠償者。如鳩山中島等博士是。(鳩山日本債權法一二〇頁中島民法釋義卷三債權篇三五二頁)其主張相反者。如石坂博士是。(石坂日本民法四九九頁)

解除契約權

4 解除契約權　在雙務契約。其當事人一方遲延給付者。他方當事人得定相當期限。催告其履行。如於期限內不履行時。得解除契約。(二五四條)再解除契約外。如尚有損害。更得請求賠償。(二六〇條)

據以上所述各種權利言之。債權人在債務人遲延時。其所得行使之手段。共有三種。卽(一)請求履行或審判上聲請執行。而同時並請求遲延損害賠償。(二)在特別情形。得拒絕給付。而請求全部之損害賠償。(三)在雙務契約。得解除契約。並請求損害賠償是也。此三種手段。得由債權人。斟酌情形。審度利害。選擇行之。

金錢債務遲延之損害賠償

四 金錢債務遲延之損害賠償 金錢債務之不履行。僅生給付遲延。並無給付不能。故金錢債務不履行時。其債務人卽應負遲延責任。惟因金錢具有特別性質。故金錢債務遲延之損害賠償。較諸一般債務遲延之損害賠償。亦生特例。

1 關於金錢債務遲延損害賠償之特例 此卽第二三三條所規定也。

遲延利息

甲 法定之賠償最少額 按損害賠償之原則。其賠償額。乃以損害實額爲標準。非法律所確定。但金錢債務遲延之賠償額。則規定依法定利率計算之。如原約定利率較高者。仍從其約定利率。(二三三條一項後段)因其賠償額。係由利率所算定。故以遲延利息稱之。名爲遲延利息。而實則損害賠償也。其所以如斯算定賠償額者。蓋以在遲延中。債權人得以該普通利息。借入金錢。而債務人亦得利用金錢。收取普通利息。故將遲延利息。卽視爲金錢債務履行遲延之損害也。惟利息履行遲延者。不得支付遲延利息。(二三三條二項)蓋對於利息。再付利息。成爲復利。法所許也。(二〇七條參照)

遲延利息爲法定賠償之最少額

我民法所定遲延利息。僅係法定之賠償最少額。並非確定額。卽債務人固不得證明損害實額。較少於遲延利息。而請求減額。但債權人如證明於遲延利息外。尚有其他損害。更得請求賠償。(二三三條三項)故遲延利息。爲債權人當然得請之最少額也。【註六】

【註六】 按日民定爲確定額。於遲延利息外。不得再行請求賠償。(日民四一九條)德民規定與我民同。(二八八條)

乙 請求遲延利息毋庸證明損害 按損害賠償之原則。應由請求權人證明損害但遲延利息。苟金錢債務履行遲延。不問債權人果否受有損害。卽得當然請求。（二三三條一項）蓋以遲延利息。視爲金錢債務履行遲延當然之損害也。

2 本條規定與反對契約　本條規定。非強行規定。如當事人間另有訂定。仍當依其訂定。不得復適用本條。例如當事人預定賠償額時。應依其所預定者是。（二五〇條參照）

五　債務人遲延之消滅　債務人之遲延。因左列事由。歸於消滅。

債務人遲延之消滅

1 給付之提出　債務人依債務之本旨。提出給付。而債權人已受領時。遲延責任。應歸消滅。自不待言。又債權人拒絕受領。或不能受領時。遲延責任。亦應歸消滅。惟所謂消滅。乃指以後免遲延責任而言。若以前已生遲延之效力。並非因此消滅。故債權人就以前遲延所生之損害。仍得請求賠償。

2 給付之猶豫　卽當事人約定延期履行時。遲延責任。自歸消滅。至於以前已生遲延之效力。是否隨同消滅。則應解釋意思。以資決定。

3 債務之消滅　債務消滅時。無論消滅之原因若何。遲延責任。均歸消滅。惟以前已生遲延之效力。並非因此消滅。

第二款　債權人之遲延

何謂債權人遲延

一　債權人遲延之意義　債權人遲延。亦稱為受領遲延。卽謂債權人於債務給付之完成。不予以必要之協力也。蓋債務人固有給付義務。但其給付義務。多有需債權人之協力。始克完成。若債權人不予協力。則債務人不得按時解除債務之拘束。情所不計。且給付之不完成。責在債權人。亦不應代受其累。故規定債權人負遲延責任。使債務人之責任。得因以減輕。及得以免責方法。解除責任。以保護債務人也。【註一】

【註一】　考羅馬法之通說。概將債務人之遲延。與債權人之遲延。認為相同制度。使受同一原則之支配。及柯拉(Kohler)氏。始唱不同之說。謂債務人之遲延。乃給付義務之違反。而債權人之遲延。則僅不行使自己權利。並非義務違反。兩者性質。殊不相同。德民卽採此說。故將兩者分章規定。即債務人之遲延。規定於給付義務中。而債權人之遲延。則特別成章。

1 債權人有無受領義務　債權人有無受領義務。各立法例。頗不一致。〔註二〕茲就我民之解釋言之。

【註二】考羅馬法。其學說大別爲二。(一)謂債權人有受領義務。(二)謂債務人於債權人之受領。有特別利益時。債權人始有受領義務。法國之學說及判例。均謂債權人有受領義務。德民解釋。則謂原則上債權人無受領義務。日民解釋亦同。

原則上債權人無受領義務

甲　原則上無受領義務　據我民之解釋。在原則上。債權人無受領義務。即我民特於買賣。規定買受人有受領標的物之義務。(三六七條)若在一般情形。債權人均有受領義務。則毋庸特設此規定。又債權人得以自己一方之意思表示。免除債務。毋庸經債務人之同意。(三四三條)是債權人原則上無受領義務。在成文法上。已彰彰明甚。且就債權之通性言之。債權人僅有行使債權之權利。並不負應行使之義務。故債權人拒絕受領或不能受領時。僅負遲延責任而已。並非違反何等義務。債務人自不得據以請求損害賠償或解除契約。並不得以訴強制其受領也。

乙　法律上之受領義務　原則上債權人固無受領義務。然法律在特別情形。為保護債務人起見。不妨特定債權人有受領義務。如在買賣。特定買受人有受領標的物之義務是。(三六七條)故經出賣人合法提出而不受領時。買受人不僅陷於債權人之遲延。並陷於債務人之遲延。出賣人得據以請求損害賠償或解除契約矣。

丙　契約上之受領義務　原則上債權人固無受領義務。然當事人不妨以特約訂定受領義務。此乃契約自由原則當然之結果也。

債權人遲延無須有過失

2　債權人遲延是否須有過失　過失以義務為前提。據我民法規定。原則上債權人既無受領義務。過失無由發生。自不得以過失為債權人遲延之要件。且債務人之遲延。須有過失。特予明定。(二三〇條)而債權人之遲延。則未規定。亦足徵之。

故債權人之遲延。僅有不受領之事實而已足。其有無過失。則非所問。【註三】

【註三】德普通法。其學說判例。均謂須有過失。法國民法學者亦然。日本民法學者。解釋紛歧。惟德民則成法文之解釋。已認為無須有過失。與我民同。

債權人遲延之要件

二　債權人遲延之要件　其要件如左。

須有需由債權人協力之債權

1　須有給付需由債權人協力之債權　債權依其內容。大別為二。其實行給付需債權人之協力者。其一也。僅由債務人之行為。而給付即可完成者。其二也。在第一種。始生債權人遲延問題。

甲　給付需債權人協力者　其體態大別為三。(一)當給付行為之初。需債權人之協力者。如須待債權人之指示。始得工作之債務。須待債權人供給材料。始得工作之債務。須待債權人索取之債務等是。(二)當給付行為之中途。需債權人之協力者。如須時經債權人之檢查。始得進行工程是。(三)給付行為之完結。需債權人之協力者。嚴格所謂受領。不外指此情形而言。即將債務人之所為。承認爲債務之履行也。此外事實上妨礙給付者。亦可謂爲需債權人之協力。

乙　給付無須有債權人之協力者　如不作爲之債務。在自己地內除去障礙物之債務等。

須有給付之提出

2　給付之提出　債務人必須已有給付之合法提出。債權人始負遲延責任。（二三四條參照）故給付之提出。爲債權人遲延之要件。

甲　提出之意義　給付之提出。亦稱爲履行之提出。或清償之提出。即謂債務人方面。已爲其因實行給付所必要之一切行爲也。

提出之要件

乙　提出之要件　其要件如左。

A　提出須依債務之本旨　債務人之給付。若不依債務本旨。則不生提出之效力。（二三五條本文參照）所謂依債務本旨者。言給付之物體、品質、範圍。均須合於債權之內容也。

B　提出之時期　給付之提出。不必限於清償期。蓋以尚有得於清償期前提出。（三一六條參照）又多有得於清償期後提出也。

C　提出之處所　即須於債務人應行清償之處所提出之。（三一四條參照）

D　提出人　必須由債務人或其代理人提出之。此外得由第三人清償時。第三人亦得提出之。（三一一條參照）

E　提出之相對人　須向債權人或其代理人提出之。此外如向有受領權人。亦向之提出。（三〇九條參照）

丙　提出之方法　提出之方法。共有二種。現實提出及言語提出是也。原則上須以現實提出爲之。必須有法定特別情形。始得以言語提出爲之。

現實提出

A　現實提出　現實提出云者。謂債務人已爲其因實行給付所必要之一切行爲。並使債權人居於得受領之地位。一經受領。而清償即可實現也。例如在送債債權。其債務人已將標的物送至債權人住所。又如債務人須赴債權人家盡勞務時。債務人已到其家中等是。

言語提出

B　言語提出　言語提出。亦稱爲口頭提出。卽謂債務人未爲現實提出。僅將準備給付之事情。通知債權人。並催告其受領或協力也。言語提出。必須具備左列情形。始得爲之。（二三五條但書）

a　債權人預示拒絕受領之意思者　卽債權人於淸償前。預先拒絕受領之意思時。雖爲現實提出。殊少實益。徒增勞費。故僅爲言語提出。以代現實提出。

b　給付兼需債權人之行爲者　玆所謂給付兼需債權人之行爲。指受領行爲以外所需債權人之行爲而言。如前述需債權人協力體態之第一種及第二種是。在此情形。債權人不予協力。給付無由實現。自不能責債務人所不能。而許以言語提出。催告債權人前來受領或協力也。

c　須已有給付之準備　言語提出。乃準備事實之通知。必須已有給付之準備。始生言語提出之效力。至其所準備之程度。須達一經協力。卽可爲給付之程度。

3 須無債權人之受領　茲所謂受領。卽指協力而言。故債權人不受領。卽債權人不予協力也。其情形大別爲二。（二三四條）

須無債權人之受領

甲　拒絕受領　在現實提出。謂不受領債務人所提出之給付。卽表示不承認其爲履行之意也。在言語提出。謂雖受準備之通知。而仍不予以受領或協力也。法文雖定爲拒絕。但非須明白表示拒絕之意思。僅消極的不予協助之狀態。亦在其內。

乙　不能受領　不能受領云者。謂債權人因其本身主觀的事由。不能協力也。例如債權人因不在家、旅行、疾病、倉庫充塞、或已另行辦理等事由。不能卽行受領。或不能予以其他協力是也。

不能受領與給付不能。應有區別。蓋債權人遲延。必須給付。原屬可能。而給付不能。則須不能爲給付。且債權人遲延時。債務人仍難免給付義務。而給付不能。如因非可歸於債務人之事由。則債務人免給付義務。（二二五條參照）故兩者應予區別也。惟兩者最易相混。要之。僅因債權人主觀的不能協力者。斯爲不能受領。若在一般情形。卽客觀的亦認爲不能者。則爲給付不能。

債權人遲延責任之時期

三　債權人負遲延責任之時期　債權人自給付之提出時起。負遲延責任。（二三四條）蓋一經提出。債務人所應爲之行爲。業經完結。而給付仍未完成者。僅因債權人不予協力。故債權人應自提出之時起。負遲延責任。惟不無例外。

1　雖有合法提出而不負遲延責任者　卽給付無確定期限。或債務人於淸償期前得爲給付者。債權人就一時不能受領之情事。不負遲延責任。（二三六條本文）蓋以無確定期限。債務人得隨時給付。債權人難以預料。而期前給付。債權人亦難揣度。突然提出。在債權人無從準備。若自提出時。卽負遲延責任。未免過酷。故就一時不能受領之情事。不負遲延責任。但債務人提出給付。由於債權人之催告。或債務人已於相當期間前。預告債權人者。仍自提出時起。負遲延責任。（二三六條但書）

蓋以債權人得準備受領也。

2　雖未提出而負遲延責任者　給付有確定期限。及無記名證劵指示證劵有確定到期日者。債權人於確定期日。若不爲受領之協力。則債務人雖未提出。而債權人似亦應負遲延責任。但我民法尚無此項規定。【註四】

【註四】德民關於此點。已設明文規定。（德民二九六條參照）

債權人遲延之效力

四　債權人遲延之效力　債權人之遲延。乃不行使自己之權利。其所生結果。應由債權人自負其責。惟其內容。僅使債務人輕減責任。或依免責方法。以替代給付而已。並非使債務。即歸消滅。茲述於左。

注意義務輕減

1　注意義務之輕減　債務人於給付義務。原則上應以善良管理人之注意爲之。其對輕過失。原應負責。但在債權人遲延中。則債務人僅就故意或重大過失。負其責任。（二三七條）

停止付息

2　利息支付之停止　在債權人遲延中。債務人無須支付利息。（二三八條）即債權人遲延後。一切利息。均行停止。蓋債權人之遲延。並無消滅債務之效力。債權人將來或仍請求。頗難逆料。而債務人亦仍須常作清償之準備。不得利用金錢以生息。故無論約定利息、法定利息、或遲延利息。均停止支付也。【註五】

【註五】 考羅馬法。仍須支付利息。蓋以債權人雖屬遲延。而債務人仍可利用其金錢。故不妨支付利息。然近世學說及立法例。大抵相反。(德民三〇一條參照)其理由已如前述。

3 孳息返還義務之減縮　債務人應返還由標的物所生之孳息。或償還其價金者。在債權人遲延中。以已收取之孳息為限。負返還責任。(二三九條)即原本返還之債務人。其由原本標的物所收取之孳息或其價金。並應返還於債權人時。本應依經濟上之一定方法。收取孳息。以返還於債權人。若債權人於受領原本。有遲延時。嗣後債務人即無再行依一定方法收取之義務。僅以事實上所收取者。返還於債權人而已足。

4 費用賠償之請求　債權人遲延者。債務人得請求其賠償提出及保管給付物之

債

費用。(二四〇條)

危險負擔之移轉

5 危險負擔之移轉　在雙務契約。因事變所生損害之危險。原則上固由債務人負擔。(二二六條參照)但自債權人遲延時起。卽應移轉於債權人。蓋債權人若早予受領。或不至發生此項損害。故債權人應任其責也。(二六七條參照)

不履行責任之免除

6 不履行責任之免除　債務人因不履行所應負一切責任。均歸免除。卽債權人不得請求遲延賠償。不得請求違約金。及不得解除契約是也。蓋以債務未按時履行。非出於債務人之不履行。乃出於債權人之遲延。不得更由債務人負責。自應歸於免除也。

免責方法

7 免責方法　債權人遲延時。債務人固輕減責任。但給付義務。仍猶存在。須依作履行之準備。煩累堪虞。故更使得依免責方法。以解除其拘束。

甲 不動產占有之拋棄　有交付不動產義務之債務人。於債權人遲延後。得拋棄其占有。(二四一條一項)卽使債務人得由拋棄占有。以免交付義務。【註六】此項拋

棄。須預先通知債權人。俾得自行處理。但不能通知者。毋庸預先通知。（二四一條二項）

【註六】拋棄占有之免責方法。在羅馬法、德、法、印度等國古法。均廣有類似之制度。降至近世。以此項制度。匪特在一般交易觀念。極不相宜。而國家經濟上。亦多弊害。各立法例。多不認之。惟德民關於不動產。認有占有拋棄而已。（德民三〇三條）我民亦同。

乙　提存或拍賣　債權人受領遲延時。債務人得將其給付物。以債權人之危險及費用。為債權人提存之。（三二六條參照）即使毋待債權人之協力。而由替代方法。以免交付義務。如給付物不適於提存。或有毀損滅失之虞。或提存需費過鉅者。債務人並得聲請清償地之初級法院拍賣。而提存其價金。（三三一條參照）

債權人遲延責任之消滅

五　債權人遲延之消滅　債權人之遲延。因左列原因歸於消滅。

1　債權之消滅　債權既經消滅。再無所謂受領遲延。其消滅原因。無論為清償。為免除。為給付不能。均所不問。但遲延消滅之效果。不遡及既往。

2 遲延之滌除　卽債權人向債務人表示受領之意思時。遲延因而消滅是也。此項遲延消滅之效果。亦不遡及既往。

3 遲延之免除　卽因當事人之契約。或債務人一方之意思。承認延期時。遲延因而消滅是也。此項遲延消滅效果。是否遡及既往。應解釋當事人之意思。以資決定。

第四節　保全

第一款　債權人代位權

何謂代位權

一　債權人代位權之意義　卽債權人。因保全債權。代債務人。行使其權利之權利也。（二四三條）或以債權人之行使權利。係居於間接地位。稱爲間接訴權。又或以債權人。係代債務人行使其權利。稱爲代位訴權。然債權人所行使之權利。非必限於訴權。似不宜用訴權之名稱也。夫所以規定代位權者。蓋債務人之總財產。乃債權之一般擔保。財產豐富。則容易受償。執行可靠。若財產減少。則受償無望。執行亦難。在債務人或因過失。怠於行使權利。或因雖努力行使。終歸債權人。故意放棄。凡此種種。均足減少債務人之財產。而使債權人之債權擔保。益趨薄弱。故法律使債權人。得代債務人。行使其權利。防止其財產之減少。或代謀其財產之增加。藉以確保自己之債權。此即債權人代位權所由生也。【註一】

【註一】　考羅馬法並無債權人代位權之制。德國法系之立法。亦不認之。首創此制者。當推法民。(一一六六條)嗣後意民(一二三四條)西民(一一一一條)日民(四二三條)相繼倣之。德國法系所以不認此制者。蓋以強制執行法。甚爲完備。足資保護。毋庸再定債權人代位權也。至於我國。民事執行規則。於保護債權人。亦頗週到。而民事訴訟法。復定有保全程序。以禁止債務人濫行處分其權利。似亦無須規定債權人代位權。然並非毫無實益。即(一)併予規定。債權人得斟酌情形。選擇行之。(二)民事執行規則及民事訴訟法。所定保護債權方法。僅係對於債務人現有財產之執行方法。而保存或增殖債務人財產。則無由行之。例如債務人之債權。其請求權之消滅時效將完成時。無由中斷。又如債務人對其債權。延不索取。或拒不受領時。亦無由強制等是。

代位權之性質

二 債權人代位權之性質　債權人代位權。乃債權人之權利。其內容在行使債務人之權利。

1 債權人代位權為實體法上之權利　代位權為實體法上之權利。非訴訟法上之權利。故與強制執行有別。即強制執行。係直接就債務人之財產。實現給付之利益。而代位權則保全債務人之財產。以便有所執行。僅為強制執行之準備而已。

2 債權人代位權為一種可能權　代位權之內容。在行使債務人之權利。非要求債務人之行為。故為可能權。非請求權。

3 債權人代位權乃權利非義務　債權人僅有行使代位權之權利。並不負行使代位權之義務。例如債權人不行使代位權。其債務人適陷為無資力時。仍可向保證人請求。不得認債權人有過失是。

債權人代位權非代理權乃固有權　按代理權。其代理人之行爲。直接對於本人。發生效力。然代位權其債權人之行動。全爲自己之利益。而其效力之所歸屬。亦係債權人本身。並非債務人。故不得謂爲代理權。【註二】

【註二】考法國舊說。固以代理權說爲通說。然近代學說。則主張固有權說者居多。日民解釋。亦多主張固有權說。

代位權之要件

三　債權人代位權之要件　債權人代位權。必須具備左列要件。始得發生。

須因保全債權

1　須因保全債權　代位權之行使。乃干涉債務人之權利。非有必要情形。不得爲之。故民法第二四二條。規定債權人因保全債權。始得行使代位權。所謂因保全債權者。指自己債權。有不能受清償之危險而言。故債務人現有財產不足清償。或恐有不足清償之虞時。債權人始得行使代位權。若債務人之財產。足以充分清償債權。則債權人不得行使代位權。至於是否果有不能受清償之危險。爲事實問題。應由債權人證明之。

須債務人已負遲延責任

2　須債務人已負遲延責任　卽給付定有確定期限者。須期限屆滿後。債權人始得行使代位權。給付無確定期限者。須經催告後。債權人始得行使代位權。（二四三條本文並參照二二九條）按債務人遲延之前。固亦有保全債權之必要。但債權人對於債務人之干涉。未免過當。故民法第二四三條明定債權人非於債務人負遲延責任時。不得行使代位權也。【註三】惟不無例外。卽專為保存債務人權利之行為。雖在債務人給付遲延之前。亦得行使代位權是也。（二四三條但書）所謂保存債務人權利之行為者。指防止債務人權利消滅變更之行為而言。例如聲請登記。中斷時效。第三債務人破產時報明債權等是。蓋以此等行為。比較情形急迫。不能待至債務人遲延以後。且於債務人亦有利無害也。

【註三】　法日民法。關於此點。因無明文規定。學者解釋。多主張代位之行使。無須以債務人之遲延為要件。僅謂須屆至清償期。始得行使之。日本學者中。並有主張清償期之屆至。亦無須以為要件者。（中島玉吉氏民法釋義卷三第六二九頁）蓋以清償期前及債務人遲延前。債權亦有保全之必要故也。但我民法既經明定。自不得與法日民法。探同一之解釋。

須債務人怠於行使其權利

3　須債務人怠於行使其權利　法律所以認有債權人代位權者。蓋以債務人不行使其權利。恐債務人之財產減少或不能增殖。以致債權人無由受其淸償。因使債權人得行使代位權。保存債務人之財產。藉以確保自己之債權也。若債務人自己。業已行使其權利。債權人自無行使代位權之理由。故民法第二四三條。規定債務人怠於行使其權利時。債權人始得行使代位權。所謂怠於行使者。指得行使而不行使者而言。其不行使之理由若何。則非所問。

代位權行使之方法

四　債權人代位權之行使方法。

債權人須以自己之名義

1　債權人行使代位權須以自己之名義　債權人行使代位權。係因保全自己債權。而其效力之所歸屬。亦係債權人本身。自應以自己之名義行之。故民法第二四三條明定債權人行使代位權。係以自己之名義。【註四】

【註四】　法民關於此點。因無明文規定。學者之間。解釋紛歧。大別爲三。(一)謂債權人行使代位權。須以自己之名義。(二)謂債權人行使代位權。須以債務人之名義。故債權人爲債務人之代理人。(三)謂債權人行使代位權。雖以債務人之名義。但全係爲自己之利益。故非純然之代理。乃爲自己利益之代理或委任。日民亦因無明文規定。學者解釋。固多主張債權人行使代位權。應以自己之名義。但不無主張應以債務人之名義者。(中島玉吉氏民法釋義卷第六四〇頁)且有主張應解爲以債務人之代理人。而行使其權利者。(川名兼四郎債權法要論二四八頁)至於我民已有明文規定。自不生上述爭議。

不限於審判上

2 代位權之行使不限於審判上 債權人行使代位權。有須用審判外之方法者。如通知、催告、撤銷、解除、時效中斷、(如因請求而中斷是並參照一二九條一項一款)選擇、登記等是。又有須用審判上之方法者。如起訴、提起反訴、參加訴訟等是。要之我民既廣行規定債權人得行使債務人之權利。自不問審判上或審判外。均得行使之。不限於審判上也。(註五)

【註五】法民之學者解釋。固多主張限於審判上者。此蓋以在法國民法。其撤銷解除等。皆須審例上。始得行使故也。然我民法之適用上。既與法民不同。且廣行規定得行使債務人之權利。自不宜與法民採同一解釋。

代位權行使之範圍

五　債權人代位權之行使範圍　我民法固廣行規定得行使債務人之權利。然因法律之規定。及代位權之性質。亦有不得行使者。茲述其得行使之範圍於左。

須屬債務人之權利

1　須屬於債務人之權利　債權人代位權。係行使債務人之權利。故債務人以外第三人之權利。不得行使。又雖係債務人之權利。而債務人自己不能行使者。（例如業經扣押之權利信託之權利附有停止條件之權利等是）債權人亦不得行使。

須屬財產權

2　須屬財產權　必須債務人之財產權。債權人始得行使。蓋代位權之目的。在保存債務人之財產。以培養清償資源。故債務人之非財產權。如婚生子女之否認。非婚生子女之認領。婚約之解除。婚約之撤銷。離婚之請求。家屬之分離等。債權人不得行使之。

須非專屬

3　須非專屬於債務人本身者　雖係債務人之財產權。然專屬於債務人本身者。

如債務人本身者

債權人不得行使。(二四二條但書)所謂專屬於債務人本身者。言不許債務人以外之人代爲行使也。據法民通說。將權利分爲三種即(一)本於純然無形的(或稱爲道德的)利益之權利。(二)本於純然財產的利益之權利。(三)本於無形的及財產的利益之權利是也。第一種權利。乃以債務人之人的性格或身分關係爲基礎。債權人自不得代爲行使。如債務人之代理權。夫對妻原有財產之管理權。(一〇一九條一〇四五條)父母對子女特有財產之管理權。(一〇八八條)受扶養之權利(一一一五條至一一二一條)等。皆不許他人干預者是。第二種權利。除法律另有規定(例如禁止扣押)外。原則上均得由債權人代爲行使。例如因契約所生之債權關係。因無因管理所生之債權關係。不當得利之返還請求權。因侵害財產權所生侵權行爲之賠償請求權。因債務不履行所生之賠償請求權。物權的請求權。以及形成權等是。至於侵權行爲所生非財產的損害。固得請求以金錢賠償。然(一九四條一九五條參照)然其權利之基礎。乃債務人之無形的利益。(如身體健康、名譽、情感等)原非債權之擔保。債權人自不得代爲行使。第三種權利。應視其究重在財產的利益。抑或重在無形的利益。以決定是否得代爲行使。例如因被詐欺或被脅迫之撤銷。（九二條）固亦保護表意人之自由。與無形的利益。不無關係。然究重在保護被害人之財產。債權人自得代爲行使。反之贈與之撤銷。與財產的利益。固不無關係。然究重在當事人間之情感關係。債權人自不得代爲行使。又如繼承或遺贈之承認或拋棄。與財產的利益。不無關係。然究重在繼承人或受遺贈人之身分或道義關係。應聽其自由決之。債權人不得代爲行使。反之繼承回復請求權（一一四六條）及特留分權利。（一二二三條）則債權人得代爲行使。蓋以繼承回復請求權。須經繼承人承認繼承後。始行使之。而特留分。則爲法定權利。而其內容。亦重在財產的利益是也。

僅屬權能不得行使

4 僅屬權能不得行使 尚屬法律上之權能。未經實現爲權利者。債權人不得行使。例如債權人不得出賣債務人之所有物。又如債務人受有利之要約時。債務人不得代爲承諾。又如債務人之財產管理方法不當時。債權人不得代爲變更（如出租房屋、耕種土地、建築房屋）等是。

須非禁止扣押者

5　須非禁止扣押者　債務人之債權禁止扣押者。原非債權人之共同擔保。故債權人不得行使之。

不得讓與之權利與專屬權利其範圍非必一致

6　不得讓與之權利　不得讓與之權利。與專屬債務人本身之權利。其範圍非必一致。蓋以有得讓與之權利。而債權人不得行使者。例如侵權行為所生非財產的損害賠償請求權。並非絕對不得讓與。（一九五條但書參照）而債權人則絕對的不得代為行使是。又有不得讓與之權利。而債權人尚得行使者。例如選擇權解除權是。故兩者應予分別說明。不得混為一談。按不得讓與之權利。大別為三。（一）依權利之性質不得讓與者。債權人不得代為行使。蓋以無由得滿足也。（二）依公益上之理由。不得讓與者。債權人不得行使。例如受扶養之權利。禁止扣押之權利是。（三）依當事人之特約。不得讓與者。債權人不妨代為行使。蓋以債權人僅行使債務人之權利。並不違反讓與之禁止也。

得行使權利之分量

7 得行使權利之分量　債權人僅於自己對債務人所有權利之範圍內。得行使債務人之權利。蓋以代位權之行使。在保全自己之債權。必須在保全必要之範圍內。始得行使。若超過必要之範圍。則不得行使矣。故債權人行使債務人之一個權利。如可以滿足。則對於債務人之其他權利。不得再行行使。但債務人之一個權利。超過債權額時。仍不妨行使其全部也。【註六】

【註六】　債務人之權利超過債權額時。究應行使全部。抑或比例行使。不無爭議。(一)謂代位權僅在保全債權。故不得超過自己債權額而行使之。(二)謂債權人行使債務人之權利。非行使自己之債權。其超過與否。並無關係。

代位權之效力

六　債權人代位權之效力　債權人行使代位權之結果。究生如何效力。應分三方面觀察之。

禁止債務人之處分權

1 對於債務人之效力　債權人着手行使代位權後。債務人之權利處分。是否因以禁止。不無爭議。【註七】竊以積極說爲當。蓋以若不禁止債務人處分。則債權人雖行使代位權。亦無由以達保存債務人財產之目的也。例如債權人代債務人中斷其債權之時效。而債務人則向第三債務人表示免除是。

【註七】 法國學說大別爲二。(一)謂代位權之行使。與扣押債務人之債權。有同一之效力。故債務人不得再行處分。(二)謂代位權之行使。並不用扣押之形式。自無扣押之效力。故債務人仍不失權利處分之能力。至於日民。以審判上之代位。在非訟事件手續法(七六條二項)明定禁止債務人處分。故日民學者。多主張禁止債務人之處分。

第三債務人抗辯之範圍

2 對於第三債務人之效力　債權人乃行使債務人之權利。故受其行使之第三債務人。其所有得對抗債務人之抗辯。均得以對抗債權人。自不待言。惟代位權着手行使後所生之抗辯。第三債務人。是否得以對抗債權人。亦不無爭議。竊以消極說爲當。蓋代位權着手行使後。既主張應禁止債務人之權利處分。故嗣後債務人所爲免除、讓與、和解等項。第三債務人自不得以對抗債權人也。

所得結果

3 對於債權人之效力　債權人行使代位權之效力。雖歸屬於債權人。而其所得之結果。則歸屬於債務人。例如自第三債務人受領之物。因強制執行所得之物。根據所有權所索回之物。均應歸屬於債務人是。其結果雖歸屬於債務人。但仍爲債權人之擔保。故債權人之行使代位權。仍可謂債權人爲自己之利益。惟所謂擔保。乃全體債權人之共同擔保。該行使代位權之債權人。並無優先權。僅得與其他債權人。平等受償而已。故欲直接得其滿足。更須就債務人之財產。爲強制執行也。

僅爲共同擔保並無優先權

判決效力所及之範圍

債權人因行使代位權。以自己名義起訴時。其判決之效力。僅及於訴訟當事人間。即債權人與第三債務人。【註八】至於債務人。並不受既判力之拘束。故債權人敗訴時。債務人得更行起訴。惟債務人曾參加訴訟時。其判決之效力。亦及於債務人。

【註八】法民關於此問題。其學說大別爲三。(一)謂判決之效力。僅及於訴訟當事人間。即債權人與第三債務人間。若債務人則毫不及其效力。(二)謂債權人僅行使債務人之權利。乃債務人之法定代理人。故判決之效力。當然發生於債務人與第三債務人之間。(三)謂債權人勝訴時。判決之效力。同及於債務人。但債權人敗訴時。則除債務人曾參加訴訟外。其判決之效力。毫不及於債務人。本書取第一說。

第二款　債權人之撤銷權

何謂債權人撤銷權

一　債權人撤銷權之意義　債權人撤銷權云者。謂債務人所爲有害債權之行爲得予撤銷之權利也。蓋債務人之財產。爲債權人之擔保。若債務人無充分淸償債務之資力。而猶積極的處分現存財產。(例如處分財產而浪費之或將財產贈於親屬等是)或消極的更增加負擔。(例如更負擔新債務是)則債務人之淸償能力。必更益薄弱。或至絕無。而債權人亦無從完全領受履行。其害及債權。彰彰明甚。故法律爲防止債務人財產之減少而保護債權人起見。認有債權人之撤銷權。使債權人對於債務人所爲有害債權之行爲。得以訴聲請撤銷。其曾脫離債務人之財產。得因此復歸於債務人。以回復未爲行爲以前之原狀。

二　債權人撤銷權之簡略沿革及其體例　債權人之撤銷權。肇自羅馬之巴爾訴權。(Actio panliana)嗣後各立法例。亦莫不認之。法稱爲廢罷訴權。(Action revocatoire)德稱爲債權人之撤銷權。(Glänbigranfechtungsrecht)日舊民倣法國法例。稱爲廢罷訴權。而日現民則倣德國法例。稱爲債權人之撤銷權。我民亦同。惟其體例。殊不一致。有特頒單行法者。有編入民法中者。前者如德國一八九八年之債權人撤銷權法、瑞士一八八九年聯邦法是。後者如法民一一六七條、意民一二三五條、日民四二四條以下是。我民係倣後例。

簡略沿革及體例

民法上撤銷權與破產法上否認權

考各立法例。債權人之撤銷權。分爲二種。破產上之撤銷權及破產外之撤銷權是也。兩者之目的。固均在撤銷債務人之行爲。以保護債權人。其立法根據及法律上性質。固屬相同。但破產上之撤銷權。其撤銷要件較寬。而其所得撤銷行爲之範圍亦較廣。且以破產之開始爲要件。此卽各立法例所以分別規定也。【註一】我國法亦倣各立法例。分別規定。其破產外之撤銷權。規定於民法中。稱爲債權人之撤銷權而破產上之撤銷權。則規定於破產法中。稱爲否認權。（破產法草案九四條以下參照）

【註一】考德國法。其破產外之撤銷權。規定於債權人撤銷權法中。而破產上之撤銷權。則規定於破產法中。奧國法以一八八四年特別法。規定破產上及破產外之撤銷權。瑞士法以一八八九年聯邦法。規定破產上及破產外之撤銷權。英國法以一八八三年詐害行爲法及破產法。規定破產外及破產上之撤銷權。法意等國。於民法中。規定破產外之撤銷權。（法民一一六七條以下意民一二三五條以下）而於商法中。規定破產上之撤銷權。（法商四四二條以下意商七〇七條以下）

撤銷權之性質

三　債權人撤銷權之性質　債權人撤銷權之性質若何。茲分述於左。

實體法上之權利

1　撤銷權爲實體法上之權利　撤銷權之行使。須以訴行之。（二四四條一項末段二項末段參照）故法國法系諸國。多以廢罷訴權稱之。但撤銷權。既規定於民法中。以爲債權之效力。自係實體法上之權利。非訴訟法上之權利。

2　果爲實體法上何種權利　撤銷權固爲實體法上之權利。但究爲何種權利。爭論頗多。

債權說

甲　債權說　此說謂撤銷權乃對於特定人之請求權。質言之。即撤銷權。非撤銷債務人行爲之權利。乃對於受益人直接請求返還之權利。其受益人係惡意時。須返還其利得財產之全部。倘已消費。則須依侵權行爲之原則。賠償其利益。至受益人係善意時。須依不當得利之原則。返還現存利益。此爲德國通說。法國舊說。亦多採之。

形成權說

乙　形成權說　亦稱爲撤銷權說或物權說。此說謂撤銷權乃債權人撤銷債務人之行爲。使自始無效。其由債務人行爲。曾歸屬於受益人之權利。因撤銷之結果。亦視爲自始並未歸屬於受益人。仍復歸於債務人。若權利標的物。已交由受益人占有時。債務人自得本其所有權之權能。向受益人請求返還。債務人如不請求返還。則債權人得行使代位權。代爲請求返還。故撤銷權乃債權人撤銷債務人行爲之權利。而請求返還。不過爲撤銷之結果。自不得謂撤銷權爲對於受益人之請求權。是以撤銷權就債權人一方之行爲。得發生債務人行爲無效之效果言之。稱爲形成權或可能權。就撤銷之關係言之。稱爲撤銷權。就撤銷之效果。使債務人行爲絕對無效言之。稱爲物權。此爲法日民法通說。德國新說。亦頗採之。

折衷說

丙 折衷說 此說謂撤銷權。撤銷債務人行爲之權利。及向受益人請求返還權。兩俱包含。即僅撤銷債務人行爲。使自始無效。而曾經債務人處分之財產。尚難回復原狀。必須含有向受益人之訴請返還權。始得完全達其目的。且可免嗣後再爲請求。減少訟累。此爲法日民法之少數說。日本大審院判例亦採之。

本書採形成權說

丁 本書採形成權說 我民法規定債務人所爲害及債權之行爲。債權人得聲請法院撤銷之。（二四四條一項二項參照）是撤銷權。乃撤銷債務人行爲之權利。並非對於受益人之返還請求權。據法條所定。極爲明瞭。若折衷說。其訴請撤銷。即當然包含訴請返還。可免嗣後再爲請求。較諸形成權說。固似簡便。但僅爲基本行爲。以負擔債務。尚未爲實行行爲。以交付財產時。（例如約定贈與尚未履行是）或表示免除債務之意思時。本無交付。何有返還。折衷說所謂當然包含返還請求權。亦不無疵議。故本書採形成權說。

撤銷權之要件

四　債權人撤銷權之要件　撤銷權之目的。固在保護債權人。但撤銷權之行使。難免累及第三人。故法律於債權人之保護及第三人之利益。權衡輕重。酌定撤銷權發生之要件。

有害債權之行爲

1　須債務人爲有害債權之行爲　此爲客觀的要件。或以詐害行爲稱之。（二四四條一項前段二項前段）

所得撤銷之範圍

甲　須債務人曾爲行爲　撤銷權乃撤銷債務人行爲之權利。必須債務人曾爲行爲。然後撤銷權始能發生。所謂行爲。乃指法律上之行爲而言。大別爲三。（一）法律行爲。苟係法律行爲。其種類別無限制。既無論爲契約（例如贈與、買賣、借貸、保證等是）或單獨行爲。（例如遺贈、設立財團法之捐助行爲等是）又不問爲債權行爲（亦稱爲基本行爲或原因行爲）或物權行爲。（亦稱爲實行行爲或給付行爲）均得爲撤銷權之標的。（二）準法律行爲。（三）公法上行爲。即訴訟行爲（例如債務人之自認、和解、訴之撤回等是）及登記是也。「註二」但法律上之行爲。亦有不得爲撤銷權之標的者。茲述於左。

所不得撤銷之範圍

〔註二〕按撤銷權之適用。其範圍若何。各立法例。殊不一致。法民定爲債務人之行爲。（Actes）德、奧、瑞諸國法。定爲法律的行爲。（Rechshandlungen）日民定爲法律行爲。法德奧瑞諸國所定。範圍較廣。法律行爲以外之法律上行爲。亦得爲撤銷權之標的。自易收債權保護之效。我民法做之。亦定爲債務人之行爲。至於日民。範圍較狹。以法律行爲爲限。故日民解釋。準法律行爲。僅可準用撤銷權之規定。若訴訟行爲及登記等行爲。則謂不得爲撤銷權之標的。我民法既未限於法律行爲。自不得與日民採同一之解釋。

非以財產爲標的之行爲不得撤銷

A　債務人之行爲非以財產爲標的者　債務人之行爲。足以減少債權之淸償力者。始有撤銷之必要。故須債務人之行爲。以財產爲標的者。始得爲撤銷權之標的。若債務人之行爲。非以財產爲標的者。自不得適用撤銷權之規定。（二四四條三項）例如債務人所爲婚姻、離婚、認領、收養等行爲。並非以財產爲標的。縱令足以減少債務人之債權淸償力。其債權人不得撤銷之。又如債務人因爲他人給付勞務所訂僱傭或委任契約。亦非以財產爲標的。亦不得撤銷之是。

拒絕利益取得之行爲不得撤銷

B　拒絕利益取得之行爲　撤銷權之目的。僅在保全債務人原有之債權淸償力。並非增加其淸償力。故債務人拒絕利益取得之行爲。例如贈與之拒絕、第三人承擔債務之拒絕等行爲。債權人不得撤銷之。至於繼承或遺贈之拋棄。債權人仍得撤銷之。蓋債務人因繼承之開始或遺囑之生效。當然承受其權利。故其拋棄。乃處分原已取得之權利。非拒絕利益之取得。

不作爲不得撤銷

C　不作爲　債務人之不作爲。不得爲撤銷權之標的。蓋撤銷權。乃使債務人原爲行爲。視爲自始無效。積極行爲。固可將有作無。而消極行爲。則無由爲之。

無效行爲無庸撤銷

D 無效行爲　無效行爲。例如虛僞行爲。（八七條）不得爲撤銷權之標的。蓋以原本無效。毋庸再事撤銷。

以禁止之物或債權爲標的之行爲不得撤銷

E 以禁止扣押之物或債權爲標的之行爲　卽債務人關於不得扣押之物。（民事執行規則一九條二〇條參照）或禁止扣押之債權。（二九四條一項三款參照）縱令有所行爲。債權人不得撤銷之。蓋以債權人雖撤銷其行爲。亦不得強制執行也。

何謂有害債權

乙 債務人之行爲須有害債權　撤銷權之目的。在保護債權人。必須債務人之行爲。有害債權人之債權。然後撤銷權始能發生。所謂有害債權云者。言減削債務人之淸償資力。使債權淸償不能或困難也。【註三】故必須債務人之行爲。積極的減少財產。或消極的增加債務。因以減削其淸償力。致使債權陷於淸償不能或困難狀態時。債權人始得撤銷債務人之行爲。若債務人雖爲減少財產或增加債務之行爲。而資產、信用、勞力等項。尚有債權之淸償力時。旣未害及

係指一般債權而言

債權。自不得行使撤銷權。【註四】

所謂使債權清償不能或困難者。究指自己債權而言。抑指一般債權而言。不無爭論。余採後說。卽債務人對於任何債權。苟有清償不能或困難狀態時。債權人卽可行使撤銷權。並非須債權人自己債權。有此危險狀態。始可行使撤銷權。蓋撤銷之結果。不過使曾經債務人處分之財產。復歸於債務人。在行使撤銷權之債權人。並無優先受償之權利。是撤銷權之行使。乃爲全體債權人。保全其共同擔保。故以後說爲當。【註五】

【註三】 害及債權人之行爲。究指何種狀態。在德奧兩國法。明定以支付不能爲要件。（德二條奧三二條）在瑞士聯邦法。明定以債務超過爲要件。（瑞二八五條）日民因無明文。學者於前述二說。各有所採。但縱令債務超過。而債務人之信用、勞力等項。尙有債權之清償力時。尙難謂爲害及債權人。自以支付不能說較優。本書亦採之。

【註四】 所謂債權之清償陷於不能或困難者。非必須強制執行而無效果。僅須得認此狀態而已足。其狀態之有無。由債權人舉證。並經法院衡情認定之。

【註五】按德奧兩國法。明定行使撤銷權之債權人。就所請求返還之財產。較其他債權人。得優先受償。（德七條與三七條）在法民法。因無明文。或謂僅行使撤銷權之債權人。始得享受撤銷之利益。或謂撤銷係為全體債權人之利益。日民採其後說。明定撤銷係為全體債權人之利益。（日民四二五條）本書亦採後說。

有償行為及無償行為

2 有償行為須以惡意為要件而無償行為則否 債權人之行使撤銷權也。於債務人行為有害債權之客觀要件外。是否尚須有惡意之主觀要件。我民法倣德國法例。將債務人之行為。分為有償行為與無償行為。在有償行為。須以惡意為要件。而無償行為則否。【註六】

【註六】自羅馬法以來。即將債務人之行為。分為有償行為與無償行為。前者之撤銷。必須債務人及受益人均為惡意。而後者則否。德國法關於此點。定有明文。法民雖未明定。而學說亦同。惟日民則無論行為之有償或無償。均以惡意為要件。

有償行爲之撤銷以惡意爲要件

甲　有償行爲須以惡意爲要件　我民法第二四四條二項。規定債務人所爲之有償行爲。於行爲時。明知有損害於債權人之權利者。以受益人於受益時。亦知其情事者爲限。債權人得聲請法院撤銷之。此卽明定有償行爲之撤銷。於有害債權之客觀要件外。並須有惡意之主觀要件。故在債務人之有償行爲。不僅須有害債權。並須債務人及受益人。均係惡意。始得撤銷。若僅債務人爲惡意。而受益人爲善意。或僅受益人爲惡意。而債務人爲善意。則不得撤銷。

債務人及受益人均須惡意

何謂債務人之惡意

A　債務人之惡意　我民法所謂債務人於行爲時。明知有損害於債權人之權利者。言債務人明知自己行爲。足發生債權淸償不能或困難之結果也。故僅明知而已足。毋庸有希望之意思。其採認識主義。〔註七〕極爲明瞭。又是否明知。既明定以行爲時爲準。故行爲當時苟屬不知。（卽善意）縱令嗣後明知。仍不發生撤銷權。且其不知。其否出於過失。亦所不問。蓋以善意債務人之有償行爲。不容債權人橫加干涉也。

【註七】何謂惡意。其主義大別爲二。希望主義及認識主義是也。希望主義。亦稱爲意思主義。蓋謂債務人不僅明知（卽認識）其行爲足生有害債權之結果。並須有希望損害之意思者。始爲惡意。德國法系採之。（德三條一款奧二九條一款瑞二八八條）認識主義。亦稱爲觀念主義。蓋謂債務人明知其行爲足生有害債權之結果者。卽爲惡意。毋庸須有希望損害之意思。法國法系採之。（法民一一六七條一項日民四二四條一項）

何謂受益人

何謂受益人之惡意

B　受益人之惡意　凡因債務人之行爲。而受利益者。謂之受益人。通常在契約及有相對人之單獨行爲。卽指債務人之相對人而言。但在爲第三人所結之契約。則該第三人爲受益人矣。至其惡意。我民法定爲受益人於受益時知其情事者。（二四四條二項）是亦採認識主義。僅須受益人明知債務人行爲。足生有害債權之結果。斯爲惡意。既不須教唆債務人。亦毋庸與債務人同謀。且是否明知。以受益時爲準。【註八】故受益當時。苟屬不知。縱令嗣後明知。仍不發生撤銷權。且其不知。是否出於過失。亦所不問。蓋以善意第三人。其因有償行爲所取得之正當利益。應予保護。以維持交易之安全也。

何謂轉得人

考外國立法例。定有轉得人。【註九】所謂轉得人。言更自受益人取得權利之人也。惟受益人之包括繼承人。其地位視同受益人。不在轉得人之內。撤銷權之行使。亦僅受益人之惡意而已足。至於轉得人。是否以其惡意爲撤銷權之要件。多數立法例。均僅以爲對抗之條件。並非撤銷權之要件。【註十】

我國民法以轉得人之惡意爲撤銷權之要件

但我民法。別無轉得人之規定。據第二四四條二項後段之解釋。應包含於受益人之內。轉得人卽爲受益人。而轉得人之惡意。亦必爲撤銷權之要件矣。若於直接取得利益之最初受益人外。尚有轉得利益之轉得人。（卽第二受益人）或更有相繼轉得利益之多數轉得人時。則不僅債務人及受益人須爲惡意。而轉得人或其多數全體。亦須均爲惡意。始得撤銷。至於轉得人是否惡意。則以其轉得時爲準。蓋以轉得時。卽爲其受益時也。按有償行爲之撤銷。以轉得人之惡意爲要件。固爲我民法當然之解釋。但由立法論言之。實欠妥

當。仍宜多數立法例。僅定爲對抗之條件。【註一一】

【註八】 債務人之行爲時。多卽爲受益人之受益時。兩者常相一致。但在債務人爲第三人所結契約。其第三人之受益。在第三人表示享受利益之意思時。（二六九條二項參照）與結約之行爲時不同。故我民法規定以受益時爲準。自與日民以行爲時爲準者（日民四二四條二項）異矣。

【註九】 考各立法例。德（一一條）與（三一條）瑞（二九〇條） （四二四條）均於轉得人。設有規定。

【註一〇】 按撤銷權所得撤銷者。乃債務人之詐害行爲。非受益人與轉得人間（或相繼轉得人間）之行爲。自應僅以債務人及受益人之惡意爲要件。毋庸再以轉得人之惡意爲要件。若債務人及受益人。苟屬惡意。卽不問轉得人之惡意善意。均得撤銷。債務人之行爲。一經撤銷。卽視爲自始無效。受益人應視爲自始未取得權利。嗣後轉得人乃自無權利人。繼受權利。亦應悉失其權利。據此原則。本得以撤銷之效力。對抗轉得人。惟爲維持交易安全起見。應加限制。必須轉得人惡意時。始得對抗之。俾善意轉得人。不受撤銷之影響。故宜以債務人及受益人之惡意。爲撤銷權之要件。

而以轉得人之惡意。為對抗之條件。德（一一條）與（三一條）瑞（二九〇條）諸國法。關於此點。已分別明定。法國之學說亦同。惟日民學者。頗有爭議。大別有三。甲說謂轉得人之惡意。僅為對抗之條件。非撤銷權之要件。其主張與多數立法例無異。乙說謂受益人及轉得人。均須惡意。始得撤銷。但要件過嚴。撤銷不易。且惡意受益人得以轉讓權利。規避撤銷。丙說謂受益人及轉得人中。如有惡意之人。僅得向該惡意者撤銷。其餘不受影響。此說與撤銷之絕對的無效性質不符。故仍以甲說為通說。

【註一一】 據我民法。必須債務人。最初受益人及轉得人。均係惡意。均得撤銷。其中如有一人善意。即不得撤銷。要件過嚴。撤銷不易。再債務人雖有詐害意思。偶因轉得人之善意。即可免撤銷權之行使。且惡意受益人。得以轉讓權利。規避撤銷。故謂為有欠妥當。

無償行為之撤銷不以惡意為要件

乙 無償行為不以惡意為要件 我民法第二四四條一項。規定債務人所為之無償行為。有害及債權者。債權人得聲請法院撤銷之。此即明定無償行為。僅具備有害債權之客觀要件時。即得撤銷。毋庸再有惡意之主觀要件。蓋債務人於資力薄弱之時。雖為無償行為。（例如贈與是）致害債權人。其情本屬可疑。自毋庸問其是否明知。至於最初受益人。在無償行為之撤銷。不過僅喪失無償取得之利益。並未受積極的損害。與其保護無償受益之第三人。毋甯保護權利危殆之債權人。亦無須論其惡意善意。故為保護債權人計。不以惡意為撤銷權之要件。苟債務人之行為。有害債權。縱令債務人及受益人。均屬善意。債權人亦得聲請撤銷之。

享有撤銷權之債權人

五　享有撤銷權之債權人　凡屬債權人。莫不有撤銷權。且各債權人。得各自單獨行使其撤銷權。毋庸共同行使。又撤銷權之行使。非限受害債權之債權人。其他債權人。亦得為之。蓋以撤銷係為全體債權人之利益故也。

事前債務人行為是否得撤銷

1　債務人行為後之債權　後生債權之債權人。對於事前之債務人行為。有無撤銷權。其學說大別為三。（一）消極說。謂債權人之取得債權。乃着眼當時債務人之財產狀態。事前之債務人行為。非所置意。無保護之必要。自無撤銷權。（二）

積極說。謂撤銷係為全體債權人之利益。苟事前行為。有損害債權。則後生債權之債權人。亦得撤銷之。此為德國通說。(三)折衷說。謂原則上無撤銷權。惟債務人有詐害將來債權之意思時。債權人亦得撤銷之。竊以積極說為當。

未到期債權之債權人亦有撤銷權

2 未到清償期之債權　德國法固明定必須債權已屆清償期。(德撤銷法二條)但撤銷權之目的。在保全將來履行。並非請求履行。僅應注重清償力之有無。不必問清償已否屆期。故債權雖未到清償期。而其債權人亦有撤銷權。

附有特別擔保債權之債權人亦有撤銷權

3 有特別擔保之債權　附有特別擔保(例如質權、抵押權)之債權。其債權人有無撤銷權。學說上亦頗有爭議。大別為二。(一)消極說。謂此項債權人。得就特別擔保。領受清償。毋庸另有撤銷權之保護。且一般擔保。雖經減削。而特別擔保。尚猶存在時。對於此項債權。並非清償不能。亦缺有害債權之要件。故無撤銷權。(二)積極說。謂此項債權人。雖有特別擔保。仍得以普通債權人之資格。行使普通權能。且特別擔保。亦恐發生變動。(例如價格減少不足抵償債權額、擔保物因不可抗力歸於滅失、保證人變為無資力等是)致有清償不確實之虞。故應有撤銷權。竊以積極說為當。

附停止條件債權之債權人無撤銷權

4 附停止條件之債權　在條件未成就之前。債權之效力。能否發生。尚懸未定。毋庸預爲保護。自無撤銷權。

撤銷權行使之方法

六　債權人撤銷權行使之方法

須向法院聲請

1 撤銷須向法院聲請　我民法第二四四條。規定債權人得聲請法院撤銷之。此即明定撤銷須以訴訟行之。【註一三】夷考厥由。即(一)撤銷之要件。是否具備。須由法院審查確定。(二)撤銷之效果。影響甚大。應慎重處理。(三)撤銷係爲全體債權人之利益。須經審判。俾便明確週知是也。

【註一三】　債權人撤銷權行使之方法若何。各立法例及學說。頗不一致。在德普通法。其通說謂須以訴訟行之。但少數學者。不無主張得以審判外之意思表示行之。現行各國法。如奧(撤銷權法一六條二項三五條二項)法(民法一一六七條)日(民法四二四條)諸國。均明定須以訴訟行之。惟德撤銷權法。因未明定行使方法。學者之主張不一。採債權說者。謂須以訴訟行之。而採物權說者。則謂得以單純之意思表示行之。

撤銷訴訟之性質

2　撤銷訴訟之性質　撤銷訴訟。究爲何種訴訟。因撤銷權之性質。而主張遂不一致。採債權說者。謂爲給付之訴。以撤銷行爲爲訴訟標的。採形成說（即物權說）者。謂爲形成之訴。以返還請求爲訴訟標的。採折衷說者。謂爲形成之訴並兼給付之訴。以撤銷行爲及返還請求爲訴訟標的。本書關於撤銷權之性質。既採形成權說。則撤銷訴訟。自亦謂爲形成之訴。即經撤銷之裁判。使債務人之行爲。視爲自始無效也。

爲形成之訴

撤銷訴訟之原告被告

3　撤銷訴訟之當事人　撤銷訴訟。由債權人爲原告。自不待言。至於被告。則因撤銷權之性質。而主張亦不一致。大別爲四。(一)謂應以債務人最初受益人及轉得人爲共同被告。(二)謂應僅以最初受益人爲被告。蓋依民法第一一六條二項之規定。如相對人確定者。其撤銷應向相對人爲之也。(三)謂應以最初受益人或轉得人爲被告。蓋主張必須負返還義務之人。始得以爲被告也。（四）謂應以行爲之當事人爲被告。蓋主張以撤銷行爲爲訴訟標的。自應以其行爲之當事人爲被告。即係單獨行爲時。僅以債務人爲被告。若係契約時。則以債務人及與結約之他方當事人爲被告。本書關於撤銷權之性質。既採形成權說。故於當事人亦採第四說。

舉證責任

4 舉證責任　債權人之行使撤銷權也。在有償行爲及無償行爲。均應具備客觀要件。即債務人行爲。是否有害及債權人之事實。應由債權人舉證。（民事訴訟法二六五條參照）又在有償行爲。更應具備主觀要件。即債務人及受益人。是否惡意。究竟應否均由債權人舉證。據我民法第二四四條二項之規定。債務人及受益人之惡意。同爲有償行爲撤銷權發生之要件。自應依民事訴訟法舉證之原則。均由債權人負舉證責任。（民事訴訟法二六五條參照）【註一三】惟有害債權人之事實。如甚爲顯著。則法院亦得依以推定債務人及受益人係屬惡意。

【註一三】按日本民法學者。於債務人之惡意。亦謂應由債權人舉證。並無爭議。惟受益人及轉得人之惡意。則謂毋庸由債權人舉證。與我民不同。其主張理由。大別爲二。(一)謂債權人苟能證明債務人確係惡意。卽推定受益人及轉得人亦爲惡意。毋庸再行舉證。受益人及轉得人如主張自己善意。則須舉反證。(二)謂債權人之行使撤銷權。於受益人及轉得人之惡意。毋庸證明。而受益人及轉得人。如欲避免撤銷權之行使。反須證明自己善意。以上兩說。皆依據日民第四二四條一項但書。以爲解釋。蓋以受益人多與債務人同謀。共行詐害。且證明不易。故爲保護債權人計。將舉證責任。移轉於受益人也。

撤銷權之效力

七　債權人撤銷權之效力　撤銷權之效力若何。因撤銷權之性質。而見解各異。據債權說。謂爲對於受益人請求返還之權利。據形成權說。(卽物權說)謂爲撤銷債務人行爲之權利。本書關於撤銷權之性質。旣採形成權說。故據以說明撤銷權之效力。

撤銷債務人之行爲使自始無效

1　被撤銷之行爲視爲自始無效　債權人撤銷權。在撤銷債務人之行爲。卽據我民法第一一四條一項之規定。將債務人所爲之行爲。視爲自始無效，曾經發生之法律關係。歸於消滅。而曾經消滅之法律關係。仍行復活。使回復未爲行爲以前

撤銷之行爲僅曾生債權關係者不生物權返還問題

債權行爲及物權行爲同撤銷者發生囘復原狀及物權上請求權

之原狀。例如曾經移轉之所有權。視爲未曾移轉。曾經設定之他物權。視爲未曾設立。曾經發生之債權。視爲未曾發生。曾經移轉或免除之債權。視爲未曾移轉或免除等是。惟債務人所爲行爲。有債權行爲及物權行爲之別。於囘復原狀。不無關係。更分別說明之。

甲　被撤銷之行爲僅曾生債權關係尚未移轉物權者　例如債務人曾訂買賣契約或曾訂贈與契約。而尚未履行是。在此情形。僅有債權行爲。並無物權行爲。故撤銷亦僅使債權關係。歸於無效而已。別不發生原狀囘復及所有物返還等問題。

乙　債權行爲與物權行爲同撤銷者　即如債務人不僅曾訂買賣或贈與契約。並因履行其契約。已移轉買賣標的物所有權。或交付贈與物時。若此發生債權關係之債權行爲。及其履行之物權行爲。同被撤銷。均使自始無效。則當事人即囘復未履行以前之原狀。而債務人並得據所有權之權能。請求所有物之返還。

倘返還義務人。不能返還。更應負損害賠償之責。蓋以行爲之撤銷。受益人必爲惡意。依我民法第一一四條二項之規定。受益人應負回復原狀或損害賠償之責任也。

僅撤銷債權行爲者發生不當得利之請求權

丙　僅債權行爲撤銷者　即如債務人曾訂贈與契約並因履行其契約已交付贈與物時倘所撤銷者。僅爲贈與契約。而其履行之物權行爲。並非因此即歸無效。故債務人僅可據不當得利之規定。請求返還。（一七九條參照）不過取得原狀回復之請求權而已。並非即行回復原狀。

轉得人應負返還之義務

2　對於轉得人之效力　所謂撤銷。乃撤銷債務人之行爲。即債務人與最初受益人間之行爲。若最初受益人與第二受益人間之行爲。以及嗣後相繼受益人間之行爲。固不在茲所謂撤銷之內。但因此項撤銷。亦受極大影響。即債務人之行爲。經撤銷。視爲自始無效。其最初受益人。亦視爲自始未取得權利。故轉得人。即第二受益人及嗣後相繼受益人。均係自無權利人。繼受權利。亦應悉失其權利。

並負返還之義務矣。

撤銷以外之程序

3 撤銷以外之程序 撤銷之結果。不過使債務人取得原狀回復請求權及物權上返還請求權等而已。故須更由債務人行使此項權利。始得達最後之目的。倘債務人怠於行使。則債權人得依代位權。代爲行使。

撤銷權之消滅

八 債權人撤銷權之消滅 其消滅原因如左

特別時效

1 特別時效 債權人撤銷權。既干涉債務人之自由。復影響第三人之權利。且期過久。不易證明。更滋訟累。故法律特設特別時效。使不長存。即自債權人知有撤銷原因時起。一年間不行使。或自行爲時起經過十年而消滅。(二四五條)所謂撤銷原因者。言撤銷權發生所必要之一切要件事實也。故必須債權人於債務人行爲及有害債權之事實並債務人與受益人之惡意。均已知曉。然後一年之時效。始開始進行。所謂自行爲時者。言以債務人行爲之時。爲十年時效之起算點也。至於債權人是否知曉。則所不問。

一般原因

2　一般原因　債權人撤銷權。於特別時效外。更因其他原因。歸於消滅。即如債權之請求權。已經時效消滅。撤銷權之拋棄。債務人之破產等是也。

第五節　契約之效力

第一款　總說

契約效力之廣狹兩種意義

一　契約效力之意義　契約之效力云者。謂契約所生之法律上效力也。論其意義。例分廣狹。廣義言之。乃指契約所生法律上一切效力。狹義言之。則專指契約內容之效力。按近世債法。以契約自由爲原則。債權契約之內容。任由當事人意思定之。故契約內容之效力。卽法律上據當事人意思所定之效力。所謂契約之內容。與契約之標的同義。契約效力之眞正意義。應專指狹義。但通常所稱契約效力。則多爲廣義。

契約之效力與債之效力不同

二　契約效力與債之效力　契約之效力。與債之效力。應有區別。不可混同。蓋債權契約，爲債之發生原因。論其效力。僅在發生債的關係。而債之效力。則爲債的關係發生後之問題。兩者之時期及內容。未必相同。但我民法則規定於債之效力中。故亦於本章說明之。

契約成立時期與生效時期

三　契約成立時期與生效時期　契約成立時。多卽同時發生效力。但依契約之性質或當事人之意思表示。亦有成立時期與生效時期。兩不相同者。前者如使用借貸契約消費借貸契約。因借用物之交付而後生效是。（四六五條四七五條）後者如附停止條件或始期之契約。因條件之成就或期限之屆至而後生效是。（九九條一項一〇二條一項）

契約效力之各規定

四　契約效力之規定　契約之效力。依契約種類。各不相同。在有名契約。詳定債編第二章中。在無名契約。則於法律所許之範圍內。依當事人之意思定之。但民法更就契約之效力。於債編第一章第三節。設一般規定。卽（1）契約內容之要件。（2）契約之確保。（3）契約之解除。（4）契約之終止。（5）雙務契約之效力。（6）

關於第三人之契約。此等規定。無論有名契約或無名契約。均適用之。

第二款　契約內容之要件

契約內容之生效要件　契約雖已成立。而其內容。（即契約之標的）則必具備左列要件。然後契約。始能發生效力。蓋債權契約之內容。雖以自由為原則。但亦為法律行為之一種。故仍以適法確定可能三項。為生效要件。用資限制也。

給付須適法　一　給付須適法　凡構成契約內容之給付。須不違反強行法規。並不違背公序良俗。否則契約無效。不發生何等效力。（七一條七二條參照）

給付須確定　二　給付須確定　凡構成契約內容之給付。必須確定。至少亦須為得確定之狀態。否則契約雖屬成立。但不生何等效力。

給付須可能　三　給付須可能　凡構成契約內容之給付。須屬可能。若以不能之給付為契約之標的（即內容）者。其契約無效。（二四六條一項本文德民三〇六條）不生何等效力。蓋以既屬不能。自不得強行也。

給付不能係指自始不能

1 自始不能 茲所謂給付不能。係指自始不能而言。卽謂訂約當時。原屬不能也。若後發不能。卽訂約以後所生之給付不能。對於契約之生效。並不妨礙。僅對於業經發生之債權關係。及其效力而已。此之謂後發不能之效力問題。前在第三章第二節第三款之三中。曾經述明。自不在茲所謂給付不能之內。

給付不能係指永久不能

2 永久不能 又茲所謂給付不能。係指永久不能而言。卽謂不僅訂約當時。原屬不能。且繼續不能。無由除去也。以此種給付爲標的之契約。終無由履行。自不宜生效。若一時不能。卽訂約當時。雖屬不能。而其不能情形。嗣後可以除去者。終有得履行之望。自無妨契約之生效。故我民法規定其不能情形可以除去。

不能情形可以除去者契約仍屬有效

而當事人訂約時。並預期於不能情形除去後爲給付者。其契約仍爲有效。（二四六條一項但書德民三〇八條一項）又規定附停止條件或始期之契約。於條件成就或期限屆至前。不能情形已除去者。其契約亦爲有效。（二四六條二項德民三〇八條二項）蓋以其不能。均係一時不能。不妨契約之生效也。

訂約上之過失

3 訂約上之過失 契約因以不能之給付爲標的而無效者。當事人一方。於訂約時明知其不能或可得而知。則對於非因過失而信契約爲有效致受損害之他方當事人。應負賠償責任。（二四七條一項德民三〇七條一項）此卽所謂訂約上之過失。(Culpa in contrahendo)又稱爲消極的契約利益。(Negatives Vertragsinteresse)據此言之。其要點有三。（一）當事人一方。必須有過失。卽訂約時苟明知給付不能。或因過失而不知者。無論爲要約人或承諾人。均應負賠償之責。（二）受害之他方當事人。必須無過失。若他方當事人。亦明知給付不能。或因過失而不知者。雖受損害。並不賠償。（三）賠償請求之範圍。僅限於因信契約有效所受之損害。卽所謂消極的契約利益。（亦稱爲信賴利益）例如訂約費用。準備履行之勞費。另失訂約機會等是。至於積極的契約利益。卽因契約履行可得之利益。則不在此內。

給付一部不能。而契約就其他部分。仍爲有效者。【註一】或依選擇而定之數宗給付中。有一宗給付不能者。【註二】其他方當事人。如因一部不能或一宗不能。致受損害。則準用訂約上過失之規定。由有過失之當事人。負賠償責任。（二四七條二項德民三〇七條二項）

【註一】給付一部不能時。其契約是否有效。據我民法第一一一條之規定以全契約無效爲原則。但除去不能部分。僅就其他可能部分。亦可成立契約者。則契約就其他部分。仍爲有效。並非全契約無效。（二二六條二項德民一三九條參照）

【註二】契約之內容。係預定數宗給付。俾得選定其中一宗給付。以爲履行者。斯爲選擇債權之契約。其數宗給付中。倘有一宗給付。自始不能。則不過選擇債權。縮減範圍。或變爲單純債權而已。（本書下册七八頁參照）原訂契約。仍屬有效。

第三款　契約之確保

第一項　定金

定金之意義

一　定金之意義　定金云者。謂因訂立契約。由當事人一方。交付他方之金錢或其他代替物也。

定金與代替物

定金之交付。多以金錢。而其他代替物。亦無不可。惟不代替物。則不得以交付定金。就收受定金當事人。因其過失。致契約履行不能時。應加倍返還之規定觀之。其理甚明。又定金之授受。買賣居多。惟各種交易。咸得行之。並非限於買賣。始可授受定金。【註一】再定金之交付。因有後述種種目的。但主要目的。在確保契約之成立及履行。故編入契約確保之內。

定金之名稱

定金之授受。不無另以訂約金或保證金之名稱者。苟當事人之意思。係屬定金之授受。則不論使用何種名稱。仍應適用定金之規定。

【註一】　考各立法例。(1)有將定金規定於債法之買賣中者。如法民日民是。(法民一五九〇條月民五五七條)蓋以授受定金。買賣居多。因規定於買賣中。而使其他有償契約準用之。(2)有將定金與違約金。共同規定於債法之通則或契約中者。如我民德民瑞債俄民是。(我民二四八條二四九條德民三三六條至三三八條瑞債一五八條俄民一四三條)蓋以授受定金。在各種交易。咸得行之。故規定於通則中。使均得適用也。

定金之種類

二 定金之種類 定金因交付之目的不同。而其性質亦異。就通常交易上所得發生者言之。其種類大別爲四。(1)成約定金。謂以定金爲契約成立之要件。因收受定金。而契約卽認爲成立也。【註二】(2)證約定金。謂以定金爲訂立契約之證據。卽因交付定金。以證明契約之成立也。【註三】(3)違約定金。謂以定金爲契約不履行之損害擔保。卽定金付與人。不履行契約時。定金收受人。卽得予以沒收也。【註四】(4)解約定金。謂以定金爲留保解除權之代價。卽定金付與人。得拋棄定金。以解除契約。而定金收受人。亦得加倍返還。以解除契約也。【註五】以上各種定金。固不相同。但違約定金解約定金等類。其交付多在訂約之時。就當事人之意思解釋之。亦可謂兼有成約定金或證約定金之性質。

【註二】 德意志古法。採成約定金。降及繼承羅馬法。此項觀念。始歸廢止。

【註三】 羅馬法採證約定金。德意志普通法。繼承其制。近世各立法例。亦多倣之。如德民(三

三六條）瑞債（一五八條）奧民（九〇八條）等是。俄民亦定爲證約定金兼違約定金。（俄民一四三條）

【註四】羅馬法之證約定金。學者多謂兼有違約定金之性質。俄民所定定金。亦兼有證約定金違約定金兩種性質。前經述明。

【註五】多數立法例。均以解約定金。非定金通常應有之效力。必須當事人特別約定時。始有此項效力。如羅馬法。德民（三三六條）瑞債（一五八條三項）奧民（九〇九條）俄民（一四三條三項）等是。惟法民（一五九〇條）日民（五五七條）則定解約定金。爲定金之通常性質。毋庸經當事人之特約。

定金契約與主契約

三　定金之成立　定金之成立。必須有定金契約。其由交付定金所訂立之契約。則稱爲主契約。定金契約之成立要件。於一般要件外。更須具備特別要件。玆述於左

1　當事人間於定金之交付。須經合意。其所用名稱若何。並非所問。前經述明。

定金契約為要物契約

2　定金契約之成立。於合意外。更須交付定金。故定金契約。為要物契約。必須交付定金。始臻成立。

定金交付之時期

定金交付之時期若何。因定金之種類而異。成約定金。為主契約成立之要件。其定金之交付。必須於訂約時為之。證約定金。乃以證明主契約之成立及其成立時期。通常亦須於主契約成立時。即行交付。但違約定金及解約定金。就其交付目的言之。不必限於主契約成立時。即行交付。且既須交付。至少須移轉占有。且以移轉所有權者居多。

定金契約與主契約共其運命

3　定金之交付。係因訂立契約。故定金契約。為從契約。必須有由交付定金所訂立之主契約。然後定金契約。始能成立。如主契約無效或被撤銷時。則定金契約亦不成立。又主契約如因解除或其他原因歸於消滅時。則定金契約亦歸消滅。

定金之效力

四　定金之效力　定金之效力。我民法第二四八條第二四九條。業經明定。茲分別說明之。

訂約時之成約定金

1 訂約時定金之效力　訂約當事人之一方。由他方受有定金時。其契約視爲成立。（二四八條）即以定金之交付。爲主契約之成立要件。其定爲成約定金。已無疑義。

訂約後定金之處理

2 訂約後定金之效力　主契約成立後。原付定金。究應如何處理。在當事人間。定有特約者。從其特約。如無特約。則法律上設有左列準則規定。（二四九條一項）

契約履行時之處理方法

甲　契約履行時。定金應返還或作爲給付之一部。（二四九條二項）蓋成約定金。不過爲主契約之成立要件。並非債務人所應給付之一部。故主契約履行時。定金收受人。應返還其定金。但當事人亦得以定金。作爲給付之一部。

因定金付與人過失履行不能時之處理方法

乙　契約因可歸責於付定金當事人之事由。致不能履行時。定金不得請求返還。（二四九條三項俄民一四三條二項前段）蓋主契約之履行不能。係出於定金付與人之過失。故所付定金。應視爲損害之法定賠償額。不得請求返還。惟定金收受人。於沒收定金外。尚有損害時。是否更得請求賠償。難免爭議。竊謂除當事人另有特別訂定

定金與損

害賠償

外。定金收受人。僅可沒收定金。不得更請求損害賠償。【註六】蓋沒收定金。係以爲履行不能之損害賠償法定額。非以爲強制履行之違約金也。（二二六條二五〇條二項參照）

【註六】俄民一四三條二項後段。規定就契約不履行負責之當事人。除有反對訂定外。對於他方當事人。於定金外。更應賠償損害。此項規定。恰與予所主張相反。以我民無此項明文。自難採同一解釋也。

因定金收受人過失履行不能時之處理方法

丙 契約因可歸責於受定金當事人之事由。致不能履行時。該當事人應加倍返還其所受之定金。（二四九條四項俄民一四三條二段中段）蓋主契約之履行不能。係出於定金收受人之過失。故應以加倍返還定金。視爲損害之法定賠償額也。惟定金付與人於領受定金之加倍返還外。尙有損害時。是否更得請求賠償。其情形與前述乙項相同。玆不再贅。

因事變履

丁 契約因不可歸責於雙方當事人之事由。致履行不能時。定金應返還之。（

二四九條五項）蓋主契約之履行不能。在當事人雙方。均無過失時。其雙方當事人。均應免責。（二二五條一項二六六條一項）原訂契約。自歸終了。而所付定金。已無給付原因。且雙方均無過失。亦不發生損害賠償問題。故應返還定金。

行不能時之處理方法

以上所述。為我民法所定之效力。但此項法規。為準則規定。定金之授受。究係何種效力。仍應解釋當事人之意思。以資決定。故當事人對於定金。另行訂定他種效力者。（如證約定金解約定金等）仍從其所定。再我民法關於契約之履行遲延或給付不完全時。原付定金。究應如何處理。未設規定。自應分別適用第二三一條至第二三三條並第二二七條之規定。但當事人另有訂定者。亦從其所定。

第二項　違約金

何謂違約金

一　違約金之意義　違約金云者。謂由當事人約定於債務人不履行債務時。使債務人應支付一定金額也。（二五〇條一項並參照德民三三九條）即以違約金為債務不履行之懲罰。間接強制債務之履行。以確保契約之效力。故亦編入契約確保之內。

專指有懲罰性質之違約金而言

1　我民法所定違約金。其性質有二。卽一爲固有之違約金。含有懲罰的制裁之性質。二爲賠償額之預定。含有預定損害賠償額之性質。兩者應嚴予區別。不可混同。所謂賠償額之預定。在第三章第十節第四款第二項內。業經詳述。（本書上冊一〇二頁以下）而本項內所稱違約金。則專指固有之違約金而言。當事人所定違約金。究係以何種性質。應依當事人之意思決之。倘當事人未予訂定。則視爲因不履行所生損害之賠償總額。（二五〇條二項本文）卽視爲賠償額之預定是也。

準違約金

2　違約金之約定。通常多約以金錢支付。此卽所以稱爲違約金也。但亦有約定違約時。應爲金錢以外之給付者。學者之間。或以其準用違約金之規定。稱爲準違約金。（二五三條德民三四二條）或以其範圍較廣。稱爲廣義違約金。

違約金亦有約向第三人支付者

3　違約金之支付。通常多約向債權人支付。但非以向債權人爲限。亦有約向第三人支付者。例如約定違約人須向孤兒院爲一定捐助是。

違約金契約

二　違約金與主債務　違約金之性質。既爲債務不履行之懲罰。必須有主債務之存在。然後始能約定違約金。此約定違約金之契約。謂之違約金契約。

1　違約金契約。爲從契約。故(一)主債務無效時。違約金契約。無由成立。(二)主債務消滅時。違約金債務。亦歸消滅。(三)主債權移轉時。違約金亦原則上隨同移轉。

2　違約金契約。爲附停止條件之契約。卽以主債務不履行爲停止條件。如主債務履行時。則因條件之不成就。違約金契約。不生效力。若主債務不履行時。則因條件之成就。違約金契約。發生效力。自得請求違約金之履行矣。

3　違約金之約定。非必限於契約所生之債務。雖就單獨行爲或法律規定所生債務。亦不妨約定違約金。

不眞正違約金

4　違約金固爲債務不履行之懲罰。但有所謂不眞正違約金。（或以擬似違約金稱之）卽就法律不得強行之行爲。原無法律上之債務者。亦得約定違約金。以間接強制其遵守也。例如就禁煙禁酒之約束而約定違約金是。惟約定違約金所強制之行為。不得違背公序良俗。否則違約金契約無效。

違約金之效力

三　違約金之效力　違約金之效力。與賠償額預定之效力。頗有異同。茲述於左。

債務全部不履行之違約金

違約金效力與賠償額預定效力不同之點

1　違約金係就主債務全部不履行而約定者　在此情形。固有之違約金。即含有懲罰的性質者。僅以為主債務不履行之懲罰。非以替代主債務之本來給付。故債權人於請求違約金外。並得請求主債務之履行。或其不履行之損害賠償。至於賠償額預定。即含有預定損害賠償額之性質者。則債權人僅得於主債務之履行請求。或預定賠償額之違約金請求。（即賠償額預定之損害賠償請求）擇行其一。蓋以違約金。視為主債務全部不履行之損害賠償總額。（二五〇條二項本文）其違約金之支付。乃以替代主債務之本來給付。故債權人請求賠償額預定之違約金時。不得更請求主債務之履行。亦不得更請求不履行之損害賠償。此即違約金效力與賠償額預定效力不同之點也。

債務不完全履行之違約金

2　違約金係就主債務不完全履行而約定者　所謂債務不完全履行者。言債務人不於適當時期或不依適當方法履行債務也。當事人約定因不完全履行。須支付違約金者。債權人於債務不履行時。除得請求違約金外。並得請求主債務之完全履行。或不完全履行之損害賠償。（二五〇條二項但書）故在此情形。不僅固有之違約金。其效力如此。而賠償額預定之違約金。其效力亦復如此。蓋以賠償額預定之違約金。不過約定賠償不完全履行所生損害。債權人雖併為請求。亦非享受二重利益。此即違約金效力與賠償額預定效力相同之點也。

違約金效力與賠償額預定效力相同之點

違約金與契約解除

3　違約金與解除權之關係　債權人因債務不履行而解除契約時。違約金如為固有之違約金。則違約金契約。應失其效力。蓋以違約金契約。為從契約。主契約既因解除。歸於消滅。故違約金契約。亦應失其效力。債權人不得更請求違約金。僅得依第二六〇條之規定。於解除契約外。更得請求損害賠償而已。至於違約金如為賠償額之預定。則債權人得於解除契約或賠償額預定之違約金請求。（即賠償額預定之損害賠償請求）擇行其一。且解除契約時。尚得依第二六〇條之規定。請求損害賠償。

違約金之減額

4　違約金之減額　違約金固應照約支付。惟約定之違約金額過高者。法院得減至相當之數額。（二五二條並參照第三章第十節第四款第二項註一）以保護弱者。又債務已爲一部履行者。法院得比照債權人因一部履行所受之利益。減少違約金。（二五一條）蓋關於履行部分。防止債權人享受二重利益也。

第四款　契約之解除

第一項　契約解除之性質

契約解除之定義

一　契約解除之意義　契約之解除云者。謂契約當事人一方。行使其本於契約或法律規定所有解除權。以消滅契約所生效力。使於當事人間。與自始無契約發生同一狀態之一方的意思表示也。分析言之。

解除權之行使

1　契約之解除係契約當事人一方行使其本於契約或法律規定所有之解除權。契約之成立。乃出於當事人雙方之合意。自非當事人一方所得任意消滅。必須有解除權之當事人。行使其解除權。始能使原訂契約。歸於消滅。故契約之解除。係出於解除權之行使。至於當事人所有之解除權。有由當事人以契約訂定者。此之謂約定解除權。有由法律規定者。此之謂法定解除權。

解除權之性質

解除權者。得解除契約之權利也。申言之。即由解除權人一方的意思表示。使契約所生效力。歸於消滅之權利也。論其性質。自爲一種形成權。再解除權。係由債權關係而發生。自爲從權利。故解除權不得獨立轉讓。若僅轉讓契約所生債權。或僅轉讓契約所生債務時。解除權亦不得隨同移轉。必須契約所生權義關係全部轉讓時。解除權始當然隨同移轉。蓋以解除權在消滅契約所生全部效力。自屬不可分也。

解除係出

2　契約之解除係出於當事人一方之一方的意思表示　據我民法。雖有解除之原因。並非當然解除。其解除與否。取決於有解除權當事人之意思。故解除乃僅由當事人一方之一方意思表示。即使契約所生效力。歸於消滅。毋庸經他方之同意。

於一方的意思表示

解除之遡及效

3 契約之解除係消滅契約所生效力使與自始無契約發生同一狀態之意思表示也

契約之解除。乃使契約所生效力。全歸消滅。恰與原未訂約之狀態相同。故契約一經解除。其契約所生效力。不僅自解除時起。應歸消滅。並應遡及契約成立時。使自始全歸消滅。此爲契約解除之遡及效。【註一】即解除時。契約所生債務。尚未履行者。僅其債務消滅而已。若契約所生債務。業因履行而爲給付行爲者。因債務自始消滅之結果。原爲給付。已無法律上之原因。其領受給付之當事人。應向他方返還給付。以回復未訂約以前之原狀。此爲回復原狀之義務。

【註一】解除之性質若何。從來學說。大別爲三。(一)直接效果說。謂解除乃使契約所生效力。自始全歸消滅。恰與原未訂約之狀態相同。故債務履行後而始解除者。債務人得以不當得利之理由。請求返還。本書卽採此說。(二)間接效果說。謂解除並非使契約所生效力。歸於消滅。其所生債務關係。仍猶存在。不過因解除結果。對於未履行之債務人。授與拒絕履行之抗辯權。而對於已履行之債務人。則新與以返還請求權而已。(三)折衷說謂契約解除時。其契約所生債務尚未履行者。固使嗣後消滅。但業已履行者。仍猶存在。僅新生返還請求權而已。以上三說。究以第一說爲通說。

解除與其類似者之區別

二　解除與其類似者之區別　解除與其類似者之區別。必須略述。以闡明解除之性質。

解除與撤銷之異同

1　契約之解除與契約之撤銷　解除與撤銷。固均在使契約所生效力。自始全歸消滅。(一一四條一項二五九條)但兩者實有差異。不可混同。卽(一)解除權有法定解除權及約定解除權二種。而撤銷權則僅有法定撤銷權一種。不得以當事人之合意。發生約定撤銷權。(二)契約之解除。多因當事人之一方不履行債務。其解除原因。全爲契約成立後新生之事實。而契約之撤銷。乃因錯誤、詐欺、脅迫等項。其撤銷原因。則爲契約成立時存在之事實。(三)契約之解除。依民法第二五九條之規定。使當事人雙方。負回復原狀之義務。卽僅生債權的效力。僅有應爲返還之義務。而返還義務之範圍。亦由該條特別規定之。至於契約之撤銷。其返還義務之範圍。則依不當得利之規定。倘其履行行爲。(卽給付行爲)並予撤銷時。則更生物權的效力。曾由履行行爲所移轉之權利。當然復歸於原權利人。

契約解除與解除條件之異同

2　契約之解除與解除條件　附有解除條件之契約。因條件成就。失其效力。與契約之解除。使契約所生效力。全歸消滅。固屬相同。但兩者之間。亦不無差異。卽(一)附有解除條件之契約。因條件之成就。當然失其效力。毋庸由當事人表示解除之意思。至於解除權。雖解除原因。業已發生。而行使與否。則隨解除權人之意。若不表示解除之意思。則無由解除。(二)契約之解除。使契約所生效力。自始全歸消滅。有溯及力。而附有解除條件之契約。僅自條件成就時失其效力。苟無特約。並不溯及既往。(三)在契約之解除。其債權人不妨更請求損害賠償。但解除條件。原爲當事人所約定。而其成就。亦爲當事人所預期。縱令因此致受損害。苟無特約。自不得請求賠償。(四)在契約解除。其返還義務之範圍。依民法第二五九條之規定。至於契約因解除條件成就。失其效力時。其返還義務之範圍。則依不當得利之規定。

解除與終止　3 契約之解除與契約之終止　此兩者之區別。俟於本款第六項內論述之。

第二項　解除權之發生原因

法定解除權與約定解除權　解除權之發生原因。共有二種。一爲由當事人以契約訂定者。此之謂約定解除權。二爲由法律規定者。此之謂法定解除權。前經述及。茲更分別詳細說明之。

第一目　契約上之解除(約定解除權)

何謂契約上之解除　契約當事人。得約定保留解除權。其解除權人行使所保留之解除權。以解除契約。斯爲契約上之解除。蓋以契約旣由雙方合意而成立。自得由雙方合意。使歸消滅也。

一　約定保留之時期　解除權之保留。有訂立契約時。卽於約內。約定保留者。亦有訂立契約後。另以契約。約定保留者。在後情形。其契約解除之效力。苟無特約。原則上仍係使契約所生效力。自始消滅。並非僅自特約時起。使歸消滅也。

二　約定保留不限何種契約　故無論雙務契約或片務契約。均得約定其解除權。

三　約定保留不限何方　故有約定使雙方均有解除權者。亦有約定僅使一方獨有解除權者。

四　約定保留之體態　約定保留解除權。得不加限制。使解除權人。得任意行使其解除權。但亦有附加條件或期限。非所約之條件成就。或期限屆至。則不得行使解除權。

五　約定解除權之行使並效果　約定解除權之行使方法及其效果。得由當事人自由定之。若未特別訂定。則適用民法第二五七條以下之規定。

失權約款與保留解除權不同

六　失權約款　契約當事人訂立契約時。有約定債務人如不按期履行。則契約當然解除或失其效力者。此卽所謂失權約款是也。在此情形。毋庸表示解除之意思。而契約當然消滅。故此種特約。不得謂爲保留解除權。僅可解爲以債務不履行。附作契約之解除條件而已。

第二目　法律上之解除(法定解除權)

何謂法律上之解除

解除權之發生。出於法律規定時。當事人一方。行使其本於法律規定所有之解除權。以解除契約。斯爲法律上之解除。蓋法律於一定事實存在時。爲保護當事人計。規定付與解除權也。

一般解除權與特別解除權

一　法定解除權之種類　法定解除權。大別爲二種。(一)一般解除權。乃規定各種契約所共同之解除原因。卽我民法第二五四條至第二五六條所規定者是。(二)特種解除權。乃規定某種契約所特有之解除原因。例如我民法第三五九條第四九四條第四九五條所規定者是。本目所論述者。僅爲一般解除權。至於特種解除權。則於該特種契約內說明之。

一般解除權之種類

一般解除權之發生原因。復大別爲二。卽給付遲延（二五四條、二五五條）及給付不能（二五六條）是也。要之乃以債務不履行。定爲解除權之發生原因。至於不完全給付。亦爲債務不履行之一種。似應準用關於給付遲延及給付不能之解除規定。得解除契約。但我民法第二二七條。關於不完全給付。僅規定債權人得聲請強制執行及請求損害賠償。又別無准予解除契約之規定。就解釋言之。自不得解除契約。（參照第三章第二節第四款之二）

不完全給付非解除之原因

解除多適用於雙務契約

一般解除權之規定。在我民法。於雙務契約及片務契約。均適用之。【註一】惟多適用於雙務契約。而片務契約。則適用之實益較少。蓋在雙務契約。當事人雙方。均互負債務。其債務人給付遲延時。債務人固得請求給付及遲延損害賠償。如有特別情形。得拒絕給付。而請求全部不履行之損害賠償。但債權人自己。亦應爲對待給付。若債權人採取解除契約之手段。則雙方債務。均歸消滅。自己之對待給付。卽因以免除。故解除之實益。在債權人自己之對待給付債務。亦得因以免除。至於片務契約。其債權人並不負對待給付債務。毋庸再用免除。縱令解除契約。不過僅消滅債務人之債務而已。故解除之實益較少。

【註一】德民（三二五條以下）瑞債（一〇七條）均僅就雙務契約。規定法定解除權。其解除權之適用。自僅限於雙務契約。但我民及日民。既未明定雙務契約。自不得採同一之解釋。

因給付遲延之解除

二　因給付遲延之解除權　契約當事人之一方。其給付遲延時（即履行遲延時）債權人得請求聲請債務之強制執行。（二二七條）並請求遲延損害賠償。（二三一條）如遲延後之給付於債權人無利益者。債權人並得拒絕給付。而請求全部不履行之損害賠償。（二三二條）但此等方法。尚未足收完全救濟之效。故民法更付與解除權。務以保護債權人。

普通情形之解除

1　普通之情形　在普通情形。契約當事人之一方遲延給付者。他方當事人得定相當期限。催告其履行。如於期限內不履行時。得解除契約。（二五四條）故此項解除權。須具備左列三項要件。始得行使之。

須給付遲延

甲　契約當事人之一方須給付遲延　所謂給付遲延者。言債務人本能履行。而

延

不於淸償期爲其履行也。必須契約當事人之一方卽債務人。履行遲延時。他方當事人卽債權人。始得解除契約。〔註二〕

一部履行遲延與解除契約

債務人僅爲契約之一部履行。而其他部分履行遲延時。其契約之性質上係可分者。債權人得解除契約之一部。倘非爲契約之全部履行。於債權人無利益者。債權人得因一部履行遲延。而解除全部契約。（二三二條參照）但無此特別情形。債權人仍不得以一部履行遲延爲理由。而解除全部契約。

附隨的債務之履行遲延

債務人須關於構成契約要件之債務。其履行遲延時。債權人始得解除契約。所謂構成契約要件之債務。例如在雙務契約。其雙方互有對價關係之債務是。倘僅附隨的債務履行遲延時。則不得解除契約。必須如斯解釋。始免煩苛。可期公平也。

〔註二〕債務人之給付遲延。是否須有過失。債權人始得解除契約。日民學者。其主張分爲積極消極兩說。且以消極說爲通說。但我民（二三〇條）及德民。（二八五條）既明定債務人之責遲延責任。須有過失。則因給付遲延而解除契約。亦應解為債務人須有過失。自以積極說為當。

須定期催告

乙　他方當事人須定相當期限催告履行　他方當事人即債權人。不得僅因債務人之給付遲延。即予解除契約。必須定相當期限。催告其履行。如於此期限內。仍不履行時。始得解除契約。蓋債務人之給付遲延。固多出於懈怠。但或因事務過忙。或因一時不便。致未為履行者。亦復不少。尚難遽認無履行之意思。若使債權人得即予解除。不僅恐與當事人之意思。兩相背馳。而待遇債務人。亦屬過刻。故法律以更經催告。為契約解除之前提。俾債務人得有履行之機會。

催告期限酌定之標準

所謂定相當期限。催告履行。通常以催告期限稱之。須準據債務之性質及當事人雙方之利害。公平定之。即應就債務人履行必要期間及債權人受領必要期間。兩相併合。斟酌定之。故期限是否相當。乃客觀認定之法律問題。

短期催告之效力

債權人所定催告期限。較相當期限為長者。其催告仍屬有效。蓋以催告期限。乃為債務人之利益故也。但所定催告期限。較相當期限為短者。其催告之效力若何。不無爭論。(一)或謂催告應全然無效。(二)或謂應延長至相當期限。並非無效。竊以第二說為當。蓋以既免債權人再為催告之煩瑣。而亦無傷債務人之利益也。

期前拒絕履行與催告

債務人於清償期前。預行表示拒絕履行之意思時。債權人是否得不經催告。而即行解除契約。不無爭議。竊謂仍須經催告。蓋以在此情形。清償期尚未屆至。僅有不履行之危險。尚無不履行之事實。債權人自不得據以解除契約。且期前雖曾拒絕。而期後再經催告。亦不無履行者。並非毫無實益。故謂仍須經催告。始得解除契約。

清償期前之催告

清償期前。曾預為催告者。嗣後屆清償期。是否須再經催告。始得解除契約。不無爭議。竊謂須再經催告。蓋以對於債務人。須發最後警告。俾獲注意也。

無確定期限債務與催告

在無確定期限之債務。其債務人自受債權人之催告時起。負遲延責任。此爲民法第二二九條二項所明定。如債權人因欲解除契約。依民法第二五四條爲催告時。此項催告。卽一面生契約解除要件之效力。而他面復生債務人遲延之效力。毋庸重爲催告矣。

雙務契約之履行提出與催告

在雙務契約。其債務人有同時履行之抗辯時。(二六四條)債權人之爲催告。是否須將自己之履行提出。不無爭議。(一)或謂須將自己之履行提出。蓋以債權人若不提出自己之給付。則債務人必援用同時履行之抗辯。終使催告。失其效力。非提出自己之給付。再爲催告。究無從解除契約也。(二)或謂無須將自己之履行提出。蓋以同時履行之抗辯。僅爲債務人可援用之抗辯。並非債權人請求履行之前提也。竊以第一說爲當。

須於催告期內不履行

(丙)須債務人於相當期限內不爲履行　故債務人於催告期內。已履行債務。或已爲履行之提出。則解除權。卽歸消滅。不得復行使矣。

定期行爲之解除

2 定期行爲之情形 依契約之性質或當事人之意思表示。非於一定時期爲給付。不能達契約之目的。而契約當事人之一方。不按照時期給付者。他方當事人。得不爲前條之催告。解除契約。(二五五條)故定期行爲之契約。如具備所定解除權之要件時。債權人得不經催告而解除契約。此卽與普通情形所以異也。玆述其要件於左。

不經催告而解除契約

甲 契約之內容須爲定期行爲 所謂定期行爲者。言以一定時期。爲履行期。(卽給付時期亦稱爲淸償期)且爲契約要件。而過期履行。則不能達契約之目的也。定期行爲。得分二種。絕對的定期行爲及相對的定期行爲是也。契約之爲定期行爲。依契約之性質而決定者。斯爲絕對的定期行爲。卽給付性質上。非於一定時期履行。不能達契約之目的。如過期履行。則失其本來之價値者。例如趕上一定時刻之校課而包賃汽車。又如定期宴客而包訂酒席。又如定期收殮而定購棺木。又如夏季避暑。而租賃海岸別莊等是。契約之爲定期行爲。依當事人之意思而

須爲定期行爲

絕對的定期行爲

相對定期行爲

決定者。斯爲相對的定期行爲。卽給付性質上。並非不能過期履行。但當事人之意思。將定期履行。定爲契約要件，非於一定時期履行。不能達契約之目的者。例如買受人因欲於一定時期轉賣他人。而與出賣人約妥定期交貨。又如買賣市價漲落無常之貨物。約妥定期交貨等是。所謂不能達契約之目的者。言不能貫澈債權人所以結約之理由。使享受利益也。此等定期行爲。過期履行。於債權人。旣無利益。自毋庸再催告履行。故得不經催告而解除契約。

須不按期履行

乙　須當事人之一方不按照時期給付　當事人之一方卽債務人。如不按照原定履行期。履行其債權時。債權人得解除契約。故一經過期。債權人卽得解除契約。毋庸再經催告。程序較簡。而解除亦較早矣。【註三】

【註三】　考我國舊商行爲草案（四二條）及日商法。（二八七條）其商事定期買賣契約。債務人不履行而逾期者。債權人如不卽時請求履行。卽視爲解除契約。自毋庸聲明解除。而自行解除。其程序更較單簡。蓋以期符合商業上之迅速生義也。

因給付不能之解除

三　因給付不能之解除　因可歸責於債務人之事由。致給付不能者。債權人得解除契約。（二二六條二五六條）此項解除權。如具備所定要件。債權人得不經催告而解除契約。蓋以給付不能。雖經催告。亦屬無益。自應解為毋庸經催告之程序。茲述其解除要件於左。

須給付不能

1　須給付不能　茲所謂給付不能。指後發不能而言。論其種類。得分為二。給付全部不能及給付一部不能是也。契約之解除。亦因此不同。

全部不能與解除

甲　給付全部不能與契約解除　因可歸責於債務人之事由。致給付全部不能者。債權人得解除全部契約。（二二六條一項二五六條）蓋以債權人既不能達結約之目的。自應許其解除契約也。在給付全部不能時。債權人固得請求損害賠償。但在雙務契約。債權人自己。仍應為對待給付。因使債權人得解除契約。以免除自己之對待給付。上述損害賠償請求及解除契約二種手段。由債權人選擇行之。

一部不能

乙　給付一部不能與契約解除　因可歸責於債務人之事由。致給付一部不能者

與解除

。如其給付。係屬可分時。債權人不得解除全部契約。僅得就給付不能部分。解除契約之一部而已。蓋以其他給付可能部分之履行。尚足以達結約之目的。使債權人享受利益也。惟其他給付可能部分之履行。於債權人無利益時。債權人仍得解除全部契約。（二二六條二項二五六條）在給付一部不能。債權人本得就給付不能部分。請求損害賠償。如其他給付可能部分之履行。於債權人無利益時。更得請求全部不履行之損害賠償。上述損害賠償請求及契約解除二種手段。亦由債權人選擇行之。

須債務人有過失

2 給付不能須因可歸責於債務人之事由　蓋以因不可歸責於債務人之事由。致給付不能者。債務人免其給付義務。（二二五條）如為雙務契約。更生危險負擔問題。（二六六條）均不屬於契約解除之範圍。

期前不能與解除

3 清償期前之給付不能與契約解除　清償期前已發生給付不能情事者。能否即予解除。抑或須待至清償期屆至時。始可解除。不無爭議。竊謂永久不能者。得卽予解除。如係一時不能者。則須待至淸償期屆至時。始得解除。

第三項　解除權之行使

解除權行使方法之二主義

一　解除權行使方法之主義　解除權行使之方法。考各立法例。共有二種主義。（一）須依審判上之方法者。如法民法。其法律上之解除。在雙務契約。必須提起訴訟。經法院之判決。（法民一一八四條）意民（一一六五條）西民（一一二四條）亦同。（二）以解除權人一方之意思表示而解除契約者。如德民（三四九條）日民（五四〇條一項）無論法律上之解除或契約上之解除。均得以解除權人一方之意思爲之。第一主義。程序繁重。時日遷延。故我民法亦採第二主義。以意思表示爲之。

解除之意思表示

二　解除之意思表示　解除權之行使。應向他方當事人以意思表示爲之。（二五八條一項）卽僅由解除權人一方。以意思表示。解除契約。毋庸經他方之同意。但須向契約之他方爲之。且須因達到於他方而生效力。（九五條並參照一一六條二項）至於解除契約意思表示之方法。並無限制。無論口頭書面或其他適宜方法。均無不可。又在審判上。亦不妨行使解除權。以爲攻擊或防禦之方法。

解除之意思表示不得撤回

三　解除之意思表示不得撤回　解除契約之意思表示。不得撤回。（二五八條三項）蓋解除乃使契約所生效力。全歸消滅。雖予撤回。究不能使業經消滅者。再行復活。且僅由當事人一方之意思。自由左右契約之運命。使法律關係。久懸不定。亦有傷他方之利益。故不許撤回。唯當事人不妨另訂同一內容之新契約。以存續原有之法律關係。

當事人一方有數人時之意思表示

四　當事人一方有數人時之意思表示　契約當事人之一方有數人者。解除之意思表示。應由其全體或向其全體爲之。（二五八條二項）即解除權人有數人時。應由其全體爲意思表示。或他方有數人時。應對其全體爲之。蓋以數解除權人中之一人。獨自解除契約。又或僅對於他方數人中之一人。行使解除權。必至關係複雜。殊多不便。故規定應由其全體或向其全體爲之。通常以解除權不可分原則稱焉。惟所謂應由其全

體或向其全體爲之者。非必限於同時爲之。而先後爲之。亦無不可，

附條件解除之意思表示

五　附條件解除之意思表示　契約解除之意思表示。是否得附條件。我民法並未如抵銷。設有不可附條件之特別規定。（三三五條二項）故附以他方不利之條件。固屬不可。而於他方無所謂不利之條件。則不妨附之。例如附以催告期限內如不履行。則視同解除之條件是。

第四項　解除之效果

解除之主要效果

契約之解除。乃消滅契約所生效力。使與自始無契約。發生同一狀態。此爲解除之主要效果。前經述及。玆更分別詳述其效果。

原狀回復之義務

一　原狀回復之義務　契約解除時。當事人雙方。負回復原狀之義務者。此之謂原狀回復之義務。（二五九條參照）惟解除契約。非必均發生原狀回復之義務。玆述其適用情形於左。

尙未履行者不發生原狀回復之義務問題

1　當事人尙未履行者　契約僅已成立。而當事人尙未履行其債務時。不過因解除而消滅契約所生效力。卽使契約所生債權債務關係。自始全歸消滅。債權人失其債權。債務人免其債務而已。原未給付。何用返還。故當事人間。毫不發生原狀回復義務之問題。

業因履行而爲給付行爲者發生原狀回復之義務

2　當事人業因履行而爲給付行爲者　當事人因履行其債務之全部或一部。已爲給付行爲時。因契約解除。致失所以爲其給付之原因。依不當得利之原則。自得請求返還。然其請求返還。民法另設第二五九條之規定。使據以回復原狀。並不依不當得利所設第一八一條及第一八二條之規定。蓋契約解除所生之返還義務。其原理固本諸不當得利之法則。但在不當得利。其返還目的。在使受益人返還其所受利益或現存利益。他方之財產上狀態。是否因此回復原狀。並非所問。而在契約解除。其返還目的。則在使他方之財產上狀態。回復未結約以前原狀。此兩種返還義務之範圍。自不能一律處理。故民法另使依第二五九條之規定。

解除僅生債權的效力

契約之解除。不過僅生原狀回復之義務而已。故解除僅生債權的效力。並不生物權的效力。蓋債權契約。與履行該契約之給付行爲。彼此獨立。卽債權契約因解除消滅時。給付行爲。並不因此失其效力。不過給付行爲。致失所以爲其給付之原因。原領受人負應爲返還之義務耳。例如先訂買賣契約。復因履行該買賣契約。而爲移轉其買賣標的物所有權之物權契約。嗣後買賣契約。雖解除消滅。而所有權之移轉契約。並不因此無效。業經移轉之所有權。仍屬於買受人。並非卽歸於原權利人。不過所有權移轉契約。因買賣契約之解除。致失所以移轉之原因。買受人對於原權利人。負移轉所有權之債務而已。縱令買受人將所取得之標的物。更讓與他人。或設定他物權。嗣後買賣契約始行解除。而第三人取得之權利。亦毫不受其影響。故謂解除僅生債權的效力。並不生物權的效力。

返還義務之範圍

二　原狀回復時返還義務之範圍　當事人雙方。因契約解除。負原狀回復之義務時。其返還範圍。依左列之規定。但法律另有規定或契約另有訂定者。仍從其規定或

訂定。（二五九條德民三四六條三四七條）

給付物之返還

1 給付物之返還　由他方所受領之給付物。應返還之。（二五九條一款）故原所受領之給付物。爲特定物時。應返還原物。爲不特定物時。得以同種同質同量之物而返還之。如爲移轉之權利時。則須將其權利。復移轉於原權利人。

返還金錢應附加利息

2 返還金錢與法定利息　受領之給付爲金錢者。應附加自受領時起之利息償還之。（二五九條二款）蓋以金錢無論在何人手中。均得利用金錢。收取普通利息。假使仍在他方手中。自可仍收此項利息。故受領之給付爲金錢者。不僅應返還同量之金錢。並應自受領時起。附加利息。始得完全回復原狀。而利息之計算。則依法定利率。故稱爲法定利息。

勞務或物的使用之償還價額

3 勞務或物的使用之償還價額　受領之給付爲勞務或爲物之使用者。應照受領時之價額。以金錢償還之。（二五九條三款）蓋以在勞務之給付或物之使用。無由返還原物。故將因其勞務或物的使用所可得利益。按受領時之價格。估計金錢額數。以返還之。

孳息之返還

4 孳息之返還　受領之給付物。生有孳息者。應返還之。（二五九條四款）蓋假使給付物。仍在他方手中。自仍可收取此項孳息。必須一併返還孳息。始得完全回復原狀。故凡收取之孳息。在解除時現存者。卽以返還。倘已消費者。則按收取時之價格。以金錢償還之。

必要費或有益費之返還

5 必要費或有益費之返還　就返還之物。已支出必要或有益之費用。得於他方受返還時所得利益之限度內。請求其返還。（二五九條四款）蓋原狀回復。不過回復未訂約以前之原狀。其返還原所受領之給付物。僅於受領當時之狀態而已足。至於受領人所支出之必要費或有益費。乃造成現時之狀態。倘因此結果。現時狀態。較優於受領當時狀態。則實已逾越原狀回復之範圍。故得向他方（卽相對人）請求返還其費用。惟請求返還之範圍。則以他方受返還給付物時所得利益爲限度。非以受領人所支出費用之實額爲標準。

返還物毀損滅失時之價額償還

6　返還物毀損滅失時之價額償還　應返還之物。有毀損滅失或因其他事由。致不能返還者。（所謂其他事由例如原物已讓與他人是）應償還其價額。（二五九條六款）蓋以在此情形。既不能返還原物。自應按受領時之價格。估計金錢額數。以償還之。至受領人不能返還之原因。如毀損滅失等。是否出於過失。則非所問。蓋以此項償還價額之義務。乃使他方之財產上狀態。得回復未訂約以前原狀。受領人雖無過失。亦應盡其原狀回復之義務也。

此外契約之訂約費及履行費。其當事人雙方。對於相對人。應否返還。我民法雖無明文規定。但必須返還。始得完全回復原狀。自應解爲應予返還。

契約解除與損害賠償之併存比較法制

三　契約解除與損害賠償之併行

1　比較法制　契約當事人之一方。因他方債務不履行。（給付不能或給付遲延）而解除契約時。是否併得請求損害賠償。各立法例。殊不一致。大別爲三。(一)債權人僅得於契約解除與損害賠償之請求。擇行其一。倘已解除契約。則不得併行請求損害賠償。德民（三二五條三二六條）採之。夷考厥由。蓋以因債務不履行所生之賠償義務。不過本來債務之變形或擴張而已。其本來債務。既因解除契約。歸於消滅。則賠償義務。亦應消滅。故不得併行請求損害賠償。(二)債權人解除契約時。得併行請求因債務不履行所生之損害賠償。法民（一一八四條二項）意民（一一六五條）採之。夷考厥由。蓋以解除契約。不過回復未訂約之狀態。而曾因債務不履行所生之損害。尚未塡補。不能充分保護債權人。故使債權人於解除契約時。得併行請求因債務不履行所生之損害賠償。(三)債權人解除契約時。得併行請求因契約消滅所生之損害賠償。瑞債（一〇九條二項）採之。惟所謂因契約消滅所生之損害賠償。乃消極的契約上之損害賠償。非請求因債務不履行所生之損害賠償。自與法民不同。故不過賠償債權人因預期契約有效成立所受之損害而已。尚未足以充分保護債權人。

我民法上損害賠償應解爲債務不履行

2 我民法上損害賠償之性質 我民法第二六〇條。倣日民法。規定解除權之行使。不妨礙損害賠償之請求。（參照日民五四五條三項）據此規定。債權人解除契約時。得併

之損害賠償

行請求損害賠償。惟其請求損害賠償之性質若何。在日民法學者。或謂爲因債務不履行所生之損害賠償。卽與法民相同。或謂爲因契約解除所生之損害賠償。卽預期契約完全履行所受損害之賠償是也。此兩學說。以前說爲通說。本書採日通說。解爲債權人解除契約時。得併行請求因債務不履行之損害賠償。蓋以我民法第二六〇條所定不妨礙損害賠償之請求者。並非另定因契約解除所生之新賠償請求權。乃使因債務不履行所生之舊賠償請求權。不因解除。失其存在。仍得請求而已。且契約解除。雖使契約所生債權債務。自始全歸消滅。而因債務不履行所生損害之事實。決非因此消滅。故爲充分保護債權人計。使曾經發生之損害賠償請求權。仍猶存續。亦非無理由。

損害賠償之範圍

3　損害賠償之範圍　民法第二六〇條所定之損害賠償。旣解爲因債務不履行所生之損害賠償。其賠償範圍。自應依一般損害賠償之法則卽民法第二一六條定之。凡債權人因債務不履行所受損害及所生利益。均得請求。惟在雙務契約。債權人因契約解除。免除自己之債務者。應依損益相抵之法則。自損害額中。扣除其因免除所受利益。以定賠償額。

雙方亦有互負賠償義務者

4 雙方亦有互負賠償義務者　享有損害賠償請求權者。通常固多為解除權人。但其相對人。亦不無享有之時。例如甲給付遲延後。復因可歸責於乙之事由。以致給付不能。甲據以解除契約時。甲固得以給付不能。向乙請求賠償。而乙亦得以給付遲延。向甲請求賠償是。

相互義務準用雙務契約之規定

四　相互義務準用雙務契約之規定　當事人雙方因解除契約。互負回復原狀之義務或互負損害賠償之義務時。其相互義務之關係。恰與雙務契約之關係相同。故使準用雙務契約中同時履行抗辯及危險負擔問題之規定。（二六一條德民三四八條）

第五項　解除權之消滅

曾經發生之解除權。因種種原因。復歸消滅。其主要者如左。

解除權行使之催告

一 解除權行使之催告 解除權之行使。未定有期間者。他方當事人得定相當期限。催告解除權人於期限內確答是否解除。如逾期未受解除之通知。解除權即消滅。（二五七條德民三五五條） 按解除權之行使。定有期間者。此之謂解除權之存續期間。如期內不行使。則因逾期而消滅。至於解除權之行使。未定有期間者。解除權之消滅。永無確期。而他方當事人之地位。亦久懸不定。故使得由催告。以資確定。

給付物之毀損滅失或其他返還不能

二 給付物之毀損滅失或其他返還不能 有解除權人。因可歸責於自己之事由。致所受領之給付物有毀損滅失或其他情形。不能返還者。解除權消滅。（二六二條前段德民三五一條）

茲更分析言之。

1 所謂有解除權人者。非僅指現有解除權之人而言。將來可取得解除權之人。亦包含之。例如由契約受領特定之給付物者。在約定解除權未發生以前。滅失其物時。雖實際上尚未有解除權。亦應解為適用本條之規定是。

2 所謂毀損者。言毀損程度較重。若以原物返還。則難達原狀回復之目的也。

（德民三五一條參照）所謂不能返還者。則因原物之滅失侵奪等項。不能返還者。以及因輾轉他人或爲他人設定權利。不能收回而返還者。均包含之。按應返還之物有毀損滅失或因其他事由不能返還者。固得償還其價額。（二五九條六款）但償還價額於他方。其所受利益。未必與返還原物相等。故法律更認解除權之消滅。以保護他方當事人。

3 所謂因可歸責於自己之事由者。指解除權人之故意過失而言。故必須因解除權人之故意過失。以致返還不能者。解除權始歸消滅。若雖有返還不能情事。而非出於解除權人之故意過失者。解除權並不消滅。

加工或改造之變更種類

三 給付物之變更種類 有解除權人。因加工或改造。將所受領之給付物。變其種類者。解除權亦歸消滅。（二六二條後段德民三五二條）茲分析言之。

1 所謂加工或加造。必須其程度。已至變更其物之種類。解除權始歸消滅。若尙未至變更種類之程度。則解除權並不消滅。

2　其加工或改造。是否須出於故意過失。難免疑義。竊以前述返還不能。係以故意過失。爲解除權消滅之要件。則加工或改造。亦必須以故意過失。爲解除權消滅之要件。然後兩相比照。始克公允。

解除權之拋棄　四　拋棄　解除權既係形成權。自爲財產權之一種。依財產權之一般原則。自得由解除權人。以其一方意思表示。拋棄解除權。使歸消滅。

行使　五　行使　解除權一經行使。自歸消滅。

履行或履行之提出　六　履行或履行提出　在因給付遲延之解除權。如他方於解除權人未爲解除之意思表示以前。依債務之本旨。履行債務。或爲履行之提出。則解除權因其發生原因。已不存在。應歸消滅。惟約定解除權。雖有履行或爲履行之提出。非必卽歸消滅。其消滅與否。應依解除權成立之原因契約定之。再因給付不能之解除權。以無從履行。更不生此問題。

第六項　契約之終止

何謂終止

一　契約終止之意義　契約終止。亦稱爲解約。乃使契約所生效力嗣後消滅之意思表示也。申言之。卽截止契約關係。使嗣後不存續也。凡繼續的契約關係。如租賃、使用借貸、委任、寄託等契約。欲截止其繼續關係。卽得據約定或法定之終止權而終止之。

終止權爲形成權

1　終止爲形成權　終止權之行使。亦應向他方當事人。以意思表示爲之。（二六三條二五七條一項）且僅由終止權人一方的意思表示。卽使契約所生效力。嗣後消滅。毋庸經他方當事人之同意。論其性質。自係形成權。

終止之效力

2　終止之效力　終止僅使契約所生效力。嗣後消滅。與解除之自始消滅者不同。自不發生原狀回復之義務。至於終止時。得併行請求損害賠償。則與解除時無異。（二六三條二六〇條）

終止與解除之區別

二　終止與解除之區別　解除之效力。在使契約所生效力。自始消滅。俾發生未訂約之同一狀態。其已為給付行為者。因喪失所以給付之原因。應依不當得利之原則。更發生原狀回復之義務。至於終止之效力。則僅使契約所生效力。嗣後消滅。而以前之債權債務關係。並不受其影響。均係仍舊。自不生原狀回復之義務。故終止權非解除權之一種。不可混同。

終止準用解除規定之範圍

三　終止準用解除規定之範圍　終止雖與解除不同。但行使方法及併行請求損害賠償。則大致相同。故第二五八條及二六〇條之規定。於當事人依法律之規定終止契約者準用之。（二六三條）

第五款　雙方契約之效力

第一項　總說

雙務契約之意義及其效力

一　雙務契約之意義及其效力　雙務契約者。雙方當事人互負有對價關係的債務之契約也。故雙務契約之效力。即在使雙方當事人。互負債務。互有債權。而其債權債務。並須立於對價關係也。所謂對價。即與他方財產的給付相交換之財產上利益也。

雙務契約之目的在交換利益

故雙務契約之目的。在雙方交換財產的利益。若夫契約之效力。雖使雙方均負債務。而其債務未立於對價關係者。並非雙務契約。在上冊中。業經述明。(見上冊二六頁以下)

雙方之牽連性

二　雙務契約上債權債務之相互關係　在雙務契約。雙方當事人互負債務。互有債權。此方債權與他方債權之間。其關係若何。即有無牽連性。從來頗有爭議。【註一】茲就我民法之解釋分別述之。

【註一】　在雙務契約。此方債權與他方債權之間。其關係若何。從來學說。大別爲三。(一)謂雙方債權之發生。係本於一個契約。自屬不可分離。故各債權不得獨立存在。一方債權如不發生。則他方債權亦不發生。又各債權亦不得獨立行使之。(二)謂雙方債權彼此獨立。不相牽連。故各債權得各自獨立行使。又一方債權雖已消滅。而他方債權。并不因此消滅。（三）謂雙方債權係二個對待債權。僅就其發生言之。雙方債權之發生。係本於一個契約。且有對待關係。自屬不可分離。應互相牽連。及其發生以後。則各自獨立。以各當事人之給付義務。乃應履行契約所生之債務。非因他方亦爲對待給付。但在雙務契約。其雙務給付。有交換利益之目的。若完全獨立。毫不牽連。則或致一方徒爲給付。而不能取得他方之對待給付。又或致一方方免除給付。反無償取得他方之對待給付。未免不平。故爲公平計。於行使及消滅。亦應認有相當之牽連性。上述數說中。以第三說爲通說。

發生上必有牽連性

1　關於發生者　雙務契約所生之雙方債務關係。其發生應有牽連性。卽各當事人所以負擔債務之原因。在他方亦負擔對待債務。彼此立於對待關係。必須互負債務。以交換利益。一方之債務既不發生。則他方之債務亦不應發生。且雙方債務之發生。係本於一個契約。其契約有效。自發生雙方債務。其契約無效。則全不發生。決無僅發生一方債務之理由。故一方之債務。因無能力或因其給付違法或自始不能致契約無效不得發生時。則他方之債務亦無由發生。又因能力欠缺、未得法定代理人允許。或因意思表示之瑕疵、業經撤消。致契約不生效力、或自始無效者亦同。

發生後原則上無牽連性

2 關於發生以後者　雙務契約所生之雙方債務。於其發生以後。應各有獨立性。幷非如發生之不可分離。蓋以各當事人之給付義務。乃因應履行契約所生之債務。非因他方亦爲給付。故雙方債務應各有獨立性。惟雙方給付有交換利益之目的。若完全獨立。毫不牽連。難免發生不平之結果。故爲公平計。於其履行及存續上。亦應認有相當之牽連性。

履行上之牽連性

甲 履行上之牽連性　雙務契約當事人之一方。於他方當事人未爲對待給付前。得拒絕自己之給付。此之謂同時履行之抗辯。(二六四條一項)乃於履行上認有牽連性也。

存續上之

乙 存續上之牽連性　雙務契約當事人之一方。其債務消滅時。他方之債務是

牽連性

否亦因而消滅。此爲存續上有無牽連性之問題。我民法第二六六條於危險負擔問題中。明定有牽連性。即因不可歸責於雙方當事人之事由。致一方之給付不能者。他方之對待債務。亦因而消滅是也。

存續上之無牽連性者

按雙務契約所生之雙方債務。於其發生後。既各有獨立性。故一方之債務消滅時。他方之債務。非必均因而消滅。卽如一方之債務。因淸償、提存、抵銷等方法而消滅時。他方之債務幷不因而消滅是。蓋以他方已得滿足。而自己尚未滿足。若隨同消滅。未免不平。又如當事人之一方因可歸責他方之事由致給付不能者。因免除自己之給付義務。而他方之對待債務。則不因而消滅是。（二六七條）

第二項　同時履行之抗辯

何謂同時

一　同時履行抗辯之性質　同時履行之抗辯。亦稱爲債務不履行之抗辯。卽在雙務

履行

契約、各當事人於他方當事人未爲對待給付前、得拒絕自己給付之權利也。蓋雙務契約之兩債務。係以交換利益之目的。互負債務。故須認有牽連關係。俾交換履行。始臻公平。歐美各立法例。莫不皆然。咸以同時履行之法則稱焉。

同時履行法則之二主義

1　同時履行法則之二主義　各立法例所認牽連關係之程度。則有寬嚴二種主義。（一）以自己給付爲請求他方給付之前提要件。即雙務契約之一方。必須自己已爲給付或已提出給付。然後始得向他方請求給付。瑞債（八二條）與民（一五二條）英國判例皆採之。法民之解釋亦同。（法民一一八四條一六一二條參照）在此主義。原告若不主張并證明自己已爲給付或已提出給付之事實。則法院應即以職權駁回原告之請求。其所認牽連性。較爲嚴重矣。（二）僅以同時履行之抗辯作爲一種抗辯權。即雙務契約之一方。可將自己對他方之給付。暫置不理。單先向他方請求給付。唯被請求之他方。得以請求人尚未爲給付作爲理由。拒絕其自己之給付。以行使抗辯權。德民（三二〇條）俄民（一三九條）日民（五三三條）暹（三六九條）採之。在此主義。請求他方給付。并不以自己已爲給付爲前提要件。苟被告不提出抗辯。則法院應卽判令被告給付。不得以原告尙未給付。而駁斥其請求。其所認牽連性。較爲寬大矣。

我民法係以同時履行作爲抗辯權

2　我民法所採之主義　我民法在上述二主義。究採何種。據民法第二六四條一項。規定『因契約互負債務者。於他方當事人未爲對待給付前。得拒絕自己之給付。』是卽僅以同時履行之抗辯作爲一種抗辯權。其採取第二種主義。甚屬顯然。蓋雙務契約上之兩債務。於其發生後。各自獨立。原非牽連。各當事人得將自己對於他方之給付。暫不顧慮。單先向他方請求給付。然當事人之一方。於自己對他方之債務。幷不給付。而於他方對自己之債務。則請求給付。按諸雙務契約之兩債務。以交換利益爲目的之性質。未免不平。故法律爲保護被請求人之利益計。授與同時履行之抗辯權。卽被請求人或不援用此抗辯。應他方之請求。而爲自己之給付。或提出此抗辯。於他方未爲對待給付前。拒絕自己之給付。是被請

被請求人

求人行使此抗辯之權利與否。全隨其意。必須被請求人提出此抗辯。然後兩債務

之間。始生履行上之牽連性。而法院方可適用同時履行之法則。其所以稱爲同時履行之抗辯者。蓋以着眼於本條適用之結果。雙務契約上之兩債務。終必同時交換履行也。

提出抗辯與否聽其自由

二　同時履行抗辯權之成立要件

同時履行抗辯權之成立。必須具備左列要件。

必須雙務契約上之債務始得適用同時履行抗辯權

1　須因雙務契約互負債務　卽當事人雙方。須因雙務契約。互負債務。其一方被請求時。始得適用同時履行之抗辯。我民法第二百六十四條一項。雖未明定雙務契約。然所謂因契約互負債務。及所謂對待給付。卽係指雙務契約而言也。故當事人雙方雖互負契約。而其間幷無對價關係者。因不得謂爲雙務契約上之債務。自無從適用同時履行之抗辯。例如在無償委任契約。其受任人因處理事務之結果。有費用償還請求權時。受任人及委任人。均無此抗辯權是。

同時履行抗辯權常附隨其債務而存在

同時履行之抗辯權。爲雙務契約上債務之一種效力。常附隨此債務而存在。故此債務因給付不能或其他理由而消滅時。同時履行之抗辯權亦同歸消滅。惟因歸責於債務人之事由給付不能、致原來債務變爲損害賠償債務時、以債務既不失同一性。則同時履行之抗辯權。仍不消滅。再因繼承、債權讓與、或債務承擔而移轉時。不過僅變更當事人而已。債務亦不失同一性。故同時履行之抗辯權。亦不消滅。

必須被請求之人無先爲給付之義務

2　須被請求人無先爲給付之義務　被請求人自己有先爲給付之義務時。無同時履行之抗辯權。（二六四條一項但書德民三二〇條一項前段但書）質言之、即雙務契約上之雙方債務。因當事人間之特約、或法律之規定、異其清償期時。須先爲履行之債務人。自無同時履行之抗辯權。蓋同時履行抗辯權適用之結果。在使雙方債務交換履行。若僅此方自己之債務。早屆清償期。有先爲給付之義務。而他方之債務。未屆清償期。尚無給付義務。自不得促其同時交換履行也。然此方自己之債務。雖屆清償期較早。而於受他方對自己請求之時。如他方之債務亦已屆清償期。則仍得有同時履行之抗辯權。

先負給付義務之債務人於他方財產惡化時仍保有同時履行之抗辯權

雙務契約當事人之一方。有先爲給付之義務者。無同時履行之抗辯權。固如上述。但他方之財產。於訂約後。如顯形減少有難爲對待給付之虞時。則此方於他方未爲對待給付或提出擔保前。得拒絕自己之給付。（二六五條德民三二一條）即法律對於有先爲給付義務之債務人。使於他方債務。因財產情形惡化。履行不確實時。仍得有同時履行之抗辯權。蓋雙務契約之雙方債務。係以交換利益爲目的。雙方給付。務期兩相交換。始適合雙務契約之本旨。若後負給付義務之他方。因財產情形惡化。已陷於給付困難狀態。而先負給付義務之此方。仍須先爲給付。則匪特違反雙方訂立契約之目的。並破壞雙務契約之本質。故法律規定先負給付義務之一方。在此特種情形。仍保有同時履行之抗辯權。

必須請求人尙未爲對待給付

3 須他方未爲對待給付而向此方請求給付　同時履行之抗辯。在促使雙方債務同時交換履行。以期公平。故須他方未爲對待給付。而向此方請求給付時。被請求之此方　始得提出同時履行之抗辯。主張於他方當事人未爲對待給付前。拒絕自己之給付。(二六四條一項中段德民三二〇條一項前段日民五三三條中段俄民一三九條後段)若他方已先為給付。或已為給付之提出。則被請求之此方。自無同時履行之抗辯權矣。

同時履行與不完全履行之抗辯

他方須依債務之本旨以為給付。或為給付之提出。認為完全給付或合法提出時。(二三五條三〇九條參照)此方始無同時履行之抗辯權。若他方僅為一部給付或其他不完全給付時。則他方所為給付。不得認為依債務之本旨。故此方仍有同時履行之抗辯權。或特稱為契約不完全履行之抗辯。即此方於他方未為全部給付或完全給付之前。得拒絕自己之給付是也。(二六四條二項及德民三二〇條二項反面解釋)惟他方已為部分之給付時。依其情形。如拒絕自己之給付。有違背誠實及信用方法者。不得拒絕自己之給付。(二六四條二項德民三二〇條二項)蓋同時履行抗辯權之行使。亦如一般權利之行使。應依誠實及信用之方法。(二一九條參照)他方雖僅為一部給付。而殘餘部分。極為輕微。若猶拒絕自己之全部給付。未免不平。故規定行使同時履行抗辯權時。如有違背信義原則之情形。則被請求人不得行使同時履行抗辯權。

同時履行與受領遲延

他方曾爲對待給付之提出。而此方未予受領。致負受領遲延責任。嗣後他方對此方請求給付時。是否須重爲對待給付之提出。始得剝奪此方之同時履行抗辯權。質言之。即負受領遲延責任者。應否喪失此抗辯權是也。關於此問題。從來學說判例。頗不一致。或謂他方僅須曾爲對待給付之提出而已足。或謂他方於每次請求時、均須爲對待給付之提出。據實質論言之。他方曾爲對待給付之提出。而此方則未受領。此項負受領遲延責任之人。已無保護之必要。若此方仍得以他方未爲對待給付。而拒絕自己給付。有失公允。前說似爲得當。然就我民法第二六四條一項所定『他方當事人未爲對待給付前』之文義言之。苟他方尚未爲對待給付。此方即得拒絕自己之給付。縱令此方已負受領遲延責任。而受領遲延之效果。並非使他方債務。歸於消滅。其給付義務。依然存在。重爲提出。別無不利。且他方雖曾爲對待給付之提出。而嗣後尚有變爲無資力之虞。亦宜責令重爲提出。故以後說爲當。

繼續的契約之情形

在繼續的供給契約。如租賃、僱傭、繼續供給買賣等。各當事人得以他方當事人前期未為對待給付之理由。而拒絕自己後期之給付。

同時履行抗辯權為延期的抗辯權

三　同時履行抗辯權之效力　關於同時履行抗辯權之效力。其應注意者如左。

1　同時履行抗辯權之本質　此抗辯權之效力。在使被請求之此方。得於請求之他方未為對待給付前。拒絕自己之給付而已。（二六四條一項中段）若他方已為給付或已為給付之提出。則此抗辯卽失其效力。而被請求之此方。亦應卽為其給付。不得再行拒絕。故此抗辯權。非否認他方請求權之否認的抗辯權。乃暫時拒絕履行。使債權行使延期之延期的抗辯權。〔註一〕

〔註一〕債務人得拒絕債權人請求之理由。大別為二。否認債權人之請求權者其一也。例如此方主張與他方無結約之事實。或主張雖曾結約。業經履行。以拒絕他方之請求。此種抗辯。乃絕對的否認請求人之權利。故稱為否認的抗辯權。亦稱為絕對的抗辯權或異議。又債務人並非否認債權人之請求權。僅以其他理由而拒絕請求者其二也。在此種抗辯。其抗辯理由之事實。如時效消滅。則債務人仍應履行。不過得暫時拒絕履行。使債權之行使延期而已。故稱爲延期的抗辯權。亦稱爲狹義抗辯權。

抗辯權必須援用始發揮作用

2 抗辯權之援用　同時履行抗辯權。必須當事人援用。始得發揮其作用。茲所謂援用。言必須於審判上或審判外實行抗辯也。縱令果有抗辯權。而未實行抗辯時。其拒絕給付。不得謂爲正當。仍應負債務不履行之責。關於此點。尚有左列應行注意兩問題。

交換履行之判決

甲　原告甲未爲對待給付。而向乙請求給付。如乙援用同時履行之抗辯。拒絕自己之給付時。法院究應僅駁回原告之請求、諭知敗訴之判決。抑應以原告給付爲條件、命被告交換給付、諭知原告勝訴之判決。(即所謂交換履行之判決)徵諸通說。概採後說。蓋法院若僅駁回甲之請求。則須重行起訴。煩累堪虞。且據雙務契約之性質。雙方本應交換給付。法院雖以職權諭知交換履行之判決。亦不違反民訴法上之聲明主義。(新民訴三八八條)故以後說爲當。

同時履行與給付遲延

乙債務人享有同時履行抗辯權時。是否仍生給付遲延責任。質言之　即雙務契約當事人他方甲。欲使此方乙負給付遲延責任時。甲是否須先爲對待給付之提出。然後始向乙請求給付。關於此問題。學說大別爲二。第一說謂債務人享有同時履行抗辯權時。雖不行使此抗辯權。並不陷於給付遲延。蓋同時履行抗辯權之內容。係在他方未爲對待給付前。得拒絕自己之給付　苟他方未爲對待給付。則此方不爲給付。並非不當。自無給付遲延可言。且一面授與同時履行抗辯權。而他面復使負給付遲延責任。亦本免矛盾。故雖不行使此抗辯權。並不負給付遲延責任。必須甲先爲對待給付之提出。以剝奪乙之抗辯權。然後乙始負給付遲延責任。第二說謂債務人享有同時履行抗辯權時。在未行使此抗辯權之前。仍可生給付遲延責任。必須行使之後。始免其責。蓋債務人苟具備給付遲延之要件。卽應負給付遲延之責任。而同時履行抗辯權。則必須債務人援用。始得發揮作用。其援用與否。又屬債務人之自由。雖有抗辯權。而並不行使自無以阻却給付遲延之責任。故在未行使抗辯權之前。當然應負給付遲延責任。是以甲向乙請求給付時。毋庸先爲對待給付之提出。卽足使乙負給付遲延責任。乙僅得援用抗辯權。阻却給付遲延。以免其責而已。據予所信。以後說爲當。

同時履行抗辯權與留置權之差異

3 同時履行抗辯權與留置權之差異　同時履行抗辯權。乃於他方未爲對待給付前。此方得拒絕自己之給付。留置權乃占有債務人動產之債權人。於其債權未受淸償前。得扣留該動產。拒絕交付。僅就拒絕之點言之。似頗相類。但兩者之間。其性質、成立要件等項。均不相同。茲分述其要點於左。

甲　性質上之差異　留置權爲物權。而同時履行抗辯權則僅爲抗辯權而已。卽留置權爲支配物件之權利。當然有排他性。於債權未受淸償前。得繼續占有該動產。無論對於何人。均得不應其返還請求。然同時履行抗辯權。則在阻止雙務契約他方之債權作用。僅得對抗特定人。對於以外之人。不得援用。只有對入的效力而已。

乙　要件上之差異　同時履行抗辯權之發生。必須有本於雙務契約所生之兩個債權。而留置權之發生。則僅須有牽聯該動產所生債權。是以同時履行抗辯權所保護之債權。限於雙務契約之對待債權。而留置權所保護之債權。則凡與占有動產有牽聯關係之債權。莫不在內。其發生原因。究係本諸契約或其他原因。別無限制。

丙　目的上之差異　留置權之目的。在確保債權之履行。而同時履行抗辯權之目的。則在促使雙方交換履行。故在留置權。許債務人提出相當擔保。使歸消滅。（九三七條參照）蓋以替代擔保。確保履行。雖使留置權消滅。於債權人並無不利也。然同時履行抗辯權。則除第二六五條末段所定特別情形外。不許提出擔保。使歸消滅。蓋以本非確保債權之履行。僅以爲促使雙方交換履行之手段也。

第三項　雙務契約上給付不能之效力

第一目　總說

此方債務及於他方債務之影響爲本款所研究之效力問題

一　雙務契約上給付不能效力之內容　雙務契約所生雙方債務。其一方債務如給付不能時。對於他方債務。應生如何影響。即究竟僅此方債務消滅。抑或他方債務（即對待給付之義務或稱對待給付之請求權）亦同歸消滅。此爲本款所研究之效力問題。例如甲乙間訂立買賣船舶契約後。其船舶沉歿。出賣人甲不能交船時。買受人乙是否仍須付價之問題是。此種問題。在片務契約。以負擔債務者。僅當事人一方。自不發生。然在雙務契約。其當事人雙方。互負債務。彼此給付。期在交換。如一方債務給付不能。則無從交換。應妥定解決方法。故問題斯發生矣。

片務契約無此問題

給付不能之原因事由

二　給付不能之發生事由　上述問題。因給付不能。究係出於應歸責何人之事由。而效力亦異。茲就給付不能所以發生之事由。大別爲二。即(1)因應歸責於債務人

（在雙務契約、各當事人互為債務人、互為債權人、所謂債務人、乃指給付不能方面債務關係而言、如前例出賣人甲是、）之事由致給付不能者。（2）因不可歸責於債務人之事由致給付不能是也。又不可歸責於債務人之事由。更得分為不可歸責於當事人雙方之事由、及可歸責於債權人之事由二種。此外尚有因可歸責於當事人雙方之事由致給付不能者。

因可歸責於債務人之事由、致給付不能者。此方債務、僅變為損害賠償債務。（參照二二六條）並本消滅。故他方債務。即對待給付之義務。亦不消滅。惟他方之損害賠償請求權。與此方對待給付之請求權。其履行上有應行研究問題。即差額說或交換說）此外尚生契約解除問題而已。（二五六條參照）然因不可歸責於債務人之事由。致給付不能者。此方債務人。免給付義務。（二二五條參照）其債務自歸消滅。故他方債務、即對待給付之義務。是否亦同歸消滅。斯成為重要問題。此即所謂危險負擔問題是也。

第二目　危險負擔問題（即因不可歸責於債務人事由致給付之效力）

何謂危險負擔

一　危險負擔之意義及其主義　在雙務契約。當事人一方之債務。因不可歸責於債務人之事由。致給付不能時。其因不可歸責事由可生損害之狀態。謂爲危險。【註一】而於當事人中。決定其究由何方負擔危險。則謂爲危險負擔問題。質言之卽就因給付不能事由所生損害。決定其究應歸屬何方之問題也。故此方債務人。因給付不能。免給付義務。其債務消滅時。如他方債權人之對待債務。同歸消滅。亦免對待給付之義務。此爲債務人負擔危險。蓋以此方債務人。不得向他方債權人。請求對待給付。其因給付不能事由所生損失。必由自己負擔也。反之、若他方債權人之對待債務。並不同歸消滅。仍應爲其對待給付之義務。此爲債權人負擔危險。蓋以此方債務人。尚得向他方請求對待給付。其因給付不能事由所生損失。終必轉嫁於他方債權人。而債權人則不僅不能受領對方之給付。更須履行自己之債務也。【註二】是

通說之意義

以通說多謂雙務契約之一方債務。因事變致給付不能。歸於消滅時。他方之對待債務。是否亦同歸消滅。斯爲危險負擔問題。

危險負擔

關於危險負擔問題之主義。可分四種。(1)債權人主義。乃債權人負擔危險之主

之各種主義

義。（羅馬法德意志普通法法民一一三八條瑞債一八五條和民一四九六條意民一四八〇條一一二五條一四四八條一二九八條日民五三四條）即一方債務因給付不能。歸於消滅時。他方債權人之對待債務。並不消滅也。（2）債務人主義。乃債務人負擔危險之主義。（德意志固有法我民二六六條德民三二三條奧民一一六四條一一四八條至一一五一條一四四七條日民五三六條俄民一四四條暹民三七二條）即一方債務。因給付不能。其全部或一部歸於消滅時。他方債權人之對待債務。亦全部或一部同歸消滅也。（3）物權人主義。亦稱爲所有人主義。或交付主義。乃在契約標的物上有物權之人。負擔其危險之主義。（德民四四六條奧民一〇四八條一〇四九條一〇五一條一〇六四條我民三七三條英國一八九三年動產買賣法七一二〇條條）即以所有權移轉之時期爲標準。移轉之前。由債務人負擔危險。移轉之後。由債權人負擔危險也。（4）分擔主義。乃債權人與債務人分擔危險之主義。此僅爲立法理論。實際尙無採用者。

立法例之二大統系

危險負擔問題之解決。究採用何種主義。從來立法例。可分二大統系。即（1）分爲特定物轉讓之雙務契約與其他雙務契約。各別採用主義。即如日民。關於特定物轉讓之雙務契約。採債權人主義。（日民五三四條）以定危險負擔。而關於其他雙務契約。

則採用債務人主義。（日民五三六條）以定危險負擔是。（2）一般雙務契約。均採同一主義。以定危險負擔。即如德民。一般雙務契約。採債務人主義。（德民三二三條）以定危險負擔是。第一統系。肇自羅馬法。〔註三〕德意志普通法繼之。現多為法國法系所採用。第二統系。肇自德意志固有法。現多為德國法系所採用。〔註四〕要之前述各種主義。各有短長。比較論之。雖以債務人主義較優。〔註五〕然欲求極完善之主義。終不可得。且欲以一種主義。圓滿解決危險負擔問題。亦勢所難能。故各立法例。雖原則上採用某種主義。而實則仍參雜採用他種主義。即如德民第三二三條。規定雙務契約當事人之一方。因不可歸責於雙方當事人之事由致給付不能時。喪失對待給付之請求權。此乃關於一般雙務契約。採用債務人主義。以定危險負擔。然德民第四四六條。則就特定物之買賣契約。規定採用物權人主義。以定危險負擔。〔註六〕

我民之規定

我民法上危險負擔之規定。係倣德國法例。即第二六六條。關於一般雙務契約。規定採債務人主義。以定危險負擔。而第三七三條。則關於特定物之買賣契約。規定採物權人主義。以定危險負擔。【註七】故我民法上之危險負擔。乃以債務人主義爲原則。而以參用物權人主義爲例外也。

【註一】按羅馬法。因事變可生損失之狀態。謂之危險。(Periculum)所謂事變。(Casus)言非出於債務人過失之事實也。(本書下册一三〇頁參照)德意志普通法。法國法仍予沿用。然德民則避用事變或無過失之文字。而代以不可歸責於債務人之事由。我民日民均倣之。蓋債務人應負責之事由，不能一概論定。須依當事人之契約及法律之規定。分別酌定。或僅就故意負責。或就重大過失負責。或就具體過失負責。或就抽象過失負責。或甚至雖無故意過失亦應負責。(六〇六條一項六〇七條本文六三四條本文參照)其應負責之事由。既不以過失爲限。則其不應負責之事由。自亦不以無過失爲限。債務人因事變(即無過失)致給付不能者。其債務非必概行消滅。如此方債務尙不消滅。則不生他方債務是否同歸消滅之問題。故以事變爲標準。未免範圍過狹。

【註二】例如甲乙間訂立房屋買賣契約後。該房延燒。出賣人甲不能交房。而買受人乙亦毋庸付價此爲債務人負擔危險。若出賣人甲不能交房。而買受人乙仍應付價。此爲債權人負擔危險是。

【註三】按羅馬法於買賣與非買賣契約。各別定其危險負擔之法則。即在買賣契約。（其他特定物轉讓之契約）苟經成立後。危險斯歸買受人負擔。（債權人主義）買賣標的物如因事變滅失毀損時。出賣人因以全免債務。或以毀損之狀態而爲給付。但買受人則仍須支付全部價金。謂爲危險在買受人之原則。(Per culum est emto is)嗣後立法例。關於特定物轉讓契約。採債權人主義者。皆擴張採用此原則也。反之。於租賃契約。（其他類似契約）其成立後。危險仍由出租人負擔。（債務人主義）出租人之債務。如因事變給付不能。歸於消滅時。承租人之對待債務。亦因以消滅。出租人不得更向承租人請求對待給付。此爲危險在出租人之原則(Periculum est locatoris)嗣後立法例。關於特定物轉讓契約以外其他契約，採債務人主義者。皆沿用此原則也。要之凡屬此統系之立法。皆以雙務契約成立時期爲標準。定危險負擔之是否移轉。故又以契約說或契約主義稱焉。

【註四】按德意志固有法。凡屬雙務契約。一方債務。因事變給付不能。歸於消滅時。他方債務。亦同歸消滅。是即均採債務人主義。雖在特定物買賣契約。亦並非自契約成立時。危險移歸買受人。必須因交付（動產）或登記（不動產）以移轉所有權時。危險始由買受人負擔。

各種主義之批評

【註五】 試就各種主義。略加批評。(1)債權人主義。此種主義之立法理由。或謂雙務契約上之債務。其發生以後。各自獨立。一方之運命。於他方運命。並無影響。(債務獨立說)或謂契約之標的物所有權。自契約完成之時。已移轉於債權人。故債權應負擔其危險。(財產權移轉說)或謂自契約成立之時起。凡標的物所生利益。(如價格騰貴、滋息發生、物體增大等)終必歸屬於債權人。依損益兼歸之原則。債權人自應負擔危險。(利益說)然依債權人主義。債權人不得受對方之給付。仍須爲自己之給付。與雙方給付期在交換之目的不符。實際上必生不公平之結果。且在約賣他人所有物之買賣。及重複買賣。更難解決。卽約賣他人所有物之買賣。其物滅失毀損時。出賣人固毫無損失。而買受人仍須付價。又將同一物重複約賣於數人。成立數個買賣契約者。其物滅失毀損時。各買受人均須支付全部價金是也。故債權人主義。殊不得當。(2)物權人主義。此種主義之立法理由。謂因事變在物所生損失。歸屬其物之所有人。與災害由所有人負擔之原則。恰相符合。然在約賣他人所有物之買賣。出賣人與買受人。均尚未取得所有權。自不得以所有權之誰屬爲標準。定危險負擔之歸屬。(3)分擔主義。此種主義之理論。謂因事變所生損失。不應專害一方。雙方分擔。方臻公允。但債權人毫不得受對方之給付。而猶使分擔損失。已屬苛刻。且分擔成分。不易酌定。難免小疵。(4)債務人主義。此種主義之立法理由。謂最適合雙務契約之性質。及當事人之意思。蓋雙務契約之雙方給付。期在交換。此方債務。既因不可歸責雙方之事由。給付不能。歸於消滅。無以與他方相交換。則他方對待債務。亦應同消滅。即就當事人之意思言之。其所以為自己之給付。亦期在得受對方之給付。故債務人主義。極適合雙務契約之性質及當事人之意思。且較公平。亦不違背交易觀念。並無上述各種主義之缺點。比較為優。

【註六】按學者通說。多謂德民第四四六條。係同採債務人主義。惟末弘博士(債權各論下冊一五八頁)末川博士。(契約總論一一六頁)則主張係參用物權人主義。本書採之。

【註七】我國債編各論著述。亦多謂我民法第三七三條。係同採債務人主義。惟拙著債編各論上冊。(一九頁以下)則主張係參用物權人主義。

因不可歸責於雙方當事人之不能

二 因不可歸責於雙方當事人之事由致給付不能者 我民法第二六六條一項。規定因不可歸責於雙方當事人之事由。致一方之給付全部不能者。他方免為對待給付之義務。如僅一部不能者。應按其比例。減少對待給付。按本條所謂因不可歸責於雙方當事人之事由。不問爲自然或第三人之行爲。本爲不可歸責於債務人之事由。

全部不能之情形

如因此項事由。致全部給付不能時。據第二二五條一項之規定。此方債務人。全免給付義務。而本條一項前段。復使他方債權人。亦免爲對待給付義務。是此方債務消滅時。他方之對待債務。亦同歸消滅。此方債務人對於他方債權人。自不得再請求對待給付矣。【註八】

一部不能之情形

又如因此項事由。致一部給付不能時。據第二二五條之解釋，此方債務人就其不能部分。免給付義務。（本書下册一三七頁參照）而本條一項後段。復使他方債權人亦按不能部分之比例。減少對待給付。【註九】是此方債務減縮時。他方之對待債務。亦同歸減縮。此方債務人對於他方債權人。自僅得按可能部分之比例。請求對待給付矣。【註十】

我民二六六條採債務人主義

據上所述。我民法第二六六條。係採債務人主義。彰彰明甚。所以採此主義者。蓋以極適合雙務契約之性質及當事人之意思。且較公平。亦不違背交易觀念也。（本項註五參照）

對待給付之返還

此方全部給付不能或一部給付不能時。則他方免爲對待給付或減少對待給付。業經述明。如他方已爲全部或一部之對待給付者。卽如免爲對待給付而以前已爲或以後誤爲全部或一部之對待給付。又如減少對待給付而以前已爲或以後誤爲逾越比例之對待給付。其以前已爲者。爲原因消滅之不當得利。其以後誤爲者。爲原因欠缺之不當得利。（本書上册一一九頁參照）他方自得依關於不當得利之規定。對於此方請求返還。（二六六條二項）

我民二六六條適用之範圍

一般雙務契約之危險負擔。皆適用第二六六條。依債務人主義。以資解決。惟特定物買賣契約之危險負擔。則適用第三七三條所定物權人主義。（拙著債編各論上册一九頁參照）以有體物占有爲內容之財產權買賣契約亦同。（三七七條並參照拙著債編各論上册二〇頁）

【註八】例如在租賃契約　其租賃物滅失時。出租人雖免以物供作使用收益之債務。而亦不得向承租人請求租金。又如在僱傭契約或有償委任契約。受僱人或受任人因疾病不能服勞務或處理事務時。雖免其債務。而亦不得向僱用人或委任人請求報酬是。

【註九】按一部給付不能。而其可能部分已不能達契約之目的者。視同全部給付不能。適用其規定。不適用一部不能之規定矣。即此方債務人仍全免給付之義務。而他方債權人亦免為對待給付義務是也。惟第四三五條二項。於租賃契約。設有特則。使承租人得終止契約。

【註十】例如甲工程師與乙約定報酬千元。擔任二所房屋設計及工程監督，其一所竣工後。甲因罹不治之症。不能再繼續擔任時。甲僅得向乙請求五百元之報酬是。惟對待給付。其性質係不可分者。例如在前例。如乙約定報酬家藏古鼎。則頗難解決。竊謂在此情形。乙應交付古鼎。（即他方債權人應為全部對待給付）惟甲受領對待給付。僅應以自己給付可能部分為範圍。其逾越部分之受領。欠缺法律上之原因。係屬不當得利。應估計金錢。向乙返還。（德民三二三條四七三條參照）

因應歸責於債權人之不能

三　因應歸責於債權人事由致給付不能者　我民法第二六七條本文。規定當事人一方。因可歸責於他方之事由。致給付不能者。得請求對待給付。【註十一】按本條所謂因可歸責於他方之事由。係指因可歸責於他方債權人之事由而言。亦即為不可歸責於此方債務人之事由。因此項事由致給付不能者。據第二二五條一項之規定。此方

債務人免給付義務並得請求對待給付

債務人應免給付義務。又以給付不能之發生。他方債權人專任其咎。此方債務人毫無可責。故本條復規定他方債權人之對待給付義務。不因此免除。使此方債務人對於他方債權人。得請求對待給付。〔註十二〕在此情形。債務人雖免自己給付義務。而仍不喪失對待給付請求權。是卽此方債務雖歸消滅。而他方之對待債務。並不消滅。其爲採債權人主義。以定危險負擔。固甚明瞭。惟就本質言之。實乃適用衡平原則之結果。並不屬於危險負擔問題。

嚴格論之並非危險負擔問題

何謂可歸責於債權人之事由

所謂可歸責於他方債權人之事由。不可卽解爲債權人之過失。〔註十三〕乃足害債務人給付可能之狀態也。擧其情形。略有數端。(1)債權人爲侵權行爲。以致債務人給付不能者。〔註十四〕(2)債權人就債務人應給付之標的物。因他種關係負有義務。(尤以善良管理人之注意負保管義務)而違反此義務。以致債務人給付不能者。〔註十五〕(3)債權人應予協力。(書下册一六三頁參照)而不予協力。以致債務人給付不能者。〔註十六〕(4)債權人受領遲延後。始因不可歸責於雙方當事人之事由。致給付不能者。亦可謂爲可歸責於債

債權人受領遲延後之不能

權人之事由。致給付不能。【註十七】蓋以債權人若早予受領。或不至發生此不能情事。故應歸責於債權人也。(德民三二四條二項參照)

利益之扣除

因可歸責於他方債權人之事由。致給付不能時。此方債務人免給付義務。並得向他方債權人。請求對待給付。固如上述。但其因免給付義務所得之利益或應得之利益。應由其所得請求之對待給付中扣除之。(二六七條但書德民三二四條一項但書俄民一四六條但書)所謂因免給付

何謂所得利益

義務所得之利益。乃言債務人因免給付義務所已取得之利益。【註十八】所以應自對待給付中扣除者。蓋法律規定債務人得請求對待給付。不過置諸契約履行之同一狀態。僅使不受損害。非使重受利益。若所得利益。不予扣除。則享受不當之利益。故應扣除之。所謂因免給付義務應得之利益。乃言債務人因免給付義務本可取得而不

何謂應得利益

取得之利益。【註十九】所以亦應自對待給付中扣除者。蓋債務人對於本可取得之利益。特以損害債權人之意思。而故不取得。有違誠實信用之原則。故亦應扣除之。所謂應由其所得請求之對待給付中扣除者。即此方債務人請求對待給付時。他方債權

人得證明債務人有所得或可得之利益。自應爲之對待給付中。予以扣除。然後給付也。【註二十】至於所得扣除之範圍。以免給付義務與所得或應得利益之間。有相當因果關係者爲限。

【註十一】因可歸責於債權人之事由致給付不能者。債務人仍不喪失對待給付請求權。自羅馬法以來。多爲各立法例所認許。例如德民三二四條日民五三六條二項俄民一四六條是。

【註十二】例如承攬人欲依據契約。完成承包工作。而定作人不法妨阻其着手。並使他承攬人完成時。又如公司對於照常供職之職員。拒絕其到公司辦事時。均因可歸責於債權人(即定作人或公司)之事由。以致不能履行債務。故承攬人或職員。雖不履行自己之債務。仍得請求報酬是。

【註十三】按債權人對於債務人。原則上本不負義務。自無注意義務。是以在債權人。亦無所謂欠缺注意之過失。故謂可歸責於債權人之事由。不得即解爲債權人之過失。

【註十四】例如買受人毀損買賣標的物。以致出賣人不能交付。又如定作人盜取承攬人工作使用之材料。以致承攬人不能完成工作 又僱用人傷害受僱人。以致受僱人不能服勞務是。

【註十五】例如買受人本爲出賣人之監護人。就其財產有管理義務。而怠於此義務。標的物滅失。以致出賣人不能交付。又如承租人違背保管之注意義務。租賃物被盜。以致出租人不能供使用收益是。

【註十六】例如定作人。不按原約供給工作所必需之材料。以致承攬人不能完成工作。又如僱用人不供給勞務所必需之設備。以致受僱人不能服勞務。又如託運人不將貨物交運。以致運送人不能完成運送是。

【註十七】關於此點。德民三二四條二項。業經明定。我民雖無此項明文。竊謂可採同一解釋。惟日民法學者。解釋殊不一致。或採此同一解釋。或謂仍爲不可歸責於雙方當事人之事由。應由債務人負擔危險。

【註十八】例如定作人使承攬人不能完成工作時。承攬人因此節省工作材料購入之費用。或將原備材料移作他項定造工作。又如藝員因遠地約邀劇場之自己事故。未能赴遠地出演。而因節省赴遠地之旅費。或利用此機會在當地他劇場出演是。

【註十九】例如勞務人因可歸責於債權人之事由。不能供給勞務時。本得從事其他勞務取得報酬。而故不從事是。

【註二十】我民德民（三二四條一項但書）均明定自對待給付中扣除。但日民（五三六條二項但書）則定爲應償還於債權人。

訂有特約者依其特約

四　當事人之合意　民法上危險負擔之規定。本爲任意法規。如當事人於訂立契約時或其後。關於危險負擔。訂有特約者。當然依其特約。不復適用上述規定。但所訂特約。不得違反公序良俗。自不待言。

第三目　因歸責於債務人事由致給付不能之效果

因歸責於債務人事由之不能

一　因歸責於債務人事由致給付不能者　雙務契約之一方債務人。因歸責於自己事由。致給付不能者。債權人或依第二二六條之規定。向債務人請求損害賠償。或依第二五六條及第二六〇條之規定。解除契約。並請求解約之損害賠償。兩者之中。由債權人擇行其一。蓋損害賠償。在使發生債務履行之同一狀態。解除契約。在使發生自始無契約之同一狀態。故由債權人斟酌自己利益。選擇行之。

損害賠償之交換說及差額說

在損害賠償。有交換說及差額說兩說。交換說謂債權人雖得向債務人請求全部損害賠償。但自己亦應向債務人爲對待給付。蓋損害賠償乃代替本來給付。債務人之本來債務。僅變爲損害賠償債務。仍猶存續。與債權人之對待債務。仍保有雙務的關係。故損害賠償請求權與對待給付請求權。應兩相交換也。差額說謂債權人得請求雙方給付之差額。蓋損害賠償非代替本來給付。乃代替雙務契約全體。即債務人之給付義務及債權人之對待給付義務。均行全免。故債權人毋庸爲對待給付。得請求雙方給付之差額。即自損害賠償額中。扣除對待給付之額數或價格。然後向債務人請求其殘額也。按差額說。在理論上及實際上。均欠妥當。〔註一〕故通說多採交換說。

以交換說爲通說

【註一】按債務人負擔之損害賠償債務。不過爲本來債務之變形。雙方債務。依然存續。而差額說則謂雙方給付義務。均行全免。已屬不當。又據差額說。所生結果。與解除契約無異。則併總解除制度。必至無所取義。且就債權人之立場言之。其免對待給付義務。非必全屬有利。或反以自爲對待給付而向對方請求全部損害賠償。更較有利。若採差額說。則喪失此種利益。

因可歸責於雙方事由之不能

二　因可歸責於債權人與債務人雙方之事由致給付不能者　雙務契約之一方債務。因可歸責於債權人與債務人雙方之事由。致給付不能者。其效果如何。法無規定。應解爲因可歸責於債務人事由致給付不能。蓋以給付不能問題。係就債務人應爲給付義務而言也。故債權人或依第二五六條之規定。解除契約。或依第二二六條之規定。請求損害賠償。兩者之中。擇行其一。惟債權人擇行損害賠償時。法院得依第二一七條一項之規定。減輕債務人之賠償金額。或免除賠償責任。蓋以債務人之給付不能。係併因可歸責於債權人之事由。債權人亦與有過失。自應適用過失相抵之規定也。（本書下册九七頁參照）

第六款　關於第三人之契約

我民法上關於第三人之契約。分為二種。即約由第三人為給付之契約。（二六八條）及約使第三人取得債權之契約。（二六九條）是也。惟德日民法。關於前者。並無規定。僅規定後者。概稱係為第三人之契約。

第一項　約由第三人為給付之契約

何謂約由第三人為給付之契約

一　意義　約由第三人為給付之契約。亦稱為以第三人之給付為標的之契約。即契約當事人之一方。約由第三人對於他方為給付之契約。（二六八條前段）【註一】其契約當事人中。此一方約由第三人為給付。即負擔須由第三人為給付之債務者。稱為債務人。亦稱為諾約人或約束人。而他方則係約使此方由第三人為給付。即享有請求此方由第三人為給付之債權者。稱為債權人。亦稱為要約人或受約人。又契約所指定為給付之人。斯第三人。例如乙與甲訂立契約。負擔由丙為甲寫畫之債務。則甲為債權人。乙為債務人。丙為第三人是。

【註一】我民二六八條。係倣瑞債一一二條土債一一〇條。德日民法。雖未明定。而學者之解釋亦同。

第三人不為給付時債務人應負損害賠償責任

二　效力　債務人於第三人不為給付時。應負損害賠償責任。（二六八條末段）蓋此種契約。僅在當事人間。約由第三人為給付。其所生效力。自亦僅限於當事人間。並不及於第三人。即僅當事人之一方。（即債務人）負擔須由第三人為給付之債務。擔保第三人必為給付。而第三人對於債權人。則毫不負義務。因第三人既未干與結約。自不能由他人間之契約。使負債務。其為給付與否。全屬自由。如第三人不為給付時。無論事由若何。均屬債務人所擔保者。未能達到結果。故應由債務人負債務不履行之責。此即所謂絕對責任是也。

絕對責任

得以代為給付免損害賠償義務

債務人所負責任。本條固定為損害賠償。並非本來給付。但約定由第三人所為給付。如非本身專屬之給付。債務人亦得代為本來給付。以免損害賠償之義務。蓋以債權人既可得滿足。不應無理拒絕。（二一九條參照）且代為清償。亦應認為有效也。（三一一條）

參照）

債務人於第三人不爲給付時。無論其事由若何。均應負損害賠償責任。是本條所定者。固爲絕對責任。惟本條並非強行法規。如當事人訂定特約。僅約定盡力由第三人爲給付。並非擔保必由第三人爲給付者。例如乙與甲戲院訂立契約。盡力使丙藝員爲甲戲院演戲是。其債務人苟以善良管理人之注意。盡力使第三人爲給付。即屬已履行其債務。雖第三人不爲給付。債務人亦免債務。並不負損害賠償之責。

約定盡力由第三人爲給付者僅負相對責任

當事人約定使第三人負擔爲給付債務之契約。與當事人約定由第三人爲給付之契約。顯有區別。即前者約使第三人負擔爲給付之債務。而後者則第三人毫不負債務。由現代私法生活言之。前者應爲無效。蓋除法律別有規定外。凡負義務。必須出於自己意思。故未干與結約之第三人。自不能使因他人間之契約而負債務也。

約使第三人負擔爲給付債務之契約無效

第二項　約使第三人取得債權之契約（即爲第三人之

契約）

第一目 總說

何謂為第三人之契約

一 意義 約使第三人取得債權之契約。通常稱係為第三人之契約。即當事人之一方。約使他方向第三人為給付時。第三人即因此取得直接請求給付權利之契約也。其約向第三人為給付者。稱為債務人。亦稱為諾約人或約束人。約使向第三人為給付者。稱為要約人。亦稱為債權人或受約人。因此取得直接請求給付權利者。稱為第三人。亦稱為受益人。

要約人與債務人

發生為第三人契約之情形

按社會實際生活。其所以發生為第三人之契約者。不少概見。如在運送契約。使受貨人直接對於運送人取得權利。在保險契約。使受益人取得保險金請求權。在終身定期金契約。使契約以外之第三人取得定期金請求權。實所常有。又如在買賣或贈與等契約。使第三人對於買受人或贈與人取得直接給付請求權利者。亦復不少。

羅馬法無爲第三人之契約

二　簡略沿革　按羅馬法之原則。爲第三人之契約。不僅對於第三人。毫無效力。而在契約當事人間。亦不生效。夷考厥由。約有二端。即(一)契約於第三人。不及利害。自古垂爲格言。是以第三人不應因他人間契約。受利害之影響。(二)無利益則無訴權。亦自古垂爲格言。爲第三人之契約。第三人雖得受益。而在契約當事人間。毫無利益。是以法律上不應認許其效力。故在極端個人主義之羅馬法時代。發生無論何人不得爲他人訂約(Alteri stipulari nemo potlest) 之格言。原則上不認許爲第三人之契約。僅稍有例外而已。嗣後學說及立法例。(普國民法第一部第五章七四條七五條法國民法一一六五條一一二一條奧國民法八八一條)猶沿襲此原則。但降至近代。極端個人主義。已不適合社會共同生活。且法律行爲之研究。日益進步。行爲之當事人與其受益人。在法理上非必攸同。再允許私法上之自治。苟不損害第三人之利益。亦可約使取得權利。於是近代之新立法例。遂創立新制度。認許爲第三人之契約矣。(德民三二八條瑞債一一二條二項俄民一四〇條日民五三七條暹民三七四條我民二六九條)

爲第三人契約之制度乃近代所新創

基本行爲與第三人約款

三　第三人約款　爲第三人之契約。其特色在第三人因之直接取得權利。此外與普通契約無異。所以生此效力者。卽在當事人於普通契約。加以約向第三人爲給付之內容。【註一】此部分之約定。稱爲第三人約款。(Fremdklausel)而爲其基本之普通契約。則稱爲基本行爲。(Grundgeschäft)

【註一】例如在買賣契約。更約定將價金付與出賣人以外之第三人。在贈與人契約。更約定將贈與物給與受贈人以外之第三人時。此買賣契約或贈與契約爲基本行爲。而其使向第三人給付之約定。則爲第三人約款是。

第二目　爲第三人契約之成立要件

爲第三人之契約。其成立要件如左。

須訂定向第三人爲給付

一　須約由當事人一方向第三人爲給付　爲第三人之契約。在以契約訂定向第三人爲給付。(二六九條一項前段)故當事人必須約由其一方向第三人爲給付者。卽債務人是也。茲更述其應行注意之事項於左。

1　給付之種類並無限制　約向第三人所爲之給付。其種類並無限制。苟與第三人以利益。則不問作爲或不作爲。【註一】並得附加條件或期限。【註二】

【註一】例如債務人約定於一定期限及一定地域內。不與第三人爲營業上之競爭是。

【註二】例如債務人約定須第三人爲某種行爲時。始向給付是。

能否使第三人負對待給付之債務

2　附有對待給付之約定　爲第三人之契約。乃約由債務人向第三人爲給付。使第三人因此取得債權。然能否附帶約定。使第三人亦負對待給付之債務。【註三】頗有爭論。或謂使第三人取得債權之部分。固應有效。而使第三人負擔債務之部分。則應無效。如兩者有不可分之關係。則契約全部無效　蓋以第三人不因自己未干與之他人契約。致受其拘束也。或謂此種約定。應屬有效。蓋以無礙契約自由之原則。而爲第三人之契約。亦非限於僅使取得利益。(例如附有負擔之贈與)且第三人如認爲於自己不利時。尚可表示不欲享受契約利益之意思。(二六九條三項參照)更無所謂因他人契約。致受拘束。現今學說判例。多採後說。余亦從通說。

【註三】例如甲爲第三人丙。與乙訂立買賣租賃等雙務契約。使丙對於乙。直接取得買受人承租人等地位是。

能否約定爲第三人免除債務

3 債務免除之約定　爲第三人之契約。能否約定爲第三人免除債務。【註四】一般通說。均謂爲有效。蓋以既得爲第三人利益。使取得債權。則亦得爲第三人利益。使免除債務也。然竊以免除之生效。係出於債權人向債務人之免除表示。（三四三條參照）故他人所訂契約。僅因約定使其中債權人對第三人。負須爲免除意思表示之債務而已。並非因此即生免除之效力。

【註四】例如甲爲第三人丙。與乙訂立契約。以免除丙對乙所負之債務是。

第三人指定之形態

4 第三人之指定　爲第三人之契約。乃使第三人因之取得權利。故須指定受益之第三人。其指定第三人。不問自然人或法人。均無不可。又非限於訂約當時現在之人。即將來可產生之人。（例如設立中之法人或胎兒是）亦屬無妨。且所謂指定。非必須訂約當時確定其人。僅定可得確定之標準者。亦不失爲指定第三人。

第三人對於債務人取得直接請求給付之權利

二　須第三人對於債務人取得直接請求給付之權利　爲第三人之契約。乃使第三人因此契約。對於債務人。取得直接請求給付之權利。（二六九條一項後段）故第三人乃因契約當然之效力。對於債務人。自得直接請求給付。並非承繼要約人之權利。茲更述其應行注意之事項如左。

不純正爲第三人之契約非爲第三人之契約

1　不純正爲第三人之契約　當事人之一方。僅約定使他方向第三人爲給付。而並非使第三人對於他方。取得直接請求給付之權利者。【註五】此則與爲第三人之契約有別。學者多稱係不純正爲第三人之契約。

【註五】例如甲在乙商店。訂買贈送喜事之禮物。並約使送往辦喜事之丙家。又如甲與乙約定。將其應付款項。送交自己往來銀行丙是。

第三人須新取得權利

2　新由契約取得權利　爲第三人之契約。乃使第三人對於債務人。新取得權利。僅約定變更債務人之契約。不得謂係爲第三人之契約。故免責的債務擔承。非爲第三人之契約。【註六】而併存的債務擔承。則係爲第三人之契約。【註七】

【註六】例如原有債務人甲債權人丙。嗣後乙與甲訂立契約。承擔其債務者。此之謂免責的債務擔承。（三〇一條參照）在此情形。不過丙之原有舊債權。其債務人甲變爲債務人乙而已。並非對乙新取得債權。自非爲第三人之契約是。

【註七】例如原有債務人甲債權人丙。嗣後乙與甲訂立契約。約定加入爲債務人。共與甲併向丙清償者。此之謂併存的債務擔承。在此情形。舊債務人甲並未脫退。自非債務人之變更。而丙之對乙。乃新取得權利。故謂係爲第三人契約是。

第三人僅能取得請求權

三　第三人取得之權利須限於債權　我民法第二六九條一項末段之規定。乃使第三人對於債務人。有直接請求給付之權。質言之。即僅使得由爲第三人之契約。取得債權而已。故爲第三人之物權契約。在我民法。不得解爲有效【註八】

爲第三人之物權契約是否有效

【註八】按爲第三人之物權契約。是否有效。日民法學者之通說及日判例。均解爲有效。即如要約人甲與債務人乙。約定爲第三人丙移轉所有權或設定他物權時。第三人即因此直接取得所有權或他物權是也。蓋日民法上物權契約。僅因當事人間意思表示。即生效力。而交付或登記。並非物權契約之成立要件。故不妨由甲乙間之契約。使丙取得物權。但我民法上物權契約。乃以交付或登記爲生效要件。（民法七五八條七六一條參照）與日民不同。自難取同一解釋。

要約人須得請求向第三人爲給付

四　要約人須有得請求債務人向第三人爲給付之權利　爲第三人之契約。乃要約人約使債務人向第三人爲給付。故要約人得請求債務人向第三人爲給付。（二六九條一項中段並參照德民三三五條）

第三目　爲第三人之契約之效力

效力應分三方面

爲第三人之契約。乃要約人約使債務人向第三人爲給付。故其效力。應分爲要約人債務人及第三人之三方面觀察之。

第三人方面之效力

一　對於第三人之效力

第三人取得權利之法理

1　第三人取得權利之法理　第三人就他人間之契約。何以能取得權利。自德意志普通法以來。議論紛歧。大致得分爲承諾說、代理說、轉讓說、直接取得說數種。【註一】在我民法。據第二六九條一項之規定。以契約訂定向第三人爲給付者。其第三人對於債務人。有直接請求給付之權。是即第三人本於為第三人之契約。當然直接取得權利。故第三人之取得權利。既不以第三人之承諾為要件。亦非繼承要約人之權利。其採用直接取得說中之契約說。彰彰明甚。至於第三人之受益意思表示。不過確定其取得之權利。使契約當事人嗣後不得再加變更或消滅而已。（二六九條二項參照）

我民法採直接取得說中之契約說

諸說之大要

【註一】承諾說。亦稱為共同要約說或加入說。謂當事人間之契約。僅為對於第三人之共同要約。第三人並不能因當事人間之契約。直接取得權利。必須第三人予以承諾。始能取得權利。代理說。謂要約人代理第三人與債務人訂立契約。凡主張此說者。概援無權代理之觀念。謂要約人為第三人之無權代理人。其與債務人訂立之契約。必須第三人之承認。然後第三人始能取得權利。轉讓說亦稱為傳來說。謂要約人因為第三人之契約。先取得權利。然後轉讓於第三人。直接取得說。亦稱為創造說。謂第三人本於為第三人之契約。直接取得權利。此說又分為契約說、片約說、共同行為說三種　契約說　謂第三人本於為第三人之契約。當然直接取得權利。即因要約人約使債務人向第三人爲給付。而第三人卽由此取得權利。其取得權利。毋庸須經第三人之承諾 故謂爲當然。又非承繼要約人之權利。故謂爲直接。片約說。謂爲第三人之契約。在當事人間固爲契約。而對於第三人則爲單獨行爲。第三人卽由此單獨行爲取得權利。共同行爲說。謂爲第三人之契約。在當事間固爲契約。而對於第三人則爲共同行爲。要之直接取得說中之三說。皆以對於第三人關係之性質。見解各異也。

第三人權利之效力

2 第三人權利之效力 據第二六九條一項之規定。本於爲第三人之契約。第三人對於債務人。有直接請求給付之權利。故債務人不履行其債務時。第三人對於債務人 得請求履行。並得請求損害賠償。凡一般債權人所有之權能。莫不有之。惟第三人非契約之當事人。對於契約自無撤銷權及解除權。

第三人權利內容之決定

甲 第三人權利內容之決定 第三人之取得權利。係本於爲第三人之契約。故其權利之內容若何。卽給付種類、給付時期、給付方法等項。概依契約當事人之所訂。

受益表示與第三人權利之關係

乙　第三人權利與其受益意思表示之關係　第三人之受益意思表示云者。第三人享受契約上利益之一方意思表示也。其所向表示者。無論向要約人或債務人。均無不可。【註二】亦毋須經對方之同意。據第二六九條一項之規定。第三人本於爲第三人之契約。當然直接取得權利。故第三人之受益意思表示。並非第三人取得權利之要件。惟尚有確定其取得權利之效力。茲分述於左。

受益表示前第三人權利之狀態

A　第三人本於契約。當然取得權利。毋須待至第三人之受益意思表示。但在第三人未爲受益之意思表示以前。當事人得變更其契約或撤銷之。（二六九條二項）故第三人取得之權利。契約當事人尚得任意加以變更或消滅。【註三】其權利尚未臻確定之狀態。未免薄弱。

受益表示後第三人權利之狀態

B　第三人已爲受益之意思表示時。則第三人取得之權利。即因此確定。契約當事人。嗣後不得再加以變更或消滅。（二六九條二項反面解釋）故第三人之受益意思表示。有確定其取得權利之效力。

不欲受益表示後第三人權利之消滅

C 第三人不爲受益之意思表示。反爲不欲受益之意思表示時。則第三人取得之權利。視爲自始未取得(二六九條三項)蓋第三人既表示不欲受益。自不宜強使享有權利。故原已取得之薄弱權利。亦應溯及既往而消滅也。【註四】

【註二】 日民法規定第三人之受益意思表示。須向債務人爲之。(日民五三七條二項)但我民法既無此項限制規定。而第二六九條三項。反明定對於當事人之任何一方。均得爲之。故與日民不同。

【註三】 按德民法。第三人本於契約。當然取得權利。雖第三人未爲受益之意思表示。契約當事人在原則上。亦不得加以變更或消滅。(德民三二八條二項三三一條參照)惟日民法。因以第三人之受益意思表示。爲第三人權利發生之條件。(日民五三七條二項)故在第三人未爲受益之意思表示以前。契約當事人尙得加以變更或消滅。必須第三人已爲受益之意思表示。卽其權利發生以後。契約當事人始嗣後不得再加變更或消滅。(日民五三八條)至於我民。第三人之受益意思表示。並非第三人權利發生之條件。與日民迥異。與德民相同。而乃倣日民。依第三人已否爲受益意思之前後。定契約當事人能否變更或消滅其權利 猶免小疵。

【註四】我民第二六九條三項。係倣德民第三三三條。德民以第三人本於契約當然取得權利。毋須待至第三人之受益意思表示。故嗣後第三人爲不欲受益之思意表示時。應使第三人原已取得之權利。溯及既往。自始消滅。至於日民。以第三人之受益意思表示。爲第三人權利發生之條件。苟未表示受益。權利尚不發生。故毋須有此項規定。

要約人方面之效力

二　對於要約人之效力　在爲第三人之契約。要約人得請求債務人向第三人爲給付（二六九條一項中段德民三三五條）前經述明。故要約人對於債務人取得之債權。僅係得請求其向第三人爲給付。並不得請求其向自己爲給付。

二種債權之內容不同

第三人取得之債權。與要約人取得之債權。兩者內容各別。即第三人得請求債務人向自己爲給付。而要約人則不得請求債務人向自己爲給付。僅得請求其向第三人爲給付。故債務人不履行其債務時。第三人之賠償請求權與要約人之賠償請求權。其內容亦異。即前者乃請求賠償未向自己給付所生之損害。而後者則請求賠償未向第三人給付所生之損害。

受益表示後要約人不得因債務不履行解除契約

第三人已為受益之意思表示後。債務人不履行債務。或因應歸責之事由致履行不能時。除原有特別訂定或第三人同意外。要約人不得解除契約。蓋第三人取得之權利。因第三人之受益意思表示。業已確定。自不許任由要約人剝奪也。

債務人方面之效力

三　對於債務人之效力　債務人因為第三人之契約。對於第三人直接負擔債務。（二六九條一項末段參照）然債務人得以由契約所生之一切抗辯。對抗受益之第三人。（二七〇條德民三三四條日民五三九條）蓋第三人雖獨立取得權利。而其權利之取得。乃本於契約。自不得脫離契約所生之瑕疵。故債務人本諸契約得對抗要約人之抗辯。均得以對抗第三人也。

抗辯之範圍

茲所謂一切抗辯。凡否認的抗辯及延期的抗辯。均包含之。（參照本章第五節第五款第二項註一）前者如契約無效、契約得撤銷、期限未屆至、條件未成就等抗辯是。後者如同時履行抗辯是。惟一切抗辯。係以由契約所生者為範圍。故債務人得對抗要約人之抗辯。由契約以外原因所生者。如抵銷之抗辯。自不得以對抗第三人。

補償關係

四　補償關係及對價關係　補償關係亦稱為內部關係。乃要約人與債務人間之關係

及兌價關係

。即要約人所以約使債務人向第三人爲給付之原因關係也。其種類頗多。或於雙務契約附訂爲第三人之約款。例如買賣契約訂定第三人爲受益人。運送契約訂定第三人爲受貨人。買賣契約訂定第三人爲價金受領人等是。或於片務契約附訂爲第三人之約款。例如贈與契約訂定附有負擔。使受贈人向第三人爲給付是。上述之運送、買賣、贈與等契約。斯爲補償關係矣。兌價關係亦稱爲外部關係。乃要約人與第三人間之關係。即要約人所以使第三人取得債權之原因關係也。此種關係。大別爲二。或要約人因爲自己之利益。例如因淸償自己對第三人原負債務。使第三人取得債權是。或要約人因爲第三人之利益。例如因向第三人爲贈與。使第三人取得債權是。兌價關係於爲第三人契約之成立。毫無影響。蓋爲第三人之契約。訂立於要約人與債務人之間。自非要約人與第三人間之關係所能影響。惟兌價關係不存在時。要約人對於第三人。得依不當得利請求權。請求返還其利益耳。

第五章　多數債權人及債務人

第一節　總說

何謂債之主體

一　債之主體　凡債的關係。必有特定之二個主體。債權人及債務人是也。玆就債之主體。述其要件如左。

1　債權人與債務人須各異其人　債的關係。乃特定人間請求行爲之法律關係。必須債權人與債務人。各異其人。始有請求權行使之可言。若由一人兼充。則對自己無由行使請求權。故債權與債務同歸一人時。債的關係應因混同而消滅。但不無例外。即其債權爲他人權利之標的或法律另有規定者。債的關係。仍不消滅。（三四四條）〔註一〕

〔註一〕　何謂債權爲他人權利之標的。以及法律之另有規定。請參照本書第七章第六節。

2 債權人與債務人須係特定　債的關係既爲特定人間之法律關係。則債權人與債務人均須具體的特定。

3 債權人與債務人之存在　於債的關係之成立及存續均不可缺　雖因特別情事。似有暫時無主體之狀態。然此乃法律以主體之存在可能爲條件。特予規定。並非認許無主體之債的關係。例如胎兒所有之債權是。（參照七條）

多數主體之債

二 多數主體之債　債的關係之債權人及債務人。常各爲一人。但亦有或債權人一方爲多數。或債務人一方爲多數。或雙方均爲多數。此則爲多數主體之債。在我民法。稱爲多數債務人或債權人。【註二】此多數主體之債的關係。較諸單純之債的關債。頗爲複雜。是卽法律就多數主體之債。所以特設規定也。

【註二】　考各立法例。關於多數主體之債。其規定名稱。大別爲三。(一)定名爲多數債務人及債權人者。如我民、德民、暹新民等是。(二)定名爲多數當事人之債權者。如日民、暹舊民等是。(三)混定於各種債務之中。不特爲定名者。如法民、意民、和民、西民等是。

三　我民法上所認種類　我民法關於多數主體之債所認種類　我民法關於多數主體之債。其所認種類。大別爲三。一爲可分之債。二爲連帶之債。三爲不可分之債。然依民法及民事特別法之解釋。尚有準共有之債及公同共有之債。

各國立法例以可分之債爲原則　多數主體之債。在上述各種類中。究何所屬。應先依當事人意思表示、法律規定、信義衡平原則等定之。如依此等標準。不能判定時。據我民法第二七一條之規定。其給付可分者。各債務人或各債權人應各平均分擔或分受之。是卽我民法以可分之債爲原則。蓋可分主義。最適合當事人意義。且可減少複雜關係。故自羅馬法以來。各國立法例。均多採爲原則也。

四　債的關係之單複　債的關係之單複諸說　在多數主體之債。其債的關係。究係複數。抑係單一。應依何標準。以資判定。從來學說。大別爲三。(一)以主體之單複定債之單複說。蓋謂債的關係。乃特定人間之關係。主體若異。則債的關係不同。故多數主體之債。必爲複數之債的關係。然在近代法律見解。債之移轉。(卽債權之讓與及債之承擔)其主體雖有變更。而其債則仍屬同一。是主體之同一性。與債之同一性。已可分離。僅據主體之異同。已不足辨別債之異同。故主體之單複。已不足爲判斷債的關係單複之標準。此說自不足採。（二）以給付是否同一而定債之是否單一說。蓋謂債的關係。乃請求特定行爲之關係。給付同一。固爲單一債的關係。若給付不同。則爲複數債的關係。然給付雖屬同一。而主體若異。亦足按其各主體。各別發生債權。【註三】故給付是否同一。已不足判斷債的關係之單複。此說亦不足採。（三）以各主體能否獨立發生其爲債權人或債務人之效果說。蓋謂在多數主體之債。每個當事人。其爲債權人或債務人之效果。如能獨立。則其債的關係。應係複數。否則仍爲單一之債的關係。故債之單複。應以按各主體能否獨立發生效果爲標準而判斷之。竊以此說爲當。蓋以此種區別標準。於法律適用上。頗有實益也。多數主體之債。多爲複數之債的關係。此爲一般通說。

【註三】例如甲對於丙。負有價金千圓之債務。乙對於丙負有借款千元之債務時。甲乙所負擔之債務。雖屬同一。而各別發生債的關係。則毫無疑義矣。

第二節　可分之債

一　可分之債之性質　可分之債云者。謂債的關係。以同一可分給付為內容。而有數債務人或數債權人者。其義務或權利。應分析於各債務人或各債權人間也。據我民法第二七一條之規定。數人負同一債務或有同一債權。而其給付可分者。除法律另有規定或契約另有訂定外。應各平均分擔或分受之。是在多數主體之債。其給付可分者。原則上應按債務人或債權人之人數。分析其義務或權利。而分析之比例。則係平等。本條之規定。卽係表明此意義也。故可分之債。必須具備左列要件。始可成立。

（何謂可分之債）（成立要件）（可分債務與可分債權）

I　債務人或債權人須有數人　債務人有數人者。謂為可分債務。債權人有數人者。謂為可分債權。

數人負同一債務或有同一債權之解釋

2　須以同一給付爲內容　數債務人所負債務　或數債權人所有債權。須以同一給付爲內容。我民法所謂數人負同一債務、或有同一債權者，即言數債務人所負債務、或數債權人所有債權。係以同一給付爲內容也。【註一】

【註一】　例如甲乙丙三人共向丁購買貨物。應付貨價一千二百元。此即所謂數人負同一債務。亦即係可分債務。又如甲乙丙三人共貸款九百元與丁　此所謂數人有同一債權。亦即係可分債權。

須爲可分給付

3　給付須爲可分給付　何謂可分給付。前經述明。(見本書下册一三頁)所以須爲可分給付者。蓋依給付之性質上、或因當事人之意思。其給付不可分者。則無由分析履行。或分析請求。自不能發生可分之債。故多數主體之債。以可分給付爲內容者。發生可分之債。而以不可分給付爲內容者。則發生不可分之債。

不可分給付變爲可分給付

但其給付本不可分而變爲可分時。【註二】則由不可分之債。變爲可分之債。(第二七一條末段)

【註二】　例如給付因當事人意思。原訂爲不可分。而嗣後解除限制。仍變爲可分者。又如給付性實上原不可分。而嗣後因應歸責之事由。致給付不能。變爲金錢之損害賠償是。

須由同一原因而發生

4　須由同一原因而發生　可分之債。須由同一原因而發生。【註三】此為一般通說。但不無例外。如嗣後約使他人加入之約定是。【註四】

【註三】例如甲乙丙三人。共同買米。應共付米價一百二十元。此買賣契約。斯為同一之發生原因是。

【註四】例如在前例。甲乙丙三人。嗣後復與出賣人訂約。使丁亦加入為買受人。由甲乙丙丁四人。共付米價。此項可分之債。其發生係由前訂買賣契約及後訂加入契約。不得謂為同一原因矣。

可分之債之效力

二　可分之債之效力　可分之債。如具備成立要件時。則發生效力如左。

對外的效力

1　對外的效力　對外的效力云者。謂此方當事人與他方當事人間之效力也。大別如左。

平均分擔或分受

甲　平等分析　可分之債。應按人數。平等分析其義務或權利。業如前述。分析結果。其所負義務或所享權利。則應以平均分析之部分為限。故在可分債務。各債務人僅就自己部分。負給付義務。其他債務人縱不履行。與自己無涉。

債權人對於債務人中之一人。無請求全債務履行之權利。我民法所謂平均分擔者是也。【註五】又在可分債權。各債權人亦僅就自己部分。有請求權利。債權人中之一人對於債務人。無請求全債務履行之權利。我民法所謂平均分受者是也。【註六】若債務人債權人雙方。均有數人時。則更應重複平均分析。以定其各自部分。【註七】

平均分析之例外

多數主體之債。以可分給付爲內容者。固發生可分之債。以平等分析爲原則。【註八】業如前述。但不無例外。卽法律另有規定或契約另有訂定者是也。(二一七條中段)前者例如我民法第一八五條所定共同侵權行爲人。連帶負賠償責任。我票據法施行法第五條所定共同簽名人。應連帶負責等是。後者例如金錢債務性質上本爲可分給付。而當事人則不妨約定爲連帶債務或不可分債務是。

【註五】 例如債務人甲乙丙三人。共欠丁一千二百元。則平均分析之分擔部分。各爲四百元。各債務人除各自清償其分擔部分外。別無責任。債權人丁對於每個債務人。亦不得請求一千二百元之全部。僅可分別請求其分擔部分是。

【註六】　例如債權人甲乙丙三人。共對丁有債權九百元。則平均分析之分受部分。各爲三百元。各債權人僅得就其分受部分之三百元。向丁請求清償。不得請求九百元之全部是。

【註七】　例如債權人二人債務人三人。債權額爲三百元時。各債權人平均分析。其分受部分固各爲一百五十元。至於各債務人之分擔部分。則應以債權人數與債務人數相乘所得之數。除債權額。斯爲其分擔部分。卽各自分擔五十元是。

【註八】　多數主體之債。以可分給付爲內容者。在各立法例。固以可分之債爲原則（德民四二〇條日民四二七條俄民一一六條後段暹民二九〇條法民一二一七條）惟其中數人共負債務者。卽多數債務人之債務。究應以連帶債務爲原則。抑應仍以可分債務爲原則。考日民以可分債務爲原則。而日商則以連帶債務爲原則。（日商二七三條一項）至於德民。則規定數人因契約共負可分給付之債務者。以連帶債務爲原則。（德民四二七條）日民商兩法所以各異其原則者。蓋數債務人依可分之債務之規定。負分擔責任時。債權人向各債務人。僅得就其分擔部分。以爲請求。旣須各別請求。

而其中如有無資力之人。債權人復因以受損。於債務人固減少責任。而於債權人則屬不利。故日商改採連帶債務爲原則。以特別保護商事債權。德民既以連帶債務爲原則。無論民商。一體適用。德商中自毋庸另設規定。要之德民就多數主體之債。雖於四二〇條。規定以可分之債爲原則。而於其中多數債務人之債務。則於四二七條。又規定以連帶債務爲原則。是對於可分主義之原則。大加限制矣。

當事人中一人所生事項於他當事人不生效力

可分之債爲複數債的關係

乙　當事人中一人所生事項之效力　可分之債。就其形式上觀之。似爲單一之債的關係。然在可分債務。各債務人乃平均分擔。各自獨立負擔義務。在可分債權。各債權人乃平均分受。各自獨立享有權利。是應按債務人或債權人之人數。成立複數之債的關係。各別獨立發生其效力。一個債的關係所生事項。於他債的關係。不及影響。故債務人中一人或債權人中一人所生事項。如清償、給付不能、履行遲延、受領遲延、債務免除等項。僅就其自己部分。發生效力。而對於他債務人或他債權人。則不生效力。

關於發生問題應自全體或對全體爲之

同時履行抗辯依抗辯權人所負對待給付是否可分而異

可分之債。其發生係多出於同一原因。此複數之各債的關係。發生實多有牽連。故關於發生問題。應自其全體或對其全體爲之。例如可分之債係由同一契約發生者。如欲解除契約。則應自其體全或對其全體。以解除之意思表示爲之是。

同時履行之抗辯。乃關於債務之履行問題。非關於債務之發生問題。其行使方法。自不得與上述解除。同一論斷。惟同時履行抗辯權之行使。依欲抗辯當事人所負對待給付。是否可分而異。即在由雙務契約所生之可分債務。其多數債務人中一人不履行時。對方債權人。必須所負對待給付係不可分。始得就其負擔之全部給付。援用同時履行之抗辯權。【註九】若所負對待給付係屬可分。則僅得對不履行之債務人。比例其分擔部分。援用同時履行抗辯權耳。【註一〇】【註一一】但不無異說。【註一二】

【註九】例如甲乙二人共向丙定買收音機一架。應付價金一百元時。丙（債權人）所負擔者。爲不可分給付。甲乙未履行全部債務以前。卽未付清一百元以前。丙自得就自己負擔之全部給付。援用同時履行抗辯權。拒絕交機是。

【註一〇】 例如甲乙丙三人。共向丁定買米三百包。應付價三千元時。丁(債權人)所負擔者。係可分給付。如甲乙均已各付價乙千元。丙尚未付。丁對於甲乙應各交米一百包。不得以丙未付價。拒絕甲乙之請求。僅得對於丙。比例其未付價金一千元。援用同時履行抗辯權。拒絕交米一百包是。

【註一一】 考德民三二〇條後段之規定。當事人以對待給付。而對於數人應爲給付者。在該數人未爲其全部對待給付以前。此方當事人對於各該數人。均得拒絕給付。此項規定。尚與本書主張相反。但我民既無此明文。自不得採同一解釋。

【註一二】 學者之中。或謂可分債務。其債務人中一人不履行時。對方債權人常得就其負擔之全部給付。提出同時履行之抗辯。就前述註九所舉之例言之。固屬當然。卽就前述註一〇所舉之例言之。丁於丙未付價金以前。對於甲乙亦得拒絕交米。其所據理由。蓋以債務人中如有不履行者。尙在第二六四條一項所謂未爲對待給付以前。對方債權人。自應解爲有同時履行抗辯權也。

對內的效力

2　對內的效力　對內的效力云者。謂多數債務人相互間或多數債權人相互間之效力也。即在可分債務。其多數債務人相互間應如何分擔義務。又在可分債權。其多數債權人相互間應如何分受權利。我民法第二七一條雖規定平均分擔或分受。然此乃就對外關係所設規定。在對內關係不得即行適用。故當事人之相互間。其分析比例若何。應依當事人間之特約或法律行為之性質定之。如無此等標準。則解為準用對外關係之規定。平均分擔或分受。

第三節　連帶之債

第一款　總說

何謂連帶之債

一　連帶之債之意義　連帶之債云者。謂債的關係。以同一給付為內容。而有數債務人或數債權人。並僅因一個之全部給付。即使全體債的關係。歸於消滅也。其有

連帶之債分爲連帶債務與連帶債權

數債務人時。各債務人對於債權人。各負全部給付責任。並可因一個之全部給付。卽使全體債務關係。歸於消滅者。此之謂連帶債務。亦稱爲受動的連帶。（二七二條二七四條參照）又其有數債權人時。各債權人對於債務人。各得爲全部給付之請求。並可因一個之全部給付。卽使全體債權關係。歸於消滅者。此之謂連帶債權。亦稱爲自動的連帶。（二八三條二八六條參照）此二種連帶之債。在各立法例。莫不認之。【註一】我民亦同。

【註一】德民四二一條以下。瑞債一四三條以下。法民一一九七條以下。俄民一一五條以下。至於日民四三二條以下。雖僅定連帶債務。未定連帶債權。然並非禁止連帶債權。不過因實際上發生殊少。未予規定耳。

連帶之債究係複數之債的關係抑係單一之債的關係

二　連帶之債之性質　連帶之債。究係單一之債的關係。抑係複數之債的關係。在德意志普通法時代。曾議論叢生。簡略言之。卽在德意志普通法。其繼受羅馬法後至第十九世紀初葉以前。一般通說。概謂連帶之債。爲有數債權人或數債務人之單一債的關係。第十九世紀初葉。克魯拉(Keller)氏首唱共同連帶與單純連帶之分。

漸成當時通說。蓋卽以就一債權人或一債務人所生事項。對於他債權人或他債務人。是否生其效力。作爲區別標準。其所謂共同連帶。因就一債權人或一債務人所生清償、提存、代物清償、抵銷及確定判決等事項。對於他債權人或他債務人亦生效力。應僅爲單一之債的關係。其所謂單純連帶。因上述事項。除清償及足視同一者外。對於他債權人或他債務人。不生效力。應爲複數之債的關係。降及第十九世紀中葉。關於共同連帶。更發生單一與複數之爭。殆不知所底止。然現今各立法例。均僅認連帶之債。並不認有共同連帶與單純連帶之分。至於解釋論。除法國民法外。均多解釋連帶之債爲複數之債的關係。以其根據較多也。

連帶債務常多利用

三、連帶之債以連帶債務爲中心　連帶債權。因債務人得向債權人中之一人爲全部給付。倘受領給付之債權人。係不誠實或無資力。則其他債權人殊難求償。又因其中一債權人與債務人間所生事項。對於他債權人生其效力。亦甚不利於債權人。故連帶債權於債權人。甚屬不利。至於連帶債務之目的。在確保債權人權利之效力。

使得容易充分受償。殆與保證債務相近。且債務人無檢索之抗辯權。其確保效力之強大。較保證債務。更尤過之。故連帶債務於債權人。極屬有利。在現今資本主義的經濟組織之社會。債權人之地位。較優於債務人。常得自由選用有利。而趨避無利。故連帶債權。殊少發生。而連帶債務。則常多利用。在連帶之債。實以連帶債務為其中心矣。

第二款　連帶債務

第一項　連帶債務之性質及發生原因

何謂連帶債務

一　連帶債務之性質　連帶債務云者。謂數債務人以共同目的。負同一給付之債務。而其各債務人對於債權人。均各負為全部給付之義務也。我民法第二七二條一項規定數人負同一債務。並對於債權人各負全部給付之責任者。為連帶債務。蓋即表明此意義。故連帶債務。必須具備左列要件。始可成立。

成立要件

1　須有數債務人　債務人須有數人。始得成立連帶債務。

連帶債務爲複數債務之根據

2　連帶債務係複數債務　在連帶債務。係按債務人之人數。存有數個債務。考其根據。即(一)連帶債務人對於債權人。各負全部給付之責任。(二七二條一項)若非按債務人之人數。存有數個債務。何至每個債務人。均負全部給付之義務。(二)就一債務人所生事項。除法律別有規定或契約另有訂定外。對於他債務人不生效力。(二七九條)若非存有數個債務。何以其中一債務所生事項。原則上於他債務不及影響。(三)在連帶債務。各債務得各異其期限、條件、擔保等項。(二七六條二項參照)此亦足證實有數個債務之存在。

以同一給付爲內容

3　複數債務須以同一給付爲內容　連帶債務之構成。須有數個債務。固如上述。然此數個債務。更須以同一給付爲內容。始得成立連帶債務。我民法第二七二條一項所謂數人負同一債務。實即表明此義。蓋連帶債務。乃就同一給付。確保債權人之受償地位。使容易行使權利。其構成連帶債務之數個債務。自須以同一給付爲內容。否則債權人對於債務人。無由就其中一人或數人或其全體。同時或先後請求全部或一部之給付。（二七三條一項參照）又在各債務人間。亦無由生所謂分擔部分。（二八一條參照）是以對同一債權人。甲負金錢債務。乙負交付馬匹債務 丙負供給勞務債務時。不得成立連帶債務。

須有共同目的

4 複數債務須有共同目的 數個債務。雖以同一給付爲內容。尚不得即成立連帶債務。【註二】必更須有共同目的。即可因一個債務之全部給付。使其他債務亦歸消滅者。始得成立連帶債務。蓋連帶債務之構成。雖有數個債務。實不過確保債權人之權利。俾得容易行使耳。而在債權人則僅有共同之單一目的。苟因一個債務之履行。達其目的。則債權人已獲滿足。而其他債務。亦因此消滅矣。（二七四條參照）至所謂共同目的。其意義若何。學說非必一致。或謂爲法律上之目的。或謂爲經濟上之目的。究以後者爲通說。蓋即謂任何債務之履行。均對於債權人發生同等價値也。

【註一】例如甲乙丙三人。對於同一債權人各自獨立負擔壹千圓金錢債務時。此數個債務。縱令以同一給付爲內容。而各債務人各自獨立負其給付義務。其中一人之履行。不得使他債務人歸於消滅是。

均各負全部給付之義務

5　各債務人均負全部給付之義務　査連帶債務之各債務人。對於債權人。必各負全部給付之責任。（二七二條一項二七三條參照）故在連帶債務。無論給付可分或不可分。而各債務之本來內容。均爲全部給付。至於不可分債務。其各債務人所以各負全部給付責任者。乃僅因給付之不可分耳。此兩者所由區別也。

發生原因非必須同一

6　複數債務之發生是否須本於同一原因　構成連帶債務之各債務。是否須本於同一之發生原因。學說不一。或謂須本於同一原因。或謂非必須本於同一原因。究以後者爲通說。蓋在以當事人之法律行爲爲發生原因時。其異時各別發生之債務。亦得成立連帶債務。故宜解爲各債務之發生原因。非必須同一也。

連帶債務之發生原因

二　連帶債務之發生原因　連帶債務之發生。必須出於法律行爲或法律規定。在我民法第二七二條。定有明文。

1　法律行爲　數人負同一債務。明示對於債權人各負全部給付之責任者。爲連帶債務。此爲我民法第二七二條一項所明定。據此規定。法律行爲之發生連帶債務。必須有明示之意思表示。故不得推定。自不待言。【註一】又僅因連署、連印。亦不謂爲連帶。惟連帶債務之發生。非必須用連帶文字。僅須能表明連帶之意思而已足。

法律行爲中。其發生連帶債務者。通常固多爲契約。然單獨行爲。亦得爲發生之原因。例如數繼承人。因遺囑對於遺贈清償債務。負連帶責任是。至於發生連帶債務之契約。通常固多爲單一共同契約。然各別異時之契約。亦無不可。又於既存債務人之外。嗣後另由他人表示。願就同一債務。對債權人負連帶責任時。無論既存債務人之意思若何。且不問其曾否知曉。仍成立連帶債務。【註三】

【註二】按德民四二七條進民二九七條。規定數人因契約共同負擔可分之債務者。如有疑義時。卽爲連帶債務。俄民一一六條規定債務之標的不可分時。視爲連帶債務。此皆與我民相反。至於瑞一四三條一項土債一四一條一項。則與我民相同。

【註三】蓋以既存債務人原負全部給付之義務。並不因他人之約定連帶。增加責任。反因此取得因他人清償免責之機會 有益無害。故解爲仍成立連帶債務。

2　法律規定　無前項之明示時。連帶債務之成立。以法律有規定者爲限。此我民法第二七二條二項所明定。考我民法及特種民事法。連帶債務之發生。出於法律規定者。亦復不少。例如民法中之二八條一八五條一八七條六三七條七四八條等條。又如特種民事法中之公司法三五條。票據法九三條。票據法施行法五條。海商法一一一條等是。

據上所述。連帶債務之發生。必須出於當事人之法律行爲。或出於法律之規定。若當事人既無連帶之表示。法律亦別無連帶之規定。則連帶債務。無由成立。故我

民法在多數主體之債務。以分擔爲原則。而以連帶爲例外也。【註四】

【註四】按日商及我舊商行爲草案。爲保護商事債權起見。規定數人由商行爲而負債務者。應連帶負擔。（日商二七三條我舊商行爲草案一六條）此乃以連帶爲原則。以分擔爲例外。與民法規定。適成相反。詳細說明。已見本章第二節註八。茲不再贅。但我民法採民商統一主義。並無上述之特別規定。自不得取同一解釋。

第二項　連帶債務之效力

第一目　債權人與債務人間之效力

債權人之權利

一　債權人之權利　連帶債務之債權人。得對於債務人中之一人或數人或其全體。同時或先後請求全部或一部之給付。此爲我民法第二七三條所明定。（土債一四二條一項日民四三二條德民四二一條中段俄民一一五條二項）據此規定。其結果如左。

債權人之

1　債權人之選擇請求　債權人得就債務人中。自由選擇一人。向其請求全部或一部之給付。蓋各債務人對於債權人。均各負全部給付之責任。（二七二條一項參照）故債權人自得任意選擇債務人中之一人。向其請求全部之給付。其受請求之債務人。不得主張分擔之抗辯。此爲連帶債務與可分債務兩者效力之區別要點。又債權人既得選擇請求全部給付。則對於各債務人。仍得分別請求一部給付。更不待言。

選擇請求

2　債權人之同時請求　債權人得同時對於債務人中之一人或數人或全體。請求全部或一部之給付。即如選定一債務人。向其請求全部。更得同時另選一債務人。向其請求全部。又如得以債務人中之數人或全體爲共同被告。而請求全部或一部之給付是。

債權人之同時請求

3　債權人之先後請求　債權人得先後對於債務人中之一人或數人或全體。請求全部或一部之給付。即債權人雖已先向債務人中之一人。請求給付。嗣後更得另向他債務人請求給付。又或更得向債務人中之數人或其全體。請求給付。縱令曾經追訴。或甚至已有確定判決。而嗣後更受追訴之債務人。不得主張權利拘束或

債權人之先後請求

既判力之抗辯。惟原有之確定判決。於他債務人有利益者。始得主張之耳。（七二五條參照）

債務人就履行之餘額仍負連帶責任

債權人雖已領受一部清償。而連帶債務未全部履行前。全體債務人仍負連帶責任。此爲我民法第二七二條二項所明定。（土債一四二條二項瑞債一四四條二項德民四二一條後段）蓋各債務人均各負全部給付之責任。雖已履行一部。仍應就其餘額。負連帶責任也。

債務人破產共債權人參加分配之權利

連帶債務人之全體或其中數人。受破產宣告時。債權人得就其債權之總額。對各破產財團。行使其權利。此爲我破產法　第一〇四條所明定。蓋倣瑞士主義。無論以前已否領受一部清償。仍使得以債權之全額。加入各破產財團之分配也。【註一】

【註一】　連帶債務人破產時。債權人究應如何加入破產財團之分配。從來立法。大別爲三。（一）德國主義。卽連帶債務中之一人或數人受破產宣告時。債權人得以各該宣告時之債權額。加入各破產財團之分配。故前後宣告破產時。應除去由前破產財團所受分配之數額。然後以其餘額。加入後破產財團之分配。（德破產法六八條奧破產法一一九條匈破產法七〇條和破產法三六條）（二）法國主義。卽連帶債務人之全體或數人受破產之宣告時。無論同時或前後。債權人均得以債權之全額。加入各破產財團之分配。惟在全體債務人均未破產以前。債權人已領受一部清償者。應除去所受清償之數額。然後以其餘額。加入各破產財團之分配。（法商五四二條以下意商七八八條以下）（三）瑞士主義。卽在全體債務人均未破產以前。雖已領受一部清償。而債權人仍得以債權之全額。加入各破產財團之分配。（瑞破產法二一六條以下）

一債務人所生事項以生相對效力爲原則

二　連帶債務人中一人所生事項及於他債務人之效力　連帶債務人中一人與債權人間所生事項。僅於該債務人生其效力者。謂爲生相對效力之事項。如於他債務人亦生效力者。則謂爲生絕對效力之事項。究竟就連帶債務人中一人所生事項。對於他債務人。如何及其效力。由連帶債務之性質言之。應以生相對效力爲原則。卽清償與視同淸償之事項　固可生絕對效力。而其他事項。則應僅生相對效力　蓋連帶債務爲複數債務。故就一債務人所生事項。對於他債務人。本不應生其效力。自以生相對效力爲原則。惟連帶債務。因有共同之目的。凡滿足此共同目的之事項。如淸償與視同淸償之事項。就一債務人發生時。對於他債務人。應生其效力。此外因免求償之循環。亦有便宜上認生絕對效力。我民法第二七九條。規定就連帶債務人中之一人所生事項。除前五條規定或契約另有規定者外。其利益或不利益。對他債務人。不生效力。此乃倣德民第四二五條一項。表明以生相對效力爲原則。除法定或約定之生絕對效力者外。其他事項。均僅生相對效力也。茲分述於左。

生絕對效力之事項

1 生絕對效力之事項

淸償應生絕對效力

甲 淸償 因連帶債務人中之一人爲淸償而債務消滅者。他債務人亦同免其責任。此爲我民法第二七四條所明定。蓋連帶債務既因淸償達共同目的。債權人已得滿足。不能再事請求。故應生絕對效力。不僅爲淸償之債務人。其債務歸於消滅。而他債務人亦因此同免履行之責任也。

代物淸償或提存應生絕對效力

乙 代物淸償或提存 因連帶債務人中之一人爲代物淸償或提存。而債務消滅者。他債務人亦同免其責任。此亦爲我民法第二七四條所明定。蓋代物淸償或提存。均視同清償。（三一九條三二八條參照）故應生絕對效力。

抵銷應生絕對效力

丙　抵銷　因連帶債務人中之一人爲抵銷。而債務消滅者。他債務人亦同免其責任。此亦爲我民法第二七四條所明定。蓋抵銷達到之結果。與清償無異。故應生絕對效力。

能否以別債務人之債權主張抵銷

連帶債務人中之一人。對於債權人有對待債權時。他債務人能否主張抵銷。就他人之權利不能代爲處分言之。本屬不能主張。（德民四二二條二項參照）但我民法第二七七條。規定連帶債務人中之一人。對於債權人有債權者。他債務人以該債務人應分擔之部分爲限。得主張抵銷。此乃倣日民法。爲免求償之循環。特設此便宜規定也。（日民四三六條二項參照）

混同應生絕對效力

丁　混同　連帶債務人之一人。因混同而債務消滅者。他債務人亦同免其責任。此亦爲我民法第二七四條所明定。所謂因混同而消滅者。例因繼承致債權與連帶債務同歸一人時。該債務人之原負債務。應歸消滅是。按混同雖爲債的關係之消滅原因。（三四四條參照）而債權人並未因此獲得滿足。本無生絕對效力之理。但混同若僅生相對效力。則混同之債務人。雖得以債權人資格。自他債務人領受全部清償。仍須以連帶債務人中之一員。向清償債務人償還自己之分擔部分。關係更增複雜。故我民法特設便宜規定。使生絕對效力也。【註二】

【註二】關於混同。德民規定僅生相對效力。（德民四二五條二項）法民規定限於混同債務人之分擔部分。生絕對效力。（法民一三〇一條三項）日民規定生絕對效力。（日民四三八條）我民倣之。由立法論言之。以法民爲優。

債權人遲延應生絕對效力

戊　債權人遲延　債權人對於連帶債務人中之一人有遲延時。爲他債務人之利益。亦生效力。此爲我民法第二七八條所明定。（德民四二四條）蓋連帶債務之各債務。本有共同之目的。其中一債務人。有爲全體清償之權能。若債權人受領遲延。匪特侵害該債務人之權能。而他債務人亦無由享受清償免責之利益。故規定生絕對效力。債權人不僅對於該債務人。負遲延責任。而對於他債務人。亦負遲延責任也。

判決僅生限制的絕對效力

己　判決　連帶債務人中之一人受確定判決。而其判決非基於該債務人之個人關係者。為他債務人之利益。亦生效力。此為我民法第二七五條所明定。據此規定。債權人與連帶債務人中一人間之確定判決。對於他債務人。是否及其效力。大別為二。(一)不利益之判決。即連帶債務人中一人所受之確定判決。而於債務人不利益者。(例如債權人提起給付之訴而原告勝訴時)對於他債務人。不生效力。(二)利益之判決。即連帶債務人中一人所受之確定判決。而於債務人有利益者。(例如在前例而被告勝訴時)其情形更分為二。若判決之理由。係基於該債務人之個人關係者。(例如因無能力原債務無效或得撤銷是)對於他債務人。不生效力。但判決之理由。係基於此外其他事由者。(例如曾經清償是)則對於他債務人。亦生效力。故判決僅限於此特別情形。始生絕對效力。【註三】

【註三】德民明定判決僅生相對效力。(德民四二五條二項)日瑞等國學說亦同。惟法國之判例學說。多主張生絕對效力。我民倣之。

債務免除生絕對效力或僅生限制的絕對效力

庚　債務免除　債權人向連帶債務人中之一人免除債務。而無消滅全部債務之意思表示者。除該債務人應分擔之部分外。他債務人仍不免其責任。此爲我民法第二七六條一項所明定。據此規定。大別爲二。(一)債權人向連帶債務人中之一人。已表示消滅全部債務之意思者。生絕對效力。即不僅該債務人之債務歸於消滅。而他債務人亦同免其責任。(德民四二三條參照)(二)債權人向連帶債務人中之一人免除債務。而未表示消滅全部債務之意思者。則他債務人僅就已受免除之債務人應行分擔部分。免其責任。而就殘餘部分。仍應負連帶債務之責任。是即僅限於該債務人應行分擔部分。始生絕對效力。蓋免除雖爲債的關係之消滅原因。而債權人並未因此獲得滿足。本無生絕對效力之理。但若僅生相對效力。必致債權人對於其他債務人。仍得請求全部債務之淸償。其他債務人淸償後。對於已受免除之債務人。就其應行分擔部分。行使求償權。而已受免除之債務人。對於債權人。亦必請求返還。輾轉求償。關係更雜。故爲免求償之循環。特設此便宜規定。使於已受免除之債務人應行分擔部分。生絕對效力也。【註四】

【註四】 關於免除。德民以生相對效力爲原則。惟免除係約定消滅全部債務者。始生絕對效力。（德民四二三條）法民以生絕對效力爲原則。惟債權人明示僅使生相等效力者。始不在此限耳。（法民一二八五條）日民規定。大致與我民法相同。（日民四三七條）

時效完成僅生限制的絕對效力

辛 時效完成 連帶債務人中之一人消滅時效已完成者。準用關於免除之規定。此爲我民法第二七六條二項所明定。是卽連帶債務人中之一人消滅時效已完成者。僅就該債務人應行分擔部分。對於他債務人。生其效力。蓋連帶債務之發生原因。非必同一。則各債務之消滅時效起算點。非必一致。又各債務之時效期限。或有長短不等。再縱令期限同一。並同時進行。而時效之中斷或不完成。各債務或又不一致。因此種種。各債務之時效完成。其時期或先後不等。

在此情形。時效完成之債務人。關於全部債務。自得拒絕給付。（一四四條一項參照）而其他債務人。則就時效完成之債務人應行分擔部分。亦得拒絕給付。故時效完成。限於時效完成之債務人應行分擔部分。始生絕對效力。夷考厥由。蓋以消滅時效完成。僅爲債務人得拒絕給付之原因。債權人毫不能因此獲得滿足。本無生絕對效力之理。但若僅生相對效力。則債權人得對他債務人。請求全部債務之清償。他債務人清償後。更得對時效完成之債務人。請求償還。必至發生該債務人不得享受時效利益之結果。故爲免求償之循環。特設此便宜規定也。

【註五】

【註五】關於時效完成。德民規定僅生相對效力。（德民四二五條二項）法民並無規定。日民大致與我民相同。（日民四三九條）

以上所述生絕對效力之事項中。清償及視同清償之事項。其生絕對效力。乃出於連帶債務之本質。苟爲連帶債務。當事人自不得加以變更。但其他事項。

則當事人得以約定。變爲於他債務人不利益或更利益。

生相對效力之事項

2 生相對效力之事項 除上述法定事項及約定生絕對效力之事項外。凡就連帶債務人中之一人所生事項。對於他債務人。無論利益或不利益。均不生效力。（二七九條）茲就其重要者。例示於左。

給付之請求生相對效力

甲 履行之請求 無論審判上或審判外。對連帶債務人中一人所爲之履行請求。於他債務人。不生效力。故此請求。於受請求之債務人。固可生履行遲延或中斷時效。而於他債務人。不發生此等問題。【註六】

【註六】關於履行請求。德民規定僅生相對效力。（德民四二五條）我民倣之。至於日民。則倣法民。（法民一二〇五條至一二〇七條）規定生絕對效力。（日民四三四條）適與我民相反矣。

給付遲延生相對效力

乙 給付遲延 連帶債務人中一人之給付遲延。僅生相對效力。故遲延之效果。僅由該債務人任之。而於他債務人。並無影響。

過失生相

丙 過失 連帶債務人中一人之過失。僅生相對效力。故過失責任。僅由該債

對效力

務人負之。而他債務人。並不因此負損害賠償責任。

給付不能生相對效力

丁　給付不能　連帶債務人中之一人給付不能。僅生相對效力。故給付不能之效果。僅歸屬於該債務人。而於他債務人。並無影響。

連帶免除生相對效力

戊　連帶之免除　連帶之免除云者。乃謂對債務人。免除其與他債務人連帶履行之義務。與免除全部債務有別。質言之。卽使該債務人僅就其分擔部分。負擔債務耳。債權人對連帶債務人中一人所爲之連帶免除。僅生相對效力。故僅負擔其分擔部分者。唯該債務人一人而已。若他債務人。仍負全部給付之責任。

時效中斷及不完成生相對效力

己　時效之中斷及不完成　連帶債務人中一人之時效中斷及不完成。僅生相對效力。故債務人中一人。雖因承認、或被訴、或受強制執行。以致時效中斷。（一二九條參照）而於他債務人。並無影響。

第二目　債務人相互間之效力

債權人與連帶債務人間之關係。通常稱爲外部關係。而連帶債務人相互間之關係。則稱爲內部關係。其所應說明者。卽求償權是已。

求償權之基礎

一　求償權之基礎　連帶債務人於外部關係。固各負全部給付之責任。而於內部關係。則各有應行分擔部分。此爲我民法第二八〇條所明定。若連帶債務人之一人。對債權人爲淸償或其他行爲。致他債務人同免責任時。是該債務人之給付。超過分擔部分。而他債務人則因此免責。自應使該債務人對他債務人。得按其各自分擔部分。請求償還。以期公平。故我民法第二八一條。倣一般立法。明定求償權。而其發生。仍出於連帶債務之本質也。【註一】

【註一】按羅馬法之解釋。謂連帶債務人間。非必當然有求償權。必須有合夥、委任、無因管理等特別關係。始生求償權。蓋以各債務人原各負全部債務。其淸償全部債務。乃履行自己義務。自不得向債務人請求償還。降及近世。一般立法例。雖已明認求償權。（法民一二一三條以下意民一一九八條以下德民四二六條奧民八九六條瑞債一四八條俄一一五條）然其根據何在。不無爭論。或

分擔部分以平均為原則

謂法律之規定。僅出於公平之觀念。或謂連帶債務在外部關係。固負全部債務。而在內部關係。則有分擔部分。據此性質。當然發生求償權。法律之規定。不過表明此性質耳。法國法系立法例及其學說。尚猶以合夥關係或代理關係。作為根據。仍未脫羅馬法之影響。至於本書。乃以連帶債務之性質與公平之觀念。共作根據。

二 分擔部分之比例 求償權之行使。乃按各自分擔部分。故行使求償權。必須先定分擔部分之比例。其分擔部分之比例。究如何定之。據我民法第二八〇條本文之規定。連帶債務人相互間。除法律另有規定、或契約另有訂定外。應平均分擔義務。（德民四二六條一項暹民二九六條土債一四六條一項）是分擔部分之比例。必須別無法定標準或約定標準。原則上始平均分擔。【註二】若有法定標準。仍當依之。並不平均分擔。【註三】又債務人等約定分擔部分之比例時。儘可多寡不等。【註四】甚至某人毫不分擔。【註五】亦非必平均分擔。

【註二】 例如甲乙丙三人共負一千二百元之連帶債務時。每人平均應各分擔四百元是。

【註三】例如我民法第一一五三條。規定繼承人相互間。對於被繼承人之債務。原則上應按其應繼分之比例分擔。並非平均分擔是。

【註四】例如甲乙丙三人共負二千四百元之連帶債務。而內部約定甲分擔五分之一。乙分擔五分之二。丙分擔五分之三時。則甲應分擔四百元。乙應分擔八百元。丙應分擔一千二百元是。

【註五】例如甲乙二人夥同營業。而內部約定所欠債務。全由甲負擔。乙並不分擔是。

求償權之要件

求償權之要件　求償權之發生。必須連帶債務人中之一人。因清償或其他行為。致他債務人同免責任。此為我民法第二八一條所明定。玆分析說明於左。

1　須致他債務人共同免責　所謂免責云者。言消滅或減少其債務也。所謂共同免責云者。言不僅該債務人免責。而全體連帶債務人亦均免責也。凡連帶債務人中之一人。其對他債務人。行使求償權。必須因該債務人之行為。使全體連帶債務人。均已消滅或減少其債務。故求償權之發生。必在為共同免責之行為以後。而在免責以前。則不得豫行求償。

2　須因清償或其他行爲　連帶債務人中之一人。須因其有償行爲。使全體連帶債務人。同免責任時。始得發生求償權。所謂有償行爲。首推清償。其他行爲。如代物清償、提存、抵銷、混同等是。（二七四條參照）至於無償而使免責者。則不得發生求償權。例如免除、或時效完成。雖使他債務人於該債務人應行分擔部分。得同免責任或拒絕給付。（二七六條參照）但不得對之求償是。蓋該債務人既毫未犧牲自己之財產。自不得對他債務人求償也。

共同爲責之額數是否須超過自己分擔部分

債務人之求償。共同免責之額數。是否須超過其自己分擔部分。頗有議論。積極說謂共同免責之額數。未超過該債務人自己分擔部分時。不得對他債務人求償。【註六】蓋以自已分擔部分。乃當然應履行之債務。若清償未滿此部分。是自己義務。尚猶未盡。縱令已清結此部分。亦不過履行自己之義務。何能對他人求償。必須清償超過自己分擔部分。始得謂爲清償他人之債務。對他人求償。消極說謂共同免責之額數。雖未超過該債務人自己分擔部分。仍得對他人求償。【註七】蓋以所清償者。雖僅一部。而他債務人。則因此受益也。瑞債明定採積極說。（瑞債一四八條二項參照）德法日諸國學說。各自參半。日判例採消極說。我國尚無判例。

【註六】例如甲乙丙三人共負一千五百元之連帶債務。甲應分擔五百元時。如甲僅清償債權人三百元。則不得對乙丙求償是。

【註七】例如甲乙丙三人共負一千五百元之連帶債務。甲按五分三。乙丙各按五分一分擔時。乙如已清償債權人百元。則得對甲求償六十元。對丙求償二十元是。

求償權之範圍

四　求償權之範圍

1　所得求償之種類　求償權人所得求償之金額。其種類如左。

甲　清償或其他行爲之給付額　因清償、提存、或抵銷而免責時。給付額與所消滅之債權額。原屬相同。故依給付額求償、或依消滅之債權額求償。原屬同一。惟依代物清償或間接給付而免責時。（三一九條三二〇條參照）究應依給付額求償。抑依消滅之債權額求償。則不無爭議。一般通說。謂給付額較小於消滅之債權額

給付額與

所消滅之債權額大小不時究應如何求償

時。依給付額求償。若較大於消滅之債權額時。依其債權額求償。【註八】惟亦有謂給付額雖較小於所消滅之債權額。仍應依其債權額求償。蓋以由代物清償或間接給付所生之利益。應僅歸於爲此行爲之債務人也。

【註八】 例如甲乙二人。對丙共負二百元之連帶債務。其各自分擔部分。各爲百元。甲若以價值八十元之馬。代物清償丙之二百元債權時。則甲對乙。僅得求償四十元。不得再求償百元。反之甲若以價值三百元之物。代物清償丙之二百元債權時。則甲對乙仍僅得求償百元是。

乙 免責時起之利息（二八一條一項末段）

丙 不可避免之損害 我民法第二八〇條但書。規定因債務人中之一人應單獨負責之事由所致之損害。由該債務人負擔。故該債務人因爲共同免責行爲所受之損害。其出於自己過失者。固不得對他債務人求償。但據此規定之反面解釋。其所受損害。非出於自己過失。而實屬不可避免者。例如因清償債權。迫不得已。重利借款或低價變產。則仍對他債務人求償。

丁　不可避免之費用　我民法第二八〇條但書。規定因債務人中之一人應單獨負責之事由所支出之費用。由該債務人負擔。故該債務人因爲共同免責行爲所支出之費用。其出於自己過失者。固不得對他債務人求償。但據此規定之反面解釋。其所支出之費用。非出於自己過失。而實屬不可避免者。例如包裝費、搬運費、匯兌費等。則仍得對他債務人求償。

2　分擔額須按分擔部分之比例　以上所述各種金額。求償權人得按各債務人應行各自分擔部分之比例。對他債務人求償。（三八一條一項中段）該求償權人。亦應按其自己應行分擔部分之比例。以分擔之。自不待言。

其中如有不能償還之人則擴張求償

五　償還義務人不能償還時之求償權擴張　據我民法第二八二條一項之規定。連帶債務人之一人。不能償還其分擔額者。其不能償還之部分。由求償權人與他債務人。按比例分擔之。但不能償還係由求償權人之過失所致者。不得對於他債務人請求其分擔。此項規定。蓋恐求償權人獨受損害。故更使擴張求償。以期公平。茲分述其要件於左。

1 **須連帶債務人中之一人不能償還其分擔額** 所謂不能償還。非獨僅指因無資力不能償還。而實際償還困難。殆可視同不能償還者。例如償還義務人之繼承人為限定繼承。或償還義務人踪迹不明等。當然包含在內。至於不能償還部分。非獨指分擔額全部。即其一部。亦得請求分擔。

2 **求償權人不能受償還須非出於自己過失** 所謂求償權人有過失。例如求償權人。因怠於求償權之行使。以致不能受償還是。

具備上述要件時。連帶債務人中一人之不能償還部分。則由求償權人與他債務人●按照比例分擔之。所謂比例分擔。即言須按其各自分擔部分之比例也。又他債務人中之一人。其應分擔部分雖已免責者。仍依此比例分擔之規定。負其責任。（二八二條二項）蓋連帶債務人中之一人。因免除免責。或因消滅時效完成得拒絕給付時。他債務人亦於該債務人之應行分擔部分。同受免責或拒絕給付之利益。（二七六條參照）求償權

分擔部分已免責者仍應分擔此不能償還部分

人。關於此部分。其不得對該債務人請求償還。固不待言。所謂分擔之部分已免責者。卽指此也。但償還義務人之不能償還部分。則他債務人。並未因前述免除或時效完成。受有何種利益。故仍得對該債務人請求償還也。

求償時之代位權

六　求償權與代位權　我民法第二八一條二項本文。規定求償權人於求償權範圍內。承受債權人之權利。是卽使求償權人得代位債權人。對於他債務人。請求淸償。並重在得行使原債權人所有之擔保權等。但此項代位權之行使。不得有害於債權人之利益。（二八一條二項但書）例如在未全部淸償以前。不得代位行使原債權人所有之擔保權是。

第三項　不眞正連帶債務

何謂不眞正連帶債務

一　不眞正連帶債務之意義　不眞正連帶債務（Unechte Solidaritat）云者。謂數債務人。以單一目的。本於各別之發生原因。負其債務。並因其中一債務之履行。而他債務亦同歸消滅也。例如租賃之租賃物。因承租人之不注意。被第三人破壞時。承租人及侵權行爲人。均對於出租人。負損害賠償之債務是。

不眞正連帶債務。在各立法例。固無明文。而學說及判例。則多認之。惟德國近時學者。頗持異議耳。【註一】要之不眞正連帶債務。乃請求權併存（亦稱爲競合）之一種。不過普通之請求權併存。乃於特定之一債權人與一債務人間。就單一法益。併存數個請求權。而不眞正連務。則就單一法益。併存債務人各異之數個請求權。故在我民法。亦應認之。

【註一】德國近時之反對學說。大別爲積極消極二說。積極說謂連帶債務之法定定義。足以包含不眞正連帶債務。毋庸強爲區別。消極說謂與連帶債務。毫無關係。不得用連帶字樣。

不眞正連帶債務與連帶債務之異同

二　與連帶債務之異同　不眞正連帶債務與連帶債務。其區別標準何在。學說頗爲紛歧。或謂宜求諸是否本於同一發生原因。或謂宜求諸債務人間有無分擔部分。或謂宜求諸是否共同目的。以上諸說。各窺一端。要之不眞正連帶債務與連帶債務。

兩者相同之點

頗有類似之處。即(一)債權人得對於債務人中之一人或數人或其全體。同時或先後請求全部或一部之給付。(二)因其中一債務之履行。而他債務亦同歸消滅。蓋以由各債務所欲滿足之法益。既屬單一。苟因其中一債務之履行。已得滿足。則他債務自應消滅也。以上二端。固爲類似之處。但兩者之間。實有差異。

兩者差異之點

即(一)不眞正連帶債務之各債務。其發生原因。必須各別。而連帶債務之各債務。則其發生原因。有同一者。亦有各別者。(二)連帶債務之各債務。有共同目的。而不眞正連帶債務之各債務。則僅有單一目的。蓋在前者。有主觀的共同關係。例如數人共爲侵權行爲。致連帶負損害賠償債務。又如共借金錢。而約連帶淸償是。而在後者則並無此主觀的共同關係。不過因所欲滿足之法益。在客觀上。彼此同一。所生之數個請求權。遂併存於此同一法益。因謂爲有單一目的耳。例如承租人之損害賠償債務。與侵權行爲之賠償債務是。(三)連帶債務人相互間。有所謂分擔部分。蓋以有共同關係也。而不眞正連帶債務人之相互間。則無分擔部分。

第三款　連帶債權

何謂連帶債權

一　連帶債權之性質　連帶債權云者。謂數債權人以共同目的。有同一給付之債權。而其各債權人對於債務人。均各有請求全部給付之權利也。我民法第二八三條。規定數人有同一債權。而各得向債務人爲全部給付之請求者。爲連帶債權。蓋即表明此意義。故連帶債權。必須具備左列要件。始可成立。

成立要件

1　須有數債權人　債權人須有數人。始得成立連帶債權。至於債務人。或爲一人。或爲數人。則非所問。

連帶債權爲複數債權之根據

2　連帶債權係複數債權　在連帶債權。係按債權人之人數。存有數個債權。考其根據。即(一)各連帶債權人。對於債務人。各得爲全部給付之請求。(二八三條)(二)就一債權人所生事項。除法律別有規定或契約另有訂定外。對於他債權人。不生效力。(二九〇條)(三)連帶債權之各債權。得各異其期限、條件、擔保等項。(

（二八八條二項參照）故說明理由。與在連帶債務所述者無異。

何謂有同一債權

3　複數債權須以同一給付爲內容　連帶債權之構成。固須有數個債權。然此數個債權。更須以同一給付爲內容。始得成立連帶債權。我民法第二八三條所謂數人有同一債權。實卽表明此義。

須有共同目的

4　複數債權須有共同目的　數個債權。雖以同一給付爲內容。尚不得卽成立連帶債權。【註一】必須更有共同目的。卽可因一個債權之淸償。使其他債權亦同歸消滅者。（二八六條參照）始得成立連帶債權。其理由與在連帶債務所述者無異。

【註一】例知一人將同一物件。各自獨立出賣於數人時。僅生數個之獨立債權。並不成立連帶債權是。

連帶債權實不多有

二　連帶債權之發生原因　連帶債權之發生。必須出於法律規定或法律行爲。在我民法二八三條。定有明文。惟考我民法規定。共有債權或公同共有債權。尚屬有之。例如第六六八條第八三一條第一一五一條等是。而連帶債權。實所罕睹。至於由法律行爲發生之連帶債權。實際上亦不多有。蓋以連帶債權。於債權人。頗有不利。自不欲利用也。(參照本節第一款總說之三)但連帶債權。並非毫無實益。卽每個債權人。均得各向債務人。請求全部之給付。而債務人亦向債權人中之一人。爲全部之給付。其債權之行使。及債務之履行。均頗感便宜。各立法例。殆全設連帶債權之規定者。蓋以此也。

連帶債權之效力

三 連帶債權之效力 連帶債權。亦如連帶債務。分爲外部關係與內部關係。前者爲連帶債權人與債務人間之關係。後者爲連帶債權人相互間之關係。玆分別略述其梗概。

債權人之權利

1 債權人之權利 據我民法第二八三條之規定。各債權人各得向債務人爲全部給付之請求。旣毋庸全體共同行使。亦毋須他債權人之協助。故債權之行使。較爲便宜。再據我民法第二八四條之規定。債務人得向債權人中之一人。爲全部之給付。是債務人得就數債權人中。任意選擇一人。向其履行全部。以免債務。故債務之履行。亦較為便宜。

債權人中一人所生事項對於他債權人之影響

2 連帶債權人中一人所生事項及於他債權人之效力　連帶債權人中一人與債務人間所生事項。僅於該債權人生其效力者。謂為生相對效力之事項。如於他債權人亦生效力者。則謂為生絕對效力之事項。究竟應生如何效力。我民法第二九〇條。規定就連帶債權人中之一人所生之事項。除前五條規定或契約另有訂定外。其利益或不利益。對他債權人。不生效力。此即表明以生相對效力為原則。除法定或約定之生絕對效力者外。其他事項均僅生相對效力。茲就法定生絕對效力之事項。分述如左。

以相對效力為原則

以下為生絕對效力之各事項

甲　給付之請求　我民法第二八五條。規定連帶債權人之一人為給付之請求者。為他債權人之利益。亦生效力。此即規定給付之請求。為生絕對效力之事項。〔註二〕故債務人因被請求給付而負遲延責任時。不僅對為請求之該債權人負遲延責任。而對於他債權人亦負遲延責任。又因請求而中斷時效時亦同。

【註二】德民關於請求給付。僅認爲生相對效力。（德民四二九條三項四二五條）日民之解釋論亦同。我民在連帶債務。固僅生相對效力。而在連帶債權。則特定爲生絕對效力。殊難索解。

乙 清償及視同清償之事項 我民法第二八六條。規定因連帶債權人中之一人已受領清償、代物清償、或經提存、抵銷、混同而債權消滅者。他債權人之權利亦同消滅。此即規定此等事項。爲生絕對效力之事項。蓋以各債權之共同目的。既經達到。自應歸消滅也。

丙 債權人遲延 我民法第二八九條。規定連帶債權人中之一人有遲延者。他債權人亦負其責任。（德民四二九條二項）此即規定債權人遲延。爲生絕對效力之事項。即一債權人受領遲延時。不僅該債權人應負遲延責任。而他債權人亦同負遲延責任。蓋債務人本有任意選擇債權人。向其履行之權利。若不如斯規定。則未免減損選擇之利益也。

丁 判決 連帶債權人中之一人受有確定判決者。其效力是否及於他債權人。

據我民法第二八七條之規定。大別爲二。(一)利益之判決。卽連帶債權人中之一人。受有利益之確定判決者。爲他債權人之利益。亦生效力。(同條一項)此乃規定利益之判決。無論其判決之理由。是否基於該債權人或債務人之個人關係。均生絕對效力。自與第二七五條所定僅以非基於該債務人之個人關係爲限者不同。蓋所以增強連帶債權之效力也。(二)不利益之判決。卽連帶債權人中之一人。受不利益之確定判決者。如其判決非基於該債權人之個人關係時。對於他債權人。亦生效力。(同條二項)此乃規定不利益之判決。其判決理由。係基於該債權人之個人關係。僅生相對效力。若其判決理由。係基於其他事由者。則生絕對效力。【註三】自亦與第二七五條所定不利益之判決。僅生相對效力者不同。蓋恐減損債務人任意選擇債權人向其履行之利益也。

【註三】德民明定判決僅生相對效力。(德民四二九條三項四二五條二項)日瑞等國學說亦同。惟法國之判例學說。多主張生絕對效力。我民倣之。

戊　債務免除　連帶債權人中之一人。向債務人免除債務者。除該債權人應享有之部分外。他債權人之權利。仍不消滅。此爲我民法第二八八條一項所明定。是在爲免除之債權人。其債權固歸消滅。至於在他債權人之債權。則僅於該爲免除之債權人應行分受部分。歸於消滅。而就殘餘部分。仍有連帶債權之權利。質言之。卽僅限該爲免除之債權人應行分受部分。始生絕對效力。【註四】蓋連帶債權本爲複數債權。由他人之權利不能代爲處分言之。其中一債權人之免除表示。本無生絕對效力之理。但若僅生相對效力。則他債權人仍得請求全部之給付。難免減少債務人所受免除之利益。故規定此限制的絕對效力也。

【註四】德民明定免除僅生相對效力。（德民四二九條三項四二三條）與我民規定。適成相反。惟法義兩國共同債務法草案一五四條。明定生限制的絕對效力。我民倣之。

己　時效完成　連帶債權人中之一人。消滅時效已完成者。準用關於債務免除之規定。此爲我民法第二八八條二項所明定。是在時效完成之債權人。其債務人得對之拒絕全部給付。至於在他債權人。則其債務人則僅得於該時效完成之債權人應行分受部分。對之拒絕給付。而就殘餘部分。仍不得拒絕給付。質言之。卽僅限於該時效完成之債權人應行分受部分。生絕對效力。【註五】蓋連帶債權爲複數債權。其時效完成。旣先後不等。彼此自不及影響。本無生絕對效力之理。但若僅生相等效力。則他債權人仍得請求全部給付。難免減少債務人所受時效之利益。故規定此限制的絕對效力也。

【註五】德民明定時效僅生相對效力。（德民四二九條三項四二五條二項）與我民規定。適成相反。

分受部分以平等爲原則

3 連帶債權人相互間之關係　以上所述爲連帶債權之外部關係。各債權人個各有請求全部給付之權利。而在內部關係。則各債權人應各有分受部分。其分受部分之比例若何。應以平等爲原則。故債權人中之一人領受履行時。應按平等之比例。將其利益。分與他債權人。但法律另有規定或契約另有訂定者。仍依所定。（二九一條德民四三〇條暹民三〇〇條）

第四節　不可分之債

第一款　總說

何謂不可分之債

一　不可分之債之性質　不可分之債云者。謂債的關係。以同一不可分給付爲內容。而有數債權人或數債務人也。故不可分之債。必須具備左列要件。始可成立。

不可分債權與不可分債務

1　債務人或債權人須有數人　債務人有數人者。謂爲不可分債務。債權人有數人者。謂爲不可分債權。我民法第二九二條所謂數人。蓋卽指債務人或債權人須有數人而言也。

2　須以同一給付爲內容　數債務人所負債務或數債權人所有債權。須以同一給付爲內容。我民法第二九二條所謂數人負同一債務或有同一債權者。蓋卽言數債務人所負債務。或數債權人所有債權。係以同一給付爲內容也。〔註一〕

【註一】例如甲乙丙三人對於丁。負交馬一匹之債務。此即謂數人有同一債務。又如甲乙丙三人共有之房屋。由丁承包修理。此即謂數人有同一債權。

給付須不可分係與可分之債所以區別之要點

3 給付須爲不可分給付　何謂不可分給付。前經述明。（見本書下冊一三頁）在不可分之債。其給付須爲不可分。我民法第二九二條。業經明定。因其給付係屬不可分。必須一次全部給付。故不得分析履行。亦不得分析受領。此乃與可分之債所以區別之要點。惟不可分給付因意思表示或其他事由變爲可分給付時。則不可分之債。斯變爲可分之債矣。在我民法第二七一條末段。亦定有明文。例如因可歸責於債務人之事由。致給付不能。而變爲損害賠償債務是。

不可分之債爲複數之債的關係

二 不可分之債係複數債的關係　不可分之債。並非單一之債的關係。乃複數之債的關係。不過因均以同一不可分給付爲內容。遂互相結合耳。故不可分債務。爲數個債務。而不可分債權。亦爲數個債權。考其根據。即(一)在不可分債權。各債權得單獨請求給付。（二九三條參照）在不可分債務。各債務人各負全部給付責任。（二九二條二七三條）

參照）（二）就一債權人或一債務人所生事項。原則上對於他債權人或他債務人不生效力。（二九三條二項又二九二條二七九條參照）（三）不可分給付。變爲可分給付時。則不可分之債。斯變爲可分之債。（二七一條末段參照）依據以上種種理由。在不可分債權。其數債權人。實各有其權利。又在不可分債務。其數債務人。實各負其義務。故謂不可分之債。爲複數之債的關係。

第二款　不可分債權

何謂不可分債權

一　不可分債權之性質　不可分債權云者。謂數債權人享有以同一給付爲內容之債權。而其給付並係不可分者也。我民法第二九二條所定數人有同一債權。而其給付不可分者。蓋卽表明此意義。其給付不可分。爲不可分債權之特質。前經述明。

與準共有債權或公同共有債權不同

不可分債權。爲複數之債的關係。其數債權人實各有其權利。亦前經述明。至於數人共有或公同共有一個債權者。此則爲準共有債權或公同共有債權。（八三一條參照）自與不可分債權不同。故準共有債權或公同共有債權。（六六八條二五一條參照）得準用關於共有或公同共有之規定。而不可分債權則否。

不可分債權之效力

二　不可分債權之效力　不可分債權之效力。大別爲二。對外的效力與對內的效力是也。前者乃債權人與債務人間之效力。亦稱爲外部關係。後者乃債權人相互間之效力。亦稱爲內部關係。玆分述於左。

1　對外的效力　此項效力。更得大別爲二。

債權人如何請求給付及債務人如何給付

甲　債權人請求給付及債務人爲給付　我民法第二九三條一項。爲關於不可分債權所設之特別規定。（二九二條參照）先就債權人請求給付言之。本條所謂各債權人僅得爲債權人全體請求給付者。乃言各債權人雖得單獨請求履行。但非請求向自己履行。乃請求向全體履行也。故債權人受領債務人之淸償。必須債權人全體共同爲之。如無由共同受領。則各債權人僅得爲債權人全體。請求提存耳。惟一債權人之受領。同時使債權人全體均得滿足者。（例如就數人共有之土地、負擔防水工程之債務、又如就數人共有之房屋、負擔修理債務、其應一債權人之請求、而履行其債務是、）不發生共同受領問題。再就債務人爲給付言之。本條所謂債務人亦僅得向債權人全體爲給付者。乃言債務人必須向債權人全體履行。始得免全體債務也。故債務人自不得就債權人中。任意選擇一人。向其履行。【註一】

各種立法例之主義

【註一】按在不可分債權。其債權人應如何請求履行。又其債務人應如何履行。各立法例。大別爲四。(一)債權人必須全體共同請求履行。如普國法是。但實際上甚屬不便。(二)債權人固須全體共同請求履行。但債權人之一人如提出擔保。亦得單獨請求履行。如奧民是。(奧民八九〇條)(三)債務人僅得向債權人全體爲給付。各債權人亦僅得爲債權人全體請求給付。如德民(四三二條一項)瑞民(三〇二條一項)瑞債(七〇條一項)等是。其一般通說。均謂各債權人各得單獨請求履行。但非請求向自己履行。乃請求向全體履行。故債權人受領清償。必須全體共同。如無由共同受領。則各債權人更得爲全體請求提存或保管。德民瑞民關於請求提存或保管。業經明定。(德民四三二條一項後段瑞民三〇二條一項後段)瑞債雖無此明文。而學說解釋亦同。(四)各債權人得單獨請求履行。債務人亦得就債權人中。任意選擇一人。向其履行。如法民（一二二四條）日民（四二八條）等是。就以上各種立法例觀之。我民實倣第三立法例。雖關於無由共同受領之請求提存。未設明文。但亦應如瑞債。探同一解釋。

債權人中一人所生事項於他債權人有無影響

乙　債權人中一人所生事項及於他債權人之效力　債權人中一人與債務人間所生事項。對於他債權人。有無影響。亦有絕對效力與相對效力之分。我民法第二九三條二項。規定除前項規定外。債權人中之一人與債務人間所生之事項。其利益或不利益。對於他債權人。不生效力。【註二】是即表明就債權人中一人所生事項。對於他債權人。毫無影響。僅生相對效力而已。惟本條一項所定請求給付。則生絕對效力耳。蓋不可分債權之各債權。爲各自獨立之債權。本不應互及影響。且各債權人須共同受領清償。而債務人亦須向全體履行。又如前述。故債權人中之一人。其單獨所爲受領清償、代物清償、抵銷、免除、以及其他事項。對於他債權人。自不應生效力。惟請求給付。因本條一項。規定各債權人得爲債權人全體請求給付。是一債權人之單獨請求。乃係請求向全體履行。與他債權人自行請求者無異。自應生絕對效力。

【註二】我民第二九三條二項。乃關於不可分債權所設之特別規定。（二九二條參照）考其內容。實與德民四三二條二項暹民三〇二條二項。完全相同。

債權人相互間以平等分受利益爲原則

2 對內的效力　在不可分債權。其債權人相互間。應生如何效力。尤其對於全體給付。應如何分受。自應準用第二九一條之規定。除法律另有規定或契約另有訂定外。應平均分受其利益。蓋因不可分債權。除第二九三條之特別規定外。準用關於連帶債權之規定也。（二九二條）其因受領淸償所得之物體。如僅係原因當事人之意思不可分者。（例將五百元之金錢債務、特約爲不可分是、）在債權人相互間。自可分析。若係性質上之不可分者。在債權人相互間。或生共同關係。或生金錢的補償關係。或取變價分析方法。自依當事人之意思決之。

不可分債

三　不可分債權與連帶債權之異同　債權人須有數人。各得單獨請求給付。而在內部關係。復有各自分受部分。此兩者類似之點。但兩者實有差異。不可混同。卽（一）不可分債權之必須一次全部給付。專因其給付不可分。決非各債權人原得請求全部給付。故給付變爲可分時。不可分債權。斯變爲可分債權。至於連帶債權。則無論給付可分或不可分。其本來性質上。各債權人卽有得請求全部給付之權利。（二）在不可分債權。各債權人雖得單獨請求給付。但必須請求向全體給付。且更須全體共同受領淸償。而其債務人亦須向債權人全體履行。始得免全體債務。不得就債權人中。任意選擇一人。向其履行。至於連帶債權。則各債權人得單獨請求給付。（二八三條參照）其請求給付。既毋庸以全體名義。而受領淸償。更無須共同。又其債務人得就債權人中。任意選擇一人。向其履行。（二八四條參照）（三）債權人中所生事項。兩者固同以生相對效力爲原則。（二九〇條二九三條二項參照）但在連帶債權。則法定生絕對效力者較廣。（二八五條至二八九條參照）而在不可分債權。其法定生絕對效力者。僅有請求給付耳。（二九三條前段參照）

權與連帶債權之異同

第三款　不可分債務

何謂不可分債務

一　不可分債務之性質　不可分債務云者。謂數債務人負擔以同一給付爲內容之債務。而其給付並係不可分者也。【註一】我民法第二九二條所定數人負同一債務。而其給付不可分者。實卽表明此意義。其給付不可分。爲不可分債務之特質。前經述明。

不可分債務。爲複數債的關係。其數債務人實各負其債務。亦前經述明。至於數人共負或公同共負一個債務者。（例如共有人出賣共有物時、其交付之債務、又如數遺產繼承人因繼承遺產、所繼承之債務、）此則爲準共有債務或公同公有債務。（八三一條參照）自與不可分債務不同。故準共有債務或公同共有債務。得準用關於共有或公同共有之規定。而不可分債務則否。又數債務人負同種給付。並須協力履行者。（例如演劇、角力、建築等是）此則爲協同債務。亦自與不可分債務不同。蓋以在前者其一債務人不得爲全部給付。而在後者則其一債務人得爲全部給付也。

【註一】例如數人共負交馬一匹之債務。又如共同承租人所負返還租賃物之債務。又如當事人以特約將數人共負之金錢債務。定爲不可分債務是。

不可分債務之效力

二 不可分債務之效力　不可分債務之效力。大別爲二。卽對外的效力與對內的效力是也。前者乃債權人與債務人間之效力。亦稱爲外部關係。後者乃債務人相互間之效力。亦稱爲內部關係

1 對外的效力　此項效力。更大別爲二。

債權人之權利

甲 債權人之權利　關於此點。既未另設特則。自應準用關於連帶債務之規定。（二九二條）卽債權人得對於債務人中之一人、或數人、或其全體。同時或先後請求全部是也。故各債務人均得單獨淸償全部。以消滅全體債務。惟因給付係不可分。債權人無由請求一部之給付。（二七三條參照）各債務人亦無由爲一部之淸償。必須一次全部給付。【註二】

【註二】按在不可分債務。其效力若何。各立法例。大別爲三。（一）債權人必須對於債務人全體

請求給付。如普國法是。(二)視同連帶債務者。如德民(四三一條)奧民(八九〇條)瑞債(七〇條二項)暹民(三〇一條)土債(六九條二項)俄民(一一一六條前段)等是。(三)採用連帶債務之同一形式。而稍加變更者。如法民(一二二二條)日民(四三〇條)等是。

債務人中一人所生事項之效力準用關於連帶債務之規定

乙　債務人中一人所生事項及於他債務人之效力　債務人中一人與債權人間所生事項。對於他債務人。有無影響。亦有絕對效力與相對效力之分。我民關於此點。既未另設特則。自應準用關於連帶債務之規定。(二九二條)【註三】故清償、代物清償、提存、抵銷、混同、確定判決、債權遲延等事項。均生絕對效力。(二七四條二七五條二七八條參照)惟關於債務免除、時效消滅等事項之規定。無由準用。仍僅生相對效力。蓋以不可分債務。其給付係不可分。必須一次全部給付。不得請求一部給付。自無由扣除該受免除或時效完成之債務人應行分擔部分也。(二七六條參照)又關於得以別債務人之債權主張抵銷之規定。亦無由準用。仍僅生相對效力。亦因上述同一理由。不得扣除該債務人應行分擔部分也。(二七七條參照)

【註三】按我民法第二九三條二項。一則曰債權中一人與債務人間所生之事項。再則曰對他債權人不生效力。其爲不可分債權專設之特則。彰彰明甚。不可分債務。自不可適用。日本我妻博士所著中華民國民法債權總則。認爲於不可分債務。亦可適用。未免牽強。且我民法關於不可分之債。多倣德瑞兩國立法例。亦未便就日民法。附會解釋。

債務人相互間之分擔部分及求償關係

2 對內的效力　在不可分債務。其債務人相互間。應生如何效力。即各債務人在內部關係。應按如何比例。定其分擔部分。以及爲免責行爲之後。對於他債務人。應如何求償是也。關於分擔部分之比例。自應準用第二八〇條之規定。除法律另有規定或契約另有訂定外。以平等爲原則。關於求償關係。自應準用第二八一條第二八二條之規定。因不可分債務準用關於連帶債務之規定也。（二九二條）其因免責行爲所給付之物體。如僅係原因當事人意思不可分者。（例如金錢或其可分給付、以特約定爲不可分者、）自得按各自分擔部分之比例。分析求償。別無問題。若係性質上不可分者。（例如數人共有交馬一匹之債務）則估計價值。分析求償。

不可分債務與連帶債務之異同

三　不可分債務與連帶債務之異同　債權人對於債務人中一人、或數人、或其全體。得同時或先後請求全部之給付。各債務人亦得單獨爲全部之清償。又在債務人相互間。復有分擔部分及求償關係。此兩者極相類似之點。但兩者實有差異。不可相混。即(一)不可分債務之必須一次全部給付。專因其給付不可分。故給付變爲可分時。則不可分債務。斯變爲可分債務。（二七一條末段參照）至於連帶債務。無論給付可分或不可分。其本來性質。各債務人即負全部給付之義務。（二七二條一項參照）(二)連帶債務。其債權人於得請求全部給付外。更得請求一部給付。（二七三條參照）債務人亦得應其請求而爲一部清償。至於不可分債務。因給付係不可分。必須一次全部給付。債權人無由請求一部給付。債務人亦無由爲一部清償。(三)不可分債務之債務人中一人所生事項。其及於他債務人之效力。固準用關於連帶債務之規定。但關於債務免除、時效完成之規定。及關於以別債務人債權主張抵銷之規定。則無由準用。

第六章　債之移轉

第一節　總說

何謂債之移轉

一　債之移轉之意義　債之移轉云者。謂債之關係。並不失其同一性。而變更其主體（債權人或債務人）也。所謂變更其主體者。卽以新債權人替代舊債權人。或以新債務人替代舊債務人也。其變更債權人者。謂爲債權之移轉。其變更債務人者。謂爲債務之移轉。所謂並不失其同一性者。言雖變更債之主體。而原有之債。仍猶存續。並非消滅原有之債。另生新生之債。不過原有之債權。移歸新債權人享有。或原有之債務。移歸新債務人負擔而已。故債之移轉。與債之消滅不同。而與債之發生亦異也。

債之移轉與債之變更

二　債之移轉與債之變更　債之變更云者。謂債之關係。並不失其同一性。而變更

更之一種

其主體或內容（卽債之標的）也。故債之變更。得分爲債之主體變更、及債之內容變更二種。所謂債之主體變更。實卽債之移轉。前經述明。既爲債之變更之一種。其範圍自較債之變更爲狹。所謂債之內容變更。亦稱爲債之物體變更。乃言變更債之給付也。論其情形。大別爲四。卽（一）因增減給付物體之數量者。例如增減原訂之買賣價金是。（二）因變更給付物體之種類者。例如本來債務。因應歸責於債務人之事由。給付不能。變爲金錢之損害賠償債務是。（三）因變更給付物體之品質者。（四）其他給付之期限、條件、處所等之變更是。

債之移轉之原因

三　債之移轉之原因　在現行法上。債之移轉。其原因如左。

1　債權移轉之原因　債權移轉云者。乃以新債權人替代舊債權人。質言之、卽由新債權人繼承舊債權人之地位。而取得其同一債權也。凡債權之移轉。其原因大別爲三。（一）本於法律之規定者。亦稱爲法律上之債權移轉。如被繼承人所有之債權。因繼承當然移歸於繼承人。（一一四八條參照）清償人之代位權。（三一二條）保證人之代位權（七四九條）等是。（二）本於裁判者。亦稱爲裁判上之移轉。如轉付命令是。（民事執行規則九三條參照）（三）本於當事人之意思表示者。亦稱爲法律行爲上之債權移轉。此則更分爲單獨行爲與契約二種。其因單獨行爲而移轉者。例如債權之遺贈是。其因契約而移轉債權者。斯爲債權讓與。由此觀之。債權讓與。自爲債權移轉中之一種。

債權讓與爲債權移轉之一種

2　債務移轉之原因　債務移轉云者。乃以新債務人替代舊債務人。質言之、即由新債務人繼承舊債務人之地位。而負擔其同一債務也。凡債務之移轉。其原因大別爲二。（一）本於法律上之規定。亦稱爲法律上之債務移轉。如被繼承人所有之債務。因繼承當然移轉於繼承人是。（一一四八條參照）（二）債務承擔。由此觀之。債務承擔。自爲債務移轉中之一種。

債務承擔爲債務移轉之一種

簡略沿革

四　簡略沿革　古代觀念。謂債爲特定人間之關係。無論債權或債務。苟脫離其特定人。即不能仍舊存續。因視爲有屬人的性質。不認許債之移轉。但實際上殊感必要。遂次第認許債之移轉性。認許最早者。首推繼承。凡包括繼承。當然移轉債權債務。次之則爲更改契約。或更易債權人。以收債權讓與之同一結果。或更易債務人。以收債務承擔之同一結果。然更改之目的。在消滅舊債務而發生新債務。與債之移轉。雖變更其主體而並不失其同一性者。絕不相同。是尚未認許債權讓與及債務承擔。不過採取便宜手段。以收同一結果而已。又當時在債權人方面。亦有採訴訟委任之方法。以收債權讓與之同一結果。故羅馬法及中世各國法律。均無債權讓與及債務承擔之制度。然債權爲財產權。原則上本得自由轉讓。且工商業發達之結果。債權在吾人資產之中。實居重要位置。因經濟上之便益。移轉更益頻繁。是以近世各國法律。無論德國法系或法國法系。均明定債權讓與。（德民三九八條以下瑞債一六四條以下奧民一三二九條以下俄民一二四條以下我民二九四條以下日民四四六條以下法民一六八九條以下意民一五三八條以下）至於債務承擔。德國法系。固多明定。（德民四一四條以下瑞債一七五條以下俄民一二六條以下我民三〇〇條以下）而法國法系。則沿襲羅馬法。僅認更改。不認債務承擔。日民亦無明文規定。惟法國近代學者。頗多主張契約自由之原則。認許債務承擔。日本之學說判例。尤屬一致。

第二節　債權讓與

第一款　債權讓與之意義及性質

何謂債權讓與

一　債權讓與之意義　債權讓與云者。乃以移轉債權爲內容之契約也。亦稱爲債權讓與契約。即以契約。將債權自舊債權人移轉於新債權人。而並不變更其性質內容也。其爲債權移轉之一種。前經述明。茲就其意義。析述於左。

債權讓與契約之當事人

1　債權讓與乃讓與人與受讓人間之契約　其契約之當事人。一方爲出讓債權之舊債權人。稱爲讓與人。而他方則爲由契約取得債權之新債權人。稱爲受讓人。至於債務人。僅爲第三人。並非契約之當事人。故債權讓與契約。僅因舊債權人與受讓人之雙方合意。即行有效成立。毋庸須經債務人之同意或協助。惟對於債務人發生效力。始以通知或提示字據爲要件耳。（參照二九七條）

債權讓與在即生移轉之效果

2 以移轉債權爲內容　債權讓與契約之內容。在發生債權即行移轉之效果。非僅成立債權應行移轉之義務。與物權契約之即行移轉物權。恰相類似。故債權因債權讓與契約。即行移轉於新債權人。自爲處分行爲之一種。通常以準物權契約稱焉。

債權讓與契約與其原因行爲之關係

債權讓與契約。與所以讓與之原因行爲。（例如債權之買賣、債權之贈與等是、）兩者不可混同。論其關係。恰如物權契約與其原因行爲之債權契約。蓋原因行爲。僅生應移轉債權之義務。並非實行移轉債權。例如在債權之買賣。不過使買受人取得請求移轉債權之權利。出賣人負擔應爲移轉債權之義務耳。如欲履行此義務而實行移轉。則更須訂立債權讓與契約。始得實現移轉債權之效果。故兩者應予區別。【註一】惟原因行為與債權讓與契約。多連續為之。實際上不易辨別耳。

債權讓與契約為不要因契約

債權之實行移轉。既本於債權讓與契約。則原因行為之效力若何。於債權讓與契約。自無影響。縱令原因行為無效或經撤銷。而曾由債權讓與契約所移轉之債權。仍歸受讓人享有。惟讓與人得據不當得利之規定。請求返還耳。故債權讓與契約。為不要因契約。而信託的債權讓與。亦得解為有效成立矣。【註二】

【註一】 考各立法例。有德法主義與法法主義之分。在德法主義。將債權讓與契約、與其原因行為。嚴予區別。原因行為。不過僅生應移轉債權之義務。並非實現即行移轉債權之效果。如欲實行移轉。則更須訂立債權讓與契約。但在法法主義。則債權讓與契約、與其原因行為。兩相混同。債權僅因原因行為即行移轉。無須另有債權讓與契約。我民實倣德法主義。

信託的債權讓與

【註二】 債權讓與。既為不要因契約 則信託的債權讓與。自得有效成立。考當事人所以為信託的讓與之目的。大別為三。(一)擔保債權之目的。即債務人將自已對第三人所有之他債權。讓與於債權人。以供擔保。如債權人未領受清償。則得索取供作擔保之他債權是也。(二)委任索取債權之目的。卽因委任他人。索取債權。而將債權讓與於受任人是也。(三)委任保管財產之目的。卽因委任他人保管債權。而將債權讓與於受寄人也。要之乃以債權讓與爲手段。用作圖達擔保、索取、保管各種目的。此等目的不過爲原因行爲。無論其效力若何。於債權讓與契約。不生影響。故信託的債權讓與。自得有效成立。其債權讓與。當然完全發生讓與效力。受讓人當然爲完全之新債權人。惟在內部關係。對於讓與人。負有不得逾越信託所定目的、處分債權之義務耳。如受讓人違背信託。處分債權逾越所定目的時。其處分仍屬有效。讓與人卽信託人。僅可對於受讓人請求因此所受損害耳。

債權之讓與性

二 債權之讓與性 債權在近世法制。以得讓與爲原則。並因債權讓與契約。卽行移轉於新債權人。前經述明。

以得讓與爲原則

1 讓與性之原則 我民法第二九四條一項本文。明定債權人得將債權讓與於第三人。此卽表明債權之讓與性。按物權之讓與性。未予明定 而獨於債權之讓與性。則予明定者。蓋以在沿革上債權原不得讓與。自應明定。以防疑義也。

2 不得讓與之例外　債權固以得讓與爲原則。但左列債權。則不得讓與。此爲

以不得讓與爲例外

我民法第二九四條一項但書所明定也。

甲　依債權之性質不得讓與者（二九四條一項但書一款）　即謂債權關係。注重特定債權人債務人間之主觀的關係。其給付之性質。重在向原債權人其人。若向原債權以外之人爲履行。則未免使債權之內容。發生變更也。例如因僱傭、委任、租賃、使用借貸等契約所生之債權。原則上均爲此種債權。（四八四條五四三條四四三條四六七條二項參照）此外法律上明定不許讓與之債權。如身體健康名譽或自由被侵害之損害賠償請求權。（一九五條二項參照）亦得爲應屬此種債權。

乙　依當事人之特約不得讓與者（二九四條一項但書二款）　此項特約。依契約自由之原則。本應有效。且明定不得以之對抗善意第三人。（二九四條二項）亦不至妨礙交易之安全。故債權能否讓與。不妨由當事人自由約定也。

禁止扣押債權不得讓與

丙　債權禁止扣押者（二九四條一項但書三款）　此乃倣德民第四〇〇條。明定禁止扣押之債權。不得讓與。蓋某種債權（例如卹金請求權是）所以禁止扣押者。意在使債權人及其家屬。得維持其必要生計。故復禁止債權人自由處分此類債權。期以貫澈此公益上之理由也。

債權讓與方法之規定適用於記名債權

三　債權讓與規定適用之範圍　債權以其表示債權人之方法爲標準。得分爲記名債權、指示債權、無記名債權三種。記名債權亦稱爲指名債權。謂表示特定債權人之債權也。通常之債權。多係此類。指示債權亦稱爲指定債權。謂表示債權人之姓名、並附加所指定人字樣之債權也。如保險單、倉單、提單之類是。無記名債權。謂未表示債權人姓名之債權也。如車票、席票之類是。指示債權及無記名債權。均爲證券的債權。必須有證券。然後證券上所表彰之債權。始能處分行使。其讓與方法。自與記名債權不同。我民法另於第二編第二章第二十節指示證券、及同章第二十一節無記名證券內。分別規定。（拙著債編各論下册二九八頁以下參照）至於第二編第一章第五節內所定債權讓與方法。乃適用於記名債權之規定。此則不可不注意也。

第二款　債權讓與之效力

債權讓與之效力　有發生於當事人間、卽讓與人與受讓人之間者。此之謂對內的效力。又有發生於當事人與債務人或其他第三人間者。此之謂對外的效力。

第一項　對內的效力

對內的效力之內容爲債權之移轉

債權讓與。旣爲讓與人與受讓人間之契約。在其當事人間。自僅因雙方之讓與意思表示。卽生債權移轉之效力。故對內的效力之內容。卽爲讓與債權之移轉。質言之、卽舊債權人脫離債權人之地位。而新債權人則繼承其地位。而取得同一債權。是以債權讓與。乃按讓與當時債權之原有內容、之原有體態。（例如附期限或條件之類）移轉於受讓人。而債權所附之利益及瑕疵。亦隨同移轉於受讓人矣。

從屬權利之隨同移轉

一 從權利之隨同移轉 讓與債權時。該債權之擔保及其他從屬之權利。隨同移轉於受讓人。（二九五條一項本文德民四〇一條瑞債一七〇條一項土債一六九條一項暹民三〇五條一項）所謂債權之擔保。例如保證債權、抵押權、質權等是。所謂其他從屬之權利。例如違約金、債權損害賠償請求權等是。此等從權利。原則上應與主權利。同其處分。且爲主權利所附之利益。故明定當然隨同移轉。毋須有特別約定也。惟當事人以特約明訂不隨同移轉者。仍從其所訂。又雖爲從權利。而與讓與人有不可分離之關係者。則並不隨同移轉。（二九五條一項但書土債一六條一項但書）卽讓與人以其特別資格所有之權利。自不得移轉於受讓人也。

未支付之利息推定移轉

未屆清償期之利息債權。尚無獨立地位。其爲從權利。當然隨同移轉。固不待言。若已屆清償期而尚未支付之利息債權。卽遲付利息。則已有獨立地位。非復從權利可比。除有特約外。自非隨同移轉。但我民法因遲付利息。仍屬原本債權之擴張範圍。以獨立性質論。固非當然隨同移轉。而以擴張關係論。則可推定隨同移轉。故規定未支付之利息。推定其隨同原本移轉於受讓人。（二九五條二項瑞債一七〇條三項）

供給行使權利方法之義務

二　供給使得完全行使權利方法之義務　讓與人應將證明債權之文件。交付受讓人。並應告以關於主張該債權所必要之一切情形。（二九六條德民四〇二條瑞債一七〇條二項）所謂證明文件。例如證明債權成立之證書是。所謂主張債權所必要之一切情形。乃指受讓人行使權利所必需之一切資料。例如清償期、清償地或債權成立後之經過情形等是。所以應交付證明文件並應告知行使權利之一切資料者。蓋讓與人既將債權出讓於受讓人。自應使受讓人得完全行使其權利。故規定讓與人對於受讓人。負供給使得完全行使權利方法之義務也。

讓與人關於債務人之資力原則上不負擔保責任

讓與人關於債務人之支付能力。是否對於受讓人負擔保責任。應依債權讓與契約之原因行為。（例如債權之買賣契約是）定之。而按照原因行為之規定。又以不負擔保責任為原則（參照三五二條及拙著債編各論下冊四一頁以下）故讓與人關於債務人資力。除有特約外。不負擔保責任。

後手承繼前手之瑕疵

三　後手繼承前手之瑕疵　受讓人既係繼承讓與人之地位。而取得同一之債權。其債權原有瑕疵。亦移轉於受讓人。故債務人所得對抗讓與人之事由。皆得以對抗受讓人。(二九九條一項)此節俟於次項詳述之。

第二項　對外的效力

讓與通知爲對債務人之生效要件

何以須經通知

債權之讓與。在讓與人與受讓人間。固僅因債權讓與契約。卽生債權移轉之效力。但非經讓與人或受讓人通知債務人。對於債務人不生效力。(二九七條一項本文)是卽以讓與通知。爲對債務人之生效要件。蓋無論對當事人或對債務人。均僅因讓與契約卽生讓與之效力。則債務人難免因不知業經讓與。致受意外之損害。卽債務人若不知債權業經讓與。尙對於讓與人爲淸償、抵銷或其他消滅債權之行爲。而受讓人旋又主張有效讓與。復向債務人索償。則債務人必須爲二重淸償。故藉讓與通知。使債務人得知債權業經讓與。不至受意外之損害。以保護債務人也。

各立法例之二主義

考各立法例所設保護債務人之方法。其主義大別爲二。(甲)以通知債務人爲保護方法。按此主義。債權讓與契約。僅於當事人間、卽讓與人與受讓人間。生讓與之效力。而對於債務人。則尚不生其效力。必須更經通知。始對於債務人。發生讓與之效力。我國民法卽採此主義。其他採此主義之各立法例。不過與我民法互有參差耳。【註一】(乙)無論當事人或債務人。均僅因債權讓與契約。卽生讓與之效力。唯對於善意之債務人。則不得對抗耳。此則與我民法之規定異矣。【註二】

【註一】　法民一六九〇條意民一五三九條日民四六七條一項。均採第一主義。惟此等法例。僅以通知爲對抗條件。而我民法則以通知爲生效要件。其不同者一。又此等法例。於通知外。尙以經債務人之承諾爲對抗條件。而我民則僅以通知爲生效要件。其不同者二。再此等法例。以通知債務人或經債務人承諾。爲對債務人或其他第三人之對抗條件。而我民則以通知僅爲對債務人之生效要件。不包括其他第三人。其不同者三。

【註二】　德民四〇七條一項四〇八條一項。乃採第二主義。卽債權之讓與。僅因讓與契約。無論對當事人或對第三人。均發生讓與之效力。毋庸另有特別要件。惟區別第三人之善意惡意。善意者不得對抗。僅得對抗惡意者耳。瑞債一六七條。雖亦採此主義。然如經通知。則常得對抗債務人。

要之第二主義。其規定內容雖與第一生義互異。而結果則彼此攸同也。

讓與通知之應注意數點

一　債權讓與之通知　債權之讓與。據我民法第二九七條之規定。必須經通知債務人。始得對於債務人。發生效力。茲更述其應注意之數點於左。

1　通知之性質　債權讓與之通知。為事實之通知。即將債權讓與之事實。告知債務人也。夫既為事實之通知。自非意思表示。唯得準用第九五條之規定。以通知達到於債務人時。即發生通知之效力。又僅通知而已足。毋須經債務人之承諾。（參照二〇年上字第五八號判例見最高法院判例要旨上冊三四頁）

由讓與人或受讓人為之

2　通知之人　為通知之人。我民法第二九七條。明定讓與人或受讓人。均無不可。蓋專由讓與人通知。恐延不通知。又專由受讓人通知。恐虛偽通知。故規定讓與人或受讓人。均得為通知也。【註三】

【註三】　法民一六九〇條意民一五三九條。規定由受讓人通知。日民四六七條。規定由讓與人通知。均與我民不同。

通知無一定方式

3　通知之方法　我民並無限制。無論口頭或書面。均無不可。【註四】

【註四】　法民一六九〇條意民一五三九條。明定備有形式之通知。暹民三〇六條三項。並明定通知應以書面爲之。

讓與字據之提示視同通知

4　讓與字據之提示視同通知　受讓人將讓與人所立之讓與字據。提示於債務人者。與通知有同一之效力。（二九七條二項）蓋讓與字據。足證明債權讓與事實。而受讓人復將此字據向債務人提示。實與讓與之通知無異。故規定與通知有同一之效力。

通知所生效力

5　通知之效力　債權之讓與。必須經通知。始得對於債務人發生效力。即在債務人未受通知以前。僅於讓與人與受讓人間。發生讓與之效力。其債權固已移轉於受讓人。而對於債務人。則尚未發生讓與之效力。在債務人方面。猶認爲讓與人之債權。受讓人不得對於債務人。主張權利。故債務人在未受通知以前。已向讓與人清償。或與之爲其他消滅債權之行爲（如抵銷免除之類是）時。均屬有效。受讓人不得向債務人再行請求矣。但一旦債務人已受通知時。則對於債務人。即生讓與之效力。在債務人方面。亦應認爲受讓人之債權。受讓人對於債務人。自得主張權利矣。我民旣以通知爲對債務人之生效要件。則能否以讓與對抗債務人。應以已否通知爲斷。而未通知前。債務人曾否知情。（卽惡意善意）則非所問。

債權讓與。以通知爲對債務人之生效要件。此乃保護債務人之制度。故雖未通知。而債務人自行承認讓與。向受讓人淸償者。亦應認爲有效。

債權讓與毋須通知者

6 毋須通知之例外　債權之讓與。固須以通知爲對債務人之生效要件。但法律另有規定者。不在此限。（二九七條一項但書）例如指示債權。以背書讓與。（七一六條）無記名債權。以交付讓與。均毋須以通知爲生效要件是。

雖未通知亦得以對抗債務人以外其他

7 通知於其他第三人非生效要件　債務人以外之其他第三人。於債權之讓與。亦不無利害關係。如債權人將業經讓與之債權。重爲讓與時。則第二受讓人。因不知曾經讓與。而復讓受其債權。又如第三人代爲淸償時。（三一一條參照）代爲淸償之

第三人

第三人。因不知業經讓與。而向舊債權人清償。在此等情形。均足使此等第三人。受意外損害。故外國法例。於債務人以外其他第三人。亦設有與保護債務人同一之規定。如法意日等國民法。均定非通知債務人或已經債務人之承諾。不得對抗以外第三人。（法民一六九〇條意民一五三九條日民四六七條參照）蓋以第三人如欲讓受債權或代爲清償。必向債務人探詢情形。故通知債務人。亦足使第三人知曉也。〔註五〕但我民法第二九七條。既明定以通知爲對債務人之生效要件。則以外其他第三人。自不包含在內。其對於以外其他第三人。自非以通知債務人爲生效要件。縱未通知債務人。亦得以讓與對抗債務人以外其他第三人。蓋因欲增進債權之流通性。故不復保護以外其他第三人也。例如債權人將業經讓與之債權。於未通知之前。重爲讓與。而債務人復向第二受讓人。已爲清償時。則第一受讓人。自得主張曾經讓受債權。據不當得利之規定。向第二受讓人請求返還是。

表見讓與其讓與人

二　表見讓與之效力　讓與人已將債權讓與。通知債務人者。縱未爲讓與或讓與無

仍應負責

效。債務人仍得以其對抗受讓人之事由。對抗讓與人。此爲我民法第二九八條一項所定。(德民四〇九條一項)按讓與人未爲讓與。是並無讓與事實。或曾經讓與而已無效。(例如讓與未成立或因撤銷失效等是)是讓與事實亦已消滅。均屬無眞實讓與。但讓與人已將讓與事實通知於債務人。表面上足令債務人信有眞實讓與。此之謂表見讓與。自應由讓與人負眞實讓與之同一責任。以保護交易之安全。故規定債務人仍得以對抗受讓人之事由。對抗讓與人。例如債務人信爲債權業經讓與。已向受讓人淸償。或與之爲其他消滅債權之行爲(如抵銷免除等是)時。則對於讓與人。亦得主張債權業已消滅是。

表見讓與之通知非經受讓人同意不得撤銷

在上述表見讓與。本無眞實之讓與事實。僅因讓與人已將債權讓與。通知債務人。表面上足令債務人信有眞實讓與而已。讓與人自得撤銷此項通知。以消滅表見讓與之狀態。但受讓人已因通知取得一種有利地位。(即得受領淸償之地位是)故非經受讓人之同意。不得撤銷其通知。此爲我民法第二九八條二項所定。(德民四〇九條二項)

債務人所得對抗讓

三 抗辯之援用 債務人於受通知時所得對抗讓與人之事由。皆得以之對抗受讓人。此為我民法第二九九條一項所定。（德民四〇四條瑞債一六九條一項土債一六七條一項日民四六八條二項）蓋債權之讓與。乃按其原有狀態。移轉於受讓人。債權原有之瑕疵。自亦隨同移轉於受讓人。故債務人所得對抗讓與人之事由。皆得以對抗受讓人。此即所謂後手承繼前手之瑕疵。前經述明。且債權之讓與。在債務人既不得拒絕。則不宜因債權讓與。使債務人致受不利益。故債務人亦無因債權讓與。致喪失原有抗辯之理由也。

與人之事由皆得以對抗受讓人

所謂抗辯之範圍

所謂抗辯。大別為三。（甲）權利不發生之抗辯。亦稱為權利否認之抗辯。謂以債權自始並未發生為抗辯也。例如主張債權因違法、無行為能力等原因。不能發生是。（乙）權利消滅之抗辯。謂以債權雖曾發生、但已消滅為抗辯也。例如主張債權因清償、抵銷、免除或其他原因。已經消滅是。（丙）拒絕給付之抗辯。亦稱為狹義抗辯。謂雖承認債權之存在。但對債權人之請求。拒絕給付。以阻止其請求權行使之抗辯也。例如同時履行之抗辯是。在此等抗辯中。債務人原得主張其事由。以反對舊債權人（即讓與人）之請求者。嗣後債權雖經讓與。仍得主張其事由。以反對新債權人

(即受讓人)之請求也。

通知以前之抗辯皆得援用

債務人所得對抗受讓人之抗辯。據第二九九條一項之規定。乃債務人受通知時對讓與人所有之抗辯。是以債權讓與以前對讓與人所生之抗辯事由。固不待言。而債權讓與契約訂立以後。其續生之抗辯事由。苟在債務人未受通知以前。仍得以對抗受讓人。蓋債權讓與以通知爲對債務人之生效要件。而通知之發生效力。又在到達於債務人之時。(九五條一項參照)故債務人未受通知以前。其讓與債權。在債務人方面。猶認爲讓與人之債權也。

債務人得以對債權人所有對待債權向受讓人主張抵銷

四　抵銷權之援用　債務人於受通知時。對於讓與人有債權者。如其債權之清償期。先於所讓與之債權、或同時屆至者。債務人得對於受讓人。主張抵銷。此爲我民法第二九九條二項所定。(瑞債一六九條二項)即明定債務人得以對讓與人所有之對待債權。而對受讓人。主張與所讓受之債權。互相抵銷也。蓋債權讓與。不可使債務人致受不利益。其原有抵銷權。自不因讓與而剝奪。故仍得對於讓與人。主張抵銷。

通知前對讓與人所有之對待債權得主張抵銷

債務人所得供諸抵銷之對待債權。據第二九九條二項之規定。乃債務人於受通知時。對於讓與人所有之債權。是以債權讓與以前。對讓與人所有之對待債權。固不待言。而債權讓與契約訂立以後。其續生之對待債權。苟在債務人未受通知以前。仍得以對受讓人。主張抵銷。其理由前段業經述明。茲不再贅。且債務人所得供諸抵銷之對待債權。僅須在債務人受通知時。業經取得而已足。毋庸當時已屆清償期。即受通知時、尚未屆清償期者。亦無不可。惟嗣後對於受讓人主張抵銷時。則對於讓與人所有之對待債權。必須已屆清償期。始得互相抵銷。（三三四條參照）故我民法第二九九條二項。又規定其債權之清償期。須先於所讓與之債權。或同時屆至。要之即言抵銷時須已屆清償期也。

僅抵銷時已屆清償期

第三節　債務承擔

第一款　債務承擔之意義

何謂債務承擔

一　債務承擔契約　債務承擔云者。乃以移轉債務爲內容之契約也。亦稱爲債務承擔契約。質言之、即以契約。將債務自債務人移轉於第三人。由第三人替代債務人。負擔其債務也。此第三人稱爲承擔人。故承擔人所負擔之債務。即係債務人原負之債務、僅變更債務之債務人。而債務仍屬同一。並不變更其性質內容也。債務承擔爲債務移轉之一種。前經述明。茲更述其應注意之數點於左。

債務承擔契約在實行移轉債務

1　債務承擔契約以移轉債務爲內容　債務承擔契約之內容。在發生債務即行移轉之效果。非僅成立債務應行移轉之義務。與物權契約之即行移轉物權。恰相類似。故通常以準物權契約稱之。

債務承擔契約與其原因行爲應有區別

債務承擔契約。與所以承擔債務之原因行爲。兩者應有區別。不可混同。蓋第三人替代債務人負擔債務。必有所以承擔債務之原因。或因對債務人貸與信用。或因抵償原欠債務人之舊債。或因贈與債務人。此等原因行爲。僅生應移轉債務之義務。並非實行移轉債務。例如第三人與債務人訂立贈與契約。約定以承擔債務。充作贈與。不過使債務人取得請求承擔之權利。第三人負應爲承擔之義務耳。如欲履行此義務。而實行承擔。則更須訂立債務承擔契約。始得實現移轉債務之效果。故兩者不可混同。

債務承擔契約爲不要因契約

債務之移轉。既本於債務承擔契約。則原因行爲之效力若何。於債務承擔契約。自無影響。（三〇三條二項參照）故債務承擔契約。爲不要因契約。

必須債務有移轉性始可承擔

2　必須債務有移轉之可能性　債務承擔。乃由承擔人替代債務人。負擔其債務。若債務之性質爲專屬的。不能由第三人替代履行者。或債權人與債務人原約定不許移轉者。則債務承擔契約。自無由成立。

二　債務承擔之種類　債務承擔。得大別爲左列二種。

免責的債務承擔與併存的債務承擔

1　免責的債務承擔　亦稱爲脫退的債務承擔。即第三人替代債務人。負擔其債務。而原來債務人。則脫離債務關係。免除債務也。通常所稱債務承擔。即指此種承擔而言。故亦以單純的債務承擔稱焉。

2 併存的債務承擔　亦稱爲附加的債務承擔。或重疊的債務承擔。卽第三人加入債務關係。與原來債務人。併負同一債務也。在此種承擔。第三人雖從新加入。負擔債務。而原來債務人。則並未脫退。仍負債務。自與上述免責的債務承擔不同。且承擔人旣與原來債務人。併負同一債務。則對於債權人。均各負全部給付之責任。故爲連帶債務。（二七二條一項參照）

第二款　債務承擔之方法

我民法所定債務承擔契約共有二種

債務承擔。乃以債務承擔契約行之。前經述明。我民法所定債務承擔契約。卽債務承擔之方法。共有二種。一爲承擔人債權人間之契約。二爲承擔人債務人間之契約。第三人如欲承擔債務人之債務。必須於此二種方法中。擇一行之。始得生效。玆更分述於左。

承擔人債權人間之

一　承擔人債權人間債務承擔之契約　第三人與債權人。訂立契約。承擔債務人之

契約卽生承擔之效力

債務者。其債務於契約成立時。移轉於該第三人。此爲我民法第三〇〇條所定。（德民四一四條瑞債一七六條一項）蓋債權人於自己所有債權。本有處分權利。而第三人又本得代債務人淸償債務。（三一一條一項參照）故第三人與債權人。自得約定由第三人替代債務人。承擔其債務。且此契約。因雙方當事人之合意。卽行成立。而第三人所欲承擔之債務。亦卽於契約成立時。移轉於第三人。要之僅因承擔人與債權人間之債務承擔契約。卽將債務移轉於承擔人。毋庸更經債務人之同意。蓋以第三人代債務人淸償債務。原則上亦毋須債務人同意也。（三一一條參照）

毋須經債務人之同意

承擔人債務人間之契約須經債權人之承認

二　承擔人債務人間之債務承擔契約　第三人與債務人。訂立契約。承擔其債務者。非經債權人承認。對於債權人不生效力。此爲我民法第三〇一條所定。（德民四一五條一項前段瑞債一七五條一項）蓋第三人既表意代債務人負擔債務。而債務人亦同意由第三人代爲負擔。其所訂債務承擔契約。在承擔人（卽第三人）與債務人之間。自生債務承擔之效力。

在承擔人債務人間債務承擔契約卽生效力

卽承擔人因此契約。對於債務人。負代向債權人淸償之義務矣。但債權人所有之債權。非他人所得處分。且債務人之變更。亦於債權人利害攸關。僅因承擔人債務人間之契約。對於債權人。尚不能發生債務承擔之效力。必須更經債權人之承認。始對於債權人。發生債務承擔之效力。要之債務承擔。在承擔人與債務人之間。固僅因其契約。卽生效力。而對於債權人。發生效力。則必須經債權人之承認。卽未經債權人承認之前。其債務是否移轉於承擔人。在債權人方面。尚爲未確定狀態。債權人仍得以舊債務人爲債務人。必須經債權人承認。然後於債權人方面。始得認爲債務自舊債務人移轉於承擔人。由承擔人替代舊債務人。負擔其債務也。

對於債權人發生效力必須經債權人之承認

催告權之授與

承擔人與債務人間之債務承擔行爲。未經債權人承認以前。其債務是否移轉於承擔人。在債權人方面。尚爲不確定狀態。如久懸不定。在承擔人債務人。亦感不便。故授與催告權。使得催促承認。卽債務人或承擔人。得定相當期限。催告債權人於該期限內確答是否承認。如逾期不爲確答者。視爲拒絕承認。(三〇二條一項德民四一五條二項)

撤銷權之情形

債權人拒絕承認時。債務人或承擔人。得撤銷其承擔之契約。(三〇二條二項)蓋債務承擔契約。雖於承擔人與債務人之間。發生效力。但債權人拒絕承認時。對於債權人。終無由發生效力。究無以發生承擔之結果。故許債務人或承擔人得撤銷其承擔之契約也。

第三款　債務承擔之效力

債務承擔之效力。乃使債務自債務人移轉於承擔人。由承擔人替代原來債務人。負擔其債務。嗣後債權人卽可向承擔人主張債權矣。承擔人所負擔之債務。既爲自原來債務人移來之舊債務。故債務人雖有變更。而債務仍屬同一。其性質內容並不變更也。茲就債務移轉之效果。更述其關係事項於左。

一　承擔人之抗辯權　承擔人因自己與債權人之關係所有抗辯。得以對抗債權人。自不待言。至於債務原有之舊抗辯。因債務之移轉。究生如何影響。在我民法。分別規定於左。

承擔人得援用債務人之抗辯以對抗債權人

1 承擔人得援用債務人之抗辯　債務人因其法律關係所得對抗債權人之事由。承擔人亦得以之對抗債權人。此爲我民法第三〇三條一項本文所定。（德民四一七條一項前段瑞債一七九條一項）按債務人所得對抗債權人之抗辯。乃債務原有抗辯。債務既因承擔。移轉於承擔人。則債務原有抗辯。亦應隨同移轉於承擔人。故承擔人得援用債務人之抗辯。以對抗債權人。所謂債務人因其法律關係所得對抗債權人之事由。乃言債務人因自己與債權人間之法律關係。對債權人所得爲之抗辯也。凡債務人對於債權人原得爲之抗辯。無論或爲權利不發生之抗辯。（例如原因違法、無能力等是）或爲權利消滅之抗辯。（例如業經清償、免除等是）或爲拒絕給付之抗辯。（例如同時履行是）雖債務因承擔移歸於承擔人後。承擔人亦得主張其事由。以反對債權人之請求也。

不得以債務人之債權主張抵銷

2 不得以債務人之債權主張抵銷　承擔人不得以屬於債務人之債權。對於債權人。主張抵銷。此爲我民法第三〇三條一項但書所定。（德民四一七條一項後段）蓋債務人對於債權人所有之對待債權。乃債務人之財產。若許承擔人得持以抵銷。實同處分他人之權利。故規定不得以主張抵銷也。但債務人對債權人所有之對待債權。在債務承擔以前。債務人業經實行抵銷者。承擔人自得援用債務人原有之權利消滅抗辯。以對抗債權人。固不待言。

不得以原因關係之事由對抗債權人

3　不得以承擔之原因關係之事由對抗債權人　承擔人因其承擔債務之法律關係所得對抗債務人之事由。不得以之對抗債權人。此為我民法第三〇三條二項所定。（德民四一七條二項　瑞債一七九條三項）所謂承擔人承擔債務之法律關係。乃言承擔人所以替代債務人承擔債務之原因關係。或為貸與信用。或為抵償欠債。或為贈與。前經述明。如原因行為無效或得撤銷。承擔人對於債務人。自得主張之。是以謂為承擔人得因其承擔債務之法律關係。而對抗債務人。但債務承擔之發生效力。乃本於債務承擔契約。而債務承擔又為不要因契約。無論其原因行為之效力若何。並不受其影響。亦前經述明。縱令原因行為無效或經撤銷。而承擔人對於債權人。仍舊負擔債務。故承擔人因其承擔債務之法律關係所得對抗債務人之事由。不得以之對抗債權人也。

二　債權人之權利　債務因承擔而移轉於承擔人後。債權人即可對承擔人。主張債權。至於債權原有之從權利。即債務原附之從債務。因債務之移轉。究生如何影響。在我民法。分別規定於左。

從權利之存續

1　從權利之存續　從屬於債權之權利。不因債務之承擔而妨礙其存在。此為我民法第三〇四條一項本文所定。（瑞債一四八條一項 土債一七六條一項）蓋從屬於債權之權利。乃債務原附之從債務。債務既因承擔移轉於承擔人。則債務原附之從債務。亦應隨同移轉於承擔人。故從屬於債權之權利。不因債務之承擔而妨礙其存在。所謂從屬於債權之權利。即指利息債權、違約金債權等而言。雖債務移轉於承擔人後。債權人對於承擔人。仍得主張之。但與債務人有不可分離之關係者。不在此限。（三〇四條一項但書）蓋以既有專屬性質。自不能移轉於承擔人也。

擔保由第三人所供者原則上應消滅

擔保由債務人本人所供者仍舊存續

2　債務之擔保應否存續　債務承擔時。債務原附擔保。應否存續。仍爲承擔人。擔保其債務。據我民法第三〇四條二項之規定。（瑞債一七八條二項 土債一七六條二項）由第三人就債權所爲之擔保。除該第三人對於債務之承擔已爲承認外。因債務人之承擔而消滅。卽擔保由第三人所供者。因債務承擔而消滅。蓋第三人所以爲債務人設定擔保。或充當保證人。全在信用債務人其人。若對於承擔人。則並無爲擔保之意思。故債務承擔時。不復爲承擔人繼續擔保。其擔保義務卽因此而消滅。但該第三人對於債務承擔。已爲承認者。此乃同意擔保之存續。自應繼續復爲承擔人擔保矣。至於擔保由債務人本人所供者。（例如設定抵押權質權等是）在債務承擔時。應否存續。據我民法第三〇四條二項之規定。其因債務承擔而消滅者。既明定僅以第三人所供擔保爲限。則債務人本人所供擔保。自不消滅。應繼續爲承擔人擔保。蓋以債務之擔保。亦爲債權之從權利。苟無特別規定。不應因債務之承擔而妨礙其存在。（三〇四條一項參照）且債務承擔。乃使債務按其舊態。移轉於承擔人。若原附擔保。認爲消滅。亦未免違背債務承擔之性質。而遺害承擔人也。【註一】此外債務原附之法定擔保。（例如留置權是）亦應同此解釋。

【註一】瑞債關於債務人本人所供擔保。不因債務承擔而消滅。其規定及解釋與我民同。（瑞債一七八條之解釋）惟德民則不分債務人所供擔保及第三人所供擔保。均明定使因債務承擔而消滅。（德民四一八條一項）其所持理由。蓋以債務人僅有爲自己供擔保之意思。並無爲他人供擔保之意思也。

第四款　概括的債務承擔（亦稱爲法律上之債務移轉）

財產集團之得受概括處分

按近代立法趨勢。凡因一定目的、結爲一團之財產。概多認爲財產集團。亦稱爲特別財產或概括財產。【註一】使得受概括處分。凡概括處分財產集團時。必概括其所屬資產及負債。使隨同受同一處分。【註二】資產云者。謂所有之各種財產權。（如動產不動產債權之類是）亦稱爲積極財產。若不隨同財產集團。受同一處分。則必至喪損效用

財產集團概括移轉時其所負債務當然移轉於承受人

。低減價値。【註三】負債云者。謂所負一切債務。亦稱爲消極財產。若不隨同財產集團。受同一處分。則必至使債權人喪失擔保。難於取償。【註四】由其隨同財產集團。概括的受同一處分觀之。資產實同財產集團之財產。負債亦實同財產集團之債務。財產集團旣已有相當之獨立性。【註五】如財產集團概括移轉時。則必概括其所屬資產及負債。當然隨同移轉。故我民法倣德瑞士等國法例。採近代立法趨勢。【註六】亦認財產集團概括移轉時。使概括其所屬資產及負債。當然隨同移轉 其負債卽所負一切債務。旣已當然移轉。自應由承受人負擔。此之謂概括的債務承擔 因此項承擔之債務移轉。乃出於法律規定之結果。毋須另有承擔契約。是以學者又稱爲法律上之債務移轉。玆就我民法所定。分述於左。

【註一】 例如營業財產。以某種營業之目的。結爲一團。又如全部財產贈與。以概括贈與之目的。結爲一團。又如經營某事業之財產。以經營某事業（如私營圖書館學校醫院之類）之目的。結爲一團。除組織法人。有獨立人格外。皆可爲財產集團也。

【註二】卽謂財產集團。因出賣贈與等原因而移轉時。當然概括其所屬資產及負債。隨同移轉。又財產集團抵押時。當然概括其所屬資產。在抵押之範圍內是也。

【註三】例如出賣電氣營業。則廠屋機械及其他設備。必須全盤出賣。始得保持原有效用。賣價亦高。若分別出賣。則效用減少。賣價亦低矣。

【註四】按債務人之財產。爲債權人之擔保。債權之取償。實屬望於債務人之財產。若債務人將財產轉讓於他人。則債權人必至喪失擔保。實同有名無實。故爲保護債權人起見。於財產集團移轉時。其所屬債務。宜隨同移轉於財產受讓人。使受讓人對於讓與人之原負債務。亦負責任也。

【註五】例如營業財產。其爲營業主體之財產。固與其私用財產無異。然既以營業之目的。結爲一團。故法律上認有相當之獨立性。使屬於營業之各種財產權（卽所謂資產如店鋪存貨商號債權之類是）及其負債。得以統一的組織之狀態。概括一同移轉。所謂營業轉讓是也。

【註六】近代學說。頗有企圖債務之移轉。毋須債權人之協力。以適應實際生活。（如Derburg Henrichs, Adler 諸氏之學說是）於是近代立法趨勢。遂亦認財產集團概括移轉時。其所屬債務。

財產集團移轉時其

當然隨同移轉。毋須另有承擔契約。如德民四一九條。規定因契約承受他人之財產者。讓與人之債權人。於原債務人外。尙得對於承受人。以所承受之財產爲限。行使債權。其民法二三七一條以下關於繼承財產之買賣。其商法二五條二八條關於營業轉讓。亦設有略同之規定。瑞債一八一條及土債一七九條。規定合併承受財產或營業之資產及負債者。當然負擔其債務。原債務人亦於二年間。連帶負其責任等是。

所屬債務當然隨同移轉之各立法例

因概括承受財產或營業所認之概括的承擔

一　因概括承受財產或營業所認之概括的承擔　概括承受他人之財產或營業者。其財產或營業之所負一切債務。（即所謂負債）因已隨同移轉於承受人。自應由承受人負擔。故承受人卽爲債務之承擔人。惟對於債權人。以通知或公告爲生效要件。而原債務人亦應與承擔人。在法定期間內連帶負責。茲就我民法第三〇五條之規定。（瑞債一八一條一項土債一七九條一項）析述於左。

何謂概括承受

1　就他人之財產或營業概括承受其資產及負債（三〇五條一項前段）　所謂就他人之財產或營業。概括承受其資產或負債者。卽言將他人之財產或營業。當作一個財產集

何謂財產或營業

資產及負債概括移轉時當然發生債務承擔

此項債務承擔毋須另有承擔契約又毋須經債權人之承認

團。由轉讓人移轉於承受人時。則概括其所屬資產及負債。使當然隨同移轉於承受人也、所謂就他人之財產概括承受者。例如因全部財產贈與。而將全部財產。當作一個財產集團。概括移轉是。所謂就他人之營業概括承受者。乃將營業財產。當作一個財產集團。概括移轉。卽營業轉讓是也。【註八】該財產或營業之資產及負債。既當然概括移轉於承受人。則所負一切債務。（卽所謂負債）因已移轉於承受人。自應由承受人替代原債務人。負擔其債務。而承受人亦卽爲債務之承擔人矣。此乃所謂概括的債務承擔。其與普通債務承擔不同者。卽在通常情形。第三人欲自債務人方面。約定替代負擔其債務。必須與債務人訂立債務承擔契約。並經債權人之承認。始生效力。（三〇一條參照）而在此項概括的債務承擔。則據法律之規定。因資產及負債之概括的移轉。當然由承擔人替代原債務人。負擔其債務。既毋須與原債務人訂立債務承擔契約。亦毋須經債權人之承認。蓋原充債權擔保之資產。既已移轉於承擔人。自應使承擔人負擔以前之原債務。俾債權得所取償。且多數債務之移轉。若必一一經債權人之承認。亦不堪其煩。故如斯規定。以保護債權人之利益。而避免煩雜之程序也。

營業之意義

【註七】法律上所用營業一語。有二種意義。主觀的意義及客觀的意義是也。主觀的意義。謂營業主體在營業上之一切行動。例如我舊商人通例第二三條一項後段同條二項及第六〇條所稱之營業是。客觀的意義。謂營業主體在營業上之一切財產。乃指營業財產而言。即其營業上之各種財產權。(即資產、亦稱爲積極財產、如存貨商號債權銀錢店鋪生財以及其他動產不動產、凡因營業而設備或發生者皆是。)與其營業上之債務。(即負債、亦稱爲消極財產、)以營業之目的。互相結合。組成營業財產之集團也。玆所謂營業。實即指營業財產而言。

何謂營業轉讓

營業轉讓之各立法例

【註八】營業轉讓云者。謂營業財產。以統一的組織之狀態。概括轉讓於他人也。與俗語所謂生意出頂、出倒、或盤賣。無以稍異。若就組成營業之各種財產。分別轉讓。則非營業轉讓。在民商統一之立法例。固規定於民法中。如我民三〇五條、瑞債一八一條、土債一七九條是。而在民商分立之立法例。則規定於商法中。如我舊商人通例二二條以下、德商二三條以下、日商二二條以下是

關於以前債務之效力

。至於營業轉讓關於以前債務之效力。各立法例。亦頗有出入。應予注意。卽在我民及瑞債士債。因明定營業轉讓。以前之舊債務。當然隨同移轉於營業受讓人。應由營業受讓人替代營業轉讓人。負擔其債務。毋須另有承擔契約。惟對於債權人。以通知或公告爲生效要件。而轉讓人亦應於法定期間內。與受讓人連帶負責。德商則規定受讓人繼續使原來商號者。以前之舊債務。視爲移轉於受讓人。當然由受讓人負擔。(德商二五條)是亦毋須另有承擔契約。若夫我舊商人通例及日商之解釋。縱令當事人間。約定營業轉讓。其以前之舊債務。非當然移轉於受讓人。必須另訂債務承擔契約。或債務人替換之更改契約。蓋因既未明定營業財產之概括移轉。而營業財產又僅爲各種財產之集合。不得爲單一權利之標的。自無從概括移轉。必須各別移轉也。本書深恐拘守舊日觀念。致誤現行法之解釋。故不嫌辭費。

舊日觀念與現行法不同

以通知或公告爲對債權人之生效要件

2 因對於債權人爲承受之通知或公告而生承擔債務之效力(三〇五條一項後段) 就他人之財產或營業。概括承受其資產及負債者。則該財產或營業之所負一切債務。因已移轉於承擔人。(卽承受人)當然應由承擔人替代原債務人。負擔其債務。毋另訂承擔契約。亦毋須經債權人之承認。固如前述。但債務之移轉時期。若不明白確定。恐原債務人勾串承擔人。任意主張利己時期。遺害債權人。且債務人之替代。於債權人利害攸關。亦不宜在債權人不知不識之中。卽使對於債權人生效。故法律又規定因對於債權人爲通知或公告。而生承擔債務之效力。卽以承受之通知或公告。爲對債權人之生效要件。必須自通知或公告之時起。在債權人方面。始得認爲債務已移轉於承擔人也。

原債務人與承擔人同在短期間內連帶負責

3　原債務人與承擔人同在短期間內連帶負責　卽債務人關於到期之債權。自通知或公告時起。未到期之債權。自到期時起。二年以內。與承擔人連帶負其責任。此爲第三〇五條二項所定。蓋債務一經承擔人承擔。卽使原債務人免責。恐原債務人勾串無資力之承擔人。託名承擔債務。而實則欺騙賴債。且債務人之替換。於債權人利害攸關。亦不宜強使忍受。故法律規定原債務人於此法定之短期間內。對於已移轉之債務。仍與承擔人連帶負責。例如營業轉讓人對於營業轉讓前之舊債務。仍應與營業受讓人連帶負責是。由此觀之。此項債務承擔、非免責的債務承擔。乃併存的債務承擔。亦稱為重疊的債務承擔。或附加的債務承擔。蓋原債務人並未免責。仍與承擔人對於以前之舊債務。同負責任。故學者或就本款標題。稱為重疊的債務承擔也。再承擔人對於以前債務之負責。乃出於法律之規定。強使負擔。待遇未免過嚴。故法律為保護承擔人。亦使僅於此法定短期間內負責。【註九】至於所定二年之短期間。乃除斥期間。非時效期間。自不待言。

非免責的承擔乃併存的承擔

承擔人亦短期負責之理由

【註九】按法律規定財產集團概括移轉時。受讓人必須負擔以前債務。實為強使負擔。待遇未免過嚴。故各立法例為期公允。設有保護受讓人之方法。大別為二。(一)使受讓人以其所承受之財產為限度。負擔責任。如德民四一九條是。(二)短縮受讓人之負責期間。使得速免責。如我民三〇五條、瑞債一八一條、土債一七九條是。

二　因營業合併所認之概括的承擔　數個營業合併。而創設新營業者。因合併前之各營業。均併入新營業中。其各營業之資產及負債。自亦因合併而概括移轉於新營

因營業合併所認之概括的承擔

業。卽係由新營業概括承受。故合併前各營業之所負一切債務。（卽所謂負債）因已移轉於新營業。自應由新營業負責。茲就我民法第三〇六條之規定。（瑞債一八一條一項土債一八〇條一項並參照德商二八條）析述於左。

何謂營業合併

何謂互相承受

1　營業與他營業合併而互相承受其資產及負債（三〇六條前段）　所謂營業與他營業合併者。乃言數個營業合併。而創設新營業也。所謂因合併而互相承受其資產及負債者。乃言合併前各營業之資產及負債。均因合併而概括移轉於新營業。卽係由新營業概括承受也。又因新營業之產生。係由各營業併入。共同創設。是以稱爲互相承受。合併前各營業之資產及負債。既因合併而概括移轉於新營業。則各營業在合併前所負一切債務。（卽所謂負債）因已移轉於新營業。自應由新營業負責。此亦爲所謂概括的債務承擔。其與前條所定營業轉讓不同者。卽在前條之營業轉讓。其轉讓人（卽所謂原債務人）因此脫離營業主體之地位。而在本條之營業合併。則合併前各營業主體。仍併入新營業中。而爲其營業主體。故合併前各營業主體。對於

各營業之資產及負債既概括移轉於新營業當然發生債務承擔

營業合併

與營業轉讓不同此亦爲併存的債務承擔

以合併之通告或公告爲對債權人生效要件

新營業及合併前各營業均不能短期免責

以前之債務。仍當然繼續負責。毋須如前條二項明定負責。由此觀之。此項債務承擔。亦非免責的債務承擔。乃併存的債務承擔。

2 視爲與前條概括承受同（三〇六條中段）此乃謂對於合併前各營業之債權人。亦應如前條之規定。因爲合併之通知或公告。而生承擔債務之效力。即以合併之通知或公告。爲對債權人之生效要件。在前條之說明中。業已詳述。茲不再贅。

3 合併之新營業對於各營業之債務負其責任（三〇六條後段）合併前各營業之資產及負債。既由合併之新營業概括承受。則合併之新營業。對於合併前各營業之債務。自應負責。前經述明。且爲合併之當然結果。（參照公司法五一條）而本條後段何以更規定新營業負責者。此無他故。蓋以表明新營業主體。對於合併前各營業之債務。應與合併前各營業主體。併負相同之責任。無論新營業主體或合併前各營業主體。均不能如前條二項、因經過二年之短期間而免責也。

第七章　債之消滅

第一節　總說

何謂債之消滅

一　債之消滅之意義　債之消滅云者。謂債之關係已客觀的不存在也，若夫債之主體或內容。（即債之標的）雖有變更。而債之關係。並不失其同一性。仍繼續存在者。此則為債之變更。（本書下册第六章第一節之二參照）並非債之消滅。故債之喪失與債之消滅。實不相同。蓋債之喪失。不過謂債權脫離。其舊主體。另由新主體取得耳。債權並未消滅。而債之消滅。則債權必客觀的喪失其存在也。

債之喪失與債之消滅不同

債以消滅為目的

債自發生之初。即以消滅為目的。蓋債權之作用。多依賴他人之行為。求享經濟上之利益。苟已獲得豫期之利益。則債權之終局目的。斯為達到。而債權亦即消滅。故債自發生之初。即預期消滅債權。以求享此利益也。

消滅原因之種別

二　債之消滅之原因　債之消滅。必有原因。據其所以消滅之理由。大別爲四種。(一)內容實現。亦稱爲目的達到。蓋債之本來目的。在實現債之內容。(即債之標的)而債又以給付爲內容。(一九九條參照)苟實行原定給付。以實現內容。則債之目的。斯爲達到。而債之關係。亦無復存在之必要　應歸消滅矣。故內容實現。爲債之消滅之正式原因。然債之內容有難實現者。或有已無實現之必要者。是以尙有其他消滅原因。(二)給付不能。此卽所謂債之內容難實現者是也。給付不能足爲債之消滅原因。在民法中。不少概見。例如第二二五條一項之規定是。(三)達到經濟上利益。蓋債權之終局目的。在達到經濟上之利益。苟已達到經濟上之利益。則債權爲財產權之機能。業已完結。故債之關係。無復存在之必要。應歸消滅。此卽所謂已無實現之必要者是也。(四)已無請求之必要。蓋債權人之請求。爲債權存立之基礎。苟已至無請求之必要。則債權已欠缺存立之基礎。故債之關係。無復存在之必要。應歸消滅。此亦所謂已無實現之必要者是也。

我民法消滅節內所舉之消滅原因

我民法在債之消滅節內。所舉為消滅之原因者。共有五種。即淸償、提存、抵銷、免除、混同是也。其因內容實現而消滅者。僅有淸償一種而已。此外成為消滅原因。皆因其他理由　蓋提存與淸償有別。不過近似內容實現耳。若夫抵銷、以及淸償內之代物淸償、間接給付等項。乃因債權人所獲得經濟上之利益。與已受淸償無異。實即債之消滅。乃因達到經濟上之利益。至於免除、混同二項。則因已無請求之必要也。

所舉以外之消滅原因

債之消滅原因。並非以債之消滅節內所舉者為限。此外尙多其他原因。即(一)解除條件之成就。(九九條二項)(二)終期之屆滿。(一〇二條二項)(三)法律行為之撤銷。(一一四條)(四)給付不能。(二二五條)(五)契約之解除。(二五四條以下)(六)主體之死亡。如法律另有規定。或當事人別有約定。或在債權人本身專屬之債權。亦足為消滅之原因。(七)撤銷訴權。(二四四條)(八)反對契約。此乃當事人約使債權消滅之契約也。(九)在各種之債。尙有特別之消滅原因。至於消滅時效之完成。在各立法例。固多為消滅之主要原因。惟在我民法。因經時效而消滅者。僅債之請求權消滅。而債之本身。仍猶存在。(一四四條參照)嚴格言之。不得謂為消滅原因。

從屬權利隨同消滅

三　從屬權利之消滅　債之關係消滅時。其債權之擔保及其他從屬之權利。(例如利息、違約金等是)亦同時消滅。此為我民法第三〇七條所定。(瑞債一一四條土債一一三條)蓋以從權利本從屬於主權利。自應隨同消滅也。

負債字據之返還或塗銷

四　負債字據之返還或塗銷

1　負債字據之性質　負債字據云者。謂證明債權成立之證書也。按債權成立之證明。固非無其他方法。(例如憑人證或記賬是)然負債字據。實為最有力之證據方法。故債權成立之時。債權人常多向債務人。索取負債字據。以資證明。

2　負債字據返還或塗銷之請求權　債之全部消滅者。債務人得請求返還或塗銷負債之字據　此為我民法第三〇八條一項前段之所定。(瑞債八八條一項土債八七條一項德民三七一條前段)蓋負債字據。既為證明債權成立之證書。若債已全部消滅。則負債字據。在債權人不僅已成廢物。又恐其惡意利用。重複求償。遺害債務人。故法律規定債務人有返還或塗銷之請求權。並使債權人負此義務也。

債僅一部消滅。或負債字據上載有債權人他項權利者。債務人得請求將消滅事由。記入字據。此爲我民法第三〇八條一項後段所定。（瑞債八八條二項）蓋在此情形。債權人尚須保有字據。以證明債之未消滅部分、或字據上所載他項權利。自不能返還或塗銷字據。但字據所證明之權利。既有一部消滅。又恐債權人惡意利用。請求全部。故法律規定債務人得請求將消滅事由。記入字據也。

負債字據如債權人主張不能返還。或有不能記入之事情者。債務人得請求給與債務消滅之公認證書。此爲我民法第三〇八條二項所定。（德民三七一條後段瑞債九〇條一項土債八九條一項）蓋字據如有遺失。自不能返還。或字據上如別無空白。自不能記入。故法律規定債務人得請求給與債務消滅之公認證書。以爲債務消滅之證據方法。至於公認證書。則由債權人作成。聲請債務履行地之法院、公證人、警察官署、商會或自治

機關。蓋印簽名。（債編施行法九條）

第二節 清償

第一款 總說

一 清償之意義 清償云者。謂依債務之本旨。而實現債務內容之行爲也。蓋債之關係。以給付爲內容。（即債之標的）苟依債務之本旨。實行原定給付。以實現內容。則債之目的。斯已達到。而債之關係。亦應消滅矣。清償與其他消滅原因所以異者。卽在須實行原定給付。以實現內容也。故清償、履行、給付三者。意義攸同。常相混用。【註一】

清償乃現實行爲

【註一】 清償乃着眼債之消滅。指債務人實行其應實行之行爲、以實現內容而言。履行乃着眼債之效力。指債務人實行其應實行之行爲、以履行債務而言。給付乃着眼債之構成內容。卽指債務人所應實行之行爲而言。

清償性質諸說

二　清償之性質　清償乃行爲。固無爭論。然究係何種行爲。則議論紛紜。(一)法律行爲說。此說更分爲三。(甲)契約說。卽謂債務人須有清償之意思。而債權人亦須有受領之意思。因雙方對於使債消滅。意思一致。而成立此清償契約。是卽於因清償所爲之給付行爲以外。尙須另訂清償契約。(乙)單獨行爲說。卽謂債務人固須有清償之意思。而債權人則無須有受領之意思。蓋以因清償所爲之給付。若係不作爲、或僅債務人之一方行爲、或事實行爲時。則債權人無從表示受領之意思。自不能成立契約。(丙)契約或單獨行爲說。卽謂給付須經債權人受領者。固爲契約。其非然者。則爲單獨行爲。(二)折衷說。卽謂給付係法律行爲時。清償亦爲法律行爲。若給付係事實行爲時。則清償亦爲事實行爲。(三)準法律行爲說。卽謂苟依債務之本旨。而爲實現債務內容之行爲時。則法律卽賦予消滅債務之效力也。

本書採準法律行爲

上述諸說。以第三說爲現代通說。本書亦採之。蓋據我民法第三〇九條一項之規

說

定。苟依債務之本旨。而為清償行為。則債之關係消滅。是即依債務之本旨。實行原定給付。以實現債務內容。斯為清償行為。當然即賦予消滅債務之效力。固不問債務人有無清償之意思。我國法院解釋例亦然。【註二】若夫債權人之受領意思。匪特給付係不作為、或僅債務人之一方行為、或事實行為時。無從表示。縱在給付係法律行為。須經債權人受領時。然受領之意思表示。亦僅為給付行為之要件。並非清償行為之要件。【註三】我民法第三〇九條一項所謂經其受領者。實指受清償之利益而言。並不得解為須有受領之意思表示。否則在給付係不作為時。債權人固無所受領。又何從表示受領之意思。且債務人指定清償某項債務。縱債權人受領時。縱令債權人表示抵充他項債務之意思。或表示受領借款、贈與之意思。而債務人指定清償之債務。仍歸消滅。（三二一條參照）是債權人雖無受領之意思。或甚至有相反之意思。而仍生清償之效力。況認清償為法律行為。則清償當事人必須有行為能力。實際適用。亦甚不便。【註四】故清償所以使債務消滅者。乃實現債務內容行為之當然結果。不待求之清償意思及受領意思之有無。清償之非法律行為。彰彰明甚。至於折衷說。於清償行為與其方法之給付行為。既不加區別。且清償行為既經法律賦予消滅債務之效果。亦非事實行為可比。其不足採。自不待言。

清償行為與因清償所為之給付行為有別

清償行為與因清償所為之給付行為。應有區別。蓋以清償為實現債務內容之行為。此固如上述。並非法律行為。而其實現方法。即係因清償所為之給付行為。則或為契約。或為單獨行為。或為事實行為。對於清償性質。並無影響。

【註二】前大理院八年統字第九四八號。謂債務之履行。不問債務人是否眞意。既有交付行為。即應生效力。

給付行為之種別

【註三】按清償之方法。即因清償所為之給付行為。大別為四。(甲)不作為。即因清償不作為債務所為之給付也。例如不為同一營業、不建築高樓等是。(乙)僅債務人之一方行為。即給付毋庸債權人協力。僅由債務人之一方行為也。例如受任人處理受任事務、受僱人盡勞務等是。(丙)事實行為。即給付係由事實行為也。例如破除崖岸、撈揭沉船等是。縱令須債權人協力者。如畫像、教授等。然給付既爲事實行爲。則債權人之協力。（如任畫、聽講等）亦爲事實行爲。（丁）給付係由法律行爲、並須經債權人協力者。此則債權人須受領給付。例如因清償而移轉物之所有權是。在上述甲乙二項。僅由債務人之行爲。給付卽已完結。毫無須債權人之協力。且債務人之爲給付行爲。多在債權人不知不識之中。故債權人自無從表示受領之意思。在上述丙項。縱令有債權人之協力。亦僅爲事實上之協力。仍不得謂爲受領之意思表示。在上述丁項。固須有受領之意思。然此受領之意思表示。乃給付行爲成立之要件。非清償行爲成立之要件。例如因清償而爲物權移轉契約時。僅有受領物權移轉之意思表示而已足。並非更須有消滅債權之意思表示。縱令誤認爲受贈。仍生清償之效力是。

【註四】假使債務人須有清償之意思表示。則在僱傭契約之履行。未成年人因清償實行勞務。必至須經法定代理人之同意。又假使債權人須有受領之意思表示。則未成年人之受教授或受治療。亦必至須經法定代理人之同意。其屬不便。不言而喩。故苟依債務之本旨。實現債務之內容。斯認爲清償行爲。使生債務消滅之效果。旣不問債務人有無清償之意思。亦不問債權人有無受領之意思。

在民事政策上。甚爲適宜。

第二款　清償人

何謂清償人

清償既係行爲。自必有爲其行爲之人。此之謂清償人。其得充清償人者如左。

原則上以債務人爲清償人

一　債務人　債務人既負清償債務之義務。則清償人原則上應爲債務人。茲所謂債務人。無論單一債務人、不可分債務人、連帶債務人、保證人。均所包含。債務人之代理人。亦得爲清償。自不待言。

第三人得爲清償之原則

二　第三人　債之清償。得由第三人爲之。此乃我民法第三一一條一項本文所定。（暹民三一四條一項本文　日民四七四條一項本文）蓋清償爲實現債務內容之行爲。苟能實現內容。則行爲人固不限於債務人。且第三人之清償。在債權人方面。與債務人自爲清償。同一達其目的。而在債務人方面。不僅無損。並或受益。故法律認許第三人之清償也。但此爲原則。尚有左列例外。第三人不得爲清償。（三一一條但書　同條二項）

第三人不得爲清償之例外

依特約不得清償者

1 當事人另有訂定者　債權人與債務人訂立契約。禁止第三人清償。必須債務人自爲清償時。則第三人自不得爲清償。（三一一條但書日民四七四條一項但書暹民三一四條一項但書）

依債之性質不得清償者

2 依債之性質不得由第三人清償者　此乃給付之性質。特別注重其人時。（例如以其人之性質、人物、技能等爲條件是）自必債務人自為清償。否則不能達債權之目的。例如教授、演劇等。不得由第三人清償是。（三一一條一項但書日民四七四條一項但書暹民三一四條一項但書瑞債六八條）又法律向有特以明文規定不許由第三人清償者。例如受僱人（四八四條一項）受任人（五三七條）受寄人（五九二條）等。原則上均須自爲清償是。

無利害關係第三人之清償可拒絕者

3 第三人之清償、債務人有異議、並經債權人拒絕者　第三人之清償。債務人有異議時。債權人得拒絕其清償。此爲我民法第三一一條二項本文所定。（德民二六七條二項）蓋債務人既表示不願第三人清償之意思。自應稍加尊重。而債權人亦應使得斟酌自己利害。以決定受領或拒絕。故必須債務人有異議。而又經債權人拒絕。具備此二條件時。始不得由第三人清償也。若此二條件。欠缺其一。則第三人仍得爲清償。卽債務人如無異議時。債權人亦不得拒絕。第三人自仍得爲清償。再債務人縱有異議。而債權人不拒絕時。第三人之淸償。仍屬有效。此乃我民法第三一一條二項本文之反面解釋所當然也。

有利害關係第三人之得淸償

第三人就債之履行。有利害關係者。債權人不得拒絕。此爲我民法第三一一條二項但書所定。所謂就債之履行有利害關係之第三人。乃言第三人就債務之淸償。有法律上之利害關係。恐因債權人行使權利。致喪滅自己利益也。例如物上保證人、（卽以自己之財產供債務之擔保者）擔保財產之第三取得人、擔保權人、以及與債務人立於共同利害之法律關係者（例如共有人合夥人之類）等是。此項有利害關係之第三人。於債務之淸償。旣有利益。其所爲淸償。縱令債務人有異議。而債權人不得拒絕。蓋所以保護第三人之利益。使第三人仍得爲淸償也。若債務人本無異議。則債權人對於此項第三人之淸償。更不得拒絕矣。

玆就我民法第三一一條二項之全體解釋。表解於左。

無利害關係之第三人
- 債務人無異議時……債權人不得拒絕……得清償
- 債務人有異議時
  - 債權人不拒絕者……得清償
  - 債權人拒絕者……不得清償

有利害關係之第三人
- 債務人無異議時
- 債務人有異議時
- ……債權人均不得拒絕……得清償

第三人所以清償之關係

第三人之爲債務人清償也。其與債務人之關係。概依兩者間之法律關係定之。該兩者間之法律關係。或爲委任。或爲贈與。或爲無因管理。或爲其他法律關係。第三人對於債務人之求償權。亦依此法律關係定之。至於第三人之代位。則俟於第十款內說明之。

能力問題應依給付行爲定之

三　清償人之能力問題　清償既如前述。僅爲現實行爲。並非法律行爲。則清償人之實行清償。自毋庸具備行爲能力。然不得一概論斷。必更須依清償方法之給付行爲定之。卽淸償係以事實行爲而爲者。（例如演劇、盡勞務是）固毋庸有行爲能力。若淸償係以法律行爲而爲者。（例如因淸償而訂立物權移轉契約是）則依一般規定。仍須有行爲能力。

第三款　受領淸償人

何謂受領人及受領權人

淸償方法之給付行爲。無論是否須經債權人之協力。均不可無受領其給付之人。因淸償人以不作爲或一方行爲實行淸償時。雖無須經債權人之協力。然亦必須有受領利益之人。我民法第三〇九條一項所謂經其受領者。卽指受領淸償之利益而言。此項受領淸償給付之人。謂之受領淸償人。而有受領淸償之權限者。則謂之受領權人。

首推債權人爲受領權人

一　債權人　債權人既有請求給付之權利。當然亦有受領淸償之權利。在受領權人中。首推債權人。故我民法第三〇九條一項明定向債權人或其他受領權人爲淸償也。唯債權人在左列情形。不得有效受領淸償。

債權人之

不得有效受領者

1　債權人之債權已經強制執行者　債權人經法院強制執行後。一面禁止債權人收取或爲其他處分。一面又禁止債務人清償。（補訂民事執行辦法三條一項前段參照）債權人既不能請求給付。自不得有效受領清償。

2　債權人已宣告破產者　債權人既因宣告破產。喪失處分權。（破產法七五條）自不得有效受領清償。

能力問題應依給付行爲定之

3　債權人之能力問題。清償行爲。既如前述。並非法律行爲。則債權人之受領清償。自毋庸具備行爲能力。然不得一概論斷。必更須依清償方法之給付行爲定之。卽給付行爲係事實行爲時。債權人之受領。（例如受教授、受演劇、受畫像、受勞務等是）自毋庸有行爲能力。若給付行爲係法律行爲。而債權人之協力亦須以法律行爲時。（例如因清償而訂立物權移轉契約是）則因給付行爲之成立。債權人必須有行爲能力。

其他受領權人

二　債權人以外之受領權人　卽非債權人而有受領清償之權限者。玆述於左。

代理人之

1　債權人之代理人　債權人之法定代理人。原則上有受領清償之權限。至於意定代理人。其有無受領清償之權限。則依授權行爲之範圍定之。

有受領權者　收據持有人視爲受領權人

2　收據之持有人　持有債權人簽名之收據者。視爲有受領權人。此爲我民法第三〇九條二項本文所定。（德民三七〇條日民四八〇條暹民三一八條）按收據不過爲證明債務清償之書據。持有收據之人。非必卽有受領清償之權限。然在通常習慣。債權人頗有預先作成收據。交託他人。以便對換受領。而債務人亦常信收據持有人有受領清償之權限。安心向爲清償　若因持有人無受領之權限。（例如因竊盜或拾得而持有收據是）遂使清償無效。仍須再向債權人重爲清償。則不僅債務人受意外之損害。亦有礙交易之安全。故法律將收據之持有人。視爲有受領權人。但必須具備左列條件。向持有人所爲清償。始得有效。

甲　收據須眞正適法　卽收據須爲債權人或其他有作成權限者所作成之證書。故我民法第三〇九條二項。定爲債權人簽名之收據。【註一】若僞造之收據。既非債權人簽名作成。縱令債務人善意。而其清償無效。

【註一】本項固定爲債權人簽名。然我民法第三條所定簽名替代方法。自亦適用。又有權代理人之代理簽名。亦應認爲有效。蓋以我國有代筆習慣也。

乙 債務人須善意 即持有人無受領權限時。債務人須不知情。若債務人已知或因過失而不知其無權受領者。則持有人不視爲有受領權人。(三〇九條二項但書)其向持有人所爲之清償。亦不得有效。

第三人受領之變爲有權受領者

3 第三人之受領經債權人承認或嗣後取得債權者 向第三人爲清償。經其受領者。如經債權人承認。或受領人於受領後取得其債權者。有清償之效力。此爲我民法第三一〇條一款所定。(德民三六二條二項一八五條)蓋第三人之受領。原無受領權限。所向清償。亦原不得有效。但一經債權人承認。即變爲有權受領。而嗣後受領人取得債權 亦變爲有權受領。故法律規定有清償之效力。(一一八條參照)

準占有人之受領清償有效者

4 債權之準占有人、向第三人爲清償。經其受領者。如受領人係債權之準占有人者。以債務人不知其非債權人者爲限。有清償之效力。此爲我民法第三一〇條二款所定。（日民四七八條法民一二四〇條）債權之準占有人云者。謂以為自己意思而行使債權之人也。（九四四條九四五條參照）所謂以為自己意思而行使債權者。言現正行使債權之人與債權之間。有事實上管領關係。恰如占有人與物之間。有事實上管領關係。（九四〇條參照）是以稱為準占有人。例如債權之事實上受讓人、或事實上之繼承人。以受讓人或繼承人之名義。行使債權是。

準占有人之意義

按債權之準占有人。非必即為真正之債權人。如準占有人並非真正債權人時。所向清償。原屬無效。然債務人善意時。猶認清償無效、使向真正債權人。再為清償。未免酷待債務人。亦有害交易安全。故法律為保護善意債務人及確保交易安全。規定向準占有人所為清償。以債務人不知其非債權人者為限。即善意時。認為有效。若債務人已知其非債權人者。即惡意時。則清償無效。蓋以惡意債務人。毋庸保護也。

債權人之不當得利請求權

向準占有人所為之清償。在債務人善意時。既屬有效。則債權因此消滅。真正債權人自不得再向債務人請求清償。僅可依不當得利之規定。向準占有人請求返還利益耳。

第三人受領致債權人受利益者

5 因向第三人所爲清償而債權人受有利益者　向第三人爲清償。經其受領者。於債權人因而受利益之限度內。有清償之效力。此爲我民法第三一〇條三款所定。（法民一二三九條二項日民四七九條）按第三人原無受領權限。向其清償。原屬無效。債務人應向債權人。更爲清償。僅得依不當得利之規定。向受領之第三人請求返還而已。但債權人因向第三人之清償受有利益時。則在所受利益之限度內。其債權已達到經濟上之利益。實與受清償無異。自應認爲清償有效。且得避免上述煩雜程序。實際上亦甚便宜。故法律規定於債權人所受利益之限度內。有清償之效力。至於逾越此限度之淸償。其逾越部分。仍屬無效。自不待言。所謂債權人因而受利益者。例如債權人繼承受領之第三人。或受領之第三人將所受領之給付。移交於債權人是。

第四款　清償之內容

清償之提出須依債務之本旨

一　清償應依債務之本旨　應依債務之本旨而爲清償。此爲我民法第三〇九條一項所定。蓋債務人實行清償。必須有清償之提出。而其清償之提出。又應依債務之本旨。所謂清償之提出。言債務人應爲其因實行清償所必要之一切行爲也。（本書下冊一六四頁以下參照）所謂依債務之本旨　言應依債之關係所定之內容也。故在以物的給付爲內容之債務。應依債之關係所定之物體、品質、數量等項。以爲清償之提出。又在以單純作爲或不作爲爲內容之債務。亦應依債之關係所定者。以爲清償之提出。若清償之提出。不依債務之本旨。則不生清償之效力。

誠實信用之原則

二　清償應依誠實信用之原則　債務人之實行清償。應依誠實信用之原則。（二一九條）務期於交易上公平妥當也。（本書下冊一一〇頁以下參照）

債務人無

三　全部清償之原則　債務人無爲一部清償之權利。此爲我民法第三一八條一項本文所定。（德民二六六條法民一二四四條一項瑞債六九條一項俄民一〇九條）蓋債務之淸償。應依債務之本旨。始得適合債務之原來內容。而一部淸償。常多違背債務之本旨。故法律規定債務人無爲一部淸償之權利。以申明全部淸償之原則。但債務人雖無爲一部淸償之權利。而債權人則得請求一部淸償。（瑞債六九條二項參照）又契約或法律另有訂定時。債務人亦得爲一部淸償。（俄民一〇九條但書參照）所謂法律另有訂定者。例如票據債務之一部淸償是。（票據法七〇條）

一部淸償之權利

一部淸償之例外

四　分期給付或緩期淸償之社會政策的規定　債務之淸償。以全部淸償爲原則。固如前述。但法院得斟酌債務人之境況。許其於無甚害債權人利益之相當期限內。分期給付或緩期淸償。此爲我民法第三一八條一項但書之所定。（法民一二四四條二項）卽授審判官以自由裁量權。【註一】斟酌債務人之經濟狀況。較量債權人之利害影響。酌定相當期限。允許債務人分期給付或緩期淸償。以保護經濟上之弱者。並務求公平妥當也。至於不可分給付。因其性質僅可全部淸償。不得一部淸償。故我民法第三一八條二項。又規定給付不可分者。法院得比照前項但書之規定。許其緩期淸償。蓋

分期給付或緩期淸償之允許

以無由一部清償。是以將分期給付除外也。

我民法第三一八條一項但書及同條二項。在表現民生主義之精神。乃社會政策之立法。此項公益規定之適用。自應溯及既往。故民法第三一八條之規定。於民法債編施行前所負之債務。亦適用之。（民法債編施行法一〇條）

【註一】最高法院二十一年上字第四二號及第五二九號判例。均謂民法第三一八條之規定。不過規定法院有斟酌債務人境況、許其分期給付或緩期清償之職權。並非認無資力之債務人、有要求分期給付或緩期清償之權利。

第五款　清償地

何謂清償地及清償處所

一　清償地之意義　清償地亦稱為履行地或給付地。謂債務人應為清償之地方也。至於清償處所。則與清償地頗有區別。此乃謂債務人應為債務清償之地點也。故清償處所。乃指清償地內之某地點而言。若清償地則以行政區域表示之。例如謂某縣某區是。

索取債務及赴償債務

以債務人之住所爲清償處所者。謂之索取債務。蓋以債權人須往債務人之住所。受領給付也。以債權人之住所爲清償處所者。謂之赴償債務。亦稱爲詣償債務。蓋以債務人須往債權人之住所。實行清償也。

清償地如何確定

二　清償地之確定方法　清償地如何確定。據我民法第三一四條之規定。除法律另有規定。或契約另有訂定。或另有習慣。或不能依債之性質或其他情形決定者。應依本條各款之規定。是卽謂應先依所舉各方法決定之。如不能因此決定。始依本條各款決定之。故本條各款規定。不過爲準則規定而已。玆就所舉方法。分述於左。

應先依據確定之各方法

1　法律另有規定者　法律關於某種債務。有特定其清償地者。例如價金與標的物對交。應於標的物之交付處所行之。（三七一條）又如寄託物之返還。於該物應爲保管地行之。（六〇〇條一項）又如票據債務之清償。原則上應在票據債務人之營業所或住所爲之者是。（票據法一七條）

2　契約另有訂定者　當事人得以契約。訂定淸償地。其所訂定。或爲索取。或爲赴償。或爲其他處所。均無不可。

3　另有習慣者　依交易上之習慣。定其淸償地者。例如在商習慣與銀行交易者。概以銀行營業所爲淸償地是。

4　應依債之性質而定者　例如不動產之交付、建築物之修繕等債務。應在不動產或建築物所在地履行之。又如管理財產之債務。應在其財產所在地履行之。此乃因債務之性質。均不得在其他處所淸償也。

5　依其他情形而定者　例如當事人以單獨行爲。指定淸償地。卽如以遺囑指定贈與物之交付地是。

確定淸償地之準則

三　法律之準則規定　不能依上述方法決定淸償地者。始依第三一四條各款之準則規定。以資決定。分述於左。

特定債務

1　特定債務之淸償地　以給付特定物爲標的者。於訂約時其物之所在地爲之。

以訂約時其物所在地為清償地

此為我民法第三一四條一款所定。（日民四八四條前段 暹民三二四條前段）按以給付特定物為標的者。乃指特定債務而言。（本書下冊一五頁以下參照）即債務發生之初。其應給付物體。業經特定也。在此情形。債權人之意思。常欲於當初所在地使用或處分其物。若於當初其物之所在地清償。實適合當事人之意思。故法律於特定債務。規定以訂約時其物所在地為清償地也。例如租賃物之返還。應於承租當時該物所在地行之是 但偶爾在某地承租。仍應在某地返還。亦甚不便。自應適用誠實信用之原則。以濟其窮。（本書下冊一一〇頁以下參照）

其他債務以債權人之住所地為清償地

2 其他債務之清償地 其他之債。於債權人之住所地為之。此為我民法第三一四條二款所定。（日民四八四條後段）蓋債務人對於債權人。負債務清償之義務。債務人往債權人之住所。實行清償。實適合債務清償之觀念。故法律於其他之債。規定以債權人之住所地為清償地。所謂其他之債。即指上述特定債務以外其他一切債務而言。又所謂債權人之住所地。應為清償時債權人之現住所地。非謂債權發生時債權人之住所地。卽債權發生後。債權人之住所如有變更時。債務人應於實行清償時債權人之住所地。以爲清償。蓋因以債權人之現住所爲清償處所。最適合交易觀念。且實際上亦甚便宜。卽就我民法第三一七條但書所定變更住所、增加費用之規定觀之。亦謂應在變更後之住所。實行清償。不過因變更所增加之費用。由債權人負擔耳。

我民法以赴償債務爲原則

據上所述。除特定債務外。其他一切債務。如種類債務、金錢債務等。均以債權人之住所地爲清償地。適用範圍。頗爲廣泛。是在我民法典。原則上以債權人之住所地爲清償地。而一般債務。原則上亦爲赴償債務。與多數立法例。以索取債務爲原則者異矣。【註一】

【註一】　關於履行地之規定。在各立法例。頗不一致。或原則上以債權發生當時債權人之住所地爲清償地。如奧民九〇五條普國第一部第五章二四八條是。或原則上以債權發生當時債務人之住所地爲清償地。卽以索取債務爲原則者。如德民二六九條瑞債七四條法民一二四七條土債七三條是。

或原則上以淸償時債權人之現住所地爲淸償地。卽以赴償債務爲原則者。如我民三一四條日民四八三條暹民三二四條是。在此等主義之中。因債權發生地。往往事出偶然。據以定淸償地。自不得當。再以債權發生當時債務人之住所地爲淸償地之主義。雖爲多數立法所採用。然就債務淸償之觀念言之。應由債務人赴償。非應由債權人索取。理論上已屬不當。且就實際交易之情形觀之。多爲赴償。殊少索取。實際上亦少適用。至於以淸償時債權人之住所地爲淸償地之主義。理論實際。均較適合。故我民採之。

淸償地之效力　四　淸償地之效力　淸償地之效力如左。

1　債務人應於淸償地。淸償債務。而債權人亦得於淸償地。請求淸償。

2　因契約涉訟者。如經當事人定有債務履行地。(卽淸償地)得由該履行地之法院管轄。(民事訴訟法一二條)

第六款　淸償期

何謂清償期

一　清償期之意義　清償期云者。謂債務人應爲清償之時期也。按應爲清償之時期。與得爲清償之時期不同。卽在清償期爲債務人之利益而定者。雖未屆清償期。債務人得拋棄期限之利益。期前清償。（三一六條參照）此項時期。自爲得清償之時期。又應爲清償之時期。與實在清償之時期亦異。卽債務人屆至清償期而不清償者。固負遲延責任。但嗣後仍可爲清償。此項時期。自爲實在清償之時期。

清償期之種類

二　清償期之種類　清償期得大別爲確定期限與無確定期限二種。確定期限者。謂清償期曾經預行確定。卽清償期之到來、與到來之時期。均經確定也。例如民國二十七年國慶日是。無確定期限者。謂清償期未經預行確定也。此更分爲二種。一爲不確定期限。言清償期之到來固屬確定。而其到來之時期尚不確定也。例如謂某人死亡之時是。二爲未定期限。言清償期之未定也。（本書下册一四九頁以下參照）

清償期如何確定

三　清償期之確定方法　清償期如何確定。據我民法第三一五條之規定。應先依本條所舉方法決定之。如不能因此決定。則爲未定期限。茲分述於左。

應依依據

確定之各方法

1　法律另有規定者　法律關於某種債務。有特定其清償期者。例如我民法第四三九條中後段、四五五條、四七〇條中後段、六一九條二項等是。

2　契約另有訂定者　當事人得以契約。訂定清償期。自不待言。且適用甚廣。

3　應依債之性質而定者　例如將來收穫之果實。必以收穫季節爲清償期是。

4　依其他情形而定者　例如依習慣定其清償期。又如當事人曾以單獨行爲指定清償期。又如依誠實信用之原則得定其清償期等是。

未定期限者爲卽時債務

依上述各方法。不能決定清償期時。則爲未定期限。債權人得隨時請求清償。債務人亦得隨時爲清償。此爲我民法第三一五條後段所定。（德民三七一條一項瑞債七五條俄民一一一條土債七四條）蓋債務人本於債之關係。負清償義務。若清償未定期限。則自債之關係發生之初。清償期卽應同時到來。故債權人得隨時請求清償。債務人亦得隨時爲清償。學者咸以卽時債務稱焉。言債務之清償期。於其債務發生之初。卽同時到來也。

清償期之效力

四　清償期之效力　清償期之效力如左。

1　清償期屆至（即到來）時。債務人應爲清償。債權人亦得請求清償。

2　自清償期屆至時起。進行消滅時效。（一二八條參照）

3　清償期係確定期限者。債務人自期限屆滿時起。負遲延責任。如係不確定期限或未定期限者。自經債權人催告時起。負遲延責任。（二二九條並參照本書下冊一四九頁以下）

4　清償期屆至時。債務人得爲清償之提出。如債權人拒絕受領或不能受領者。債權人自清償之提出時起。負遲延責任。（二三四條二三五條並參照本書下冊一六〇頁以下）

債權人不得期前請求而債務人得期前清償

五　清償期前之清償　定有清償期者。債權人不得於期前請求清償。如無反對之意思表示時。債務人得於期前爲清償。此爲我民法第三一六條所定。蓋債權人於清償期屆至時。始得請求清償。債務人亦於清償期屆至時。始應爲清償。故法律規定債權人不得於期前請求清償。再債務人於清償期前。固毋須爲清償。如清償期可認爲債務人之利益而定者。因自己利益。可自由拋棄。債務人自得拋棄期限之利益。提前清償。故法律又規定債務人得於期前爲清償。所謂清償期爲債務人之利益而定者

期限係為債務人利益之推定

。例如無利息消費借貸之清償期是。若夫清償期究為何人之利益而定。應就各該情形。解釋當事人之意思決之。如當事人之意思不明。則應推定係為債務人之利益而定者。我民法第三一六條。規定如無反對之意思表示時。債務人卽得期前清償者。實亦申明雖無為債務人利益之明白表示。而僅因無反對意思表示。卽推定係為債務人之利益。任其拋棄利益。使得期前清償。【註一】蓋定清償期之目的。多在授與債務人期間。使從容清償。故無反對之意思表示時。卽可推定清償期係為債務人之利益而定也。

何謂反對之意思表示

所謂反對之意思。卽如清償期係為當事人雙方之利益而定者。自不得由債務人一方拋棄利益。提前清償。又如清償期係定期行為者。必須於清償期實行清償始得達債權之目的。自亦不得提前清償是。（二五五條及本書下冊二四三頁以下參照）

【註一】此項推定。自羅馬法。早經認許。近世多數立法。均採此原則。例如德民二七一條二項法民一一八七條日民一三六條二項暹民二〇三條二項瑞債八一條土債八〇條等是。

何謂清償時間

六　清償之時間　定有清償期時。究應於清償期日內何時刻為之。民法內別無規定。自應依交易習慣。並斟酌誠實信用之原則。以資決定。惟在特別民事法。亦有特定淸償之時間者。例如票據法第一八條票據法施行法第八條是。

第七款　淸償之費用

何謂淸償費用

一　淸償費用之意義　淸償之費用云者。謂淸償債務所必要之費用也。例如包裝費、運送費、匯費、關稅等是。

淸償費用究由何人負擔

二　淸償費用負擔之標準　淸償債務之費用。究應由何人負擔。據我民法第三一七條本文之規定。應先依法律之另有規定。（例如三七八條關於買賣費用負擔之規定是）或契約之另有訂定。如法律或契約均無所定。則應由債務人負擔。蓋淸償乃債務人應盡之義務。且我民法採赴償債務主義。債務人應赴債權人之住所。實行淸償。故淸償之費用。亦應由債務人負擔也。但因債權人變更住所或其他行爲。致增加淸償之費用者。其增加之費用。由債權人負擔。此爲同條但書之所定。卽債務人僅負擔其在債權人原住所淸償之費用。實合當事人之意思。若因債權人之行爲。變更住所。其所增加之費用。自應由債權人負擔之。又因債權人之其他行爲增加費用者。(例如請求送往清償地以外之地或請求特別包裝等是)債權人亦應負擔增加之費用。

第八款 清償之抵充

何謂清償抵充

一 清償抵充之意義 債務人對於同一債權人。負擔數宗債務。而其給付之種類相同者。如債務人因清償所提出之給付。不足清償全部債額時。究應以其給付。充償某項債務。自應加以決定。此之謂清償之抵充。蓋數宗債務中。有附利息或無利息者。又有附擔保或無擔保者。又有附期限或無期限者。債務人所提出之給付。究以充償某宗債務。在當事人。頗有利害關係。且不決定所充償之債務。則清償亦無由成立。故關於抵充問題。必有所決定也。

清償抵充

二 清償抵充之要件 據我民法第三二一條之規定。其要件如左。

發生之要件　1　須債務人對於同一債權人負數宗債務　即債務人與同一債權人之間。須有獨立原因所生之數個債務也。

2　須數宗債務之給付係屬同種　即數個債務之給付。其性質須屬相同也。例如數個金錢債務是。若數個債務之給付。其性質各異者。就淸償人所提出給付之性質觀之。卽足定其係充償某宗債務。自不生淸償抵充問題。故數宗債務之給付。須屬同種也。

3　須因淸償所提出之給付不足淸償全部債額　蓋以因淸償所提出之給付。若足淸償全部債額。則所有債務全已消滅。自不生抵充問題也。

淸償抵充之方法　三　淸償抵充之方法　淸償之抵充。依其方法。大別爲三。卽契約上之抵充、一方行爲之抵充、及法律上之抵充是也。

得以契約定其應抵充之債務　1　契約上之抵充　淸償人與受領淸償人。得以契約定其應抵充之債務。此在我民法雖無明文。然我民法第三二一條以下之規定。乃任意法規。當事人自得另以契約定之。惟當事人之契約。至遲須於清償時訂立之。蓋以清償時猶未訂立契約。即應適用第三二二條。定其所應抵充。嗣後不得復以契約定其所應抵充矣。

由債務人指定應抵充之債務

2　一方行爲之抵充　當事人未以契約定其所應抵充時。則由債務人於清償時。指定其應抵充之債務。此爲我民法第三二一條後段所定。是在我民法。得以自己一方行爲。指定所應抵充者。即享有抵充之指定權者。僅清償人而已。【註一】蓋清償既爲清償人之行爲。則清償抵充之指定權。自亦應由清償人享有。此項指定權。爲形成權之一種。其應以意思表示向受領清償人行使之。自不待言。再其指定。應於清償時爲之。我民法第三二一條後段。業經明定。蓋以在清償時清償人若未指定。即應適用第三二二條。定其所應抵充。嗣後不得復由債務人指定矣。

【註一】按日民四八八條二項瑞債八六條二項法民一二五五條。均規定清償人於清償時。未指定所應抵充者。則受領清償人於受領時。得指定之。是即認清償人爲第一位之指定權人。受領清償人爲第二位之指定權人。但我民三二一條後段德民三六六條一項暹民三二八條一項。則僅認清償人爲指定權人。並不認受領清償人之指定權。

法律上所定抵充順位

3　法律上之抵充　債務之抵充。當事人既未預以契約訂定。債務人又未於清償時指定者。則應依第三二二條所定順位。定其應抵充之債務。此乃法律斟酌當事人雙方利益。尤重在顧慮債務人之利益。以定抵充之順位。其順位如左。

甲　以已否屆清償期爲標準之抵充順位　即數宗債務中。有已屆清償期者。又有未屆清償期者。應就已屆清償期者。儘先抵充。（三二二條一款）此乃以已否屆清償期爲標準。定抵充順位之先後。自係重在爲債務人之利益。蓋債務已屆清償期。債務人或負遲延責任。故利在使速消滅也。

乙　均已屆清償期或均未屆清償期者之抵充順位　即數宗債務。均已屆清償期。或均未屆清償期。自不能以已否屆清償期爲標準。定其抵充順位之先後。故在此情形。其抵充之順位。又分爲三。（一）以債務之擔保最少者。儘先抵充。（三二二條二款前段）即以擔保之有無多寡爲標準。定抵充順位之先後。此乃重在爲債權人之利益。自不待言。(二)擔保相等者。以債務人因清償而獲益最多者。儘先抵充。(三二二條二款中段)即以債務人因清償所獲利益之多寡爲標準。定抵充順位之先後。所謂因清償而獲益最多者。不過指債務人負擔最多之債務而言。例如票據債務。應先於普通債務。有利息債務。應先於無利息債務。高利債務。應先於低利債務是。既係使負擔最多之債務。先歸消滅。當然重在爲債務人之利益。(三)獲益相等者。以先到期之債務。儘先抵充。(三二二條二款後段)例如利率相等之有利息債務。均已屆清償期。或均未屆清償期時。即以清償期到來之先後爲標準。定抵充順位之先後。此乃適合當事人雙方之利益。且使早進行時效者。先歸消滅。以防證據湮滅也。

丙　獲益及清償期均相等者各按比例抵充其一部(三二二條三款)獲益相等。不能以獲益多寡爲標準。又清償期相等。亦不能以到期之先後爲標準。在此情形。無從定其抵充順位之先後。故法律規定按各債務之額數。比例抵充其一部。此乃使當事人間及第三人間。（例如保證人等是）均可望公平也。

原本利息費用之抵充順位

4 原本利息費用之抵充順位　以上所述。乃關於數宗債務之原本。定其抵充順位。若債務人就一宗債務。於原本外。更應付利息及費用。其提出之給付。不足清償全部時。亦應決定孰先抵充。是以我民法第三二三條前段。規定清償人所提出之給付。應先抵充費用。次充利息。次充原本也。所謂費用。乃關於原本債務所生之費用。例如訴訟費用、清償費用、和解費用及其他債權人墊出之費用是。原本及利息之收取。均有賴此等費用。且係一時支出。故應最先抵充。所謂利息。包含約定利息及法定利息。既為原本之孳息。且係債權人之通常收入。故應先原本而抵充。

數宗原本債務亦適用原本利息費用之抵充順位

此項抵充順位。在數宗原本債務。且應各付利息及費用時。亦應適用。是以我民法第三二三條後段。又規定其依前二條之規定抵充債務者亦同。即先抵充各債務之費用。次抵充各債務之利息。次抵充各債務之原本。而在費用、利息、原本之各項抵充。如有不足時。並依前二條所定順位。定其抵充之先後。

第九款　清償之效力

債之關係因清償而消滅

一　債之關係消滅　清償爲實現債務內容之行爲。一經清償。債之目的。斯已達到。故債之關係。應歸消滅。此卽我民法第三〇九條一項所以規定債之關係。因清償而消滅。就債權人方面言之。卽爲消滅債權。就債務人方面言之。卽爲消滅債務。又債權旣經消滅。則其從屬權利。如債權擔保、利息債權等。自亦隨同消滅。（三〇七條參照）

債之內容因其他原因實現者亦消滅債之關係

債之內容。並不因債務人或第三人之清償。亦有得實現者。例如債務人負擔破除懸崖之債務。而懸崖因地震崩潰。卽因自然力而實現是。在此情形。債之關係。亦因內容實現。歸於消滅。如債務人受有他方之對待給付者。並應返還之。（二六六條一項參照）

清償人得請求受領證書

二　受領證書之請求權　清償人對於受領清償人。得請求給與受領證書。此爲我民法第三二四條所定。蓋債務已否清償。應由清償人負證明之責。雖清償時得請求返還負債字據。（三〇八條一項參照）以爲證據方法。然返還之負債字據。或致遺失。且非全部清償時。不得請求返還負債字據。故法律更規定清償人對於受領清償人。得請求受領證書。以證明受領清償之事實也。

法律上關於證明力之推定規定

受領證書　乃以證明受領清償之事實。前經述明。故關於利息或其他定期給付者。如債權人給與受領一期給付之證書。未爲他期之保留者。推定以前各期之給付。已爲清償。（三二五條一項）蓋以按照通常情形。定期給付。乃按期依次爲之。後期之給付。既經證明受領。則以前各期。當已清償。故如斯推定也。又債權人如給與受領原本之證書者。推定其利息亦已受領。（三二五條二項）蓋以清償人所提出之給付。必先充利息。次充原本。原本既經證明受領。則利息更當已受領。故亦如斯推定也。又債權證書已返還者。推定其債之關係消滅。（三二五條三項）所謂債權證書。卽負債字據。乃證明債權成立之證書。在債之全部消滅時。必須返還。（三〇八條一項前段參照）前經述明。故其已返還者。自應推定債之關係消滅。

以上各項法律上之推定。如與事實不符時。債權人自得提出反證。以推翻推定。而主張其權利。

第十款　第三人之代位權（亦稱爲代位淸償）

何謂代位權

一　代位權之意義　第三人之代位權。亦稱爲代位淸償。即謂第三人爲淸償者。得按其限度。以自己名義。代位行使債權人之權利也。（三一二條）夫所以規定第三人之代位者。蓋第三人爲債務人淸償債務。（三一一條參照）依其內部關係。對於債務人。固有求償之權利。若更授以代位權。使第三人對於債務人。得代位行使債權人之權利。則固有之求償權。益加確保。且第三人之淸償。於債權人及債務人兩方面。均有益無損。亦應授與繼承債權人權利之利益。保護第三人。以奬勵第三人之淸償。故法律

認許代位之理由

規定第三人之代位權也。【註一】

【註一】 在羅馬法。僅認權利讓與之利益。即連帶債務人中之一人或保證人爲清償者。對於債權人。得請求讓與其權利而已。近世立法。則廣認第三人因給與債權人滿足、而繼承其權利之情形。即債權人之權利。當然移轉於第三人。不必待請求讓與。此即代位權是也。例如德民二六八條二項法民一二五一條瑞債一四九條五〇五條日民四九九條五〇〇條五〇一條是。

代位即法律上之債權移轉

二　代位權之性質　代位權之性質若何。從來議論紛歧。【註二】究以債權移轉說爲通說。本書亦採之。據此通說。所謂代位。乃法律上之債權移轉。即法律上認爲債權人之權利。因第三人清償之結果。當然移轉於第三人。毋庸經讓與行爲。蓋清償固有消滅債權之效力。然非絕對的。乃相對的。在第三人之清償。法律爲保護清償人起見。特認債權不過僅脫離舊債權人。而於債務人與清償人之間。並不消滅。當然移轉於清償人。使清償人替代舊債權人之地位。故代位乃本諸法律規定。債權當然移轉。既非就已消滅之債權。法律再擬制其存續。亦非本諸讓與契約。移轉債權

關於代位權之性質諸說

。【註三】

【註二】關於代位之性質。從來重要學說。大別爲四。(一)債權買賣說。即謂第三人之向債權人爲給付也。非以清償之意思。乃以取得債權之意思。故債權之移轉。乃由買賣而取得。然法律明定第三人之清償。何能強指以買賣意思。此說顯不得當。(二)讓與擬制說。即謂債權本已因清償而消滅。不過法律再擬制其存續。並使移轉而已。然既已消滅。何能復存。此說亦不足採。且尚有其他說明方法。又何必採用擬制。(三)賠償請求權說。亦謂債權本已因清償而消滅。不過法律對於第三人。從新授與賠償請求權。並擬制的視爲債權人之債權而已。然此亦如前說。何必擬制。且債權若已消滅。則所附擔保。不能隨同移轉。亦甚不便。自不足採。(四)債權移轉說。即本書所採之通說。

【註三】代位爲法律上之債權移轉。其債權之移轉。乃本諸法律規定。而債權讓與。其債權之移轉。乃本諸讓與契約。兩者自屬有別。然共爲債權之移轉。此即第三一三條所以規定準用債權讓與之規定也。

三　代位權之要件　第三人代位權之發生　必須具備左列要件。

代位權之發生要件必須已向債權人清償

1　第三人須向債權人已爲清償　第三人必須已爲債務人。向債權人清償債務。然後始得對於債務人。代位行使債權人之權利。此卽第三一二條所以明定第三人爲清償者是也。至於第三人以清償以外之原因。例如代物清償、提存等。使債權人受有滿足時。亦應類推適用。解爲第三人亦取得代位權。

代位以有利害關係之第三人爲限

2　須係有利害關係之第三人　據第三一二條之規定。必須就債之履行有利害關係之第三人爲清償者。始得代位行使債權人之權利。是在我民法。第三人之代位。以有利害關係之第三人爲限。若無利害關係之第三人。縱令爲債務人清償債務。並不取得代位權。【註四】蓋以就債之履行有利害關係之第三人。【註五】其爲債務人清償債務。乃因顧全自己之利益。事出於不得已。自應重加保護也。無利害關係之第三人。其爲清償。固如上述。並無代位權。然當得爲清償時。得與債權人訂立讓與契約。受讓債權人之債權。自不待言。

【註四】按德國法系之立法。僅於法律所定之特定情形。認有代位。（例如德民二六八條三項七七四條一項一一四三條一項一一五〇條是）惟法民及日民。則有法定代位與任意代位之分。（法民一二五〇條一二五一條日民四九九條五〇〇條） 法定代位。乃因清償而當然代位者。任意代位。乃更經債權人或債務人之承諾。（日民僅有經債權人之承諾、而法民則兼有之）始得代位者。至於我民。僅規定有利害關係之第三人。當然代位。是即僅有法定代位。並無任意代位。此乃倣德國法例也。

【註五】何謂就債之履行有利害關係之第三人。請參照本章第二節第二款之二以下。

必須原有求償權者始得代位

3 第三人須對於債務人有固有之求償權　代位之目的。在確保第三人因清償所得之固有求償權。故第三人非有固有之求償權。則不得爲代位。我民法第三一二條關於此點。雖未明定。然此爲當然解釋。蓋以有利害關係之第三人。其爲債務人淸償債務。若非因顧全自己之利益。只僅以贈與之意思爲之。則係拋棄固有之求償權。自不生代位矣。

據上所述。第三人一面因內部關係。有其固有求償權。一面因法律確保其固有求償權。又授與代位權。是兩種權利。兩相併存。（亦稱爲競合）在第三人得選擇行使之。苟由其一。受有滿足。則其他權利。斯歸消滅。

代位權之行使範圍

四　代位權之行使範圍　有利害關係之第三人。於爲清償後。固得代位行使債權人之權利。然據第三一二條之規定。亦有一定之範圍。

須按限度代位行使

1　得行使權利之分量　第三一二條。明定得按其限度。代位行使。即第三人僅得於已爲清償之範圍內。代位行使債權人之權利。蓋第三人之清償。有清償債務全部者。亦有清償債務一部者。其清償債務全部時。固得代位行使債權人權利之全部。若僅清償債務一部時。則僅得代位行使債權人權利之一部。故法律明定按其限度也。

不可使債權人較受債務人本人清償更爲不利

2　代位須不害及債權人之利益　第三一二條但書。明定不得有害於債權人之利益。此乃倣德國第二六八條三項但書。規定第三人在債權人之不利益情形。不得代位行使權利。【註六】據德國學者解釋之通說。乃謂不可使債權人較受債務人本人清償。更有不利益也。其所舉事例之重要者。例如在第三人僅清償債務一部者。因債權人就其殘額。尚享有債權。是以第三人對於債權所附之擔保物權。不得代位行使。又如在第三人代位後。債權人就債權之存在及債務人之清償資力。不負擔保責任等是。蓋第三人之清償。原在便益債權人。故不得使債權人因受第三人之清償。反較受債務人本人之清償。為不利益也。

【註六】法民一二五二條二項。原定債權人僅受一部清償時。不得害其權利。在此情形。債權人就債權之殘額。得較為一部清償者。優先行使其權利。嗣後德民二六八條三項。又規定第三人向債權人為清償者。移轉其債權於該第三人。但於債權人不利益者。不得主張移轉。由是觀之。德民二六八條三項但書之規定。乃淵源於法民。而我民三一二條但書之規定。又倣德民也。

代位行使須以自己之名義

五　代位權之行使方法　據第三一二條之規定。第三人代位行使債權人之權利。須以自己之名義。蓋債權人之債權。因第三人清償之結果。當然移轉於第三人。嗣後第三人代位行使債權。乃行使自己之權利。並非代理行使他人之權利。而行使之效力。亦歸屬於自己。故第三人代位行使權利。須以自己之名義行之。

代位權之效力

六　代位權之效力。

債權人之債權當然移轉於第三人

1　第三人與債權人間之效力

甲　權利之移轉　代位乃法律上之債權移轉。既如前述。債權人之債權。自當然移轉於第三人。（即代位人）嗣後得由第三人代位行使。且其債權之移轉。係以代位發生當時之狀態。故債權原有之利益（例如擔保是）及瑕疵。亦隨同移轉於第三人。

債權人應供給使得行使之方法

乙　供給得行使權利之方法　第三人代位行使之權利。乃繼承債權人之債權及其從屬權利。債權人自應供給使得行使之方法。故第三人為全部清償時。債權人應返還負債字據並給與受領證書。如原有占有之擔保物。亦應交付。至於第三人為一部清償時。債權人應將一部消滅事由。記入負債字據。或給與債權消滅之公認證書。又受領證書。亦應給與。俾第三人得以此等證據方法。代位行使權利。我民法關於此點。雖未明定。然因適用第三〇八條及第三二四條之規定。應如此解釋也。

第三人與債務人間之關係準用債權讓與之規定

2　第三人與債務人間之效力　代位與債權讓與。均同爲債權之移轉。故第三人與債務人間之關係。準用債權讓與之規定。

甲　代位之通知　債權人之債權。固因清償之結果。當然移轉於第三人。但非經債權人或第三人通知債務人。對於債務人不生效力。此爲第三一三條規定準用第二九七條之結果。是卽以代位通知。爲對債務人之生效要件。蓋恐債務人因不知代位。致受意外之損害也。(本書下册第六章第二節第二款第二項前段參照)

乙　抗辯之援用　債務人於受通知時所得對抗債權人之事由。皆得以之對抗第三人。此爲第三一三條規定準用第二九九條一項之結果。蓋以債權原有之瑕疵。亦隨同移轉於第三人也。(本書下册第六章第二節第二款第二項之三參照)

丙　抵銷權之援用　債務人於受通知時對於債權人有債權者。如其債權之清償期。先於代位之債權或同時屆至者。債務人得對於第三人。主張抵銷。此爲第三一三條規定準用第二九九條二項之結果。是卽債務人得以對債權人所有之反對債權。而對第三人主張與所代位之債權。互相抵銷。蓋不可使債務人因代位致受不利益也。（本書下册第六章第二節第二款第二項之四參照）

第三節　代物清償

何謂代物清償

一　代物清償之意義　代物清償云者。謂債權人受領他種給付。以代原定給付。而消滅債之關係也。此爲我民法第三一九條所定。（德民三六四條一項）蓋因債務人不能爲原定給付。願以他種給付代償。或因債權人不喜原定給付。而欲得他種給付。於是當事人雙方。得約定代物清償。例如以房產抵償原負之金錢債務。又如以字畫一張抵償原負交馬一匹之債務是。

關於代物清償之性

二　代物清償之性質　代物清償之性質若何。從來議論紛紜。（一）或謂代物清償爲

實諸說

清償之一種。此爲舊時代之通說。各立法例。常將代物清償。規定於清償之中。我民法亦同。蓋以代物清償。亦如清償。使債權人得有實質的滿足。其所獲得經濟上之利益。實與受清償無異也。然清償乃實行原定給付。而代物清償則非實行原定給付。另以他種給付替代。其不同者一。又清償爲現實行爲。並非法律行爲。前經述

清償與代物清償之差異

明。而代物清償則爲契約。實屬法律行爲之一種。其不同者二。【註一】故代物清償並非清償之一種。本書所以另節論述者。亦以此也。(二)或謂代物清償。乃買賣與抵銷同時成立。【註二】然當事人僅有由代物清償以消滅債務之意思。並無買賣與抵銷之意思。此項見解。顯與當事人之意思不符。亦不足採。(三)或謂代物清償爲

代物清償乃一種獨立契約亦即本書所採通說

一種獨立契約。即因受領他種給付。以替代原定給付。而使債之關係消滅之契約也。此第三說。最足說明代物清償之性質。且爲現代之通說。本書亦採之。茲據此說。述明代物清償之性質於左。

【註一】按在清償。苟實行原定給付。實現債務內容。債之關係。斯歸消滅。實即僅因給付而消

滅。當事人有無此項意思。並非所問。然在代物清償。所爲給付既非原定給付。實僅因給付。不足消滅債之關係。必更經當事人合意。始歸消滅。故前者爲現實行爲。而後者爲契約。

【註二】據其說明。例如另給付馬一匹。以替代本來金錢給付。而成立代物清償者。乃債權人與債務人訂立買馬之契約。因此負支付價金之債務。並以此支付價金債務。與當初之金錢債務。互相抵銷也。

1　代物清償乃要物契約　即代物清償之成立。必須債務人現實爲他種給付。以代原定給付。若僅約爲他種給付。並未實行給付。則非代物清償。故代物清償爲要物契約。

2　代物清償乃有償契約　債務人方面　乃爲他種給付。以代原定給付。債權人方面。乃拋棄原定給付。而受領他種給付。其原定給付之拋棄。亦爲一種給付。實即當事人雙方互爲給付而取得利益。故爲有償契約。

3　代物清償乃消滅債之關係之契約　即債之關係。因代物清償。歸於消滅。詞後債權人。不得就原定給付。再行請求。

代物清償之成立要件

三　代物清償之要件　代物清償之成立。必須具備左列要件。

須原有可供消滅之債

1　須原有可供消滅之債　代物清償之目的。在消滅債之關係。自必須原有可供消滅之債。其原有之債。無論所定給付之種類若何。（即或爲物之給付、或爲權利之移轉、或爲單純作爲）均得以代物清償消滅之。若原有之債。並不存在。而誤以代物清償爲給付時。自得據不當得利之原則。請求返還。

須現實爲他種給付以代原定給付

2　債務人須現實爲他種給付以代原定給付　卽債務人所爲給付。須與原定給付不同。且須現實爲之。若僅約定將來爲他種給付。以代原定給付者。則爲任意債權。（本書下册八一頁以下參照）並非代物清償。至於替代原定給付之他種給付。僅須與原定給付不同。無論其種類若何。（卽或爲物之給付、或爲權利之移轉、或爲單純作爲）又不問其價値是否與原定給付相等。均得成立代物清償。

代物清償與任意債權之異同

因替代原定給付而

因替代原定給付、而負擔新債務者。是否成立代物清償。不無爭論。竊謂應依

負擔新債務者是否成立代物淸償

當事人之意思決定之。卽當事人之意思。在消滅舊債務。而代以無因之新債務者。固爲代物淸償。例如發交票據。（卽負擔無因之新債務）以抵償舊欠之金錢債務是。若當事人之意思。在因消滅舊債務而發生新債務。卽以消滅舊債務。爲負擔新債務之原因者。則新債務爲有因債務。自可謂爲更改。例如將原負交付地畝之債務。改爲支付一定金額之債務是。又若當事人之意思。並不消滅舊債務。不過以爲舊債務之淸償方法。而負擔新債務者。則爲間接給付。（三二〇條參照）例如淸償舊欠金錢債務。而發交票據。其票據一旦不履行。則舊欠金錢債務亦仍不消滅是。

須經債權人之受領

3　須經債權人之受領　債務人之淸償債務。本應依債務之本旨。實行原定給付。債務人既無當然以他種給付替代之權利。債權人亦無當然受領他種給付之義務。故債務人爲他種給付以代原定給付。必須債權人受領。然後債之關係。始因此消滅。質言之。卽當事人間於因此消滅債之關係。須有合意也。

第三人亦

第三人亦得爲代物淸償。以我民法第三一九條。倣德民第三六四條一項。並未

（得爲代物清償）

使用債務人之文字。解釋上已毫無疑義。況第三人既明定得爲清償。自亦得爲代物清償。

（代物清償之效力）

四　代物清償之效力　債之關係。因代物清償。歸於消滅。其從屬權利。亦隨同消滅。故代物清償之效力。與清償相同。

因代物清償所給付之物體。如有瑕疵。清償人是否負瑕疵擔保責任。在我民法。雖無明文。然代物清償旣爲有償契約。自得依第三四七條。準用關於出賣人瑕疵擔保責任之規定。【註三】

【註三】德民三六五條。明定債務人應負與出賣人同一之擔保義務。

第四節　更改（我民無規定）

（更改之簡略沿革）

更改制度。在羅馬法。因尚無債權讓與及債務承擔之制。如欲變更債權人或債務人。除更改外。別無他法。自爲重要制度。殊多實用。但降及近世。因已有債權讓與及債務承擔之制。更改之實用。漸次減少。法國法系立法。固猶設有更改。而德國民法。竟未設規定。瑞士債務法。亦不過僅關於債務更新。設有兩條規定耳。（瑞債一一六條一一七條） 我民乃倣德民。關於更改。未設規定。蓋亦以殊少實用也。然迄至今日

更改並非全無效用

更改並非全無效用。卽依債之性質、不許債權讓與或債務承擔時。如欲變更主體。唯有更改。又債之重要內容。亦或須應依更改而變更。且依契約自由之原則。當事人如欲利用更改制度時。非不可訂立。况我民及德民之未規定更改。並非不認許更改。不過僅因殊少實用耳。是以德國通說。均謂當事人得有效訂立更改契約。又我

我國判例尚復認許亦有研究之必要

國最高法院。自民法債編施行後。其更改判例。仍不少概見。故應簡單論述之。

何謂更改

一 更改之意義及性質 更改云者。謂因消滅舊債務而發生新債務、所訂立變更債務要素之契約也。例如原負應交良馬一匹之物品債務。嗣訂立契約。改為應付五百元之金錢債務是。（卽所謂標的變易之更改）夫所以認更改制度之目的。在因消滅舊債務而發生新債務。卽以消滅舊債務。為負擔新債務之原因。故在更改。乃舊債

務之消滅與新債務之發生。同時併行。就舊債務消滅之效果觀之。自爲債之消滅原因。又所以須變更債之要素者。蓋以爲舊債務與新債務區別之標準也。茲再就更改之性質。析述於左。

更改之性質

1 更改乃一個契約 更改乃因一個契約。發生舊債務消滅與新債務發生之兩個效果。若舊債務之消滅與新債務之發生。出於各別之行爲者。自非更改。

2 更改乃因消滅舊債務而發生新債務之契約 舊債務之消滅。與新債務之發生。必須以因果關係。互相關聯。即因使舊債務消滅。而發生新債務。反對言之。又因新債務之發生。而舊債務始消滅。

3 更改乃有因契約 因消滅舊債務而發生新債務也。非僅因發生新債務。即可消滅舊債務。必須當事人有因此消滅舊債務之意思。此之謂更改意思。蓋債務人所以負擔新債務者。乃在因使舊債務消滅。實即以舊債務之消滅。爲負擔新債務之原因。當事人對於此原因。(即因使舊債務消滅)必須合意。始生更改契約之效力。故更改爲有因契約。

代物清償與更改之差異　代物清償與更改。其債務之消滅。固皆本於當事人之合意。然在代物清償。乃爲他種給付。以代原定給付。是債權人必取得現實給付。獲得滿足。而在更改。則債權人不過取得新債權。仍屬信用關係。並未受領現實給付。不得謂債權人已獲得滿足。且在更改。舊債務之消滅與新債務之發生。必須有因果關係。而在代物清償。則無此因果關係。故兩者性質。實非同一。

更改之成立要件　二　更改之要件　更改之成立。必須具備左列要件。

1　須原有舊債務之存在　舊債務若原不存在。則無由發生更改。故舊債務原未有效成立時。所爲更改無效。例如當事人因不知舊債務之不存在。而誤爲更改時。其更改無效是。

必須有更改意思始得成立更改契約　2　須有更改之意思　當事人訂立更改契約時。必須有更改意思。所謂更改意思。乃言因使舊債務消滅而發生新債務之意思。當事人雙方。對於因使舊債務消滅。必須合意。始生更改之效力。故更改意思。爲更改契約之要件。若無更改意思。則更改契約。無由成立。

更改與債之變更其區別標準即在更改意思之有無

訂立契約、而變更債之要素時。究係更改。抑係債之變更。【註一】其區別之標準。即在更改意思之有無。故在變更債之主體（債權人或債務人）之契約。其當事人有更改意思者。固爲更改契約。如當事人無更改意思。則爲債權讓與或債務承擔。又在變更債之標的之契約。其當事人有更改意思者。固亦爲更改契約。如當事人無更改意思。則爲債之內容變更。

債之變更與更改之重要差異

夫債之變更。雖變更債之要素。而債之關係。並不失其同一性。原有之債。仍猶存續。其從屬權利如擔保等。亦隨同存續。均不消滅。至於更改。乃消滅原有之債。另生新生之債。其從屬權利如擔保等。亦隨同消滅。此兩者之重要區別也。

【註一】何謂債之變更。請參照本書下冊第六章第一節以下。

新債務不發生則舊

3　須有新債務之發生　更改契約。乃消滅舊債務而發生新債務。故新債務若不發生。則更改無由成立。而舊債務亦並不消滅。仍猶存續。

債務不消滅

4 債之要素須有變更　因更改而發生新債務。必須變更舊債務之要素。蓋非變更舊債務之要素。無以區別舊債務與新債務。故變更債之要素。爲更改契約成立之要件。【註二】所謂債之要素。言債之成立不可缺之要件。即債之主體與責之標的是也。

變更債之要素爲區別舊債務與新債務之標準

【註二】近世立法。明定必須變更債之要素。始成立更改者。如法民一二七一條日民五一三條與民一三七六條是。

三　更改之種類　更改之成立。必須變更債之要素。前經述明。而債之要素。則爲債之主體（即債權人與債務人）與債之標的。故更改之種類。亦分爲三。

更改分爲三種

1 債權人變易之更改　債權人變易之更改云者。謂因變易債權人、以消滅舊債務而發生新債務也。即債務人原向舊債權人負擔舊債務。一經更改。則改向新債權人負擔新債務也。此種更改。在依債之性質不許債權讓與時。頗有適用。

債權人變易之更改

債權人變易之更改為三方面之契約

債權人變易之更改。應由舊債權人、新債權人、及債務人三方面。訂立契約。此與債權讓與由新舊債權人兩方面訂立契約者不同。蓋在債權讓與。以債之關係。不失同一性。債務人仍負擔同一債務。自毋庸特經債務人之同意。而在債權變易之更改。則債務人對於新債權人。另負擔新債務。自應特經債務人之同意。

債務人變易之更改

2 債務人變易之更改　債務人變易之更改云者。謂因變易債務人、以消滅舊債務而發生新債務也。卽原為舊債務人向債權人負擔舊債務。一經更改。則改由新債務人向債權人負擔新債務也。此種更改。在依債之性質不許債務承擔時。頗有適用。

債務人變易之更改為兩方面之契約

債務人變易之更改。得由債權人與新債務人兩方面訂立契約。可不必經舊債務人之參與。蓋以舊債務人因更改而免除債務。雖不參與。並無不利。且既規定得因第三人之淸償。消滅債務。(三一一條一項本文參照)則因新債務人(亦原為第三人)所訂更改。自亦得消滅舊債務。但舊債務人有異議時。則僅就更改有利害關係之第三人。得自為新債務人。而訂立更改契約。此為第三一一條二項類推解釋所當然也。

標的變易之更改

3　標的變易之更改　標的變易之更改云者。謂因變易債之標的、以消滅舊債務而發生新債務也。所謂債之標的。亦稱為債之內容。乃指債之關係所以構成之內容（即給付）而言。（本書下册一頁參照）故標的變易。乃謂債之內容之主要部分、發生變更也。質言之、即構成內容之給付。其主要部分發生變更。已足認為變成他種給付。則舊債務亦足認為變成新債務矣。例如原負金錢債務。變為負擔給付物品債務。又如原負給付物品債務。變為負擔單純作為債務等是。

標的變易必須足認變成他種給付

標的變易之更改為兩方面之契約

標的變易之更改。僅變易債之標的。並不變債之主體。自由債權人與債務人訂立契約。亦謂為同一債權人債務人間之更改。

債之內容變更時是否更改之決定標準

實際上債之內容。發生變更時。究係更改。抑係債之變更。應參酌一般社會見解、及當事人意思。以決定之。即依社會見解。辨別內容主要部分之變更。是否已足認其給付變成他種給付。並視當事人是否以為債之要素變更。而有更改意思

依據標準應解爲成立更改者

依據標準不能成立更改者

也。如據一般社會見解。實爲主要部分之變更。其原定給付。足認變成他種給付。致喪失債之同一性者。除有反對之意思表示外。只能推測有更改意思。則應即解爲成立更改。〔註三〕若僅爲瑣細部分之變更。其原定給付。未足認變成他種給付。仍保持債之同一性者。則僅爲債之變更。並非更改。故從屬給付發生變更者。〔註四〕又或清償期、履行地發生變更者。〔註五〕又或僅數量有增減者。〔註六〕除有反對之意思表示外。均不能成立更改。

條件或原因之變更是否成立更改

條件之變更。〔註七〕或原因之變更。〔註八〕是否成立更改。不無爭議。竊謂亦應參酌一般社會見解、及當事人之意思。以決定之。

只能成立更改之事例

〔註三〕例如當事人。將原應交地畝之債務。約定改爲支付一定金額之債務。據社會一般見解。其原定給付。足認爲變成他種給付。則舊債務已變成新債務。自應解爲更改是。

何謂從屬給付發生變更及其原則上不

〔註四〕所謂從屬給付。乃指利息、擔保、違約金等而言。例如將無利息之債務。改爲有利息之債務。又如將有擔保之債務。改爲無擔保之債務是。在此等情形。不過僅從屬給付。發生變更。而

能成立更改

清償期變易是否成立更改之判例

何謂數量有增減及其原則上不能成立更改

主要之原定給付。並未變成他種給付。別無發生新債務之可言。故僅爲債之變更。並非更改。但當事人特別以從屬給付爲債之要素。而有更改意思者。不在此限。

【註五】最高法院十九年上字第七八八號判例。謂借款屆清償期後。當事人更約償還期限。換立借券者。其債之要素。並不變更。自不得謂爲消滅舊債務而發生新債務。此卽謂清償期之變更。不能成立更改。蓋以清償期或清償地之變更。不過僅給付之方法。發生變更而已。其原定給付。並未變爲他種給付也。但當事人特別以爲債之要素。而有更改意思者。不在此限。故最高法院二十一年上字第二〇二九號判例。又謂債務一經更改。卽發生一種新債務。上訴人當時旣已將滾利之債務。一併開立兌條。另爲分期歸還之約定。自應就所約定之新債務。負清償責任。此又謂清償期之變更。得因當事人有更改意思。而成立更改矣。

【註六】例如將原負給付米一千五百包之債務。改爲負擔給付米一千包之債務是。此不過僅給付之分量。發生變更。而原定給付。並未變爲他種給付。自不能成立更改。但當事人特別以爲債之要素。而有更改意思者。不在此限。

何謂條件變更及其原則上不能成立更改

【註七】所謂條件之變更。即將無條件改爲有條件。或將有條件改爲無條件。又將解除條件改爲停止條件。或將停止條件改爲解除條件等是也。此不過僅給付之附款。發生變更而已。其原定給付。並未變爲他種給付。原則上本不能成立更改。但當事人特別以條件爲債之要素。而有更改意思者。則條件之變更。亦得成立更改。日民五一三條二項明定條件之變更。視爲債務之要素變更者。亦不過爲當事人意思解釋之規定耳。

何謂原因變更及其原則上不能成立更改

【註八】所謂原因之變更。乃言所以給付之原因。發生變更也。例如將原負買賣價金之債務。改爲消費借貸之債務。即將原欠價金。改爲借款是。德日通說。均謂不能成立更改。法國通說。則謂可成立更改。要之所以給付之原因。雖發生變更。（即如買賣改爲消費借貸）而原定給付。並未變爲他種給付。（即如仍舊給付金錢是）原則上本不能成立更改。但當事人特別以原因爲債之要素。而有更改意思者。亦可成立更改。

更改之效力

四　更改之效力　更改乃因消滅舊債務而發生新債務。故所生效力。爲舊債務之消滅。及新債務之發生。

1　舊債務之消滅　更改之結果。舊債務當然消滅。故舊債務之從債務。（如利息、違約金等）以及舊債務之擔保。（如質權、抵押權、保證債務等）均亦隨同消滅。但更改之當事人。得以特別契約。使移屬於新債務。自不待言。

2　新債務之發生　更改之結果。當然發生新債務。對於舊債務。另爲他種債務。故舊債務所有之抗辯。在新債務不得主張之。但在債權人變易之更改。其債務人得述異議。而留保抗辯。蓋以債權人變易之更改。應由新舊債權人及債務人三方面。訂立契約。當然可生此結果也。

第五節　間接給付

何謂間接給付

一　間接給付之意義　間接給付云者。謂因淸償舊債務。而負擔新債務。並因新債務之履行。而使舊債務消滅也。此爲我民法第三二〇條所定。（德民三六四條二項 暹民三二一條二項）即債務人對於債權人。原負有既存之舊債務。因以爲舊債務之履行方法。（卽以爲債權人得受清償之方法）於舊債務之原定給付外。更約為他種給付。並須他種給付實現結果。使債權人獲得滿足。然後舊債務始歸消滅也。所以稱為間接給付者。蓋以舊債務、因新債務之履行、（即另約他種給付之實現結果）而消滅也。德民稱為因清償所為之給付。(Lei tung erfüllungshalber) 例如發交票據。以清償原欠價金。此為發生最多之事例。蓋以票據債務之效力。較強於普通金錢債務。故另負擔票據之新債務。使價金之舊債務。因此易得滿足也。

德民稱為因清償所為之給付

間接給付之成立要件

二　間接給付之要件　間接給付之成立。必須具備左列要件。

須原有舊債務

1　須有既存之舊債務　即因舊債務尚未清償。始另謀債權人得受清償之方法。約由債務人另負新債務。故必須原有既存之舊債務。始得成立間接給付。

以負擔新債務為舊債務之履行方法

2　新債務之負擔須因清償舊債務　因清償債務。而對債權人。負擔新債務。此為我民法第三二〇條前段所定。即以負擔新債務。為舊債務之履行方法。必須債權人。因新債務之履行。獲得滿足。恰與已受舊債務之清償無異。然後舊債務始歸消滅。並非負擔新債務。以代原定給付。而使舊債務卽行消滅。【註一】故在間接給付。債務人雖負擔新債務。而舊債務並不消滅。仍猶存續。必俟新債務履行結果。始歸消滅也。

新債務不履行則舊債務不消滅

【註一】德國學者之說明。咸謂代物清償。爲替代清償之給付。而於間接給付。則謂係因爲清償之給付。蓋卽言負擔新債務。非以代舊債務之原定給付也。

須由當事人訂立契約

3 須因當事人之契約　間接給付。須由債權人債務人。訂立契約。始能成立。至其性質若何。固不無爭議。然一般通說。咸謂爲一種獨立契約。

代物清償與間接給付之差異

三　間接給付與代物清償及更改之區別　代物清償。乃現實爲他種給付。以替代原定給付之清償。在使債務卽行消滅。而間接給付。不過以負擔新債務。爲舊債務之履行方法。其舊債務必須俟新債務履行。始歸消滅。並非使卽行消滅。且新債務成立後。倘因不可歸責於債務人之事由。致履行不能時。在代物清償。債務人免其責任。而在間接給付。則仍須履行舊債務。故間接給付與代物清償有別。至於更改。

更改與間接給付之

差異

以消滅舊債務。為負擔新債務之原因。在使舊債務卽行消滅。然間接給付。雖負擔新債務。而舊債務仍猶存續。並不卽行消滅。故間接給付與更改亦異。

因新債務之履行舊債務始歸消滅

四　間接給付之效力　卽因新債務之履行。舊債務始歸消滅。此乃以負擔新債務為舊債務履行方法之當然效果。前經述明。若新債務不履行時。其舊債務自仍不消滅。此為我民法第三二〇條末段所明定。故在新債務未履行以前。舊債務與新債務

舊債務與新債務併存時應先就新債務請求履行

兩俱併存。債權人究應就何項債務。先請求履行。此為一問題。竊謂應推定須就新債務。先請求履行。以其最適合當事人之意思。及間接給付制度之精神也。若新債務不能履行或無效時。債權人得仍就舊債務請求履行。自不待言。例如在發交票據(卽負擔新債務)以淸償原欠價金(卽舊債務)之情形。債權人應先就票據債務。請求履行。如無結果。則再就價金之普通金錢債務。請求履行是。

間接給付之確保力

代物淸償

由是觀之。間接給付。不過確保舊債務之履行。並非使舊債務卽行消滅。學者謂為有確保力。而代物淸償或更改。則均在使舊債務卽行消滅。學者謂為有消滅力。

或更改之消滅力

新債務對於舊債務所及效力如何應依當事人之意思決之

間接給付較代物清償或更改均爲有利

故債務人另負新債務時。對於既存之舊債務。究生如何影響。(卽究生確保力抑生消滅力) 自依當事人意思。辯別其爲何種契約。以資決定。要之在間接給付。既存之舊債務。既仍存續。其從屬債務及其擔保。亦隨同存續。債權人先就新債務。請求履行。如無結果。仍得就舊債務。請求履行。並得向原保證人。請求代爲履行。或得就原擔保品受償。但在代物清償或更改。既存之舊債務。既已消滅。其從屬債務及其擔保。亦隨同消滅。債權人就新債務請求無結果時。不得復就已消滅之舊債務。再行請求履行。雖原有保證人或擔保品。亦不得請求代爲履行、或就之受償。是以間接給付。較諸代物清償或更改。殊有利於債權人。而當事人亦多欲適用也。

當事人意思不明者應卽視爲間接給付

債務人另負新債務時。究係間接給付。抑係代物清償或更改。固如前述。依當事人之意思決之。但當事人之意思不明者。應卽當然視爲間接給付。【註二】我民法第三二〇條所定。除當事人另有意思表示外。若新債務不履行時。其舊債務仍不消滅者。乃謂只須當事人另無他種意思表示。雖亦無間接給付之意思表示。(卽所謂當

所以視爲間接給付之理由

事人之意思不明者）而當然視爲生間接給付之效力。卽新債務不履行。舊債務仍不消滅也。惟當事人另有代物淸償或更改之特別意思表示者。始生代物淸償【註三】或更改【註四】之效力耳。夫所以當然視爲生間接給付之效力者。蓋以假使如代物淸償或更改。使舊債務消滅。若新債務不幸無效。或不能履行。而舊債務又已消滅。則債權人必至兩無所得。且舊債務如使消滅。其從屬債務及其擔保。必隨同消滅。在債權人。亦甚不利。尤以不得向原保證人請求代償。更關緊要。故法律爲保護交易安全及債權人利益。而如斯規定也。

間接給付之各立法例

【註二】 德民三六四條二項。規定債務人以淸償之目的。對於債權人負擔新債務者。如有疑問時。新債務不視爲代物淸償而負擔之者。暹民三二一條二項。規定債務人因淸償債務。而對於債權人負擔新債務者。如其債務有疑義時。不得推定其負擔該債務。以代淸償。此皆規定負擔新債務時。如當事人意思不明者。應卽當然視爲間接給付。不得視爲或推定爲代物淸償。瑞債一一六條一項。規定不因新債務之成立。而推定舊債務消滅。是亦申明當然視爲間接給付。不得推定爲更改。我民三二〇條。用意相同。而文義更較明顯。

因特別意思表示成立代物清償之事例

【註三】 例如發交票據。以清償原欠之價金者。固如前述。當然爲間接給付。債務人雖另負票據之新債務。而價金之舊債務。仍不消滅。但當事人特別表示意思。以發交票據。抵償原欠價金。使價金之舊債務。卽行消滅者。則爲代物清償。並非間接給付。蓋因發交票據。以代原定給付。而消滅舊債務。自應解爲代物清償。並爲一般通說。此卽因代物清償之特別意思表示而成立代物清償之事例。雖或有主張爲更改者。但在更改。必須因更改契約。消滅舊債務而發生新債務。然票據之新債務。乃發生於票據行爲。非發生於更改契約。故更改說。自不得當。

因特別意思表示成立更改之事例

【註四】 例如甲商家。由乙擔保。向丙洋行賒買貨物一萬元。嗣因不能如期交價。商定改作借款。換立借券。緩期歸還時。縱令認改作借款。爲債務人甲另負新債務。而仍當然爲間接給付。卽價金之舊債務。仍不消滅。債務人甲及保證人乙。對於價金之舊債務。仍應負責。但債權人丙與債務人甲。於商定改作借款時。如以特別意思表示。約定價金糾葛。因此了結。使價金之舊債務。因此卽行消滅。則爲更改契約。嗣後債務人甲如不歸還借款。債權人丙不得復向價金之保證人乙。請求代償。此卽爲因更改之特別意思表示而成立更改之事例。

第六節　提存

何謂提存

一　提存之意義，提存云者。謂債務人因爲免責。將其給付。爲債權人寄託於提存所也。（三二六條後段）蓋債務人之給付義務。多有需債權人之協力。始克完成。若債權人不予協力。或債務人無從得其協力。則債務人不得按時解除債務之拘束。不利斯甚。在此等情形。債權人固常負受領遲延責任。使債務人之責任。得以輕減。但給付義務。仍猶存在。須常作履行之準備。煩累堪虞。故法律特設提存制度。作爲清償之替代方法。使債務人毋須待債權人之協力。而由此替代方法。以免給付義務。而期公允也。【註一】

所以認提存制度之理由

【註一】提存因所以提存之目的不同。大別爲二種。卽清償提存與保證提存是也。清償提存者。因債權消滅之目的所爲之提存也。保證提存者。因債權擔保之目的所爲之提存也。提存因其目的不同。而其性質亦異。茲所謂提存。乃指淸償提存而言。

二　提存之性質　提存乃提存人與提存所間之契約。論其性質。實包含寄託契約與爲第三人之契約。並爲私法上之行爲。析述於左。

提存之性質

1　提存乃寄託契約　提存之目的。在將其給付之物。交付提存所保管。並使債權人得向提存所。受取所提存之物。就其交付保管言之。其含有寄託契約之性質。自不待言。

2　提存乃爲第三人之契約　提存固爲提存人與提存所間訂立之寄託契約。然據第三二六條後段所定。乃爲債權人提存之。卽係約使向債權人（卽所謂第三人）交付提存物。而據第三二九條前段所定。債權人得隨時受取提存物。又係債權人因此取得直接請求交付提存物之權利。實具備爲第三人契約之要件。（本書下册三〇一頁以下參照）故提存復含有爲第三人契約之性質。亦無疑義。

3　提存乃私法上之行爲　提存旣含有寄託契約與爲第三人契約之性質。而債權人因此所取得之直接請求交付提存物之權利。又爲私法上之請求權。故提存當然爲私法上之契約。雖或謂提存爲公法上之法律關係。殊不足採。

提存與清償之差異

提存並非向債權人實行給付。不過使債權人取得直接請求交付提存物之權利。且提存爲契約。而清償則非法律行爲。故提存與清償有別。不過爲清償之代用方法而已。

提存之原因或要件

三 提存之原因亦稱爲提存之要件　提存乃因救濟債務人之困難。特設免責方法。自必須有特別原因時。債務人始得爲之。此即我民法第三二六條。所以規定必須限於債權人受領遲延。或不確知孰爲債權人而難爲給付者。始得為提存也。玆分述之。

1 債權受領遲延者　卽債權人對於已提出之給付。拒不受領或不能受領是也。（本書下册一六七頁參照）

2 不能確知孰爲債權人而難爲給付者　其不能確知孰爲債權人之理由。無論出於法律上原因。或出於事實上原因。在所不問。例如在繼承或債權讓與。其繼承人或受讓人是否眞正。法律上尚有疑問。又如主張爲債權人者。事實上是否債權人其人。尚屬不明等是。

提存之程序

四　提存之程序亦稱爲提存之方法　提存之程序如左。

1　得爲提存者　提存既爲清償之代用方法。債務人得爲提存。自不待言。此外在第三人得爲清償之情形。第三人自亦得爲提存。此就第三二六條採用清償人之文字觀之。更益明瞭。

2　提存所　提存應於清償地之提存所爲之。無提存所者。該地之地方法院。〔註二〕因清償人之聲請。應指定提存所。或選任保管提存物之人。（三二七條一項）清償人爲提存之提存所。必須在清償地者。蓋以提存爲清償之代用方法也。

提存所宜以公共設備充當。以求保管安全。而豫防危險。故我國法。原則上亦以公共設備。充當提存所。即提存所附設於地方法院。（提存法二條一項）又高等法院得令地方法院。指定適當之銀行、信託局、商會、倉庫營業人、或其他適當之處所。處理提存物之保管。（同法四條一項）地方法院所在地。有代理國庫之銀行時。提存之金錢、有價證券、或貴重物品。應交由該銀行保管之。（同法四條二項）

【註二】民法三二七條。原定爲初級法院。但我國初級法院。早經裁撤。而初級管轄。自新法院組織法施行後。又已廢止。故改爲地方法院。

3 提存書之呈交　欲爲提存者。應依法定程式。作成提存書二份。連同提存物。一併提交。其提存書上。並應記載指定之提存物受取人。或不能知受取人之事由。（提存法五條六條）

4 提存之通知　提存人於提存後。應即通知債權人。（三二七條二項前段）其通知之程序。即提存人於提存時。應附具提存通知書。並由提存所準用民事訴訟法關於送達之規定。將提存通知書。送交債權人。（提存法五條七條）其所以須通知債權人者。蓋債權人藉悉業經提存。得早日受取提存物。故法律規定應由提存人負從速通知義務

。以保護債權人之利益。如提存人怠於通知。致債權人受損害時。應負賠償之責任。但不能通知者。不在此限。（三二七條二項後段）

提存之物體

五　提存之物體及自助出賣　提存本爲清償之代用方法。其提存之物體。自應爲清償之物體。若所提存之物體。非清償之物體。自不生提存之效力。

不動產及無體物不得提存

關於得提存物體之範圍。各立法例。頗有列舉。以示限制。【註三】我民法雖無列舉規定。而提存法第一條。則定爲依法令提存之金錢、有價證券、或其他物品。故在我國法。得提存之物體。以動產之有價物爲限。再我民法提存款內。稱爲提存物或給付物。又係以有體物爲限。蓋以無體物不能提交保管。而不動產則債務人得拋棄占有。以免交付義務。故均不在得提存物體之範圍內也。

【註三】例如德民三七二條列舉得提存之物體。爲金錢、有價證券、及其他證券、並貴重品是。

自助出賣之提存價金

提存之物體。固應爲清償之物體。但給付物不適於提存者。亦使得出賣其物。而提存價金。此之謂自助出賣。茲析述於左。

1 自助出賣之要件　給付物必須不適於提存。或有毀損滅失之虞。或提存需費過鉅者。淸償人始得出賣其物而提存價金。（三三一條）所謂不適於提存者。例如笨重物品。難於提交保管者是。所謂有毀損滅失之虞。例如果品肉類。易於腐敗。又如價格日益劇落之有價證券是。所謂提存需費過鉅。例如喂養牛馬之費用是。

2 自助出賣之程序　自助出賣。縱具備上述要件。不得由淸償人任意爲之。必須聲請淸償地之地方法院拍賣。（三三一條）【註四】所以必須向法院聲請者。此乃由法院調查是否具備上述要件。經其准許也。而其出賣必須依拍賣方法者。亦因使得適當價格。以期公允也。若給付物有市價者。該管法院。得許可淸償人。照市價出賣而提存其價金。（三三二條）蓋以既有市價足據。【註五】公允可期。不必用拍賣之煩雜程序矣。

【註四】第三三一條。原定爲初級法院。但應改爲地方法院。其理由參照本節註二。

【註五】所謂市價。乃指交易所或公共市場之市價而言。可參照德民三八五條及瑞債九三條二項

六　提存之效力

提存之效力

提存人有無取回權

1　提存人與提存所間之效力　提存人與提存所間之效力。應依寄託契約定之。至於提存人將提存物提存之後。有無取回權。在各立法例。多認有取回權。【註六】而我民法並無規定。且第三三〇條之規定。又使提存人對於提存物。喪失支配權。（以下之2參照）就此解釋。提存人自無取回權。惟提存法第十一條。規定提存人若證明其提存係出於錯誤。或提存之原因已消滅時。得取回提存物而已。

【註六】　例如德民三七六條瑞債九四條法民一二六一條日民四九六條暹民三三四條土債九四條九五條。均規定提存人有取回提存物之權。須至債權人對於提存物。取得確定的利害關係時。提存人之取回權。始歸消滅。

債權人之

2　債權人與提存所間之效力　提存既係爲第三人之契約。債權人自因此契約。對於提存所。取得直接請求交付提存物之權利。故我民法第三二九條前段。規定

提存物受取權

提存物受取權因十年不行使而消滅

一經提存卽喪失支配權

債權人得隨時受取提存物。然債權人若久不受取。匪特提存所新舊累積。殊多不便。且長期保管。亦滅利用功效。況債權人久不行使權利。實同拋棄。故我民法第三三〇條。又規定債權人關於提存物之權利。自提存後十年間不行使而消滅。其提存物屬於國庫。（德民三八二條暹民三三九條一項）據此規定。是債權人之受取權。雖歸消滅。而提存人仍不能取囘提存物。可見提存之後。提存人對於提存物。卽喪失支配權矣。

雙務契約應互爲給付時之受取提存物

債權人固得隨時受取提存物。但債務人之淸償。如係對於債權人之給付而爲之者。在債權人未爲對待給付或提出相當擔保前。得阻止其受取提存物。此爲我民法第三二九條後段所定。其所謂債務人之淸償。係對債權人之給付而爲之者。乃言雙務契約之雙方。應互爲給付也。蓋雙務契約之雙方債務。係以交換利益爲目的。雙方給付。務期兩相交換。始適合雙務契約之本旨。故債權人必須爲自己之給付。以與他方給付相交換。始得受取提存物。若未爲自己之給付。或未提出相當擔保。以擔保自己之給付。提存人則得阻止其受取提存物。以促其交換給付也。至於阻止之方法。即提存人提交提存書時。應載明債權人應爲對待給付及對待給付之標的。（提存法六條二項後段）嗣後領取提存物之人。非有提存人之書面、裁判書、公證證書、或其他文件。證明其已經給付、或已提出相當之擔保者。不得受取提存物。（提存法一二條）

3 提存人與債權人間之效力

債務人因提存而免除債務

甲 債務人之免責　一經合法提存。等於業已清償。債務人因此免除債務。質言之、即債務因提存而消滅。【註七】嗣後債權人。僅得向提存所。受取提存物。不得復向債務人。請求清償。此在我民法。雖無明文。然提存之後。即由債權人負擔危險及提存費用。債務人亦即免支付利息或收取孳息等義務。（三二八條三三三條參照）債權人又即取得受取提存物之權利。（三二九條參照）且一經提存。提存人對於提存物。即喪失其支配權。（三三〇條參照）此等效果。均必須債務人因提存免除債務。

始得如斯規定也。茲更分述因免責所生之效果於左。

【註七】瑞債日民。均規定債務因提存而消滅。（瑞債九二條日民四九四條）惟德民獨異。乃規定僅因提存取得抗辯權。即債務人得對債權人主張應就提存物受清償之抗辯。以拒絕債權人之請求。（德民三七九條一項）必俟至債務人喪失提存物之取回權時。債務始歸消滅。

A　危險負擔之移轉　提存後給付物毀損滅失之危險。由債權人負擔。此爲我民法第三二八條前段所定。按因事變所生損害之危險。原則上固由債務人負擔。但一經合法提存。等於業已清償。債務人因此免除債務。故嗣後危險。應由債權人負擔。

B　利息支付義務或孳息收取義務之免除　提存後債務人無須支付利息。或賠償其孳息未收取之損害。此爲我民法第三二八條後段所定。蓋原本債務。既因提存歸於消滅。則支付利息或收取孳息之從屬債務。自亦隨同消滅。

C　費用由債權人負擔　提存、拍賣、及出賣之費用。由債權人負擔。此爲我民法第三三三條所定。其所謂提存之費用。乃指提存所之保管費用而言。給付物一經合法提存。債務人已因此免除債務。嗣後提存所之保管。乃為債權人之利益。所需費用。自應由債權人負擔。故提存法第一〇條二項。並規定提存所對於有領取提存物權利之人。得請求支付保管費用。且債權人所以提存原物或價金者。多出於債權人之受領遲延。則使債權人負擔提存、拍賣、及出賣之費用。亦理所當然。

提存物所有權移轉之時期問題

乙　提存物所有權之移轉　提存物之所有權。因提存而移轉於債權人。其移轉時期若何。民法別無規定。在提存物為金錢及其他代替物時。其所有權先因提存。一旦歸屬於提存所。然後再由提存所。以同種同量之物。返還於債權人。即如所謂消費寄託者。（六〇二條六〇三條參照）尚不生此問題。但提存物若為特定物時。提存所不過取得其物之占有。而其物之所有權。並非先歸屬於提存所。實應由提存人與債權人間。以提存所為媒介。【註八】而移轉所有權於債權人。究竟提存物之所有權。在何時期。始移轉於債權人。殊成問題。【註九】竊謂應依動產物權移轉之原則。以資決定。卽應依第七六一條一項之規定。必須有提存人與債權人間之移轉合意。及提存物之交付。始成立動產所有權移轉契約。發生提存物所有權移轉之效力。按提存所旣因提存而占有提存物。債權人又因提存而取得提存物受取權。依第七六一條三項之規定。可以替代交付。毋待另有交付事實。至於移轉合意。如債權人在提存物受取前。表示承認受領。斯可解爲提存人與債權人間之移轉合意。故債權人在提存物受取前。表示承認受領之意思時。斯成立動產所有權移轉契約。而提存物之所有權。亦卽移轉於債權人矣。若債權人未預先表示承認受領之意思。則債權人請求交付提存物時。提存物之所有權。始行移轉。

【註八】　關於提存所之地位。其學說大別爲二。卽提存所爲提存人之代理人說。及提存人爲傳達機關說是也。按提存人對於提存所。並未授與代理權。且決定所有權移轉之效果意思者。又爲提存人。故以後說爲當。

【註九】關於所有權移轉時期。其學說亦大別爲二。(一)解爲提存物交付時。卽謂提存所與債權人間之提存物授受行爲。可解爲提存人與債權人間。默示的訂立所有權移轉契約。故提存所將提存物交付於債權人時。所有權始行移轉。(二)解爲債權人承認受領時。此卽本書所採者。茲不再贅。

第七節　抵銷

第一款　抵銷之性質

何謂抵銷　一　抵銷之意義　抵銷云者。謂二人互負債務。而其給付種類相同。並均屆淸償期者。各得以其債務。與他方債務。互相抵銷。使其相互間債之關係。按照抵銷數額而消滅之意思表示也。(三三四條本文三三五條後段)

抵銷之性　二　抵銷乃單獨行爲　抵銷之性質若何。在我民法上。乃消滅雙方債務之單獨行爲。蓋雙方對立之債務。如適合抵銷之狀態。謂爲抵銷適狀。因此事實。發生抵銷權。在我民法。並非僅因抵銷適狀。卽使雙方債務消滅。必須行使抵銷權。然後使雙方債務消滅。此抵銷權之行使。又僅以當事人之一方意思表示爲之。(三三五條一項前段參照)故抵銷爲單獨行爲。【註一】並非契約。若當事人訂立契約。使發生抵銷之同一效果者。此則爲抵銷契約。並非民法上所謂抵銷。

【註一】抵銷之立法主義。大別爲二。(一)當然抵銷主義。卽雙方債務。如在適合抵銷之狀態。則當然發生抵銷之效力。法民採之。(二)單獨抵銷主義。卽抵銷以當事人之一方意思表示行之。德民瑞債日民採之。我民亦同。

抵銷發生消滅力之理由

三　抵銷之根據　抵銷何以發生消滅債務之效力。其理由安在。學說紛紜。或謂爲清償。【註二】或謂爲特種清償。(卽擬制清償說、自己清償說、代物清償說)【註三】然抵銷制度。在避免互相交換給付之煩勞。並非互爲給付。自不得謂爲清償。或特種清償。又或謂抵銷爲他種制度之變態。(卽留置權說、質權說)【註四】然亦違背法律所以規定抵銷爲獨立消滅原因之意旨。要之在債之消滅。所以規定抵銷爲獨立之消滅原因者。蓋以互相抵銷。雙方所獲經濟上利益。與實受清償無異。且避免交換給付之勞費也。

【註二】清償說。乃謂當事人雙方。均因抵銷而各取得其債權之給付。故抵銷有清償之性質。

【註三】擬制清償說。乃謂抵銷所生經濟上結果。與清償相同。故視同清償也。自己清償說。乃謂債權人以自己對債務人所負之債務。而清償自己之債權也。代物清償說。乃謂債務人各免除他方所負之債務。以替代自己對他方所應爲之原定給付。因而消滅自己之債務也。

【註四】留置說。乃謂抵銷權與留置權。爲同一制度　即防杜當事人一方不爲自己給付。而僅請求他方給付。以期公平也。然抵銷之目的。在避免交換給付之勞費。而留置之目的。則在促他方履行。其目的不同。又抵銷權有便對待債權永久消滅之效力。而留置權不過暫時拒絕他方之請求。以促他方履行。其效力亦異。故兩者不得視爲同一。質權說。乃謂係以抵銷。在自己債務之上。設定質權。即債權人因抵銷而免除自己之債務。並獲得自己債權之滿足　故可謂債權人因抵銷適狀。在自己債務（即他方之債權）之上。取得質權。且其質權之行使。得由質權人以一方意思表示爲之。然法定質權之發生。必須有法律之規定。此說殊不足採。

第二款　抵銷之要件

抵銷必須具備左列要件。始得爲之。

必須債務對立

一　須二人互負債務　須二人互負債務。此爲第三三四條前段所定。即如甲對乙負債務。而乙對甲亦負債務。此謂爲雙方債務對立。反對言之。即甲對乙有債權。而乙對甲亦有債權。此謂爲雙方債權對立。二人既互有債權。主張抵銷者所有之債權。謂爲動方債權。他方所有之債權。謂爲受方債權。

何謂動方債權及受方債權

已罹時效之債權如原得抵銷者仍得以爲抵銷

雙方必須有債權存在。始得抵銷。固不待言。然對此原則。尚有例外。即債之請求權。雖經時效而消滅。如在時效未完成前。其債務已適於抵銷者。亦得爲抵銷是也。（三三七條）蓋在我民法。債權消滅時效之完成。僅債權之請求權消滅。而債權仍猶存續。（一四四條參照）嚴格論之。已罹時效之債權。並非消滅。然債權之請求權。既因經時效而消滅。則債權之重要作用。業已喪失。既不能自動行使。本亦不得主張抵銷。惟雙方債權。在適合抵銷之狀態時。債權人因得隨時抵銷。以消滅雙方債權。或致疏忽遺忘。未爲抵銷之意思表示。若原得抵銷之債權。僅因遲誤。經過時效。即不許再爲抵銷。揆諸人情。殊欠公允。故法律爲圖保雙方公平。規定如原在適合抵銷之狀態者。雖債權之請求權。因時效而消滅。仍得以此債權。與所欠他方之債務。（即他方之債權）互相抵銷也。此爲就動方債權所設之規定。至於受方債權。（即主張抵銷者之債務）其請求權已因時效而消滅者。民法固無規定。然主張抵銷者。得拋棄時效抗辯之利益。以相抵銷。自不待言。

雙方給付必須同種

二　雙方債務須爲同種給付　雙方互負之債務。須其給付種類相同。此爲第三三四條前段所定。蓋抵銷在使雙方債權人。各獲得經濟上利益。與受淸償無異。必須雙方之給付。爲同種類。始可認爲彼此抵償。同得滿足。若異種給付。則無由達此目的。故抵銷之適用。以種類債權爲主。而金錢債權。適用尤多。

雙方均爲特定債權者不得抵銷

雙方之債權。均爲特定債權者。（本書下册一五頁以下參照）縱令雙方所應交付之特定物。雖屬同種。仍不得抵銷。蓋以特定物注重個性。不容以他物充代。故雙方給付。不得謂爲同種類也。唯雙方債權。均係以給付同一物爲內容之特定債權。得相抵銷。〔註一〕然此種事例。實不多見。

不得以種類債權對於特定債權主張抵銷

特定債權對於種類債權亦僅於絕少事例始得主張抵銷

一方之債權爲特定債權。而他方之債權爲種類債權者。縱令特定債權所應給付之特定物。與種類債權所應給付之不特定物。雖屬同種。而因特定物注重個性。不容以他物充代。其雙方之給付。仍不得謂爲同種類。故不得以種類債權。對於特定債權主張抵銷。然以特定債權對於種類債權。則不無得主張抵銷之時。蓋特定債權之債權人。乃種類債務之債務人。而種類債權之特定。原則上又多操諸債務人。（本書下册二三頁以下參照）自得指定特定債權之特定物。爲淸償種類債權之給付物。如斯指定。則雙方之債權。均係以給付同一物爲內容之債權。故得互相抵銷矣。〔註二〕

種類債權之品質不同者原則上亦不得互爲抵銷

雙方之債權。均爲種類債權。其給付又係同種。而其給付物之品質有優劣之分者。原則上亦不得互相抵銷。卽以品質劣等者、對於品質優等者。不得主張抵銷。固不待言。而以品質優等者、對於品質劣等者。亦未必卽得主張抵銷。蓋以得請求品質優等給付物之債權人。除經債務人同意外。非當然卽有得請求品質劣等給付物之權利也。

清償地不同者得爲抵銷

清償地不同之債務。亦得爲抵銷。（三三六條本文）蓋以清償地方關係。與給付觀念無涉。且僅因清償地不同。卽不許抵銷。亦不合情理。故法律規定得爲抵銷。但爲抵銷之人。應賠償他方因抵銷而生之損害。（三三六條但書）以期公允。

【註一】例如甲對乙有請求給付某特定物之債權。同時又對丙負給付該物之債務。嗣後乙繼承丙時。則甲乙雙方互有債權。而其內容均同爲給付某特定物是。

【註二】例如甲對乙有請求給付其現用白馬之債權。（卽特定債權）而乙對甲又有請求給付馬一匹之債權。（卽種類債權）如甲關於種類債權給付物之特定。有指定權時。卽得指定乙向自已所應交之白馬。爲自已向乙應交之馬。並主張兩相抵銷是。

必須均屆清償期

三　雙方債務須均屆清償期　雙方債務。須均屆清償期。此爲第三三四條中段所定。蓋債務須屆至清償期。債權人始得請求清償。以行使債權。故法律以雙方債務均屆清償期。定爲抵銷之要件。然僅動方債權。必常須已屆清償期。始許抵銷。蓋以期前既不得請求清償。自亦不得行使債權而主張抵銷也。至於受方債權。則不必常須已屆清償期。蓋以期限之定。常多爲債務人之利益。受方債權之債務人。自得拋棄期限之利益。而以相抵銷也。

受方債權非必須已屆清償期

須債務之性質能相抵銷

四　債務之性質須能抵銷　雙方債務。具備上述要件時。固可互相抵銷。但債務之性質。不能抵銷者。仍不得爲抵銷。此爲第三三四條但書所定。其所謂債務之性質不能抵銷者。即言給付之性質上。除實際履行外。不得以抵銷而達到債權所以成立之目的也。例如不作爲之債務、或單純作爲之債務。（例如服勞務教授演奏等之債務是）必須雙方均實際履行。始得達債權所以成立之目的。故其性質上、自不能抵銷是。

動方債權附有抗辯者。（例如附有同時履行抗辯是）亦宜解爲性質上不能抵銷。蓋以若許抵銷。則被抵銷者。必至無故剝奪抗辯權。旣屬不當。且無由達抗辯之目的也。【註三】

【註三】例如出賣人甲。向買受人乙。請求交付價金時。乙得於甲未交貨前。拒絕交價。以期雙方交換履行。此爲同時履行抗辯權之目的。如甲將請求交價之債權。得主張與欠乙之他項金錢債務兩相抵銷。則乙拒絕交價、以促甲交貨之目的。無由達到是。

須無抵銷之禁止

五　須無抵銷之禁止　雖具備以上要件。然禁止抵銷時。仍不得爲抵銷。按抵銷之禁止。有出於法律之規定者。亦有出於契約之訂定者。無論所禁止者爲法律或契約。如違反禁止而爲抵銷者。其抵銷無效。雙方債務。依然存續。蓋以第三三四條所定具備抵銷要件者。得相抵銷。不過爲任意法規。雙方當事人。自得另定契約。禁止抵銷。此之謂抵銷禁止契約。至於法律禁止抵銷者。亦各有所以禁止之理由。玆依我民法之規定。分述於左。

法律上禁止抵銷之各規定

禁止扣押之債抵銷

1　禁止扣押之債。其債務人不得主張抵銷。（三三八條）此項規定。一般立法。莫不皆然。〔註四〕所謂禁止扣押之債。例如民事執行規則第九七條所定不得執行之債權。公務員卹金條例第一九條所定不得扣押之卹金享受權。司法官退養金條例第八條所定不得扣押之退養金領受權等是。其所以禁止扣押者。乃因維持債權人之日常生活資料。務必使債權人獲得現實滿足也。故債務人亦應實行清償。使債權人獲得現實滿足。不得主張與債權人對自己所負他項債務。互相抵銷也。然禁止扣押之債權。如為動方債權。則得為抵銷。蓋以法律所禁止者。僅在其債務人不得主張抵銷耳。故其債權人。自仍得主張抵銷也。

務人不得主張抵銷

其債權人仍得主張抵銷

〔註四〕德民三九四條日民五一〇條暹民三四六條。皆廣認禁止扣押之債權。不得為抵銷。至於法民一二九三條瑞債一二五條二款。亦認對於受扶養之債權。不得為抵銷。

因故意侵權行為所負之債其債務人不得主張抵銷

2 因故意侵權行為而負擔之債。其債務人不得主張抵銷。(三三九條)所謂因故意侵權行為而負擔之債。乃言加害人因故意侵權行為、對被害人所負之損害賠償債務。所謂其債務人不得主張抵銷。乃言加害人不得主張以此項損害賠償債務。與被害人對自己所負他項債務。互相抵銷也。此項規定。一般立法。莫不皆然。【註五】蓋因故意侵權行爲所負之損害賠償債務。若不必實行淸償。許其抵銷消滅。實同誘導侵權行爲。有害公益。故法律規定其債務人不得主張抵銷。然此項損害賠償債權。如爲動方債權時。則得爲抵銷。蓋法律所禁止者。僅在其債務人不得主張抵銷耳。故其債權人自仍得主張抵銷也。

其債權人仍得主張抵銷

【註五】德民三九三條法民一四四〇條瑞債一二五條一款暹民三四五條日民五〇九條。均規定債務人不得主張抵銷。惟德民僅限於故意侵權行爲。而其他立法。則不問故意過失。由立法論言之。以德國法例僅限於故意者爲優。我民倣之。

扣押後取得之債權不得與受扣押之債權相抵銷

3 受債權扣押命令之第三債務人。【註六】於扣押後始對其債權人取得債權者。不得以其所取得之債權。與受扣押之債權爲抵銷。（三四〇條德民三九二條法民一二九八條暹民三四七條）按債權一經扣押。一面禁止債權人處分債權。一面又禁止債務人（卽第三債務人）向自己之債權人淸償。（補訂民事執行辦法二三條一項前段參照）既禁止債務人向債權人淸償。則向債權

扣押前取得之債權仍得與受扣押之債權相抵銷

人抵銷。亦當然在禁止之列。故第三債務人不得以其對債權人所取得之債權。與受扣押之債權。互爲抵銷。然僅限於扣押後對其債權人始取得之債權。不得以爲抵銷耳。若扣押前對其債權人所取得之債權。則仍得以爲抵銷。蓋債權人之債權(即第三債務人所負之債務)在將來受扣押。原非第三債務人始料所及。對其債權人取得債權。或出於豫期可相抵銷。若嗣後因債權人之債權受扣押。而以前對其債權人取得之債權。亦不許相抵銷。揆諸人情。未免過嚴。故法律僅規定第三債務人。不得以扣押後取得之債權爲抵銷耳。

【註六】 按執行債權人。(即債權人之債權人)就債權人對其債務人所有之債權。聲請法院發扣押命令時。該債權斯爲受扣押之債權。而該債務人則稱爲第三債務人。故本條所謂債權人。即補訂民事執行辦法第二三條一項前段所稱債務人。本條所謂第三債務人。即同辦法一項前段所稱第三人。

爲第三人契約之債務人不得對他方當

4 約定應向第三人爲給付之債務人。不得以其債務。與他方當事人對於自己之債務爲抵銷。(三四一條 債一一二〇條)所謂約定應向第三人爲給付之債務人。即指爲第三人契

事人主張抵銷

約之債務人而言。（本書下冊三〇〇頁以下參照）按在爲第三人之契約。第三人本此契約。對於債務人。取得直接請求給付之權利。而他方當事人。（卽債權人或稱爲要約人）不過得請求債務人向第三人爲給付而已。是第三人請求給付之權利。乃債務人對於第三人所負之債務。並非對於他方當事人所負之債務。縱令他方當事人對於債務人負有債務。不得謂爲他方當事人與債務人互負債務。故法律規定不得以爲抵銷也。

除上述五項要件外別無他種要件

以上所述五項要件。均具備時。斯爲抵銷適狀。應卽發生抵銷權。而當事人亦得行使此抵銷權而爲抵銷矣。且抵銷權之發生。只須具備上述要件而已足。此外無須他種要件。故（一）雙方債務之發生。無須出於同一原因。（二）雙方債務之間。無須有關聯關係。（三）雙方債務。無須明確。故債務之數額。雖須計算而確定者。亦得爲抵銷。（四）雙方債務之債額。非必須同一。如爲異額。則按相當額而消滅。（五）雖在訴訟中之債務。亦得爲抵銷。【註七】蓋不能解爲因起訴而有拋棄抵銷之意思也

【註七】最高法院二十二年上字第六二七號判例。亦謂反對債權。雖另在訴訟拘束中。仍無妨以之供抵銷之用。

第三款　抵銷之方法

抵銷應以意思表示向他方爲之

一　抵銷以一方意思表示爲之　以前立法例。關於抵銷之方法。固頗紛歧。【註一】然我民法。倣德國法例。明定僅以當事人一方之意思表示爲之。即抵銷應以意思表示、向他方爲之是也。（三三五條一項前段）

【註一】關於抵銷方法。因羅馬法有抵銷在法律上當然行之一語。(ipss jure compenstur)解釋紛歧。遂產生實質主義及形式主義兩大學說。實質主義。謂雙方債權如在適合抵銷之狀態時。當然即生抵銷之效力。毋須經當事人之意思表示。法民一二九〇條採之。形式主義。謂須經當事人在審判上主張抵銷時。始生抵銷之效力。但無須以爲抗辯而主張之。此亦稱爲訴訟主義。然此兩學說。

均漸失勢。最近立法例及學說。均認得以一方之意思表示行之。如德民三八八條瑞債一二四條日民五〇六條暹民三四二條土債一二二條均採之。

抵銷不得附條件或期限

二　抵銷之意思表示須係單純　抵銷之意思表示。附有條件或期限者無效。（三三五條二項）蓋抵銷乃以自己之一方意思表示。不僅消滅自己債權。並使他方債權亦同消滅。苟具備抵銷要件。他方無從防禦。是他方地位。本不利益。若抵銷之意思表示。許附條件或期限。使他方地位。久懸不定。則他方地位。更陷不利。故爲保持公平。規定抵銷之意思表示。不得附條件或期限也。

第四款　抵銷之效力

雙方債務。因抵銷適狀、而生抵銷權。又因抵銷權之行使、而生抵銷之效力。茲分述於左。

雙方債務均因抵銷

一　雙方債務按照抵銷數額而消滅　當事人之一方。向他方行使抵銷權時。其相互

而消滅

間債之關係。按照抵銷數額而消滅。此為我民法第三三五條一項後段所定。即雙方當事人之債務。(由反對方面言之則為債權)均因抵銷同時消滅。此為抵銷之特色。雙方債務為同額者。其債務全部。同時全歸消滅。若為異額者。則按相當額而消滅。其債額較多之一方。尚負殘餘債務也。

行使抵銷權雖在抵銷適狀發生之後而所生效果則溯及抵銷適狀發生之時

二 抵銷之效力溯及最初得為抵銷時　此為我民法第三三五條一項中段所明定。其所謂最初得為抵銷時。乃指抵銷適狀之發生時而言。即行使抵銷權。雖在抵銷適狀發生之後。而所生債務消滅之效果。則使溯及抵銷適狀發生之時。其溯及力之內容

溯及力之內容

。即抵銷適狀發生時以後之利息債務、債務人履行遲延之效果、債權人受領遲延之效果等項。均因此消滅。蓋以債務既認為在抵銷適狀時消滅。則從屬之利息債務。自應隨同消滅。又債務消滅以後。亦無從發生履行遲延受領遲延等問題也。

所以認溯及效力之理由

此項規定。乃法律因顧全當事人雙方利益。並保持公平。特認溯及效力。蓋雙方債務。在適合抵銷狀態之際。當事人以得隨時抵銷。其行使抵銷權。不無疏忽遲緩

。此乃人情之常。若抵銷所生債務消滅之效果。認爲自行使抵銷權之時起。則遲誤行使抵銷權之當事人。必蒙不利。尤以僅一方債務附有利息者。或有違約金約款者。或債務人負遲延責任者。不利更甚。是無心遲緩。卽蒙不利。揆諸人情。不得謂平。故法律於抵銷之意思表示。特認溯及力。使所生債務消滅之效果。溯及抵銷適狀發生之時也。

抵銷之抵充

三　抵銷之抵充　當事人雙方均互負數宗債務。或一方負數宗債務而他方負一宗債務。其在適合抵銷之狀態者。如雙方所負債務之總額。多寡不等。不能抵銷全部時。則行使抵銷時。究以此方何項債務。與他方何項債務相抵銷。使先消滅。自應生孰先抵銷之順位問題。我民法第三四二條。明定第三二一條至第三二三條之規定。於抵銷準用之。此使準用債務抵充順位之規定。卽準用第三二一條後段。先由抵銷人。於行使抵銷時指定。如未指定。則準用第三二二條所定之順位。至於當事人雙方所負債務。於原本外。更有利息及費用者。則準用第三二三條所定之順位。

第八節 免除

何謂免除

一 免除之意義 免除云者。謂債權人向債務人表示免除其債務之意思。而使債之關係消滅也（三四三條）

免除爲無因之單獨行爲

二 免除之性質 免除僅須債權人一方。表示免除債務之意思。毋須經他方債務人之同意。苟債權人已爲免除之意思表示。債之關係。卽因此消滅。而所以免除之原因。亦所不問。故在我民法。免除爲無因之單獨行爲。並非契約。若當事人訂立契約。以消滅債之關係。固屬無妨。但非我民法所謂免除。其所以定爲單獨行爲者。蓋以債之免除。在債權人方面。卽爲債權之拋棄。凡權利之賦與。多爲權利人之利益。因此權利之拋棄。原則上任由權利人以單獨行爲。自由爲之。故拋棄債權之免除行爲。亦得由債權人以單獨行爲行之也。至於債之關係。因免除而消滅者。蓋因債權存立基礎之請求權。已歸消滅。前經述明。

外國立法例多定免除爲契約

外國立法例。多明定免除應以契約爲之。【註一】夷考厥由。乃謂債之關係。爲債權人債務人間之相對關係。不宜僅由債權人之一方行爲。即使消滅。尤以債之關係。原由契約發生者。更非所宜。且實際上債務人不欲消滅者。亦非絕無。故認許一方的免除。未免歧視債務人。必應以契約爲之。始得顧全雙方之利益。

竊惟債之關係。固多爲債權人之利益。然爲債務人之利益者。亦或有之。【註二】又債權人固多得自由處分債權。然亦不得濫用其權利。以侵害他人之利益。故由立法論言之。免除方法。固不必採用契約。而單獨行爲。則似可稍加限制。例如更規定免除不得違反債務人之意思。又如債務人得拋棄免除之效力等是。

【註一】 德民三九七條法民一二八五條瑞債一一五條。均明定免除應以契約爲之。惟日民五一九條暹民三四〇條。則與我民同。

【註二】 例如工人以練習之目的。在某工廠服務。又如因使馬運動。而借與某人使用是。

免除之方法

三　免除之方法　免除乃由債權人向債務人。表示免除之意思。茲析述於左。

1　免除須由債權人爲免除之意思表示　此意思表示。自應出於債權人之自動。非債務人所可強求。且其爲意思表示。無須具備何項程式。又明示默示。均無不可。例如得因返還負債字據或交付受領證書而爲免除是。

2　須有可供免除之債務　免除乃免除債務人之債務。自須當時有可供免除之債務。只須當時現存之債務。雖附有條件之債務。或附有期限之債務。均得免除。又免除全部。或僅免除一部。亦無不可。惟使將來債務預行消滅者。並非免除。此種意思表示。如不違背公序良俗。僅可認爲一種之權利拋棄行爲而已。

3　免除之意思表示須向債務人爲之　故向第三人爲免除之意思表示者。其免除無效。但免除之意思表示。係向債務人之履行傳達機關或代理人而爲之者。自屬有效。又在連帶債務。得向連帶債務人中之一人。表示免除債務之意思。以免除部分債務。或免除全部債務。（二七六條一項及本書下冊三四五頁參照）

4　免除之能力問題　債權人之爲免除也。應有處分能力。〔註二〕而債務人則毋須爲能力人。

【註二】前大理院三年上字第三二〇號判例。亦謂無權人之免除無效。

債務因免除而消滅

四　免除之效力　債之關係。因免除而消滅。（三四三條後段）就債權人方面言之。即爲消滅債權。就債務人方面言之。即爲消滅債務。債務既經消滅。則其從屬債務。如利息債務擔保債務等。自亦隨同消滅。（三〇七條參照）

第九節　混同

何謂混同

一　混同之意義　混同云者。謂因債權與其債務同歸一人。而使債之關係消滅也。（三四四條前段）【註一】

廣義混同及其分類

【註一】凡權利與義務。在我民法。以各異主體之對立爲前提。故權利與義務。歸屬於一人者。即因混同而消滅。此之謂廣義混同。大別爲三。（一）債權與債務。同歸一人者。債之關係因混同而消滅。（三四四條）（二）所有權與他物權。歸屬於一人者。其他物權因混同而消滅。（七六二條又所有權以外之物權、與以該物權爲標的之權利。(例如在地上權所設定之抵押權)歸屬於一人者。其權利因混同而消滅。蓋所有權人對於他物權人。負忍受其行使他物權之義務。又所有權以外之物權人。對於以該物權爲標的之權利人。亦負忍受其行使權利之義務。此忍受義務。與他物權、或以他物權爲標的之權利。歸屬於一人時。亦可謂爲權利與義務。同歸一人。故他物權、或以他物權爲標的之權利。各因混同而消滅也。然其消滅作用。實因一種權利。被他種強大權利所吸收。是以學者或謂所有權人對於他物權人。又所有權以外之物權人對於以該物權爲標的之權利人。均非負有特別義務。其歸屬於一人時。亦非權利與義務同歸一人。應與第一種混同有別。但此非通說。(三)主債務與保證債務。同歸一人者。保證債務即因此消滅。此乃一種義務。被他種強大義務所吸收。不過形式上與前述兩種混同相類似耳。故學者多指第一種與第二種爲眞正混同。而指第三種爲不眞正混同。本節所說明者。僅第一種所謂債權債務之混同耳。

混同爲一種事件

二 混同之性質 混同之成立。只須有債權與債務同歸一人之事實而已足。毋須別有意思表示。故混同乃行爲以外之事實。又稱爲事件。

混同發生消滅力之理由

混同所以爲債之消滅原因者。【註二】蓋債之關係存立。必須有二個各異之主體。兩相對立。蓋無論何人。決不能對自己行使權利。亦不能對自己負擔義務。若債權與債務同歸一人。卽混同時。則債權存立基礎之請求權。已無從行使。債之關係。自無復存在之必要。故法律以混同爲獨立之消滅原因。【註三】

【註二】 債之關係。何以因混同消滅。學說紛紜。大別爲下列諸說。(一)履行不能說。卽謂無論何人。不能對自己清償。故債權債務同歸一人時。遂生履行不能。(二)清償說。卽謂債權人繼承債務人者。乃自其遺產受清償。又債務人繼承債權人者。因債權人之遺產。雖在死亡之後。仍有獨立存在性。債務人遂對之清償。(三)目的達到說。卽謂債權人因混同。獲得實質的滿足。已達到債權之目的。(四)債之本質說。卽謂債之關係存立。必須有各異之二個主體。兩相對立。此爲現代通說。亦卽本書所採者。茲不再贅

【註三】 法民一三〇〇條瑞債一一八條俄民一二九條三款日民五二〇條暹民三五三條土債一一六條。皆規定混同爲債之消滅原因。惟德民獨無規定。此乃以事屬當然。毋庸明定也。

發生混同事實之原因

三　混同之發生原因　混同乃債權與債務同歸一人之事實。而所以發生此事實之原因。則為債權或債務之繼承。其繼承情形。得分為二。

1　概括繼承　此為發生混同之主要原因。即由概括繼承或概括遺贈所生之混同。例如債權人繼承債務人。或債務人繼承債權人。又或第三人繼承債權人及債務人等是。

2　特定繼承　債務人自債權人讓受債權。或債權人自債務人讓受債務者。亦因而發生混同。此與通常債權讓與或債務承擔不同者。即在受讓人非第三人。而為債務人或債權人耳。

債權因混同而消滅

四　混同之效力　債之關係。因混同而消滅。（三四四條本文）就債權方面言之。即為消滅債權。就債務方面言之。即為消滅債務。又債權既經消滅。則其從屬權利如擔保、利息等項。自亦隨同消滅。（三〇七條參照）

債權不因

債權固因混同而消滅。然亦有例外。使債權不消滅者。就現代情勢觀之。此例外範圍。將益趨擴大。蓋以債權之財產化。已成為交易物體。富有流通性。法律為保護第三人及獎勵流通性。不得不認有例外也。茲就我民法第三四四條但書所定例外。分述於左。

混同而消滅之例外

1　債權為他人權利之標的者　債權為他人權利之標的者。其債權不因混同而消滅。此為保護第三人所設之例外。是以債權之上。設有質權者。其債權縱生混同。而債權並不消滅。例如債權人甲。將其對債務人乙所有之債權。出質於丙。擔保借款。(即債權為第三人丙之質權之標的)嗣後乙讓受甲之債權時。雖生混同。而曾經出質之債權。並不因此消滅。故丙對於甲。得請求清償借款。並得對於乙。行使質權也。

2　法律另有規定者　法律另有不因混同而消滅之規定者。其債權不因混同而消滅。此多為獎勵流通性所設之例外。即如我票據法第三一條所定匯票依背書讓與票據債務人時。其受讓人更得以背書轉讓之是也。蓋票據債務人由背書受讓票據時。票據上之債權與債務。已同歸一人。依普通混同法理言之。票據上之權利。應歸消滅。然票據重在流通。在未到期前。尚可輾轉流通。不宜使歸消滅。故法律規定使更得以背書轉讓之。以獎勵流通也。